suhrkamp taschenbuch
wissenschaft 77

Jean Piaget, geboren 1896, ist Professor für Experimentelle Psychologie und Genetische Epistemologie an der Universität Genf. Seine wichtigsten Publikationen im Deutschen sind: *Das moralische Urteil beim Kinde, Das Erwachen der Intelligenz beim Kinde, Nachahmung, Spiel und Traum, Psychologie der Intelligenz, Sprechen und Denken des Kindes, Theorien und Methoden der modernen Erziehung, Urteil und Denkprozeß des Kindes, Einführung in die genetische Erkenntnistheorie.*

Die Analyse des Zeitbegriffs mit all seinen verschiedenen Aspekten gibt ein besonders markantes Beispiel für die Gesamtentwicklung des Denkens, wie Piaget sie in allgemeinerer Form in der *Psychologie der Intelligenz* beschreibt. Das Buch gliedert sich in drei Teile, von denen sich der erste mit den elementaren Operationen ›Zeit und Bewegung‹ beschäftigt. Der zweite Teil behandelt die physikalische Zeit (Reihenfolge, Gleichzeitigkeit, Messung) und der letzte die erlebte Zeit (Begriff des Alters, die Zeit der eigenen Handlung). Die einzelnen Etappen der Bildung des Zeitbegriffs beim Kinde stellt Piaget häufig mit Hilfe konkreter Beispiele dar, die die pädagogische Anwendung des Buches erleichtern sollen.

Jean Piaget
Die Bildung des Zeitbegriffs
beim Kinde

Suhrkamp

Aus dem Französischen von Gertrud Meili-Dworetzki
Titel der französischen Originalausgabe:
La Génèse du Temps chez l'Enfant, Presses Universitaires de France

suhrkamp taschenbuch wissenschaft 77
Erste Auflage 1974
Lizenzausgabe mit freundlicher Genehmigung
der Walter Verlag AG Olten und Freiburg
Copyright der deutschen Übersetzung
1955 by Rascher & Cie. AG, Zürich
Suhrkamp Taschenbuch Verlag
Alle Rechte vorbehalten, insbesondere das des
öffentlichen Vortrags, der Übertragung durch
Rundfunk oder Fernsehen und der Überset-
zung, auch einzelner Teile.
Druck: Nomos Verlagsgesellschaft,
Baden-Baden · Printed in Germany
Umschlag nach Entwürfen
von Willy Fleckhaus und Rolf Staudt

Inhalt

Vorwort   9

Erster Teil
DIE ELEMENTAREN OPERATIONEN   13
Zeit und Bewegung

Kapitel I. Die Ordnung der Ereignisse   17

1. Versuchsanordnung   20
2. Erstes Stadium: Schwierigkeiten beim Rekonstruieren der ganzen Reihe   24
3. Zweites Stadium: Richtiges Ordnen der vollständigen Zeichnungen, aber Versagen bei dem Aneinanderreihen der undurchschnittenen Zeichnungen I und II. Erstes Teilstadium (II A): Unfähigkeit, die ganze Reihe herzustellen   32
4. Zweites Stadium: Teilstadium II B: zuerst Mißlingen, dann empirische Lösung   43
5. Drittes Stadium: operative Doppelreihenbildung der voneinandergetrennten Zeichnungen und Verständnis für die Beziehungen der Reihenfolge und der Gleichzeitigkeit   53

Kapitel II. Die Dauer der Intervalle   59

1. Erstes Stadium: Keine Abstraktion der Dauer   60
2. Zweites Stadium: gegliederte Anschauung bei Fehlen der operativen Koordination. I. Gleichsetzung der synchronen Zeitstrecken   72
3. Zweites Stadium: II. Qualitative Einschachtelung und Zeitmessung   84
4. Drittes Stadium: operative Komposition qualitativer Zeitstrecken und Zeitmessung   99
5. Zusammenfassung. Die elementaren Operationen und ihre hauptsächlichen »Gruppierungen«: Ordnen der Sukzessionen und Einschachtelung der Zeitstrecken.   108

Zweiter Teil

DIE PHYSIKALISCHE ZEIT 121

Kapitel III. Die Aufeinanderfolge der wahrgenommenen 122
Vorgänge

1. Versuchsmethode und allgemeine Ergebnisse 123
2. Erstes Stadium: nicht differenzierte zeitliche und räum- 127
liche Folgen
3. Zweites Stadium: Teilstadium II A: Beginn der Differen- 132
zierung zwischen zeitlicher Reihenfolge und räumlicher
Reihenfolge und gegliederte zeitliche Anschauungen
4. Zweites Stadium: Teilstadium II B: Anfang einer opera- 138
tiven Koordination zwischen den gegliederten Anschauungen
5. Drittes Stadium: operative Sukzession und Dauer. 141
Schlußfolgerungen

Kapitel IV. Die Gleichzeitigkeit 144

1. Erstes Stadium: keine Gleichzeitigkeit, direkte Propor- 145
tion zwischen Dauer und durchlaufenem Weg
2. Zweites Stadium: Differenzierung der Anschauungen 149
(Ansätze zur Gleichzeitigkeit, umgekehrtes Verhältnis
von Zeit und durchlaufenem Weg usw.)
3. Drittes Stadium: sofortiges Koordinieren von Gleich- 158
zeitigkeit und Synchronismus
4. Die Rolle der Bewegungen der Vp.: die Blickbewegun- 161
gen bei der Gleichzeitigkeit und die wahrnehmungsmäßige zeitliche Folge
5. Schluß zu Kap. III und IV: das Entstehen der Aufein- 169
anderfolge und der Gleichzeitigkeit

Kapitel V. Gleichsetzung der synchronen Zeitstrecken 177
und Transitivität der Gleichheitsrelationen der Zeit

1. Erstes Stadium: keine Gleichzeitigkeit, keine Synchroni- 179
sierung noch Quantifizierung der abgelaufenen Flüssigkeiten
2. Zweites Stadium: Teilstadium II A: umgekehrtes Ver- 184
hältnis von Zeit und Geschwindigkeit und richtiges

Voraussehen der Einfüllgeschwindigkeit nach der Größe der Flaschen; Gleichzeitigkeit, aber weder Synchronisierung der Zeitstrecken noch richtige Quantifizierung der abgelaufenen Flüssigkeit

3. Teilstadium II B des zweiten Stadiums: empirische Entdeckung der Synchronisierung   191

4. Drittes Stadium: sofortige Synchronisierung und Quantifizierung   197

5. Frage V: Transitivität des Synchronismus und der Gleichheit der abgelaufenen Mengen   199

Kapitel VI. Die Einschachtelung der Zeitstrecken und die Transitivität der Gleichheitsrelationen der Zeit   203

Abschnitt I. Die Einschachtelungen der Zeitstrecken

1. Erstes Stadium: kein Vergleichen von je zwei und zwei Elementen   205

2. Zweites Stadium: Teilstadium II A: Vergleich von je zwei und zwei Elementen, aber keine Koordination der Paare unter sich   209

3. Teilstadium II B: empirische Entdeckung des richtigen Ergebnisses bei drei Elementen, aber Versagen bei vier   212

4. Drittes Stadium: operatives Ordnen und Einschachteln   215

Abschnitt II. Die Transitivität der Relationen der Ungleichheit, der eingeschachtelten Zeitstrecken und der Relationen der Gleichheit durch Synchronismus   217

5. Erstes Stadium: keine Transitivität   218

6. Zweites Stadium: Nicht-Transitivität (Teilstadium A), dann empirische Entdeckung der Transitivität (Teilstadium B)   219

7. Drittes Stadium: richtige, auf die Transitivität gegründete Deduktion; Schlußfolgerungen: die Transitivität der Zeitrelationen und die Dezentrierung der Anschauung   223

Kapitel VII. Additivität und Assoziativität der Zeitstrecken   228

1. Versuchsmethode und allgemeine Ergebnisse   229

2. Die Stadien I und II A: keine Synchronisierung der Einzelheiten und keine Additivität noch Assoziativität 233

3. Teilstadium II B: Synchronisierung der Einzelheiten, aber weder Additivität noch Assoziativität 236

4. Drittes Stadium: sofortige Additivität und Assoziativität 241

Kapitel VIII. Zeitmessung und Isochronismus der sukzessiven Zeitstrecken 245

1. Isochronismus und Erhaltung der Geschwindigkeit der Uhren 251

2. Isochronismus und Synchronismus 259

3. Der Isochronismus und die Bildung zeitlicher Einheiten 266

Dritter Teil

DIE ERLEBTE ZEIT 275

Kapitel IX. Der Begriff des Lebensalters 280

1. Das Alter der Personen. I. Erstes Stadium 281

2. Das Alter der Personen. II. Zweites und drittes Stadium 287

3. Das Alter der Tiere und der Pflanzen; Trennung von Alter und Körpergröße 295

4. Die Zuordnung der Lebensalter mit ungleicher Wachstumsgeschwindigkeit 302

5. Die Zuordnung der Lebensalter bei gleicher Wachstumsgeschwindigkeit 310

6. Schluß: der Begriff des Alters 316

Kapitel X. Die Zeit der eigenen Handlung und die innere Dauer 319

1. Die Reaktionen auf die Geschwindigkeit der Handlung 322

1 bis. Appendix: Nachkontrolle mit Metronom 335

2. Verhältnis zwischen der Zeitschätzung und der Schwierigkeit der Handlung 336

3. Die Zeit beim Warten und die bei Interesse 342

4. Schluß: die psychologische Zeit 345

Schlußbetrachtungen 358

Vorwort

Die erste Anregung zu den vorliegenden Untersuchungen ging von Prof. Albert Einstein aus, als er vor nunmehr fünfzehn Jahren in Davos die ersten Deutsch-Französischen Kurse für Philosophie und Psychologie leitete. Ist die subjektive Anschauung der Zeit unmittelbar gegeben, oder bildet sie sich erst im Laufe der Entwicklung? Hängt sie von vorneherein mit der Wahrnehmung der Geschwindigkeit zusammen oder nicht? Haben diese Fragen eine konkrete Bedeutung bei der Analyse der kindlichen Begriffsentwicklung, oder ist die Bildung der Zeitbegriffe bereits abgeschlossen, ehe sie in der Sprache und der bewußten Überlegung ihren Ausdruck finden? Seither widmeten wir dem Studium des Zeitbegriffs jedes Jahr irgendeine Untersuchung, anfangs allerdings ohne uns viel davon zu versprechen; denn wir sahen in den Konstruktionen der Kleinen zuerst nur eine große Verworrenheit der Beziehungen und sehr wenig Verständnis — außer der rein sprachlichen Auffassung — für die von den Erwachsenen mechanisch übernommenen Begriffe. Nachdem wir aber durch die Analyse der Denkoperationen, die sich auf dem Begriff der «Gruppierung» («Groupement») gründet, die Entwicklung der Zahlen- und Mengenbegriffe beim Kinde [1] deuten konnten, versuchten wir die gleichen Hypothesen auf die Entwicklung der Begriffe der Bewegung, der Geschwindigkeit und der Zeit anzuwenden: jetzt stellten sich die Probleme der Dauer und der zeitlichen Ordnung in sichtlich vereinfachter Form dar. Das vorliegende Werk enthält diese beiden letzteren Untersuchungen, während die Begriffe der Be-

---

[1] PIAGET et SZEMINSKA, *La Genèse du Nombre chez l'Enfant;* PIAGET et INHELDER, *Le Développement des Quantités chez l'Enfant.* Delachaux & Niestlé, Neuchâtel et Paris.

wegung und der Geschwindigkeit einer weiteren Arbeit vorbehalten bleiben [2].

Aber nicht nur für die Psychologie des Denkens im Zusammenhang mit der Entwicklung der wissenschaftlichen Begriffe ist der Zeitbegriff von Interesse. Die ganze Philosophie Bergsons, ebenso wie die unzähligen von ihr beeinflußten fachpsychologischen Arbeiten haben ja die Bedeutung der inneren Dauer und der psychologischen Zeit aufgezeigt. Merkwürdigerweise machte nun Bergson selbst in einer kleinen Arbeit, die ziemliches Aufsehen erregt hat [3], den Versuch, die Einsteinsche Zeit und die erlebte Zeit einander gegenüberzustellen, ohne aber auf die möglichen Berührungspunkte einzugehen. In dem dritten Teil der vorliegenden Untersuchung wird man sehen, wie die genetische Forschung diesen vermeintlichen Gegensatz zu erklären versucht.

Drittens trifft man das Problem der Zeit häufig in der Psychopathologie an. Es ist hinreichend bekannt, wie sehr die Erklärung pathologischer Begriffe von der genetischen Untersuchung der entsprechenden Begriffe in der Kinderpsychologie bedingt wird. In bezug auf die Zeit griff bereits J. de la Harpe jene Behauptung eines namhaften Psychiaters an, derzufolge die Analyse der Zeit sich ausschließlich vom Bergsonismus und der Phänomenologie aus begründen lasse, wobei die Frage der Entwicklung des Zeitbegriffes beim Kinde grundsätzlich ausgeschaltet wird [4]. Wir hoffen, daß die nachfolgenden Ergebnisse von Nutzen sein werden für diejenigen Psychopathologen, die sich auf die Gesetze der tatsächlichen Entwicklung stützen wollen und nicht bloß auf eine Dialektik *a priori*.

Für die Erzieher endlich und die pädagogische Psychologie bildet das mangelhafte Zeitverständnis des Kindes im Schulalter immer wieder ein Problem. Vielleicht ist es für sie inter-

[2] Les Notions de Mouvement et de Vitesse chez l'Enfant. Paris Presses Universitaires et de France, 1946.

[3] *Durée et Simultanéité*. Paris (Alcan).

[4] J. de la HARPE, *Genèse et Mesure du Temps*. Neuchâtel, Trav. Fac. Lettres, 1941. Vgl. S. 10 ff. die Kritik E. Minkowskis.

essant, die einzelnen Etappen der Entwicklung des Zeitbegriffs beim Kinde zu verfolgen, angefangen von dem Zustand, in dem das Kind die Existenz einer allen Erscheinungen gemeinsamen Zeit nicht einmal ahnt, bis zu der Bildung der zeitlichen Grundbegriffe wie dem der zeitlichen Reihenfolge («ordre»), der Gleichzeitigkeit und der Einschachtelung (Subsumption) von Zeitstrecken («durées»). Gerade der Gedanke an die Möglichkeit der pädagogischen Anwendung bestimmte uns, dieses Buch reichlich mit konkreten Beispielen zu versehen. Bei der Darstellung der verschiedenen Fragen halten wir uns an folgenden Plan: der ganze erste Teil des vorliegende Buches (Kap. I und II) dient als Einleitung zur Diskussion eines experimentellen synthetischen Beispiels (eine Flüssigkeit wird von einem Gefäß in ein anderes abgegossen, und die sukzessiven Niveaus werden an Hand von Zeichnungen rekonstruiert) und zeigt, wie sich das Kind mit den Problemen der Aneinanderreihung von Vorgängen in der Zeit und der Zeitschätzung auseinandersetzt. Im zweiten Teil (Kap. III—VIII) werden alle Operationen untersucht, die die physikalische Zeit bilden (Reihenfolge, Gleichzeitigkeit, Synchronisierung, Einschachtelung (Subsumption) und Addition von Zeitstrecken, Zeitmessung). Im dritten Teil endlich analysieren wir das Problem der erlebten Zeit (Begriffe des Lebensalters und der psychologischen Zeit) im Lichte der Ergebnisse der beiden ersten Teile, d. h. im Lichte der Untersuchungen über die Zeitschemata, die das Individuum bei seiner Anpassung an die Außenwelt in sich bildet. Manche Leser werden vielleicht die umgekehrte Reihenfolge vorziehen und von Teil III über Teil II und Teil I zu den Schlußbetrachtungen übergehen: wesentlich dabei ist nur, den engen Zusammenhang zwischen dem zweiten und dem dritten Teil zu verstehen.

J. P.

Erster Teil

Die elementaren Operationen

Zeit und Bewegung

Dieser erste Teil hat die Aufgabe, die Entwicklung des Zeitbegriffs in die Kinematik einzuordnen, außerhalb derer dieser Begriff keinen Sinn hat. Man ist ja nur allzuleicht geneigt, von einer Zeitanschauung oder von Zeitbegriffen zu sprechen, als ob die Zeit, ebenso wie der Raum, unabhängig von den sie ausfüllenden Wesen und Ereignissen wahrgenommen und erfaßt werden könnte. Wenn man den Raum als leere Schachtel auffaßt, in der die Körper liegen, so könnte man die Zeit mit einem bewegten Film vergleichen, in dem sich beim Abrollen die einzelnen Bilder einzeichnen.

Aber der Raum ist nicht ein einfacher «Behälter». Er ist vielmehr die Gesamtheit der Zusammenhänge zwischen den Körpern, die wir wahrnehmen oder auffassen, oder besser gesagt, die Gesamtheit der Beziehungen, die uns gestatten, diese Körper zu strukturieren, also wahrzunehmen und aufzufassen. Er ist im eigentlichen Sinn die Logik der Sinneswelt oder wenigstens einer der beiden Hauptaspekte der Logik der Dinge (der andere ist eben die Zeit): die Einschachtelung von Teil und Ganzem und die verschiedenen Ordnungsverhältnisse, die er zwischen ihnen errichtet, haben ihre Parallele in den Einschachtelungen und Reihen, die die Klassen und Relationen unter den Begriffen bilden, und sein Maßsystem entspricht den Zahlen und Zahlenoperationen. Der Raum ist eine Logik, und als solche ist er zuerst ein System konkreter Operationen, die mit der Erfahrung unlösbar verbunden sind, sie aber ihrerseits

13

eigenmächtig bilden und umbilden. Nach und nach aber, wenn diese Operationen immer reiner werden und sich aus ihrer empirischen Verhaftetheit herauslösen, können sie «formal» werden; auf diesem Niveau nun schwingt sich die Geometrie auf die Höhe der reinen Logik und wird der Raum als Behälter oder als eine von allen Inhalten unabhängige «Form» aufgefaßt.

Alles dies gilt nun genau so für die Zeit, und zwar umsomehr, als sie mit dem Raum ein unlösliches Ganzes bildet. Wie wir es in jedem Kapitel dieses Buches immer wieder und wieder sehen werden, ist die Zeit die Koordination der Bewegungen: ob es sich um räumliche Verschiebungen oder Bewegungen handelt oder um innere Bewegungen, wie es die nur geplanten, antizipierten oder gedächtnismäßig rekonstruierten Handlungen darstellen, die in der Ausführung ja auch räumlich sind, immer wieder spielt hier die Zeit dieselbe Rolle wie der Raum in bezug auf die unbewegten Dinge. Genauer gesagt, für die Koordination simultaner Stellungen genügt der Raum, sobald aber Verschiebungen eintreten, ergeben sich aus den räumlichen Veränderungen ebenso viele verschiedene, also aufeinanderfolgende Raumzustände, und die Koordination dieser Zustände ist nichts anderes als die Zeit. Der Raum ist eine Momentaufnahme der Zeit, und die Zeit ist der Raum in Bewegung; beide bilden die Gesamtheit der Beziehungen der Einschachtelung und der Ordnung, die die Gegenstände und ihre Raumänderungen charakterisieren.

Aber während man für die Bildung geometrischer Beziehungen den Raum isolieren und von der Zeit abstrahieren kann (dazu braucht man nur eine fiktive Gleichzeitigkeit anzunehmen und die Bewegungen als reine Ortsveränderungen bei unendlicher Geschwindigkeit zu beschreiben), kann man die Zeit nicht isoliert herausarbeiten und von den kinetischen Beziehungen, d. h. den Geschwindigkeiten, abstrahieren. Sie muß also erst konstruiert werden, ehe sie als unabhängiges System erfaßt werden kann und selbst dann nur bei kleinen Geschwindigkeiten. Solange dagegen die Zeit noch nicht konstruiert ist, bleibt sie nur eine der räumlichen Dimensionen, von denen sie sich nicht trennen läßt, und hat ihren Anteil an der Gesamtkoordination, die es gestattet, die kinetischen Umformungen des Universums miteinander zu verbinden.

Ist dies der Fall, dann können wir aus der Entwicklung des Zeitbegriffes für das Verständnis dieser grundlegenden Kategorie des Geistes viel lernen. Wenn die Zeit wirklich die Koordination der Bewegungen ist, im gleichen Sinne wie der Raum die Logik der Dinge, wird man annehmen können, daß es eine *operative Zeit* gibt, also eine Zeit, die aus Beziehungen der Folge und Dauer besteht und sich auf Operationen — entsprechend den logischen Operationen — gründet. Diese operative Zeit wird sich von der anschaulichen Zeit darin unterscheiden, daß letztere die Beziehungen der Folge und der Dauer nur so erfaßt, wie sie in der unmittelbaren äußeren oder inneren Wahrnehmung gegeben sind. Die operative Zeit wird *qualitativ* oder *metrisch* sein können, je nachdem, ob die Operationen, die zu ihr hinführen, den Klassen und logischen Relationen analog bleiben oder ob eine Zahleneinheit in ihnen auftritt. Ist diese Annahme richtig, dann wird man erwarten dürfen, daß die anschauliche Zeit nicht genügt, um adäquate Beziehungen der Gleichzeitigkeit oder der Reihenfolge und der Dauer (Gleichheit der synchronen Zeitstrecken usw.) zu bilden und daß notwendigerweise diese wesentlichen Relationen erst durch Operationen qualitativer oder metrischer Art hergestellt werden können.

Welches sind nun die elementaren Operationen, von denen aus sich die Gleichzeitigkeit, die Folge («Sukzession») und die Zeitstrecken verschiedener Ordnung bilden können? Dies zu bestimmen, ist das Ziel des ersten Teiles unserer Untersuchungen. Zu diesem Zweck beschränken wir uns auf die Analyse einer einzelnen experimentellen Situation, die wir auf verschiedenen Altersstufen untersuchen werden: eine Flüssigkeit wird stufenweise von einem Gefäß in ein anderes abgegossen. Es handelt sich dabei also um zwei einfache Bewegungen, eine ab- und eine aufsteigende, wobei ihre Etappen (die einzelnen Absätze) ebenso viele Systeme A, B, C, usw. simultaner Lagen im Raum darstellen. Die zeitlichen Operationen werden also auf jeden

Fall folgende Punkte umfassen: 1. die verschiedenen Systeme werden durch qualitative Reihenbildung in einer Reihe A B C usw. der Relationen «vorher» und «nachher» geordnet, wobei die Lagen A_1 und A_2 oder B_1 und B_2 nicht nach diesen beiden Relationen aneinander gereiht werden können, da sie «gleichzeitig» sind; 2. die Intervalle zwischen diesen Systemen A, B, C usw. (Elemente der vorigen Reihe) werden ineinandergeschachtelt, wobei das Intervall A B eine Zeitstrecke bildet, aber kürzer als das Intervall A C ist, während A C kürzer als A D ist, usw. Dabei bilden je zwei Intervalle A_1B_1 und A_2B_2 (zwischen den einzelnen Lagen der Systeme A und B) zwei gleiche, da gleichzeitig ablaufende Zeitstrecken .

Hätten die zeitlichen Beziehungen ihren Ursprung in der direkten Anschauung oder in einem von seinem Inhalt unabhängigen Verstandesschema, dann dürften natürlich die obigen Fragen dem Kinde keinerlei Schwierigkeiten bieten, da sich ja alle Vorgänge, die diesen zeitlichen Prozeß charakterisieren, vor den Augen der Vpn. [1] abspielen. Aber ist die Zeit die operative Koordination der Bewegung selbst, dann können sich die Relationen der Gleichzeitigkeit, der Folge und der Dauer nur ganz allmählich und unter gegenseitiger Bezugnahme herausbilden. Dies ist in großen Linien der Entwicklungsprozeß, den wir nun in den beiden ersten Kapiteln untersuchen wollen.

---

[1] Vp(n). = Versuchsperson(en).

Kapitel I

Die Ordnung der Ereignisse

Ob man, um den Begriff der Zeit beim Kinde zu analysieren, die Rolle der Zeit in der Erfahrung im allgemeinen bestimmen oder eine bestimmte Erfahrung isoliert betrachten will, immer wird man in der Psychologie des Erwachsenen wie auch im wissenschaftlichen Denken folgende drei Momente unterscheiden können: die Zeit hängt mit dem Gedächtnis, mit einem komplexen Kausalprozeß oder mit einer genau abgegrenzten Bewegung zusammen.

Man könnte das Gedächtnis als eine direkte Anschauung der Zeit ansehen: das reine Gedächtnis Bergsons und die Anschauung der Dauer würden dann das absolute Bezugssystem bilden, auf das sich jede psychologische Analyse dieses Begriffs zu beziehen hätte. Gedächtnis aber heißt, das Vergangene rekonstruieren, entweder in Form einer «Erzählung», wie P. Janet sagt — was für die höheren und die sprachlichen Stufen des Verhaltens gilt —, oder auf den niederen Stufen in Form einer sensu-motorischen Wiederholung. Für das Rekonstruieren aber bedarf es der Kausalität, und wenn eine Erinnerung früher zu sein scheint als eine andere, so daher, weil in kausaler Ordnung geurteilt wird, daß der Vorgang, auf den sich die Erinnerung bezieht, vor dem Vorgang lag, den die zweite Erinnerung aufleben läßt. Erinnere ich mich zum Beispiel daran, daß ich vor zehn Tagen meine Krawatte anlegte, bevor ich meine Morgenvorlesung gab und nicht nachher, so nicht deswegen, weil diese Erinnerungen sich mir unauslöschlich in einer bestimmten Reihenfolge ins Gedächtnis eingeprägt haben, sondern deswegen, weil das erste der beiden Geschehnisse für mich zu den notwendigen Bedingungen des zweiten gehört. Was die Reihenfolge zweier unabhängiger Vorgänge anbetrifft, so ist sie zufällig, im Sinne von Cournots Definition des Zufalls als Schnittpunkt zweier unabhängiger Kausalketten. Sie steht also nicht außerhalb der Kausalität, da sie aber vom Zufall abhängt, d. h. von der Überschneidung zweier Kausalreihen, ist es sehr schwer, sich an sie zu erinnern: man erreicht dies nur durch eine Dressur, indem man die zeitliche Ordnung mit der inneren Kausalität verknüpft, oder dann durch Zuhilfenahme indirekter Zusammenhänge, d. h. anderer Kausalreihen. Also sogar im Gedächtnis ist die Zeit an die Kausalität gebunden: sie ist die Struktur unserer eigenen Geschichte, doch nur insoweit wir sie konstruieren und rekonstruieren.

Um die Zeit zu erfassen, muß man also auf die kausalen Operationen zurückgehen, die aus der Ursache die Wirkung erklären und damit beide durch die Aufeinanderfolge verknüpfen. Die Zeit ist in der Kausalität enthalten: sie steht zu den erklärenden Operationen im gleichen Verhältnis wie die logische Ordnung zu den verstehenden Operationen.

Dies ist der Grund, warum wir im Anfang unserer Analyse der kindlichen Zeitbegriffe untersuchten, welche zeitliche Verbindung die Vp. bei dem Rekonstituieren einer kleinen Geschichte mit ganz einfachen Kausalvorgängen (Fallen von Gegenständen usw.) [1] zwischen die einzelnen Geschehnisse legt: man zeigt dem Kind einige Bilder in zufälliger Reihenfolge und fordert es auf, sie in die richtige Reihenfolge zu legen; diese ist zugleich zeitlich und kausal. Diese Methode nun, die wir auch in vorliegendem Kapitel wieder anwenden werden, erlaubte es, eine paradoxe Tatsache herauszustellen, die sich durch diesen ganzen Band hindurchzieht und die von vornherein zeigt, daß die zeitliche Ordnung operativer und nicht anschaulicher Natur ist: die Herstellung der nicht umkehrbaren Geschehnisfolge setzt die Umkehrbarkeit («Reversibilität») des Denkens voraus, d. h. solche Operationen, die die Reihen nach beiden Richtungen abschreiten können. Man sieht nämlich, daß das Kind bis 7 oder 8 Jahre, wenn es einmal eine beliebige Reihenfolge (meist die erstbeste) angenommen hat, vor großen Schwierigkeiten steht, sobald es nach dem Umordnen

---

[1] KRAFT und PIAGET, *La notion de l'ordre des événements et le test des images en désordre.* Arch. de Psychol., 1925, XIX, 306—349.

der Bilder für die neue Reihenfolge eine neue Geschichte finden soll. Mit 6 Jahren noch werden 84 % der Geschichten ganz an die ersten angelehnt, obwohl sie dann nicht mehr mit der veränderten Klassierung übereinstimmen, wogegen mit 8 Jahren nur 15 % der neuen Geschichten so unverändert bleiben. Bis zum Alter von 7 bis 8 Jahren kann also das Kind nicht mit mehreren möglichen Reihenfolgen zugleich Überlegungen anstellen, und sogar, wenn es von einer Reihenfolge zu einer anderen übergeht, die es selbst richtiger findet, kann es im Geiste und beim Erzählen die Vorgänge nicht umstellen. (In der Zusammenfassung des Kapitels X werden wir darauf zurückkommen.) Daraus ergibt sich, daß die Vp. ohne diese operative Umkehrbarkeit, die zur Konfrontierung verschiedener möglicher Reihenfolgen nötig ist, nicht zu der richtigen Reihenfolge gelangt und an der erstbesten Ordnung kleben bleibt, während ihm die operative Umkehrbarkeit von 8 Jahren an ermöglicht, die richtige und nicht umkehrbare Reihenfolge der Vorgänge herzustellen [2].

Wenn die Zeit mit der Kausalität und dem nicht umkehrbaren Verlauf der Dinge verbunden ist, versteht es sich ohne weiteres, daß die zeitlichen Operationen, die zur Herstellung der Reihenfolge und der Einschachtelung der Zeitstrecken nötig sind, mit den erklärenden Operationen im allgemeinen zusammenhängen, d. h. mit allen denen gerade, die es erlauben, die Verschiebungen der Dinge einzuschachteln und aneinanderzureihen. Was ist denn in der Tat die Kausalität anderes als die räumlich-zeitliche Koordination der Bewegungen, von denen die Zeit eben eine Dimension darstellt?

Um nun die Analyse der Zeit weiter zu führen, wird es aber vorteilhafter sein, statt komplexer Kausalreihen, wie die obigen Geschichten in Bildern, eine im Raum wohl abgegrenzte Bewegung zu verwenden, wobei die sukzessiven Lagen des bewegten Körpers die Markierungspunkte der zeitlichen Aufeinanderfolge bilden würden. Die komplexen Reihen haben näm-

---

[2] Vgl. *ibid.* 346—349.

lich den Nachteil, daß die Reihenfolge, die man mit ihnen erhält, nicht notwendigerweise einer einfachen Einschachtelung der Zeitstrecken entspricht; beschränkt man sich dagegen auf isolierbare Bewegungen, dann erfaßt man gleichzeitig mit der Ordnung der Vorgänge die Einschachtelung der Zeitstrecken.

In Kapitel I und II werden wir nun diese beiden komplementären Aspekte der zeitlichen Operationen mittels des Abgießens einer Flüssigkeit, das wir gleich untersuchen werden, einer Analyse unterziehen. Darum wollen wir erst einmal die ganze Methode darlegen, mit der alle in diesen beiden Einführungskapiteln beschriebenen Versuche durchgeführt wurden.

1

Versuchsanordnung

1. Wir zeigen dem Kind zwei übereinandergestellte Gefäße. Das obere (I) ist ball- oder birnenförmig mit zugespitztem Ende. Oben hat es ein Mundstück zum Einfüllen, das während des ganzen Versuchs offen bleibt. Mittels eines Glashahns läßt es sich über das untere Gefäß ableeren (II). Dieses ist genau zylindrisch, ziemlich schmal und hat den gleichen Inhalt wie I. Man füllt in I mit Fluoreszin gefärbtes Wasser und läßt immer die gleiche Menge Flüssigkeit in regelmäßigen Abständen in das anfangs leere II ablaufen, bis dieses Gefäß voll und I leer ist. Die abgegossenen Mengen entsprechen demnach Niveauerhöhungen in II, die immer im gleichen Abstand gehalten werden, damit dem Kind ein Maßsystem zur Verfügung steht, wenn es die Zeit an der Wasserhöhe in II messen will.

2. Andrerseits gibt man der Vp. eine Reihe vervielfältigter Bilder (vervielfältigt, damit sie ganz gleich sind), auf denen die beiden leeren Gefäße (mit einem kleinen Abstand dazwischen) in Strichzeichnung dargestellt sind. Ganz am Anfang des Versuchs, also wenn I noch voll und II leer ist, und bei jedem Abgießen einschließlich des letzten fordert man das Kind auf, mit einem grünen Stift in einer horizontalen Linie das Niveau des

Wassers in beiden Gefäßen zu markieren. Man gibt bei jedem neuen Niveau ein neues Blatt, so daß nachher alle Zeichnungen auf dem Tisch aneinandergereiht werden können, und achtet darauf, daß die Vp. ihre Niveauflächen in I wie in II möglichst genau angibt, damit sie nachher voneinander unterschieden werden können. Ist das Abfüllen beendet und die letzte Zeichnung gemacht, mischt man alle Blätter (je nach Fall 6 bis 8 Stück) und fordert das Kind auf, sie zu ordnen.

3. «Lege hierher (links) die Zeichnung, die du zuerst gemacht hast, als das Wasser ganz wie am Anfang war. Dann hierher (rechts vom ersten) die Zeichnung, die an zweiter Stelle kam, als das Wasser anfing zu laufen. Dann hierher die, die du gerade danach gemacht hast ... (usw. bis zum letzten).» Die erhaltene Reihe wird notiert. Wenn sie nicht richtig ist, stellt man bezüglich der begangenen Fehler Suggestivfragen, bis das Kind zu der richtigen Lösung kommt.

4. Daraufhin nimmt man eine Schere und schneidet jedes Blatt so durch, daß die Zeichnungen I und II voneinander getrennt werden. Hat das Kind von allein die richtige Reihe gefunden, geht man sofort zu (5) über. Wenn nicht, d. h. wenn man ihm durch Suggestivfragen helfen mußte, stellt man noch folgende Aufgabe: man mischt alle Zeichnungen von II und I zu einem Pack und fordert die Vp. auf, eine neue Reihe herzustellen. Diese ist natürlich schwieriger als die vorhergehende (3), da es sich diesmal darum handelt, die Niveauflächen in I in absteigender, die von II in aufsteigender Linie zu ordnen und die Elemente dieser beiden Reihen in eine ein-eindeutige (umdrehbar eindeutige) Zuordnung zu bringen [3]. Kommt die Vp. nicht allein zu der richtigen Lösung, wird ihr wieder durch Fragen bezüglich der begangenen Fehler geholfen.

5. Nach abermaligem Mischen der Zeichnungen stellt man der Vp. eine Reihe von Fragen über die Aufeinanderfolge und die Gleichzeitigkeit nach folgenden zwei Mustern:

---

[3] Hier tritt also eine multiplikative «Gruppe» der Relationen hinzu, während in (3) die additive Gruppe (Aneinanderreihen) genügt. Vgl. weiter unten Kap. II, 5.

a) «Als das Wasser hier stand (z. B. in I_2; wenn $I_1 I_2 I_3$ usw. = Niveauflächen von I und $II_1 II_2 II_3$ usw. = Niveauflächen in II), kam das da vor oder nach diesem (z. B. II_3)?»

b) «Als das Wasser da stand (z. B. in I_5), wo stand dann das Wasser in dem anderen Gefäß (II)? Suche mir die Zeichnung heraus, die du bei dem da (I_5) gemacht hast usw.»

Um diese beiden Fragen lösen zu können, muß das Kind die Zeichnungen natürlich wieder bis zu den betreffenden Stellen ordnen; aber die neue Schwierigkeit besteht darin, daß dies ihm nicht ausdrücklich gesagt wird: es wird nur gebeten, ein Verhältnis der Folge oder der Gleichzeitigkeit herzustellen; daß sich dieses Verhältnis nicht ohne die totale oder partielle Reihe bestimmen läßt, muß es aber selber begreifen.

Sind so die Fragen der Ordnung (3 bis 5) analysiert, geht man zu denen des Messens von Intervallen oder der Schätzung von Zeitstrecken über, und zwar in folgenden verschiedenen Fassungen:

6. Es hat sich gezeigt, daß man die Frage der Gleichheit zweier synchroner Zeiten besser zuerst stellt, auch dann, wenn das Kind die respektive Gleichzeitigkeit der Anfangs- und der Endpunkte erkennt [4]: z. B. «Nimmt es die gleiche Zeit, ob das Wasser von da nach da sinkt (von I_1 zu I_2) oder ob es von da nach da steigt (II_1 zu II_2)?» oder von I_1 zu I_5 und von II_1 zu II_5 usw.

7. Man kann danach die Frage der Ungleichheit von Teilen und Ganzen stellen: Braucht das Wasser mehr Zeit oder weniger, wenn es von I_1 nach I_3 sinkt oder von II_1 nach II_2 steigt?»

8. Dann kommt das Problem metrischer Ordnung der Gleichheit oder Ungleichheit zweier sukzessiver Abläufe: «Braucht das Wasser ebenso viel Zeit oder nicht, um von II_1 nach II_2 und von II_2 nach II_3 zu steigen? Oder um von II_1

---

[4] Es handelt sich wohlverstanden nur um die approximative Simultanität und Synchronisierung, aber daraus haben sich in den Versuchen keinerlei Schwierigkeiten ergeben.

nach I_1 nach I_2 und von I_2 nach I_3 zu sinken? Oder von I_1 nach I_3 und von I_3 nach I_5? usw.»

9. Endlich muß man im Anschluß an die vorhergehende Frage untersuchen, ob ein Zusammenhang zwischen der Gleichheit der Zeiten und der der abgelaufenen Flüssigkeitsmengen besteht. Dazu lassen sich zwei verschiedene Methoden anwenden. Bei der ersten geht man nach der Reihenfolge (8) und (9) vor: nachdem das Kind zugegeben oder bestritten hat, daß die Zeit von II_1 zu II_2 der Zeit von II_2 zu II_3 gleich ist, fragt man es, ob zwischen II_1 und II_2 ebenso viel Wasser ist wie zwischen II_2 und II_3 usw. Nach der zweiten Methode fängt man im Gegenteil mit (9) an oder behauptet, wenn nötig, daß die abgelaufenen Flüssigkeitsmengen gleich sind, ohne dies als Problem zu formulieren; dann geht man zu den Fragen (6) bis (8) über [5].

Zu den Fragen (6) und (9) ist zu bemerken, daß sie, wenn nötig, leicht vereinfacht werden können. Erweist sich das Denken an Hand der Zeichnungen als zu abstrakt, macht man auf der Wand des Gefäßes mit Tinte einen kleinen Markierungsstrich zur Bezeichnung der sukzessiven Niveauflächen, desgleichen auf der Wand von Gefäß (II) (oder man legt um II Gummiringe). Dann fragt man gleich: «Dauert es länger, weniger oder gleich lang von da bis da?» Dabei weist man direkt mit dem Finger auf die früher kommenden Niveauflächen, von denen man spricht. Selbstverständlich kann man dann, wenn es Zweck hat, die Zeichnungen diesen Markierungsstrichen zuordnen lassen, und dies ist sogar unumgänglich, wenn man die Beziehungen zwischen dem Anordnen und dem Messen analysieren will.

Nach all dem sieht man, daß dieser Versuch einfach die Verallgemeinerung des Bilderordnens ist, von dem im Anfang dieses

---

[5] Es versteht sich von selbst, daß, streng genommen, die Gleichheit der Mengen II_1 zu II_2, II_2 zu II_3 usw. nicht unbedingt die Gleichheit der Zeiten zur Folge hat, da ja mit dem Ablaufen der Druck nicht gleich bleibt. Doch hat die nur ungefähre Übereinstimmung, mit der wir uns begnügen, keineswegs gestört.

Kapitels die Rede war, — jedoch mit der für die Erforschung des Zeitbegriffs sehr nützlichen Erweiterung, daß die Operationen der Reihenbildung durch die der Einschachtelung von Intervallen und am Schluß durch die metrischen Operationen ergänzt werden, wodurch die Ordnung der Zeichnungen mit allen zeitlichen Beziehungen verknüpft wird.

Nunmehr können wir unter vorläufiger Ausschaltung der Fragen 6 bis 9 (Schätzung und Messen der Zeitabläufe), die wir im nächsten Kapitel behandeln wollen, im vorliegenden Kapitel in bezug auf die Fragen 3 bis 5 (Reihenfolge der Vorgänge) drei Stadien unterscheiden. Im ersten Stadium gelangt das Kind nicht oder nicht sofort zu der Aneinanderreihung der ungetrennten Zeichnungen (I und II auf dem undurchschnittenen Blatt), woraus man sieht, daß das Rekonstruieren der Niveauflächen in ihrer Reihenfolge eine Schwierigkeit darstellt. Im zweiten Stadium stellt das Kind sofort die richtige Reihe der Zeichnungen her, solange diese ungetrennt sind; wenn man aber die Figuren I von den Figuren II fortschneidet, und die I gleichzeitig mit den II geordnet werden müssen, ist es außerstande, die synchronen Reihen zu bilden. Man kann also sagen, in diesem Stadium erfaßt die Vp. den physikalischen Vorgang des Abfließens und seine zeitliche Ordnung in einer gegliederten Anschauung, aber sie kann diese in der Anschauung gegebene Ordnung nicht in ein operatives System von Beziehungen der Gleichzeitigkeit und der Folge zerlegen. In einem dritten Stadium endlich werden die Reihen richtig zugeordnet.

2

Erstes Stadium:
Schwierigkeiten beim Rekonstruieren der ganzen Reihe

Während die am wenigsten fortgeschrittenen Kinder dieses ersten Stadiums das Anordnen der undurchschnittenen Zeichnungen allein überhaupt nicht fertig bringen (Teilstadium I A), gelingt es den Vpn. gegen Ende des Stadiums nach einigem Herumprobieren (Teilstadium I B).

Beispiele für das Teilstadium I A [6]:

Aud (5; 11 [7]) zeichnet mit großem Interesse die sukzessiven Wasserspiegel in den beiden Gefäßen und unterbricht sich mit der Frage: *«Würden Sie mir Ihre Maschine borgen? Ich könnte sie gut brauchen. Ich würde sie Ihnen heute abend zurückbringen.»* Nichtsdestoweniger zeigt er sich unfähig, nach dem Ablaufen des Wassers seine Zeichnungen (obschon sie noch undurchschnitten sind) chronologisch zu ordnen. Er stellt tatsächlich folgende Reihe auf: D_1 D_5 D_2 D_3 D_6 D_4. Aus dieser Reihe nehmen wir dann die beiden äußeren Glieder heraus: *«Weil es vorher hier voll war (1).»* — «Gut. Und welches von den beiden (D_2 und D_5) kam eher» — «Das da (D_2).» «Warum?» — ... — «Und da (die Gefäße I auf D_2 und D_5), welches ist voller?» — *«Ah, das da (D_2).»* — «So, jetzt ordne die Zeichnungen so, daß hier die liegt, die du zuerst gemacht hast, dann die nächste usw.» Er legt D_1 D_2 D_5 D_3 D_6 D_4, also fast die gleiche Reihe wie vorher, nur mit einer Umstellung.

Ric (6½) legt die Reihe: D_6 D_3 D_4 D_2 D_5 D_1. «Was wurde zuerst gezeichnet, das (D_6) oder das (D_1)?» — *«Da (D_1), weil das voll ist.»* — So, ordne schön»... usw. — (Er fängt wieder an: D_1 D_3 D_2 D_5 D_4 D_6). — «Und da (D_5 und D_4), welches kam zuerst?» — *«Das (D_5).»* — «Warum?» — (Er betrachtet aufmerksam die beiden Gefäße I und II, antwortet aber nicht).

Welche Bedeutung hat das Versagen in diesen beiden Fällen? Zuerst einmal steht fest, daß das Kind im großen und ganzen die Reihenfolge der wahrgenommenen Niveauflächen während des Abfließens erfaßt hat, da es sie ja unter Berücksichtigung des Sinkens in I und des Steigens in II richtig einzeichnen konnte. Wenn aber die Vp. den Ablauf dieser sukzessiven Zustände aufgefaßt und in ihren Zeichnungen wiedergegeben hat, warum kann sie dann nicht die Reihe herstellen?

Man könnte vermuten, die Schwierigkeit liege einfach an den besonderen Bedingungen des Aneinanderreihens der Zeich-

---

[6] Wir nennen D_1 D_2 usw. die undurchschnittenen Zeichnungen.
[7] Die Zahlen hinter den Namen geben das Alter des Kindes an in der von W. Stern eingeführten Form. (Anm. d. Übers.)

nungen, Bedingungen, die tatsächlich viel komplexer sind, als sie scheinen. Einerseits ist die Übertragung der zeitlichen Folge in eine lineare (eindimensionale) Folge nicht ohne weiteres selbstverständlich, sondern setzt die Einheit der Zeit voraus, d. h. die Möglichkeit, alle Beziehungen des «Vorher» und «Nachher» in eine einzige zeitliche Reihe einzuordnen. Zweitens drückt ja das Kind dieses Alters (bis 7 bis 8 Jahren), wie Luquet gezeigt hat, seine «graphischen Erzählungen» gewöhnlich nicht so aus, daß die einzelnen Bilder ebenso vielen zeitlich unterschiedenen Zuständen entsprechen («Epinalverfahren» nach Luquet), sondern so, daß es auf ein und demselben Bild Momente aus den aufeinanderfolgenden Zuständen aneinanderreiht. Als wir nun seinerzeit die Struktur der Geschichte untersuchten, die das Kind zur Erläuterung einer Bilderreihe aufbaut [8], kamen wir zu dem Ergebnis, daß das Kind das Verfahren der Bilderreihen darum nicht begreift, weil es keine Erzählung ausarbeiten kann. Man kann mithin annehmen, daß die beiden Schwierigkeiten — das Denken der Zeit in Form einer linearen Folge — und die Vorstellung der Vorgänge in einer Reihe unterschiedlicher Bilder, die sich räumlich folgen, — in Wirklichkeit nur eine bilden.

Dies führt uns zu der Hypothese, daß das Kind Vorgänge, die in die Vergangenheit gerückt sind, darum nicht wieder in die Reihenfolge bringen kann, weil es sie nicht in eine einzige, gradlinig verlaufende Zeit legt. Anders ausgedrückt: vor zwei Zeichnungen, die zwei unterschiedliche Niveaupaare darstellen, ist sich das Kind nicht mehr darüber klar, welches dieser beiden Paare früher ist, und zwar darum nicht, weil es die Verschiebung der Flüssigkeit von oben nach unten (I) und von unten nach oben (II) nicht mehr unmittelbar sieht, sondern nur statische Raumverhältnisse (die unbeweglichen Wasserspiegel) vor sich hat und diese erst hinterher ordnen, also in Form einer zeitlichen Folge deduktiv rekonstruieren soll. Man wird hier

[8] Vgl. MARGAIRAZ et PIAGET, *La structure des récits et l'interprétation des images de David chez l'enfant.* Arch. Psychol. XIX, 211—239, und den bereits zitierten Artikel über *La notion de l'ordre des événements.*

vielleicht einwenden, es handle sich dann um eine Frage des Denkens und nicht mehr um eine Frage der Zeit. Aber ist der Begriff der Zeit denn etwas anderes als eben gerade diese Rekonstruktion? Sind die Zusammenhänge, die hier erarbeitet werden müssen, nicht gerade die, die auch schon im Wahrnehmungsurteil auftreten? Das werden wir in den Kapiteln III und IV sehen; denn die Feststellung von Folge und Gleichzeitigkeit im aktuellen Geschehen setzt schon einen operativen Mechanismus der Koordination voraus, und das deduktive Rekonstruieren einer früheren Folge oder Gleichzeitigkeit ist nur die Fortsetzung dieses Mechanismus in Form einer Überlegung, im Gegensatz zu einfachen Urteilen.

Bei der Untersuchung der Reaktionen im Teilstadium I B werden wir diese Auffassung rechtfertigen können, da das Kind auch noch in diesem zweiten Teilstadium bei dem Ordnen der Zeichnungen anfangs versagt, dann aber durch Herumprobieren teilweise dazu gelangt, und zwar in dem Maße, in dem es sich gewisse sukzessiv wahrgenommene Zustände ins Gedächtnis zurückrufen kann. Wenn aber das Kind des Teilstadiums I B somit auch einige Verbesserungen anbringen kann — worin es dem Teilstadium I A überlegen ist —, so beherrscht es interessanterweise noch nicht die ganze Reihenbildung, eben weil ihm eine Methode des systematischen Rekonstruierens fehlt.

Ber (5¹/₂) scheint nach Fertigstellung seiner letzten Zeichnung durchaus fähig, die Wasserabläufe konkret einzuzeichnen. «Erzähle mir, was du gezeichnet hast.» *«Von da bis da ist es gelaufen, das Wasser,* (er zeigt die Höhen auf dem Glas des Gefäßes I) *bis unten, und da* (Gefäß II) *ist es bis hierher gestiegen.»* «Gut. Dann kannst du jetzt deine Zeichnungen ebenso ordnen. Hierher legst du die Zeichnung, die du zuerst gemacht hast, als das Wasser noch ganz oben war, dann hierher die, die gerade danach kommt usw.» (Er bildet die Reihe D_2 D_3 D_1 D_5 D_6 D_4). «Stimmt das?» — *«Ja.»* — Wie ist es ganz am Anfang gewesen?» *«Das Wasser war auf der ersten Zeichnung oben.»* — «Und unten?» — *«Da war kein Wasser.»* — «Das da (D_2 an erster Stelle) ist also richtig?» — *«Ah, nein.»* (Er tauscht D_1 und D_2, woraus sich ergibt: D_1 D_3 D_2 D_5 usw.). — «Und am Schluß?» — *«Oben war es leer.»* — «Na, also?» (Er vertauscht D_6 und D_4). «Ist es jetzt ganz richtig?» — *«Ja.»* — «Sieh es dir gut an.» — *«Ja.»* — «Und die, (D_3

und D_2) welches kam zuerst?» (Er sieht auf II_3 und II_2). «*Das* (D_3).»
— «Sieh mal nach oben.» — «Ah, nein» (er vertauscht D_2 und D_3). —
«Und jetzt stimmt alles?» — «*Ja.*» — «Sieh gut hin.» (Er fährt mit
dem Finger die Wasserspiegel in I nach und vertauscht dann D_4
und D_5).

Die Zeichnungen werden dann durchgeschnitten, gemischt und
sollen wieder einfach geordnet werden.» Lege sie genau wie vorher,
als alles schön in einer Reihe lag.» Er legt II_1 (das leere untere Gefäß)
zu oberst und sucht I_1 heraus. Dann legt er II_4 neben II_1 und sucht
ein entsprechendes I: er sieht auf den Apparat und legt den Finger
auf das Glas des Gefäßes I in einer Höhe, die II_4 entsprechen soll;
so findet er I_3 und legt es über II_4. Unter weiterer Anwendung dieser
Methode gelangt er zu $I_1\ I_3\ I_2\ I_5\ I_4\ I_6$ mit den entsprechenden $II_1\ II_4$
$II_5\ II_3\ II_2\ II_6$. «Stimmt das?» — «*Nein*» (er nimmt I_4 und I_3, sieht sie
prüfend an und legt sie dann wieder an die gleiche Stelle). — «Und
jetzt?» — (Er legt I_6 zwischen I_1 und I_3, nimmt es dann wieder und
legt es ans Ende). — «Was macht das Wasser oben?» — «*Es sinkt die
ganze Zeit.*» — «Also?» (Er vertauscht willkürlich einige I und gibt
sich damit zufrieden).

Lin (6; 4) ordnet die undurchschnittenen Zeichnungen folgendermaßen: $D_1\ D_3\ D_2\ D_6\ D_4\ D_5$. «Warum hast du das ($D_3$) nach dem ($D_1$)
gelegt?» — «*Weil es hier* (D_1) *ganz voll ist* (I).» — «Und das (D_6)?»
— «*Das ist leer. Ach ja.*» (Er legt es ans Ende) — «Und die andern,
stimmen die?» — «*Ja.*» — «Sieh es dir an ... — Was macht das Wasser oben?» — «*Es sinkt.*» — «Und das also?» (Wir zeigen auf D_2 und
D_3) — «Ach ja» (er verbessert).

Die Zeichnungen werden durchschnitten, gemischt, und das Kind
wird ohne weiteres aufgefordert, sie so zu legen, wie es vorher war.
Lin sucht II_1, findet es und setzt es zuoberst. Darüber legt er I_2, dann
bildet er ein zweites Paar I_4 und II_3, kümmert sich dabei nicht um
die übrigen Zeichnungen und urteilt nur nach Augenmaß, ohne zu
vergleichen. Er stellt ebenso I_1 mit II_6 zusammen, I_3 mit II_5, I_5 mit II_2,
wobei er jedesmal einzeln das Verhältnis zwischen I und II bestimmt,
ohne aber ein Paar mit dem andern zu vergleichen, und jeden Augenblick vergißt, das Verhältnis umzukehren, also so vorgeht, als ob sich
II gleichzeitig mit I leeren würde. Nach beendeter Aneinanderreihung
gibt Lin zu, daß sie nicht richtig ist, und versucht, sie zu verbessern.
Aber anstatt daß er die Zeichnungen einzeln vertauscht, stellt er sie
paarweise um, als ob sich die übereinanderliegenden Elemente nicht
mehr voneinander trennen ließen. So bringt er bei den I eine ungefähre Regelmäßigkeit zustande, aber ohne Progression der II, dann
umgekehrt, und schließlich gibt er es auf.

Wie man also sieht, stellt das Kind in dem Teilstadium I B zuerst eine fehlerhafte Reihe (der undurchschnittenen D-Zeichnungen) her, verbessert sie dann aber allmählich unter dem Einfluß der gestellten Fragen oder durch spontanes Herumprobieren. Bei den durchschnittenen Zeichungen hingegen ist jede Reihenbildung unmöglich. Und doch hat ja Ber gleich im Anfang der Fragen erklärt: «Von da bis da (I) ist es gelaufen, das Wasser, bis unten, und da (II) ist es bis hierher gestiegen.» Warum also gelingt es diesen Kindern nicht, die D-Zeichnungen auf den ersten Anhieb zu ordnen?

Zuerst muß bemerkt werden, daß das Verständnis für die Reihenfolge der Niveauflächen während des Ablaufens selbst keineswegs ein passives Ablesen bedeutet, sondern daß es bereits eine komplexe zeitliche Strukturierung voraussetzt. Ohne vorläufig davon zu sprechen, wie die Niveauflächen in Gefäß I und die in Gefäß II miteinander in Beziehung gesetzt werden (Gleichzeitigkeit der entsprechenden Niveauflächen und umgekehrte Korrelation zwischen den sinkenden Niveauflächen in I und den steigenden in II), worauf wir noch im zweiten Stadium bei dem Versuch mit den durchschnittenen Zeichnungen eingehen werden, wollen wir im Moment nur bemerken, daß schon die Sukzession der Niveauflächen in einem der beiden Gefäße bei dem Wahrnehmen des Wasserablaufens für das Kind ein Problem darstellt. Wie oft gezeigt wurde, konstituiert eine Folge von Wahrnehmungen an sich noch keine Wahrnehmung der Folge, geschweige denn ein Verständnis der Folge. Nehmen wir z. B. an, ein ganz kleines Kind, das noch keinen Begriff von der Notwendigkeit des Wasserablaufens hat, könne ohne Schwierigkeit wahrnehmen, daß bei jedem neuen Ablaufen zwischen zwei Stufen I_1 und I_2 usw. das Niveau sinkt. Aber da bei jeder Stufe eine Pause gemacht wird (solange, wie die Zeichnung benötigt), handelt es sich außerdem schon zu Beginn des Versuchs und des Zeichnens noch darum, sich unablässig die vorhergehenden Niveauflächen ins Gedächtnis zurückzurufen, und eine solche Rekonstituierung hat zur Voraussetzung, daß die Gesamtbewegung verstanden wird. Dieses Verständnis ginge also dem ganz kleinen Kinde ab, und wenn es bei unseren Vpn. vorhanden ist (wie die zitierte Bemerkung von Ber bezeugt), so liegt der Grund dazu nicht nur in einer Folge von Wahrnehmungen, nicht einmal in einer Reihe von Wahrnehmungen der Folge, sondern in einer kinetischen Deutung des ganzen Ablaufprozesses.

Im Augenblick des Versuchs nun wird diese Interpretation — und von da aus auch die Rekonstituierung — durch den ständigen Kontakt mit der Bewegung selbst erleichtert: ohne sich ohne weiteres aus den Tatsachen zu ergeben (warum, wurde eben gezeigt), lehnt sich beides doch an die Tatsachen an. Jede neue Zeichnung eines Niveaus reiht sich so in eine Gesamthandlung zwischen die vorhergehende und die nachfolgende Zeichnung ein; die motorische oder praktische Reihenbildung geht hier also von der Handlung als solcher aus. Sind dagegen die Zeichnungen beendet und werden sie gemischt, dann verlieren sie mit dem Fortfall der Wahrnehmung und der Handlung alles Leben: jetzt sind sie nur noch statische Ueberbleibsel oder bewegungslose Teilstücke einer abgeschlossenen Bewegung und einer beendeten Handlung; und es ist ein ganz anderes Problem, ob man sie nachträglich durch eine Gesamtbewegung beleben soll oder ob man sie im Augenblick selbst verfolgt und dabei durch einfaches Nachmachen wiederholt. Das praktische Aneinanderreihen muß durch das gedachte Aneinanderreihen ersetzt werden, und darin liegt die ganze Schwierigkeit.

Während die Vpn. des Teilstadiums I A definitiv vor dieser Schwierigkeit versagen, werden die des Teilstadiums I B ihrer teilweise Herr, und dadurch wird uns ihre Natur verständlich. Auf welche Weise kommt es zu einer Verbesserung? Mit einem Wort kann man sagen: durch das Koordinieren der räumlichen Ordnung (der Höhen) der Niveauflächen mit der reproduzierten Bewegung selbst. Schon vor dieser Koordination sind sie, wie es die ausdrückliche Bemerkung von Ber zeigt, zu der Reproduktion fähig, aber diese sprachliche Formulierung sichert noch nicht die Reihenbildung im einzelnen. Andererseits wären sie imstande, die Höhen zu ordnen, wenn man sich darauf beschränken würde, ihnen die Frage in rein räumlicher und nicht «zeitlicher» Form zu stellen: «Lege hierher die Zeichnung, auf der oben am meisten Wasser ist (I), dann die, auf der etwas weniger Wasser ist, immer etwas weniger, usw., und da diejenige, auf der das Glas (I) leer ist [9].» Was sie aber nicht können, das ist die Übertragung der Höhen in Ausdrücke der Bewegung oder, umgekehrt, der Bewegung in eine Aufeinanderfolge von Zuständen; in diesem Koordinieren aber besteht gerade das Verhältnis zeitlicher Folge.

Ber z. B. konstruiert, nachdem er richtig die beiden Bewegungen im Ganzen reproduziert hat, eine Reihe, die aus drei unkoordinierten Stücken besteht: er legt richtig D_3 nach D_2, dann findet er die Folge D_1, D_5, D_6, endlich legt er D_4 dazu (oder reiht D_1 D_5 aneinander und ordnet, aber in verkehrter Reihenfolge!, D_4 und D_6). Damit er nun den Anfang zu einer Gesamtreihe machen kann, statt bei seinen nebeneinandergesetzten Paaren oder Bruchstücken zu bleiben, müssen wir ihm über den Anfang (D_1) und das Ende (D_6) des Vorgangs Fragen stellen. Die Folge D_3 und D_2 läßt er zuerst noch unverändert, wobei er auf das untere Gefäß sieht (II). Schließlich muß er, um D_4 und D_5 zu verbessern, den Niveauflächen auf dem Glas selbst mit dem Finger nachgehen. Es spielt sich also alles so ab, als ob das Kind angesichts der isolierten Zeichnungen die Gesamtbewegungen aus den Augen verloren hätte und es einer beträchtlichen Anstrengung bedarf, sie sich ins Gedächtnis wachzurufen und zu rekonstruieren, wenn es mit ihnen die Zeichnungen beleben will. Lin beginnt ebenfalls mit drei nebeneinandergesetzten Paaren D_1 D_3; D_2 D_6; D_4 D_5, und erst, nachdem er klar ausgedrückt hat, daß «es sinkt» (das Wasser), gelingt ihm eine Verbesserung, als ob er es nicht fertig bringen könne, ohne dies daran zu denken.

Kurz, ebenso wie die Wahrnehmung einer Aufeinanderfolge etwas anderes ist als eine Aufeinanderfolge von Wahrnehmungen — denn sie verbindet in einem einzigen Ganzen

---

[9] Wir haben dies kontrolliert.

Momente, die, isoliert, keine zeitliche Bedeutung hätten — so setzt auch das Verständnis der Sukzession eine Reihenbildung voraus, die von der nur räumlichen Ordnung der Höhen unterschieden ist: diese Ordnung wird nur insofern zeitlich, als diese einzelnen Momente mittels einer Gesamtbewegung untereinander verbunden werden; und wenn die Kinder in diesem ersten Stadium auch schon imstande sind, die Bewegung als solche zu reproduzieren und die Höhen nur nach ihrem räumlichen Charakter anschauungsmäßig zu ordnen, so zeigt es sich doch, daß sie die Niveauflächen als sukzessive Lagen eines bewegten Körpers, d. h in Funktion der eigentlichen Bewegung des Wassers nicht in eine Reihe bringen können. Den Vpn. in Teilstadium I B gelingt es teilweise, aber nur auf dem Wege der ins Gedächtnis reproduzierten Anschauung und ohne Koordination des Ganzen. Was nun die durchschnittenen Zeichnungen anbetrifft, so gelingt hier selbstverständlich noch gar keine Ordnung. Aber dies wirft ein allgemeineres Problem auf, dem wir im zweiten Stadium wieder begegnen werden.

3

Zweites Stadium:
Richtiges Ordnen der vollständigen Zeichnungen,
aber Versagen bei dem Aneinanderreihen der undurchschnittenen
Zeichnungen I und II

Erstes Teilstadium (II A):
Unfähigkeit, die ganze Reihe herzustellen

Im Teilstadium II A finden wir die gleiche Unfähigkeit, die durchschnittenen Zeichnungen zu ordnen wie in I B, aber paradoxerweise werden jetzt die D-Zeichnungen quasi sofort geordnet. Beispiele:

Baud (6; 8) ordnet rasch die 6 D-Zeichnungen. Mischt man sie und legt man ihm zwei beliebige zum Vergleich vor, bezeichnet er ohne weiteres die, die «vorher gemacht» worden ist und bemerkt zu der andern, *«die ist nämlich höher»* (in I). Sobald man aber die Zeichnungen I und II auseinanderschneidet und ihm I_5 vorlegt, damit er dazu die entsprechende Zeichnung II heraussuche, wählt er, ohne eine Reihenbildung auch nur zu probieren, II_2, dessen niedriges Niveau gleich der Höhe in I_5 ist. «Welche von diesen beiden (I_2 und I_5) wurde früher gemacht?» — *«Diese* (I_2).» — «Stimmt. Und von den beiden (II_2 und II_5)?» — *«Die* (II_2).» — «Gut. Und welche von denen da (von II) hast du mit der (I_4) gemacht?» — (Er wählt willkürlich II_3). — «Versuche, alles wieder so hinzulegen, wie es vorher war.» — (Er legt I_3 I_1 I_2 I_5 I_6 über II_1 II_5 II_6 II_3 II_2 II_4). — «Ist das richtig?» — *«Ja.»* — «Wie war das oben im Anfang?» — *«Ach ja!»* (Er vertauscht I_1 und I_3). «Und das (I_3 I_2)?» — *«Ja, das stimmt auch nicht»* (er vertauscht nun aber nicht nur I_3 und I_2, sondern auch II_5 und II_6, als ob II_5 zwangsläufig mit I_3 und II_6 mit I_2 zusammenhinge). — «Und da, wie geht das (II)?» — *«Das Wasser steigt.»* — «Wie ist es also damit (II_6 und II_5)?» — *«Ach ja!»* (er vertauscht sie wieder, vertauscht aber ebenfalls I_2 und I_3, als ob sie noch zusammenhingen). Er probiert einige weitere Verbesserungen, vertauscht aber immer wieder die ihm untrennbar scheinenden Paare. Schließlich gibt er es auf und erklärt einfach angesichts der ungleichen Niveauflächen: *«Das Wasser geht herauf, und nachher geht es wieder herunter.»*

Por (7; 1) macht 7 Zeichnungen D und stellt nach dem Mischen mühelos die Reihe her. Nach abermaligem Mischen der Karten zeigt man auf zwei beliebige und fragt, welche zuerst gemacht worden war. Por antwortet richtig. Dann schneidet man die Blätter durch und fragt ihn, welcher Zeichnung II das Niveau I_3 entspricht. Er zeigt auf II_4: «Warum?» — *«Weil es hier oben* (er zeigt in I_3 das Wasser, das noch nicht abgeflossen ist) *ebensoviel ist wie unten»* (weist auf den noch leeren Raum in II_4). — «Aber woher weißt du, daß das gleich ist?» (Er hat nur die Höhen abgeschätzt, ohne auf den Unterschied in der Breite und im Volumen zu achten). — *«Ich habe mich geirrt.»* «Und zu I_2?» — *«Das da* (II_5).» — «Warum?» (Er weist auf die Höhe des Wassers in I_2 und II_5, als ob das Verhältnis direkt und nicht umgekehrt wäre).

«Kannst du jetzt alle Zeichnungen ordnen, wie es vorher war?» Er setzt richtig I_1 zu II_1 und II_7 zu I_7, aber nachdem er I_2 und I_3 nach I_1 gelegt hat, setzt er II_6 und II_5 darunter, als ob das Verhältnis direkt wäre. Dann führt er wieder stellenweise die umgekehrte Ordnung ein und kommt so zu einem allgemeinen Durcheinander. «Sieh mal das da (II_5 und I_3).» — *«Ja, ich habe es umgekehrt gelegt.»* (Er verbessert sich, indem er das Paar I_3 und II_5 an eine andere Stelle legt, ohne die beiden Teile zu trennen). So verbessert er weiter — immer starr paarweise — und gibt es nach einigen Versuchen auf.

May (8) ordnet richtig die D und bestimmt mühelos, welche von zwei beliebigen Zeichnungen vor der andern kommt. Nach der Trennung von I und II glaubt er dagegen, daß II_4 und I_2 gleichzeitig sind (nicht umgekehrte Verhältnisse), ebenso II_3 und I_2 (umgekehrte, aber willkürliche Verhältnisse). Sobald man die I oder die II unter sich vergleicht, stellt er die richtige Reihenfolge her. Wenn er aber ein I mit einem II vergleichen soll, kommt er nicht darauf, die ganze Reihe dazu herzustellen. Dazu aufgefordert, fängt er mit den I an: I_2–I_6 (richtig), setzt dann darunter II_1 II_6 II_5 und erklärt bei II_4, es gäbe dazu kein entsprechendes Stück. «Ist das richtig (I_2 mit II_6)?» — *«Ja, weil in beiden gleich viel Wasser ist.»*

Hab ($9^1/_2$) befindet sich an der Grenze des Teilstadiums II B. Er ordnet sofort die D. Trennt man die I von den II, erklärt er zuerst richtig, daß I_1 vor II_4 kam, *«weil es da (I_1) ganz voll ist, und da (II) war es zuerst leer.»* Dagegen hält er II_4 und I_3 für gleichzeitig: *«Die wurden zugleich gemacht, weil bei beiden das Wasser in der Mitte ist.»* «Wie kann man es machen, daß man ganz sicher ist?» (Er legt willkürlich je zwei und zwei zusammen). — «Könnte man es nicht besser machen?» — ... — «Und wenn du sie vorher ordnen würdest?» — (Er reiht aneinander II_1 II_6 II_5 II_3 II_4 II_1 II_2). — «Stimmt das?» — «Ah nein» (legt daraufhin II_1 II_6 II_5 II_4 II_3 II_2 II_1 über I_6 I_1 I_2 I_3 I_4 I_5). Mit Hilfe einer Reihe von Fragen über seine Fehler bringen wir ihn allmählich dazu, die I und die II, getrennt, richtig zu ordnen, aber er legt sie nicht richtig übereinander und läßt manche ohne Gegenstück. Immer verwirrter werdend, macht er endlich die Bemerkung: *«Man muß auf das* (die auf den Gläsern markierten Niveauflächen) *sehen»*, und nur durch die Orientierung an den tatsächlichen Niveauflächen, die er auf den Gefäßen mit dem Finger angibt, gelingt es ihm, die richtige Zuordnung herzustellen.

Diese Beispiele reihen sich also zwischen das sechste und neunte Lebensjahr ein (Durchschnitt 7 bis 8 Jahre) und weisen folgende gemeinsame Merkmale auf: 1. Das Kind kann die undurchschnittenen D-Zeichnungen oder nur die I und gewöhnlich sogar nur die II ordnen, aber es ist nicht imstande, die I und die II einander zuzuordnen; wenn es an beide zugleich denkt und sie gleichzeitig ordnen will, mißlingt ihm Reihe I ebenso wie Reihe II. 2. Das Kind begreift nicht von selbst, daß die Übereinstimmung (Gleichzeitigkeit) zwischen den Niveauflächen I und den Niveauflächen II durch die doppelte Reihenbildung derselben bestimmt wird. 3. Obwohl die

Vp. im Prinzip weiß, daß die Niveauflächen in II steigen, während sie in I sinken, kann sie dieses umgekehrte Verhältnis nicht dauernd im Auge behalten. 4. Während das Kind die Reihen bildet, bestimmt es die Stellung der Zeichnungen, ohne sich der Richtigkeit zu vergewissern, und sieht sie keineswegs als provisorisch und hypothetisch an, sondern behandelt die gebildeten Verbindungen mit einer gewissen Starrheit: im besonderen gelingt es ihm nicht, wenn es eine Reihenfolge falsch findet und sie verbessern will, die aus den Elementen I und II bestehenden Paare, die es selbst willkürlich zusammengestellt hat, aufzulösen.

Vielleicht wird man aber einwenden, daß diese Reaktionen des Kindes im Stadium II A (und sicherlich tauchte dieser Gedanke schon bei den Stadien I A und I B auf) die Psychologie der Reihenbildung, also des Denkens, betreffen und weniger die der Zeit als solche. Auf den ersten Blick hin scheint es wirklich so, als ob das Kind den Begriff der Sukzession bei den Niveauflächen I und sogar II, ebenso wie den ihrer Simultanität, sehr wohl begriffe und ihm nur das Rekonstruieren der Einzelheiten Schwierigkeiten mache: dies würde also beweisen, daß es ihm am Denken und nicht am Zeitverständnis fehle. Nun handelt es sich aber gerade darum, zu prüfen, ob man sagen kann, die zeitliche Folge sei erfaßt, wenn das Denken all die Ordnungsbeziehungen, die eine Reihe von Geschehnissen konstituieren, noch nicht genau bestimmen kann. Darum müssen wir auf die vier diesem Stadium eigentümlichen Schwierigkeiten näher eingehen, um sie später mit der Entwickelung der Zeitstrecken in Beziehung zu setzen (Kap. II).

1. Wir stellen also erst einmal fest, daß das Kind zwar sofort die D-Zeichnungen ordnen kann, aber von den I keine Reihe mehr bilden kann, wenn es gleichzeitig an die II denkt, und umgekehrt. So ordnet Baud z. B. zuerst richtig die D, bildet dann aber «um alles wieder so hinzulegen, wie es vorher war», die Reihe $I_3 \, I_1 \, I_2 \, I_5 \, I_4 \, I_6$, als ob er nicht mehr das Ablaufen des Wassers in I begreifen könne, und die Reihe $II_1 \, II_5 \, II_6 \, II_3 \, II_2 \, II_4$, als ob er nicht mehr verstünde, daß das Was-

35

ser in II regelmäßig steigt. Es handelt sich also vermutlich um folgendes: da er im Geiste den ganzen Prozeß nicht mehr genau genug überschauen kann, um zwei korrespondierende Reihen herzustellen, begnügt er sich damit, verschiedene Paare, je ein II über ein I, zu bilden und nebeneinander zu legen, wobei diese Paare auf gut Glück, ohne einander zu entsprechen gewählt werden. In gleicher Weise ordnet Por ganz richtig die D-Zeichnungen, aber bei den getrennten Zeichnungen beschränkt sich sein Erfolg darauf, die beiden äußeren Paare richtig hinzulegen. Noch merkwürdiger ist der Fall May, denn May kann die D und auch die I und II getrennt ordnen, aber nicht beide zusammen in einer Reihe einander zuordnen. Ebenso geht es Hub, dem die richtige Zuordnung erst nach der direkten Bezugnahme auf die Gefäße selbst gelingt.

Woher kommt dieser so deutliche Unterschied zwischen der Bildung der D-Reihe und der doppelten Reihenbildung der durchschnittenen Zeichnungen? Die Sache ist leicht zu begreifen. Der Grund liegt nicht, wie man vermuten könnte, darin, daß die Bildung einer doppelten Reihe oder ein Zuordnen an sich schwieriger wäre als die einfache Reihenbildung, was man infolge der größeren Zahl von zu ordnenden Elementen vermuten könnte [10], sondern darin, daß in vorliegendem Fall die zeitlichen Zusammenhänge, die in der doppelten Reihenbildung eine Rolle spielen, viel komplexer sind als die, auf denen sich das einfache Aneinanderreihen der I oder der II aufbaut. Im Falle eines einzigen Gefäßes (und darum auch bei der Reihenbildung der D, die durch gesonderte Betrachtung der I und der II möglich ist), kommt es nicht auf ein Koordinieren zweier Bewegungen an, und daher spielen da zeitliche Begriffe operatorischer Art keine Rolle: es handelt sich nur darum, eine einzelne Bewegung (Sinken der Flüssigkeit in I und Steigen in II) zu rekonstruieren, und die Reihenfolge des «Vorher» und «Nachher» fällt ganz zusammen mit der Reihenfolge der sukzessiven Lagen im Laufe der Höhenveränderungen. Daß dieses

[10] Vgl. hierüber: PIAGET et SZEMINSKA, *La Genèse du Nombre chez l'Enfant*, Kap. V, VI und IX.

Rekonstituieren über die Anschauung hinausgeht und eine Reproduktion der Gesamtbewegung benötigt, das haben wir schon in Kap. I/2 gesehen, und dies bleibt erreicht. Aber zwischen die wahrnehmende oder direkte Anschauung und das operatorische Denken schieben sich mehrere Zwischenstufen ein, und wenn das Kind von 7 Jahren (durchschnittlich) schon zu Operationen auf andern Gebieten außerhalb der Zeit fähig ist, kann man seine Fähigkeit, im Denken eine einfache Bewegung zu rekonstituieren, einer Art «gegliederter Anschauung» zuschreiben, die zur Reproduktion der sukzessiven Lagen eines einzelnen bewegten Körpers ausreicht, aber nicht genügt, wenn es darum geht, diesen mit einem oder mehreren andern in Beziehung zu setzen. Die Reihenbildung der D-Zeichnungen und der getrennten I und II wäre demnach einer gegliederten Anschauung zuzuschreiben, die sich möglicherweise ihrerseits auf eine räumliche Reihenbildung stützt. Dagegen bedeutet das Zuordnen der Niveauflächen I und II viel mehr: hier handelt es sich darum, zwei Bewegungen verschiedener Geschwindigkeit (langsames Sinken in I und schnelles Steigen in II) zu koordinieren, und gerade in diesem Koordinieren besteht die operative Zeit, im Gegensatz zu der anschaulichen Zeit. Das Zuordnen der Niveauflächen I und der Niveauflächen II schließt nämlich folgende Momente ein: 1. die Reihenfolge der I und die der II; 2. der Begriff davon, daß das Wasser von I_1 nach I_2 usw. sinkt, während es von II_1 nach II_2 usw. steigt, und zwar, obwohl der Wechsel zwischen den Niveauflächen zwischen II_1 und II_2 schneller vor sich geht als zwischen I_1 und I_2 usw.; 3. die (annähernde) Gleichzeitigkeit von I_1 und II_1, I_2 und II_2. Für das Zuordnen der Niveauflächen I und II genügt es also nicht, daß beide Reihen gesondert geordnet werden können; es gehört dazu noch ein Prinzip der Zuordnung, nämlich die Gleichzeitigkeit: um nun diese Gleichzeitigkeit zu konstituieren oder zu rekonstituieren, muß man entweder die Gleichheit der synchronen Zeitstrecken zwischen I_1 und I_2 einerseits und II_1 und II_2 andrerseits verstehen oder, wenn dieser Zusammenhang zwischen den Zeitstrecken als solcher fehlt, begreifen, daß das Wasser nicht mehr in I läuft, wenn es in II steht, und umgekehrt. In beiden Fällen aber, ob die Simultanität sich auf die Gleichheit der Zeitstrecke $I_1 I_2 = II_1 II_2$ gründet oder auf das Fehlen einer Aufeinanderfolge zwischen den Niveauflächen I_1 und II_1, I_2 und II_2 (wobei die Simultanität der Grenzpunkt der Folge oder die Folge 0 wäre), immer besteht die Schwierigkeit darin, daß die Gleichzeitigkeit bei Bewegungen mit verschiedener Geschwindigkeit hergestellt werden muß. Dies ist der Grund, warum die operative Zeit die Koordination der Bewegungen ist und nicht nur das Ordnen einer isolierten Bewegung, denn während diese letztere durch eine einfache gegliederte Anschauung rekonstruiert werden kann, setzt das Koordinieren zweier Geschwindigkeiten die endgültige Überwindung der Anschauung und ein Zuordnen besonderer Art voraus, das wir jetzt analysieren müssen.

2. Wie rekonstituieren denn eigentlich die Kinder dieses Stadiums die Gleichzeitigkeit zwischen den korrespondierenden Niveauflächen? Einfach auf gut Glück, indem sie sich entweder nach der Gleichheit der Niveauflächen in I und II zu richten suchen (für May z. B. geht I_2 mit II_6, «weil in beiden gleich viel Wasser ist», oder für Hub geht I_3 mit II_4, «weil bei beiden das Wasser in der Mitte ist») oder indem sie auf die Gleichheit des noch freien Raumes in II und den Rest der Flüssigkeit in I achten (Por: «Weil es hier oben ebensoviel ist wie da unten»). Aber in beiden Fällen beurteilt das Kind die Zuordnung, ohne den Unterschieden der Form und des Volumens der Gefäße I und II Rechnung zu tragen, also ohne den wesentlichen Umstand zu beachten, daß das Niveau in II viel schneller steigt, als es in I abnimmt (in dem verdickten Teil der Birne). Kurz, das Kind beurteilt die Gleichzeitigkeit nach der absoluten Höhe der Wasserspiegel und nicht nach ihren einander entsprechenden Reihenfolgen. Mehr als das: wenn das Kind aus den vermischten Zeichnungen I und II die gleichzeitigen genau heraussuchen soll und nicht auf gut Glück vorgehen darf, kommt ihm nicht die Idee, daß es nur eine doppelte Reihe zu bilden braucht, um allen Ansprüchen zu genügen. Um-

gekehrt, wenn das Kind die doppelte Reihe bilden will, läßt es sogar manche Zeichnungen einzeln liegen, ohne ihnen das entsprechende Stück zuzuordnen, als ob nicht je ein Niveau I ein gleichzeitiges Niveau II haben müsse. (Siehe die Fälle May und Hub.)

Würde es sich hierbei um Einzelbeobachtungen handeln, könnte man zögern, eine solche Deutung vorzuschlagen. Aber wie wir diesen ganzen Band hindurch sehen werden, haben die Kleinen tatsächlich immer Bedenken, räumlich verschiedene Endpunkte von Bewegungen verschiedener Geschwindigkeiten als gleichzeitig anzusehen. Es ist also berechtigt, in dieser Ungleichheit der Bewegungsgeschwindigkeit in II und in I den Grund dafür zu sehen, daß die Vpn. im Teilstadium II A Schwierigkeiten haben, die Gleichzeitigkeiten durch eine doppelte Reihenbildung herzustellen oder auch nur die auf die Beziehungen der Gleichzeitigkeit gegründete doppelte Reihe zu verstehen oder zu rekonstruieren.

Punkt I und Punkt II lassen sich also mit einem Wort folgendermaßen zusammenfassen: Wenn das Kind die undurchschnittenen D-Zeichnungen und die I und II, getrennt, ordnen kann, aber nicht imstande ist, aus den I und II eine Doppelreihe herzustellen noch die auf dieser Doppelreihe beruhenden Relationen der Gleichzeitigkeit zu begreifen, dann kann man sagen: a) für das Ordnen der D-Zeichnungen und der I und II, einzeln, genügt die anschauungsmäßige Rekonstitution einer einzigen Bewegung (gegliederte Anschauung), während b) es sich bei dem Zuordnen der I und II darum handelt, die entsprechenden Lagen zweier Bewegungsträger, deren Bewegungen durch ihre verschiedene Geschwindigkeiten unterschieden sind, miteinander zu koordinieren, also eine operatorische Koordination auszuführen.

3. Danach versteht man, warum unsere Vpn., auch wenn sie eben mit eigenen Augen das wirkliche Ablaufen gesehen und selbst die sukzessiven Niveauflächen eingezeichnet haben, mehr oder weniger systematische Schwierigkeiten haben, die Beziehungen zwischen den Bewegungen des Wassers in I und II

umzukehren. So bringt Baud II_2 und I_5 zusammen, weil beide niedrige Wasserspiegel haben, obwohl er beim Vergleichen der II, unter sich, wohl weiß, daß II_2 vor II_5 kommt: er schwankt so zwischen dem direkten und umgekehrten Verhältnis, um dann endlich zu dem absurden Schluß zu kommen: «Das Wasser geht herauf, und nachher geht es wieder herunter.» Das gleiche gilt für Por. May erfaßt gut die Ordnung der II, wenn er sie einzeln ins Auge faßt, bei der Doppelreihe legt er wie Hab zuerst die beiden äußersten Zeichnungen in der richtigen umgekehrten Beziehung und fährt dann mit der direkten Beziehung fort!

Statt also sich die beiden entgegengesetzt gerichteten Bewegungen vor Augen zu halten, geraten diese Vpn. bei der Ausführung im einzelnen ständig in Verwirrung, und zwar wieder darum, weil sie nicht den operativen Mechanismus beherrschen, der die Beziehungen der Gleichzeitigkeit bestimmt.

4. Endlich hängt mit dieser Schwierigkeit, bei der Herstellung der Doppelreihe eine allgemeine Richtung beizubehalten, eine vierte Eigentümlichkeit zusammen, die die psychologische Erklärung für die drei ersten gibt, obwohl sie auf den ersten Blick der vorhergehenden entgegengesetzt zu sein scheint: die Starrheit oder die fehlende Beweglichkeit, die sich bei den sukzessiven Korrekturen des Kindes zeigt. Um die Zeichnungen I_3 und I_2 über II_5 und II_6 miteinander zu vertauschen, tauscht Baud z. B. auch die beiden letzteren, als ob sie notwendigerweise mit den ersteren zusammenhingen, und als ob der Fehler in der Reihenfolge einen Fehler in der Zuordnung oder dem Übereinandersetzen ausschlösse. Erst die ältesten Vpn. dieses Teilstadiums scheinen genügend Beweglichkeit zu besitzen, um sich das starre paarweise Verbessern zu ersparen. Bei Hab aber zeigt sich das Fehlen der Beweglichkeit in dem merkwürdigen Irrtum wieder, der bewirkte, daß er an seinen fehlerhaft zugeordneten Reihen in Gedanken keine Stellung verbessert und sie dann für gut begründet hält, mit dem Ergebnis, daß nicht ein einziges Paar übereinstimmt, solange er nicht auf die Gefäße selbst zurückgeht.

Diese Starrheit in den Einzeloperationen nun steht keineswegs in Widerspruch zu dem Fehlen der allgemeinen Richtung, von der vorher die Rede war, sie bildet vielmehr das genaue Gegenstück dazu, enthält vielleicht sogar seine Erklärung. Worin besteht denn das Gesamtsystem, das der Vp. gestattet, die beiden Reihen I und II einander zuzuordnen und damit die doppelte allgemeine Richtung der vorliegenden Bewegungen zu bewahren? Obschon das Ablaufen des Wassers in Wirklichkeit unumkehrbar ist, handelt es sich doch um eine umkehrbare Operation, d. h. um eine operative «Gruppe» [11]. Wie wir schon in dem im Anfang dieses Kapitels zitierten Artikel festgestellt haben, muß man, um Vorgänge in zeitlicher Folge ordnen zu können, imstande sein, den Ablauf der Zeit ebenso gut vorwärts wie rückwärts zu durchschreiten, d. h. eine Reihe A B C ... zu konstruieren, die man ebenso gut in der Reihenfolge «A vor B, B vor C usw.» lesen kann wie in der Reihenfolge «C nach B und B nach A»; und um diese Reihe zu konstruieren, die den physikalisch unumkehrbaren Ablauf der Dinge wiedergibt und selber logisch umkehrbar ist, kommt es eben darauf an, daß das Denken beweglich genug ist, um unter allen möglichen Reihenfolgen diejenige zu wählen, die als einzige alle zwischen den gegebenen Vorgängen liegenden Beziehungen des «Vorher» und «Nachher» widerspruchslos vereinigt. Ebenso nun wie die Kinder, die wir in dem Artikel von 1925 untersucht hatten, die ungeordneten Bilder aus Mangel an operatorischer Beweglichkeit und Umkehrbarkeit nicht zu einer Geschichte ordnen konnten, ebenso können die Vpn., die wir jetzt untersuchen, die Zeichnungen nicht in einer Gesamtrichtung aneinanderreihen, weil ihnen die Beweglichkeit in der Verarbeitung der Einzelbeziehungen fehlt.

Es lohnt sich, dieser ersten Schwierigkeit näher auf den Grund zu gehen, denn sie ist für unsere ganze Deutung der Zeitkonstruktion beim Kinde ausschlaggebend. Wie erinnerlich, standen unsere kleinen Vpn. von 1925 so rasch unter dem Ein-

[11] Vgl. weiteres darüber Kap. II, 5.

druck der anfangs gegebenen zufälligen Ordnung, statt sie als hypothetisch anzusehen, daß sie nur wenige Umstellungen vornehmen konnten. Danach erfanden sie zu dieser falschen Ordnung eine komplizierte Geschichte; trotz nachträglicher Verbesserungen und sogar bei richtiger Reihenfolge stellte die neue Geschichte, die sie dann zu machen versuchten, im Ganzen und in den Einzelheiten die Reproduktion der ersten Geschichte dar; eine solche perseverierende Starrheit zeigte sich mit 6 Jahren bei 84 % der Fälle, mit 8 Jahren nur noch bei 15 %. Mit 8 Jahren nämlich kommt das Kind von selbst dazu, seine Ordnungsfehler zu verbessern: es geht also bei den Kleinen so vor sich, als ob eine Art starren Klebenbleibens des Denkens sie hindern würden, auf Grund von Hypothesen, die sich beliebig aufstellen oder zurückziehen lassen, zu denken und unter mehreren möglichen Ordnungen eine befriedigende herzustellen — und bei den Großen, als ob die Beweglichkeit der Hypothesen Hand in Hand mit der allgemeinen Richtung ginge, die sie der Reihe einprägen.

Diese Verbindung von unumkehrbarer Starrheit und Fehlen der Gesamtrichtung finden wir nun gerade in dem vorliegenden Versuch wieder vor. Muß man also daraus schließen, daß diese Vpn. so große Mühe haben, die gewollten Umstellungen vorzunehmen, die paarweisen Zeichnungen zu trennen usw., weil es ihnen schwer fällt, die für die Reihe charakteristische Gesamtbewegung zu rekonstituieren? Oder umgekehrt, bilden sie die Reihen so schlecht, weil ihrem Denken die umkehrbare Beweglichkeit fehlt? Diese beiden Phänomene sind natürlich komplimentär: eine Reihe von Zusammenhängen der Folge bildet eine «operatorische Gruppe», d. h. eine umkehrbare Konstruktion, und ob man sagt, im Stadium II A hat diese Konstruktion noch keine Gesamtrichtung, oder die Intelligenzvorgänge, die zu ihr führen, besitzen noch keine umkehrbare Beweglichkeit, in beiden Fällen handelt es sich um die in zwei verschiedenen Formen ausgedrückte gleiche Tatsache, daß das Kind in diesem Stadium auf dem Gebiete des rein Zeitlichen noch nicht nach «gruppierbaren» Operationen vorgeht, sondern nur nach starren, untereinander nicht koordinierbaren Relationen anschaulicher Art.

Die Einheit in den Reaktionen dieses Teilstadiums wird somit deutlich: Schwierigkeit in der Konstruktion der Gesamtreihen, mangelndes Verständnis für die Tatsache, daß die Gleichzeitigkeit durch die Doppelreihe bestimmt wird, Schwierigkeit in der Handhabung des umgekehrten Verhältnisses des Sinkens in I und des Steigens in II und schließlich die fehlende Beweglichkeit beim Korrigieren während der Reihenbildung, — dies sind die vier komplimentären Seiten ein und derselben Tendenz, die Zeit auf Grund anschaulicher Beziehungen zu erfassen und noch nicht auf Grund umkehrbarer Operationen.

4

Zweites Stadium:

Teilstadium II B:
Zuerst Mißlingen, dann empirische Lösung

Durch nichts könnten wir die vorige Hypothese besser auf die Probe stellen als durch die Prüfung einiger Vpn., die allmählich zu der richtigen Doppelreihe auf empirischem, noch nicht operativem Wege gelangen. Wenn die Zeitbegriffe von der operativen Gruppierung der Folgebeziehungen unabhängig wären, müßte man nämlich erwarten, daß sie gleichsam von außen her die Herstellung der Doppelreihe leiten, sobald das Kind durch eine größere Geistesbeweglichkeit eine solche bilden kann. Wenn dagegen das Verständnis der zeitlichen Ordnung mit der Fähigkeit, Reihen zu konstruieren, zusammenhängt, dann werden wir sehen, daß dem Herumprobieren, das zu dieser Konstruktion führt, stufenweise Fortschritte in dem Begriff der Gleichzeitigkeit genau entsprechen im Sinne einer Zuordnung der beiden Reihen.

Egra (7; 10) gibt sofort ein paarmal hintereinander an, welche von zwei willkürlich herausgesuchten Zeichnungen D früher ist. Zum

Beispiel: D_4 kommt vor D_5, «*weil I höher ist und II niedriger.*» Danach reiht er ohne Zögern die sechs Zeichnungen D aneinander.

Wir schneiden sie auseinander: «*Ah!*» ruft Egra, «*sie werden mir sagen, ich soll sie wieder zusammenlegen.*» — «Das stimmt, aber vorher sage mir, welche von diesen beiden Zeichnungen (I_3 und II_4) vorher gemacht worden ist?» — «*Ich weiß nicht, was ich sagen soll. Vielleicht zu gleicher Zeit.*» — «Wie kann man das sicher sagen?» — «*Ich weiß nicht.*» — «Und wenn ich dir alle Zeichnungen gebe, hättest du dann eine Idee?» — «*Nein.*» (Er vergißt, daß er das Wiederherstellen der Reihe erwartete). — «Du kannst mit den andern Zeichnungen versuchen.» — (Verlegenheit. Er vergleicht willkürlich I_3 mit II_2, II_5, usw., dann vergleicht er den leeren Raum in I_3 mit dem schon abgegossenen Wasser in II_4, aber er kommt nicht auf den Gedanken, eine Reihe zu bilden. Er legt darauf paarweise: I_1 II_1, I_6 II_6, I_5 II_5, I_2 II_3, I_3 II_4, I_4 II_2). — «Ist das richtig?» — «*Nein.*» (Er vertauscht I_2 und I_3, aber auch II_4 und II_3, und nimmt sonst noch ein paar kleine immer paarweise Veränderungen vor, ohne also etwas am Endergebnis zu ändern). — «Welches kommt vorher, das (I_3) oder das (I_4)?» — «*Das*» (richtig). — «Und wenn man alle wieder wie vorher legen würde?» — (Er bildet eine richtige Reihe I_1 I_2 I_3 ... I_6, aber ohne sie von den II zu trennen, die er vorher darunter gelegt hatte). — «Und das (II_3 und II_5)?» — «*Ach ja* (er verbessert).» — «Und das?» — (Er verbessert die andern II). — «Ist das (I_3) jetzt vorher, nachher oder zu gleicher Zeit wie das (II_3).» — «*Ach ja, zu gleicher Zeit.*» — «Warum?» — «*Weil ... aha, weil*» (er zeigt, wie die beiden Blatthälften I und II mit den etwas unregelmäßig geschnittenen Rändern genau zusammenpassen).

Mat (8) macht sieben D-Zeichnungen. «Welches von beiden (D_3 und D_5) ist früher gemacht worden?» — «*Das* (D_3).» — «Warum?» — «*Hier* (I) *ist es höher und da* (II) *niedriger.*» — «Und da (D_4 und D_5)?» — (Gleiche Überlegung). — «Kannst du sie ordnen?» — (Sofort richtige Reihe).

I und II werden auseinandergeschnitten. «Und das (I_5), ist das nach oder vor diesem (II_4) gemacht worden?» — «*Vorher.*» — «Kann man das sicher sagen?» — «*Ich weiß nicht recht.*» — «Was muß man machen, um sicher zu sein?» — «*Man muß alle Zeichnungen ansehen.*» — «Gut.» — (Wir machen auf I_3 und II_4 ein Kreuz, damit er das Problem im Kopf behält). — Mat breitet alle Zeichnungen willkürlich vor sich aus und betrachtet sie). — «Was suchst du?» — «*Ich sehe mir an, an welcher Stelle das zusammen war.*» — «Was?» — «*Da* (I_5) *das müßte tiefer sein* (für II_4) *und das* (II_4) *müßte höher sein* (für I_5).» — «Na und?» — Er legt I_3 und II_4 zusammen, dann I_7 und II_1 und ruft: «*Ah nein*» (er legt I_1 zu II_1, dann I_7 zu II_7, dann

44

I_2 zu II_2 und I_6 zu II_5). — «Und das nun (I_5 und II_4), welches kommt vorher?» — *«Das* (II_4), *weil es hier* (I_5) *niedriger ist. Ich bin nicht sicher.»* — «Kann man nicht einen Kniff finden, um sicher zu sein? Hast du eine Ahnung?» — *«Nein, noch nicht.»* — «Ich werde dir helfen (wir legen I_1 I_2 I_3). Würde es uns helfen, wenn wir alle hinlegten?» — *«Das würde uns helfen, aber man wäre nicht viel sicherer.»* — «Aber man wäre doch sicherer?» — *«Nur ein biß-chen.»* — «Versuchen wir einmal!» (Mat ordnet richtig die I, legt dann die II mit einigem Herumprobieren und Umändern, bringt dann überall mit gutem Erfolg Verbesserungen an). — «Ist man jetzt sicher, daß das (I_4) zur gleichen Zeit wie das (II_4) gemacht worden ist?» — *«Ich weiß nicht recht.»*

Gen ($9^{1/2}$) reiht sofort die 7 D aneinander. Man schneidet sie durch und zeigt auf II_1 (leer) und auf I_4 (halb voll). «Welches ist zuerst gemacht worden?» — *«Das* (I_4).» — «Warum?» — *«Das war* (II_1) *am Schluß, weil es ganz leer ist.»* — «Welches war am Schluß ganz leer?» (Wir zeigen auf den Apparat selbst). — *«Das* (Gefäß I).» — «Und von denen (I_4 und II_1) jetzt, welches kam zuerst?» — *«Das* (II_1).» — «Gut, und von denen?» (I_4 und II_2, I also halb voll und II ein drittel). — *«Das kann man nicht wissen.»* — «Warum nicht?» — *«Weil das (I) leer wird, da weiß man nicht mehr.»* — «Du hast recht, man kann sich nicht mehr daran erinnern. Dann gebe ich dir alle Zeichnungen.» — (Er blickt hin und nimmt II_3 und I_2). — *«Das da* (II_3) *kommt zuerst, weil es noch nicht sehr voll ist.»* — «Und das (I_2)?» — *«Das kommt nachher, weil es sich leert.»* — «Wie kann man sicher sein?» — *«Man kann alle nehmen. Ich suche heraus, welches zuerst kam* (er nimmt I_6). *Nein* (nimmt I_1, dann I_3 usw. und legt I_1 I_3 I_4 I_5 I_6 I_7, wobei er I_2 beiseite läßt; dann reiht er aneinander II_3 II_4 II_5 II_6 II_7). — «Und nun die da (I_2 und II_3), welches von beiden kam zuerst?» (Er vervollständigt die Reihe, läßt aber beim Zusammenlegen das erste Glied aus, so daß die äußeren Glieder II_1 und I_7 kein Pendant haben). — *«Die* (I_2 und II_3) *sind zusammen gemacht worden.»* (Er antwortet so eine Zeitlang weiter auf Grund der Figur und nicht nach der richtigen Reihenfolge). — «Liegen deine Zeichnungen so richtig?» — *«Ja.»* «Mit welchem ist das (I_1) zu gleicher Zeit gemacht worden?» *«Mit dem* (II_1).» — «Gut. Und das (I_7) und das (II_7), gehören die auch zusammen?» — *«Nein, weil das* (II_7) *voll ist, und das* (I_7) *kommt nachher.»* — (Wir erzählen eine Geschichte von einem Herrn, der seine Weste schlecht zugeknöpft hat und nun glaubt, er habe oben oder unten einen Knopf zuviel. Das Kind lacht, sieht aber nicht den Zusammenhang). — «Jetzt das (I_1 und II_1), ist das richtig?» — (Er legt eins über das andere) — «Und das (II_2 und I_2)?» (Idem; verbessert bis zu I_4 und II_4, hält dann an). — «Und das

45

(I_7 und II_7)?» — «*Ach ja* (er verbessert), *das ist zusammen gemacht worden.*»

Um die vorhin umrissene Diskussion abzuschließen, könnte man schwerlich klarere Reaktionen finden, als die der obigen Vpn. Wir hatten uns ja nach dem Zusammenhang zwischen der Erarbeitung der zeitlichen Begriffe und den Faktoren der Beweglichkeit und Umkehrbarkeit gefragt, die dem Denken das Konstruieren der operativen Reihen ermöglicht: hat es eine zeitliche Bedeutung, wenn die umkehrbare Reihe nicht gebildet werden kann, oder sind dafür Faktoren logischer Art verantwortlich, und sind die richtigen Zeitrelationen das Ergebnis einer solchen «Gruppierung», oder bestehen sie im Gegenteil vor ihr? Nun — in dem Augenblick, da das Kind im Teilstadium II B nach anfänglichem Mißlingen zu einer empirischen und tastenden Konstruktion der doppelten Reihe gelangt, beginnt es mit mindestens ebenso großer Mühe die Relationen zwischen der Gleichzeitigkeit und der zeitlichen Folge der Vorgänge gerade erst zu erfassen. Gewiß sind alle diese Vpn. — mit dieser Feststellung wollen wir wieder beginnen — ebenso wie die des Teilstadiums II A imstande, die undurchschnittenen D-Zeichnungen oder die Zeichnungen I und II, gesondert, zu ordnen. Sie können außerdem ohne Zögern angeben, welche von zwei Zeichnungen I_x und I_y (oder II_x und II_y) «vor» der andern gemacht wurde. Man könnte also vermuten, daß sie schon eine Reihe Geschehnisse ordnen können und das Reihenmäßige an der Zeit gut verstehen, da ja nur noch das Zuordnen zweier Reihen mit umgekehrter Richtung und mit Bezug auf Bewegungen verschiedener Geschwindigkeit für sie ein Problem darstellt. Das ist wohl richtig, es muß jedoch wieder betont werden, und zwar nachdrücklich, daß die eigentlich zeitlichen Beziehungen sich erst dann von den räumlichen Beziehungen und der Anschauung der Bewegung differenzieren, wenn mindestens zwei Bewegungen koordiniert werden, die außerdem ungleiche Geschwindigkeiten haben müssen. So lange es sich nämlich nur darum handelt, die sukzessiven Lagen eines einzigen Bewegungsträgers (die Niveauflächen in I unabhängig von II, oder umgekehrt) zu ordnen, läßt sich die Leistung des Kindes durch folgende zwei Faktoren erklären: 1. Um die Reihe herstellen zu können, muß es natürlich imstande sein, die Höhen als solche zu ordnen, also eine räumliche Reihe zu bilden; 2. es muß außerdem verstehen, daß diese Höhen sich auf eine Bewegung beziehen, es muß also ein anschauliches Bild von der Gesamtbewegung haben (siehe Kap. I/2). Die Verbindung eben dieser beiden Fähigkeiten bildet das, was wir eine «gegliederte Anschauung» der zeitlichen Folge nennen: aber solange es sich nur um einen einzigen Bewegungsträger handelt, vermischen sich die in der Reihe vorkommenden zeitlichen Beziehungen des «Vorher» und «Nachher» mit den Beziehungen der räumlichen Folge (im vorliegenden Fall: «oben» und «unten»), d. h. die Reihenfolge der Vorgänge differenziert sich nicht von der Reihenfolge der Lagen. Um eine isolierte Bewegung in der Anschauung zu reproduzieren, bedarf es keines differenzierten zeitlichen Rahmens, da die zeitliche Folge mit der räumlichen genau zusammenfällt. Sollen dagegen zwei Bewegungen verschiedener Geschwindigkeit miteinander koordiniert werden, dann reicht diese gegliederte Anschauung, die also das Ergebnis einer motorischen oder kinetischen Anschauung und räumlicher Operationen darstellt, nicht mehr aus, und es kommt darauf an, die gemeinsame Reihenfolge und die Gleichzeitigkeiten auf Grund spezifisch zeitlicher Operationen zu bestimmen: jeder bewegte Körper passiert zwar seinerseits Lagen, deren zeitliche Reihenfolge mit der räumlichen zusammenfällt; um nun aber die Reihenfolge (oder die Gleichzeitigkeit) der Lagen in ihrem gegenseitigen Bezug zu bestimmen, ist es notwendig, eine Koordination der Geschwindigkeiten, also der Bewegungen im räumlich-zeitlichen Sinne und nicht nur im Sinne einfacher Verschiebungen (von der Geschwindigkeit unabhängiger Ortsveränderungen) vorzunehmen. Gerade in dieser Koordination der Bewegungen von bestimmter Geschwindigkeit besteht nun die Zeit: Der Raum wäre demnach das System der Lagen oder «Stellungen» («placements») und der Lageveränderungen oder «Umstellungen» («déplacements»), wobei die letzteren gewissermaßen Momentaufnahmen der Bewegungen darstellen, die von einer Stellung zur anderen führen; und die Zeit würde bei gleichzeitiger Stellung («co-placement») und gleichzeitiger Umstellung («co-déplacement») in Erscheinung treten, d. h. dann, wenn die entsprechenden Lagen der bewegten Körper des betreffenden Systems unter gegenseitiger Bezugnahme geordnet werden müssen. Jeder Zustand einer gleichzeitigen Stellung würde also eine Gleichzeitigkeit definieren, und jede Beziehung zwischen Lagen, die verschiedenen Zuständen der gleichzeitigen Stellung angehören, würde eine zeitliche Folge definieren; aus den gleichzeitigen Umstellungen ihrerseits würden Zeitstrecken und Geschwindigkeiten entstehen. Ist dem so, dann ist es ganz klar, daß die Operationen der Reihenbildung und Doppelreihenbildung (Reihenzuordnen, «co-sériation») die Voraussetzungen für die Konstruktion der Zeit — oder der Ordnung der gleichzeitigen Stellungen — bilden und nicht ihr Ergebnis sind.

Vom Standpunkt der Doppel-Reihenbildung als solcher stellen wir nun zuerst einmal fest, daß die Kinder des Teilstadiums II B anfänglich die gleichen Fehlertypen aufweisen wie die des Teilstadiums II A. So bildet Egra sofort einfach zusammengestellte Paare, ohne spontan auf die Idee zu kommen, eine Reihe zu bilden; dann ordnet er die I, ohne sie aber von den II zu trennen, denen er sie zugeordnet hatte (starre Paare). Mat macht es ebenso, nimmt dann im Laufe der Reihenbildung einige Umstellungen vor. Gen, der die I und II einzeln schon schneller ordnet (er ist $9^{1}/_{2}$ Jahre alt!), überspringt beim Zusammenstellen ein Glied, ohne in dem betreffenden Fall das Prinzip der Zuordnung zu verstehen, usw. Der einzige Unterschied zwischen diesen Vpn. und den vorhergehenden (Teilstadium II A) besteht also darin, daß erstere nach den gleichen Anfangsfehlern empirisch durch probierendes Herumverbessern endlich zu der richtigen Doppel-Reihenbildung gelangen. Da aber erhebt sich gerade die Frage, welchen Zeitbegriffen diese empirisch erreichte Doppel-Reihenbildung entspricht.

Was nun diesen wesentlichen Punkt anbetrifft, lassen die Reaktionen nichts an Klarheit zu wünschen übrig. Denn wie

Mat es ganz explizit ausdrückt; die Doppelreihe der Niveauflächen I und II «würde uns helfen» die Gleichzeitigkeiten zu bestimmen, «aber man wäre dann nicht viel sicherer ... nur ein bißchen». Anders ausgedrückt, das Kind, das eigenhändig die Niveauflächen I_1 bis I_7 und II_1 bis II_7 auf den undurchschnittenen Blättern D eingezeichnet hatte, ist nicht vollkommen sicher, ob nach dem Auseinanderschneiden der I und der II jedes Glied der Reihe I noch jedem Glied der Reihe II entspricht, und wenn es II_4 als Pendant zu I_4, das über ihm liegt, bezeichnet, ist es doch nicht ganz überzeugt davon, daß sie beide gleichzeitig sind: «Ich weiß nicht recht.» Mat weiß wohl, daß man zur Bestimmung dieser Gleichzeitigkeiten «alle Zeichnungen ansehen muß». Andererseits erfaßt er gut das Kausalprinzip dieser Folge: D_3 kommt vor D_5, «weil es hier (I) höher ist und da (II) niedriger». Warum läßt er also nicht gelten, daß die Gleichzeitigkeit eindeutig von der Zuordnung und die Ungleichzeitigkeit von der Ungleichheit des Rangplatzes bestimmt wird? Offensichtlich darum, weil für ihn die Reihenzuordnung noch keinen deduktiven oder «operativen» Sinn hat, weil sie also noch nicht eine umkehrbare «Gruppierung» bildet, und er damit gezwungenermaßen das Verständnis der zeitlichen Operationen durch die bloße Anschauung der einzelnen Zustände ersetzt: «Ich sehe mir an, an welcher Stelle das zusammen war.» Ebenso sehen wir, wie Egra, der noch mehr Mühe bei der Bildung der Reihen hat, sich so wenig auf diese verläßt, daß er beim Versuch, sie zuzuordnen, ohne weiteres die von dem Schnitt herrührenden Unregelmäßigkeiten als Anhaltspunkt benutzt! Gen ist noch expliziter und erklärt gerade heraus, daß «man nicht recht wissen kann, weil sich das (das Gefäß I) leert, und dann weiß man nicht mehr». Diese äußerst instruktive Formel will also besagen: da die Zeit an den unumkehrbaren Lauf der Dinge gebunden ist, kann man nicht die Reihenfolge der vergangenen Geschehnisse rekonstituieren! Und das ist durchaus richtig, wenn man sich nur auf die Anschauung — auch die gegliederte — verläßt, während das Merkmal der umkehrbaren Operationen der Reihenbildung und der

49

Doppel-Reihenbildung, deren «Gruppierungs»-Mechanismus Gen nicht versteht, gerade dies ist, daß sie durch einen umkehrbaren Prozeß den unumkehrbaren Lauf der Wirklichkeit rekonstituieren können. Ebenso werden wir im 2. Kap. sehen, wie die Vp. Mog (auch vom zweiten Stadium) hinsichtlich der Zeitstrecken erklärt: «Wenn man diese drei Räume (I_1—I_4) geleert hat, dann bleibt nur noch das (I_{4-5}), dann kann man diese drei Räume (I_{2-5}) nicht wieder leeren», anders ausgedrückt: die vergangene Zeitstrecke kann man nicht kennen, weil sie vergangen ist! Noch anders gesagt: die unumkehrbare Anschauung der Zeit widersetzt sich ihrer Wiederherstellung durch umkehrbare Operationen! Und Gen setzt nachher seine Skepsis so gut in die Praxis um, daß es ihm gleichgültig ist, ob seine Reihen sich decken oder nicht, und sogar noch behauptet, I_7 (leer) könne vor II_7 (voll) gezeichnet worden sein.

Es ist also klar, daß das Reihenzuordnen solange keine zeitliche Bedeutung hat (Gleichzeitigkeit), als es nicht operativ und nur empirisch ist, denn in letzterem Fall ist es einfach die Konstruktion einer anschaulichen Figur, während es in ersterem die Rekonstituierung einer Folge von umkehrbaren Beziehungen der gleichzeitigen Stellung bedeutet. Der Widerstand unserer Vpn. ist nun umso auffallender, als sonst in ihrem Alter (8 bis 9 Jahre) das Reihenzuordnen gar keine Schwierigkeit macht, wenn es sich um das bloße Zuordnen von Größen handelt (z. B. 10 Puppen nach der Größe ordnen und ihnen 10 Stöcke zuordnen, auch wenn diese in umgekehrter Reihenfolge dargeboten werden [12]. Warum also gelingt ihnen, sobald es sich um sukzessive Niveauflächen handelt, nur die empirische Reihenbildung und nicht die operative? Es ist eben etwas anderes, ob man diese beiden Niveaureihen einfach als absteigende und aufsteigende Höhen ordnet oder aber ob man sie so zueinanderlegt, daß die beiden Bewegungen, deren einzelne Zustände sie abbilden, einander zugepaßt werden: im ersten Fall bleibt alles räumlich, da es sich nur um eine einzige gleichzeitige Stel-

[12] Vgl. *La Genèse du Nombre chez l'Enfant*, Kap. V.

lung des Ganzen handelt, während es sich im zweiten Fall darum handelt, von der Reihenfolge aus, die jeder der beiden zu koordinierenden Bewegungen innewohnt, eine Reihe von einzelnen gleichzeitigen Stellungen zu rekonstituieren: diese Reihe nun ist nichts anderes als die Zeit selbst.

Jetzt verstehen wir, daß eine operative Doppel-Reihenbildung notwendig ist, wenn ein Zeitbegriff konstruiert werden soll, der über die Anschauung hinausreicht. Es muß aber betont werden, daß diese Doppel-Reihenbildung zwar notwendigerweise zur Zeit führt, da sie in ihrer Endform eben gerade die Idee oder das «Schema» der Zeit darstellt, daß sie sich aber im Laufe ihrer Bildung nur auf räumliche und kinetische Relationen (gleichzeitige Stellung und gleichzeitige Umstellung) stützt, die jedoch mindestens zwei bewegte Körper und nicht mehr nur einen betreffen müssen. Das Problem läuft in der Tat auf folgende Frage hinaus: gegeben sind zwei Bewegungen (gleichzeitige Umstellungen) mit verschiedener Geschwindigkeit (Ablaufen in I und Füllen in II) und mit stufenweisen Unterbrechungen; welches sind dann die Lagen, bei der die gleiche Wahrnehmung stattfand oder die den gleichen räumlichen Gesamtzustand (gleichzeitige Stellung) bildeten? Natürlich läßt sich die Reihenfolge der Stufen durch die gegliederte Anschauung auch nur einer dieser beiden Bewegungen bestimmen: das neue Problem besteht also einzig und allein in der Bestimmung der gleichzeitigen Stellungen. Wenn nun unsere Vpn. dies nicht können, so nur darum, weil es ihnen nicht gelingt, zwei Bewegungen verschiedener Geschwindigkeit im Kopf zu koordinieren; und sobald sie das können, haben sie den Begriff der Zeit erworben. Wonach wird denn die Vp. es beurteilen, ob zwei Lagen gleichzeitig oder sukzessiv sind, also ob sie dem gleichen räumlichen Gesamtzustand (gleichzeitige Stellung) angehören, oder ob man einen Zustandswechsel voraussetzen muß, um von einer Lage zur andern kommen zu können? Die einfachste Methode hierzu ist die direkte Wahrnehmung: Gleichzeitig sind die Lagen, die man zusammen sehen kann. Allein selbst dann noch bestreiten die Kleinen, wie wir im Kap. IV

51

sehen werden, es oft, daß zwei Läufer «gleichzeitig» stehen bleiben, wenn ihre Bewegungen nicht gleich schnell sind und ihre Haltepunkte sich nicht im Raume berühren. Wenn die direkte Anschauung nicht einmal genügt, um die Gleichzeitigkeit von verschiedenen Haltepunkten zweier Bewegungen zu gewährleisten, wird die anschauungsmäßige Reproduktion hierbei *a fortiori* versagen. Es bleiben somit nur die Operationen, die sich auf die Kenntnis der Bewegungen selbst stützen: wenn bei zwei Bewegungen eine von der andern abhängt, wie dies beim Ansteigen der Niveauflächen im unteren Gefäß II und beim Ablaufen des Wassers im oberen Gefäß I der Fall ist, lassen sich die gleichzeitigen Umstellungen auf Grund dieser Abhängigkeit einander zuordnen, und aus dieser Doppel-Reihenbildung ergibt sich dann das System der gleichzeitigen Umstellungen oder Gleichzeitigkeiten dank der Zuordnungen, zu denen sie führt [13].

Also darum, weil den Vpn. dieses Stadiums eine operative und kausale Zuordnung der jeweiligen Bewegungen abgeht, können sie nicht verstehen, daß die Gleichzeitigkeiten eindeutig durch die Doppelreihe bestimmt werden: sie begnügen sich mit einer Gesamtüberschau der doppelten Bewegung des Wassers, statt auf Grund der genauen Rekonstituierung der gleichzeitigen Umstellungen eine Doppelreihe zu bilden, und sind dann außerstande, den gleichzeitigen Stellungen eine genaue zeitliche Bedeutung zu geben. Der beste Beweis dafür ist die Tatsache, die im nächsten Kapitel Gegenstand unserer Untersuchung sein wird: die Vpn. dieses Stadiums verstehen nicht, daß die Zeit des Wasserablaufens in I und die des Auffüllens in II notwendigerweise gleich sind.

[13] Die moderne Physik hat ja gerade gezeigt, daß der Begriff der Gleichzeitigkeit außerhalb der tatsächlichen materiellen Zusammenhänge keinen Sinn hat.

5

Drittes Stadium:
Operative Doppel-Reihenbildung (co-sériation)
der voneinandergetrennten Zeichnungen und Verständnis für die
Beziehungen der Reihenfolge (Sukzession) und der
Gleichzeitigkeit

Als operativ kann jede doppelte Reihenbildung betrachtet
werden, die das Kind nicht mehr durch Herumprobieren, sondern nach dem Prinzip der Übereinstimmung der beiden betreffenden Bewegungen zustande bringt. Die Versuche zeigen
nun, daß im Augenblick, da eine solche operative Gruppierung möglich wird, die Zeitbegriffe eben dadurch eine gut geregelte und nicht mehr nur eine anschauliche Bedeutung erhalten:

Meis ($8^{1/2}$): «Wo war das Wasser unten, als es da (I_3) oben war?»
— (Er sucht II_5 heraus, dann II_2, II_3 und endlich II_4). — «Was machst
du?» — *Ich suche heraus, wo ebenso viel Wasser da* (in II) *war, wie
da* (leere Raum in I). *Ich glaube, da ist es* (II_4).» — «Bist du sicher?»
— *«Nein.»* — «Wie kann man das machen?» — (Er reiht die II von
II_1 bis II_6 aneinander). — «Wozu gehört denn das (I_3)?» — (Er reiht
die I gesondert aneinander und zeigt mit dem Finger I_1 und II_1 usw.,
die zueinander gehören). — *«Dies da* (II_3) *ist zu gleicher Zeit gemacht
worden.»*

Laur (9; 0). Die Zeichnungen sind schon durchschnitten: «Kannst
du mir sagen, ob das (I_3) vor oder nach diesem (II_4) kommt?» —
«Vorher, glaube ich. (Er blickt auf die II und auf ein paar I, die auf
dem Tisch liegen). *Ja.»* Er nimmt darauf alle Zeichnungen in die
Hand und sucht I_1 heraus, ohne ein Blatt abzulegen. Er geht ein paarmal die I durch, um sich nicht zu irren, und legt dann I_1 ab. Er sucht
ohne Zögern II_1 heraus, legt es hin und sagt: *«Es stimmt, da ist nichts*
(in II_1).» — Er sucht I_2 heraus und vergleicht dabei alle übrigen I;
er legt es hin und setzt dann II_2 daneben. *«Ob es wohl das ist? Ich
lege es jetzt vorläufig einmal hin.»* Er blättert wieder die II durch
und sagt: *«Ja, das ist es»* (nachdem er alle übrigen durchgesehen hat).
«Und das?» (Er legt II_4 versuchsweise auf die Seite und blättert die
übrigen durch). *«Nein, das ist es»* (II_3, das er unter I_3 legt). In gleicher

53

Weise verfährt er bis zum Schluß, indem er immer das höchste der bleibenden I und das niedrigste der bleibenden II hervorsucht. So bildet er die ganze Reihe ohne einen Fehler.

Man sieht sofort die beiden Neuerwerbungen bei diesen Kindern. Erstens können sie ohne Zögern und ohne Fehler die Operation der doppelten Reihenbildung oder der Zuordnung ausführen, und zwar theoretisch wie praktisch. Laur z. B. ordnet seine Zeichnungen nach vorher aufgestellten Grundsätzen, nach denen jede Zeichnung höher (I) oder niedriger (II) als alle übrigen sein muß und beide Reihen einander entsprechen sollen. Außerdem ist sein Denken bei der Anwendung dieser beiden Leitlinien in ständiger Beweglichkeit, so z. B. wenn er II_1 und I_2 versuchsweise herauslegt, bevor er die Sache verifiziert, und dann II_4 provisorisch ablegt, um später wieder diese Hypothese zurückzunehmen usw. Luc begnügt sich mit drei unvollständigen Reihen, in denen die I und II gemischt sind; wenn diese Anordnung zuerst auch nicht von einem Bedürfnis nach einer Reihenbildung zu zeugen scheint, so sieht man doch in der Folge, daß die Vp. mit ihr die gewünschten Zuordnungen herstellen kann, da sie die beiden entsprechenden Reihen mittels geistiger Operationen wirklich ausführt und die materielle Reihenbildung nicht braucht: Beweis dafür ist, daß Luc sich keinmal irrt und sofort die doppelte Reihenbildung ausführt, sobald er zu einer praktischeren Anordnung aufgefordert wird. Meis dagegen ordnet die I und die II voneinander getrennt, zeigt aber mit dem Finger, wie sie zusammengehören. Kurz, jede dieser Vpn. zeigt zu gleicher Zeit einen sehr systematischen operativen Mechanismus und eine vollständige Beweglichkeit bei der Handhabung der Hypothesen: die in Frage kommenden Zusammenhänge bilden also für sie von vornherein eine «Gruppierung» umkehrbarer Operationen, d. h. die entsprechenden Reihen werden im voraus als antizipierte Schemata erfaßt und nicht mehr als Ergebnis empirischen Suchens erst nachträglich entdeckt.

Zweitens — und dies ist das Wesentliche — weiß die Vp. beim Bilden der beiden Reihen sofort, daß einem bestimmten

Rangplatz der einen ein bestimmter Rangplatz der anderen —
und wirklich nur einer — entspricht, und erst diese antizipierte
Zuordnung verleiht der Doppel-Reihenbildung eine zeitliche
Bedeutung. Darum meint Meis, während er zu I_3 das entsprechende II sucht, es müsse das sein, welches «zu gleicher Zeit
gemacht worden ist». Ganz allgemein weiß also jede Vp., daß
sich das Korrespondieren in der Gleichzeitigkeit und das Nicht-
Korrespondieren in der Aufeinanderfolge ausdrückt.

Könnte man nun aber nicht sagen, daß diese Kinder, im
Gegensatz zu denen im vorhergehenden Stadium, klare Begriffe
von diesen zeitlichen Relationen haben und so die Doppelreihe
bilden können, weil sie *a priori* wissen, daß sie ganz bestimmte
Zuordnungsverhältnisse mit sich bringt? Woher aber hätten sie
dann diese klaren Begriffe von der Zeit, die ja im zweiten Stadium nicht vorhanden sind, also weder angeboren sein können
noch auf der Anschauung fußen? So behaupten wir, daß die
Bildung der zeitlichen Begriffe von der Fähigkeit zur operativen Doppel-Reihenbildung abhängt, also auch von der Antizipation eines notwendigen Korrespondierens zwischen den
Rangplätzen, und nicht umgekehrt. Diese Doppel-Reihenbildung nun und die in ihr enthaltene antizipierte Zuordnung lassen sich am einfachsten so erklären, daß die Vpn. im Gegensatz
zu denen der Stadien I und II, nicht mehr nur Höhen und
Niveauflächen als solche ordnen, wozu tatsächlich *a priori* keine
Zuordnung notwendig ist, sondern von vorneherein von dem
Gesichtspunkt der Zuordnung der Bewegungen, also der gleichzeitigen Umstellungen, ausgehen: die Niveauflächen, die sie ordnen, werden dann als aufeinanderfolgende Lagen aufgefaßt, und
ihre Zuordnungen haben schon im voraus die Bedeutung von
gleichzeitigen Stellungen, also zeitlich zusammenfallenden Momenten. Kurz, das Ablaufen des Wassers in I und das Steigen
desselben Wassers in II sind für sie zwei korrelative Bewegungen, deren aufeinanderfolgende Etappen sich zuordnen lassen,
und weil so gleichzeitige Umstellungen da sind, erhält das Zuordnen der Lagen eine zeitliche Bedeutung, während die Vpn.
in Stadium II durch die Bewegung an der Bildung der Doppel-

Reihen gehindert waren («das wird leer, da weiß man nicht mehr»).

Wenn wir jetzt die ganze Entwicklung im Lichte dieser letzten Tatsachen überschauen, müssen wir sagen, daß sie überaus einfach ist. Im ersten Stadium kann das Kind weder die undurchschnittenen D-Zeichnungen noch die Niveauflächen I und II einzeln ordnen. Zuerst darum nicht, weil es die Höhen noch nicht räumlich ordnen kann, dann aber, wenn es dies kann, weil es nicht imstande ist, sie in bezug auf eine gleiche Bewegung (Sinken und Steigen des Wassers) aufzufassen. Im zweiten Stadium kann die Vp. dank einer gegliederten Anschauung, die in der Reproduktion dieser einzelnen Bewegung in Verbindung mit der Reihenbildung der Höhen besteht, die D-Zeichnungen und die I oder II einzeln richtig ordnen; aber, obgleich sie sehr wohl eine doppelte Reihe von rein räumlichen Größen bilden kann (z. B. von Puppen und ihren Spazierstöcken), versagt sie doch bei der doppelten Reihe der Niveauflächen, weil sie zu dem Denken mit kombinierten Bewegungen, also mit gleichzeitigen Umstellungen, nicht imstande ist: dann haben die korrespondierenden oder gleichzeitigen Stellungen für das Kind keine eindeutige zeitliche Bedeutung (Gleichzeitigkeit). Im dritten Stadium endlich führt das Verstehen der gleichzeitigen Umstellung zu der richtigen Doppel-Reihenbildung und diese zu der Konstruktion der richtigen Beziehungen der Folge und der Gleichzeitigkeit.

Endlich wird man fragen, woher dies Verständnis für die gleichzeitigen Umstellungen denn kommt, wenn es nicht aus dem der Zeit stammt, vielmehr ihm vorausgeht und es bildet? Diese Frage läßt sich leicht beantworten: es entspringt der Kausalität, denn den Vpn. der Stadien I und II gelingt die Doppelreihe nicht, weil sie vergessen, daß die Niveauflächen des Gefäßes II sich kausal aus dem Ablaufen des Wassers in Gefäß I ergeben, während dem Kinde in Stadium III dieser Kausalzusammenhang im Geiste ständig gegenwärtig ist. Allgemein gesprochen, entspringen die gleichzeitigen Umstellungen, die die Zeit bestimmen, entweder den direkten Kausalbeziehungen (z. B.

der astronomischen Zeit) oder den Interferenzen kausaler Reihen, aber, so, daß die verglichenen Bewegungen und ihre Geschwindigkeiten gemeinsamen, ein Gesamtsystem formenden Gesetzen folgen. Was ist nun aber die Kausalität? Ist sie nicht gerade das System der räumlich-zeitlichen Operationen [14]?

Was man sich also klar machen muß — und damit wollen wir dies Kapitel schließen und zugleich zu den folgenden überleiten —, ist dies, daß die Operationen der Doppel-Reihenbildung, die das Kind zu der Konstruktion der Zeitbegriffe über die Anschauung hinausführen, nicht logisch-arithmetische Operationen sind, da diese nicht über die deduktive Ordnung hinausgehen und niemals die eigentliche zeitliche Ordnung erreichen würden. Es sind dies vielmehr, wie wir sie in einer früheren Arbeit [15] genannt haben, infra-logische oder physikalische Operationen, d. h. Operationen, die nicht mit den Klassen von Gegenständen oder mit Beziehungen zwischen unveränderlichen Gegenständen oder mit Zahlen zu tun haben, sondern ausschließlich mit Lagen, Zuständen usw., die also die Gegenstände nicht konstant lassen, sondern ihre Veränderungen ausdrücken; wie Kant in einer entscheidenden Analyse gezeigt hat, stellen Zeit und Raum nicht Begriffe dar, sondern einzigartige «Schemata», denn es gibt nur eine Zeit und nur einen Raum für das ganze Weltall. Nur schloß er daraus zu unrecht, daß sie «Formen der Sinnlichkeit» darstellen, weil er die Eigenschaft des Operativen nur den begrifflichen oder numerischen Realitäten zuerkannte: in Wirklichkeit aber gehen Raum und Zeit ebenso aus Operationen hervor wie die Begriffe (Klassen und logischen Beziehungen) und die Zahlen, aber es sind dies im Gegenstand liegende Operationen, die durch gegenseitige Ineinanderschachtelung der partiellen Gegenstände letzthin die Veränderung

[14] Siehe die tiefgründige Auffassung von Brunschvicg, nach der das Kausalitätsprinzip sich auf die Behauptung reduzieren läßt «Es gibt ein Universum» (in der speziellen Bedeutung des «Universums» der Relativitätstheorie, d. h. ein räumlich-zeitliches System).

[15] PIAGET und INHELDER, Le Développement des Quantités chez l'Enfant. Siehe die «Conclusions».

57

jenes einzigartigen Gegenstandes betreffen, den das physikalische oder räumlich-zeitliche Universum bildet.

Wenn man darum einfach sagt, das Verstehen der gleichzeitigen Umstellungen, die die Zeit bilden, beruhe auf der Kausalität, so spricht man nur eine Tautologie aus; denn die Operationen, die diese gleichzeitigen Umstellungen zu ordnen gestatten, sind nur ein Sonderfall der räumlich-zeitlichen Operationen, die die Kausalität bestimmen. Dagegen erhält diese Behauptung einen Sinn in folgender Form: die Operationen, die die Bewegung koordinieren, bringen das «Schema» der Zeit hervor, soweit sie der Logik der Dinge, nämlich der Kausalität, angehören, die das Ganze der infra-logischen oder «physikalischen» Operationen gruppiert (Einschachtelung der Gegenstände oder Teilung und «Stellung» oder «Umstellung» für den Raum; gleichzeitige Stellung oder gleichzeitige Umstellung und Einschachtelung der Intervalle für die Zeit usw.).

Kapitel II

Die Dauer der Intervalle

Die metrische Zeit ist ordinal und zugleich kardinal: der zeitlichen Anordnung oder ordinalen Folge der Markierungspunkte entspricht die Dauer oder der Kardinalwert der Intervalle zwischen diesen Punkten. Schon bei der qualitativen Zeit treten dieser Dualismus und diese Komplimentarität hervor: der Reihenordnung der Vorgänge A, B, C, D usw. entspricht die Einschachtelung der Dauer a (zwischen A und B) in der Dauer b (zwischen A und C) und die der letzteren in der Dauer c (zwischen A und D) usw. Wir müssen also jetzt prüfen, wie sich die Zeitstrecken in der den Kindern eben vorgelegten Versuchsanordnung entwickeln, und zwar nach zweierlei Gesichtspunkten.

Zunächst einmal kann man behaupten, daß nur die Untersuchung der Zeitschätzung beweisen kann, ob die Gleichzeitigkeit und die Folge wirklich verstanden werden. Für das wirkliche Verständnis der Gleichzeitigkeiten von I_1 und II_1, I_2 und II_2 usw. genügt es nämlich nicht, daß das Kind nur erklärt, sie sind «zu gleicher Zeit» gemacht worden oder sie «gehören zusammen» usw.: es muß noch begreifen, daß die Dauer $I_1 I_2$ gleich der Dauer $II_1 II_2$ ist. Ebenso genügt es nicht für das richtige Verstehen der Priorität von I_2 gegenüber I_3 oder II_3, daß das Kind erklärt, es «kommt vorher» oder selbst «es ist da mehr Wasser» usw.: es muß begreifen, daß die Zeitstrecke $I_1 I_2$ oder $I_1 II_1$ weniger groß ist als die Zeitstrecke $I_1 I_3$ oder $I_1 II_3$. Kurz, man kann sagen, daß die zeitliche Folge und Gleichzeitigkeit nur in dem Maße operativ verstanden werden, als sie ein System von Zeitstrecken ermöglichen, deren Einschachtelung durch sie eindeutig bestimmt werden, ebenso wie die Zeitstrecken nur insofern operativ verstanden werden, als sie einem System der Folge und Gleichzeitigkeit eindeutig entsprechen. Hier liegt also der erste Grund für unsere Untersuchung der Begriffe der Dauer, die mit dem Ablaufen des Wassers zusammenhängen, da diese Analyse die unerläßliche Gegenprobe für die vorhergehende bildet.

Aber auch schon an sich werden die Zeitschätzungen im ersten und dritten Stadium uns Gelegenheit geben, der Deutung der Zeit von der Koordination der Bewegungen her weiter nachzugehen. Im ersten Stadium hat nämlich der Begriff der Zeit oder des Zeitintervalls als solcher keinen genauen Sinn, so daß die Vp. auf die Frage «braucht es mehr Zeit, ebensoviel Zeit oder weniger Zeit, wenn das Wasser von I_1 nach I_2 oder, wenn es von II_1 nach II_2 geht?», nicht nur diese Gleichheit ablehnt, weil sich der Wasserspiegel in II schneller verschiebt als in I, sondern sogar unterschiedslos «weniger Zeit» oder «mehr Zeit» zur Antwort gibt, weil sie das umgekehrte Verhältnis von Zeit und Geschwindigkeit, schneller = weniger Zeit, nicht beherrscht. Im zweiten Stadium entdeckt das Kind das umgekehrte Verhältnis, fängt also an zu verstehen, daß es Zeitintervalle gibt, die sich von den Geschwindigkeiten und den durchlaufenen Strecken unterscheiden; da es aber noch nicht fähig ist, diese Intervalle untereinander zu ordnen, glaubt es z. B., daß die Dauer $I_1 I_2$ länger sei als die Dauer $II_1 II_2$, weil das Wasser in I langsamer sinkt, als es in II steigt. Im dritten Stadium endlich werden die Zeitstrecken richtig ineinandergeschachtelt in Korrelation mit der Reihenfolge der Vorgänge. So zeigt sich von vornherein, wie stark der Begriff der Dauer als solcher mit der Koordination der Bewegungen und ihrer Geschwindigkeiten verbunden ist.

1

Erstes Stadium:
Keine Abstraktion der Dauer

Für die Reihenbildung der D-Zeichnungen (oder der I und der II getrennt) haben wir zwei Teilstadien unterschieden, eins ohne und eins mit empirischer Lösung. Diesen beiden Reaktionen entspricht eine gleiche Schätzung der Zeitdauer, wie folgende Beispiele zeigen. Zum besseren Verständnis der folgenden Protokolle sei vorausgeschickt, daß die Fragen über die Dauer bis zum dritten Stadium nicht mehr an Hand der Zeichnungen, sondern an Hand der auf der Wand der Gefäße selbst markierten Niveauflächen (Tintenstriche auf Gefäß I und Gummireifen auf Gefäß II) gestellt werden.

Pel (6). «Geht es von da bis da herauf (II_1 bis II_2) die gleiche Zeit[1] wie von da bis da herunter (I_1 bis I_2)?» — «*Nein.*» — «Wie lange dauert es da (II_1 bis II_2)?» — «*Ich denke, zwei Minuten.*» — «Und da? (I_1 bis I_2)» — «*Ich denke, fünf Minuten.*» — «Warum?» — «*Weil es hier dicker ist, ist oben mehr Wasser.*» (Da Pel nicht sieht, daß sich dieselbe Wassermenge verschiebt, schreibt er der Bewegung, die ihm mehr Arbeit zu brauchen scheint, auch mehr Zeit zu). — «Was hat das Wasser hier gemacht?» — «*Es ist von da nach da heruntergegangen* (von I_1 nach I_2). *All dies Wasser ist heruntergegangen.*» — «Wie lange dauerte das?» — «*Eher vier Minuten.*» — «Und dann?» — «*Es ist hier heraufgegangen.*» — «Wie lange?» — «*Zwei Minuten.*» — «Nicht ebenso lange?» — «*Nein, einmal vier, einmal zwei Minuten.*» — «Warum?» — «*Weil das* (Gefäß II) *höher ist.*» — «Na und?» — «*Es geht schneller herunter; weil es unten höher ist, wird es langsamer voll.*» — «Warum?» — «*Weil es hier oben dicker ist* (zeigt auf die dickste Stelle der Birne) *und hier kleiner* (zeigt auf den unteren dünnen Teil), *da geht es dann schneller herunter.*» — «Und wenn man auf die Uhr[2] sehen würde, während das Wasser von da bis da steigt? (II_1 bis II_2)» — «*Die Uhr wird bis dahin* (45") *gehen.*» — «Und beim Sinken von da bis da (I_1 bis I_2)?» — «*Sie wird bis da gehen* (55").» — «Warum?» — «*Weil es herunter schneller geht.*» — «Was sagts du?» — «*Das wird solange heruntergehen* (57") *und das solange herauf* (45").» — «Warum?» — «*Weil es herauf langsamer geht.*»

Lin (6; 4), dessen falsche Reihenbildungen schon gezeigt wurden (Kap. I/2). «Wie lange Zeit braucht das Wasser von da bis da (I_1 bis I_3)?» — «*Einen kleinen Augenblick.*» — «Und von da nach da (II_1 nach II_3)?» — «*Mehr Zeit.*» — «Warum?» — «*Das ist ein größeres Stück.*» — «Wo war das Wasser hier (II), als es da (I_1) war?» — «*Hier* (II_1).» — «Und als es da (Markierung auf I_3) war?» —

---

[1] Da in dem geläufigen Ausdruck «länger dauern», «gleich lange» usw. der Begriff der Zeit nicht explizit erscheint, wurde in den Protokollen die wörtliche Übersetzung vorgezogen, um die psychologische Interpretation der Protokolle klarer zu Tage treten zu lassen. (die Übers.)

[2] Laboratoriumsstoppuhr, die jedesmal auf 0 zurückgestellt wird.

«*Hier* (Gummireifen II_3).» — «Nimmt es hier gleich viel Zeit (I_1 I_3) wie da (II^1 II_3)?» — «*Nein.*» — «Und als das Wasser hier (I_2) war, wo war es dann unten?» — (Er zeigt II_2) — «Braucht es von da bis da (I_1 I_2) gleich viel Zeit, wie von da bis da (II_1 II_2)?» — «*Nein, es braucht hier* (II_1 II_2) *mehr Zeit.*»

«Wie lange brauchst du von der Schule nach Hause?» — «*Zehn Minuten.*» — «Und wenn du läufst, geht das schneller oder langsamer?» — «*Schneller.*» — «Also brauchst du dann mehr Zeit oder weniger Zeit?» — «*Mehr Zeit.*» — «Wie viel?» — «*Mehr als zehn Minuten.*»

Chap (7; 4). Man läßt das Wasser von I_1 nach I_2 fließen: «Hast du gesehen?» — «*Das Wasser ist da heruntergegangen* (I_1 I_2), *und da ist es heraufgegangen (II_1 II_2).*» — «Hat es von da bis da (I_1 I_2) ebensoviel Zeit gebraucht, wie von da bis da (II_1 II_2)?» — «*Nein, herauf mehr, weil es da* (I) *herunter geht.*» — «Warum hier (II) mehr?» — «*Weil ich es wußte.*» — Wir werden es noch einmal abfließen lassen (von I_2 bis I_3), und du wirst zählen, wieviel Zeit es dazu braucht.» — (Chap zählt bis 10, während das Wasser abfließt). — «Nun?» — «*Diesmal braucht es weniger Zeit herauf* (von II_2 bis II_3) *als herunter* (von I_2 bis I_3).» — «Warum?» — «*Weil schon Wasser da war* (in II).» — «Na, und was bedeutet das?» — «*Weniger Zeit.*» — «Bis wo hast du zählen müssen von da bis da (I_1 bis I_3)?» — «*Bis 10.*» — «Und von da bis da (II_1 bis II_3)?» — «*Bis acht.*» — «Warum?» — ...

Die beiden anwesenden Personen A und B machen vor dem Kind eine Demonstration mit gleichzeitigem Losgehen und gleichzeitigem Stehenbleiben, wobei aber A weniger weit kommt als B. «Sind wir im gleichen Augenblick losgegangen?» — «*Ja.*» — «Sind wir im gleichen Augenblick stehen geblieben?» — «*Nein.*» — «Warum?» — «*Der* (A) *ist zuerst stehen geblieben.*» — Dann gehen A und B gleichzeitig los, aber A 2 m hinter B, und bleiben gleichzeitig am gleichen Punkt stehen. — «Sind wir gleichzeitig losgegangen?» — «*Ja.*» — «Und gleichzeitig stehen geblieben?» — «*Ja.*» — Sind beide gleich schnell gegangen?» — «*Nein, der* (A) *schneller.*» — «Sind beide die gleiche Zeit gegangen?» — «*Nein, der* (A) *längere Zeit.*» — «Wie lange ist der (B) gegangen?» — «*Fünf Minuten.*» — «Und der (A)?» — «*Zehn Minuten.*»

«Wie lange brauchst du bis nach Hause?» — «*Eine Stunde.*» — «Und wenn du es eilig hast?» — «*Dann gehe ich schneller.*» — «Brauchst du dann mehr oder weniger Zeit?» — «*Mehr Zeit.*» — «Warum?» — «So.»

«Sieh mal noch das da! Was nimmt mehr Zeit, wenn ich das Wasser von da bis da (I_1 bis I_2) laufen lasse oder von da bis da (I_1 bis I_3)?» — «*Da* (I_1 I_3).» — «Und von da bis da (I_1 bis I_3) oder von da

62

bis da (II_1 bis II_2)?» — *«Hier (II_1 II_2),»* — «Warum?» — *«Das ist ein größeres Stück.»*

Bei der Untersuchung des Begriffes der Reihenfolge der Vorgänge (Kap. I) haben wir feststellen können, daß die eigentlichen Zeitrelationen erst mit der Koordinierung mindestens zweier Bewegungen beginnen. Solange es sich nur darum handelt, die sukzessiven Lagen eines bewegten Körpers im Ablauf einer einzelnen Bewegung durchzugehen, fällt nämlich die zeitliche Folge mit der räumlichen Folge zusammen (mit der Ordnung der geometrischen Strecke im Sinne des Vektors): bei dem Wahrnehmen der Bewegung als solchem besteht also kein spezifisch zeitliches Problem, und bei dem Rekonstituieren der Bewegung genügt ihre anschauliche Reproduktion, um das Problem der Ordnung zu lösen. Sobald dagegen zwei Bewegungen von verschiedener Geschwindigkeit koordiniert werden sollen, stellt die Reihenfolge der Lagen des einen bewegten Körpers im Verhältnis zu denen des anderen ein spezifisch zeitliches Problem, weil sie nun nicht mehr mit der räumlichen Folge zusammenfällt. Daraus ergibt sich die Hypothese, daß das Zeitschema in der Gesamtheit der Operationen der gleichzeitigen Stellung und der gleichzeitigen Umstellung besteht.

Nun, die Tatsachen, die wir eben in bezug auf das erste Stadium der Zeitschätzung (oder der Schätzung von Intervallen zwischen den Vorgängen) vorgebracht haben, stimmen mit dieser Hypothese überein und schließen sich vollständig den entsprechenden Beobachtungen bezüglich der Reihenfolge der Geschehnisse an (Kap. I, 2—3). Solange es sich in der Tat nur um eine einzelne Bewegung mit ziemlich gleichförmiger Geschwindigkeit wie bei der Niveauverschiebung des Wassers in I oder in II handelt, bietet das Schätzen der Zeitdauer anscheinend überhaupt keine Schwierigkeiten, dies aber nur darum, weil die Dauer tatsächlich nicht in reinem Zustand auftritt, und eine längere oder kürzere Dauer mit dem längeren oder kürzeren durchlaufenen Weg zusammenfällt. So antwortet Chap, auf dessen Irrtum wir gleich noch zurückkommen werden, sofort, daß das Wasser mehr Zeit braucht für die Entfernung

$I_1 I_3$ als für die Entfernung $I_1 I_2$: aber in diesem Fall deckt sich
eben die Ungleichheit zwischen der Teildauer $I_1 I_2$ und der Gesamtdauer $I_1 I_3$ mit der Einschachtelung der Teilentfernung
$I_1 I_2$ in der Gesamtentfernung $I_1 I_3$: wenn man will, kann man
daraus schließen, daß für eine Bewegung mit gleichförmiger
Geschwindigkeit eine Anschauung der Dauer besteht in dem
Sinne, daß ein Ganzes $(B = A + A')$ größer ist als einer seiner Teile (A). Aber sobald es sich um eine zwei verschiedenen
Bewegungen gemeinsame Zeit handelt, besteht diese selbe Anschauung nicht mehr, da Chap ja gleich hinterher meint, die
Dauer $I_1 I_3$ sei kürzer als ein Teil von ihr $II_1 II_2$, weil der in
$II_1 II_2$ durchlaufene Weg länger ist als die Bahn $I_1 I_3$: im Fall,
wo zwischen der Dauer des Weges und der durchlaufenen Entfernung unterschieden werden muß, wird die Dauer als solche
nicht mehr verstanden und ohne weiteres auf eine Frage der
räumlichen Entfernung zurückgeführt! Man kann also durchaus sagen, das Problem der Dauer, ebenso wie das der zeitlichen
Ordnung, beginnt mit der Koordination zweier Bewegungen
von verschiedener Geschwindigkeit.

Hier liegt die Erklärung für die beiden wesentlichen Umstände, auf die man immer wieder bei den vorhergehenden Reaktionen stößt: beim Vergleichen zweier gleichzeitiger Bewegungen versteht das Kind dieses ersten Stadiums die Gleichheit synchroner Zeitstrecken noch nicht und auch nicht einmal
das umgekehrte Verhältnis von Zeit und Geschwindigkeit. Daß
es dies letztere nicht versteht, bestätigt ohne Frage besser als
alles andere die anfänglichen Schwierigkeiten der anschaulichen
Zeitschätzung und den besonderen Charakter der operativen
Zeit, der in dem Koordinieren der gleichzeitigen Umstellungen
besteht. Es muß also diese Frage der Zeit und der Geschwindigkeit zum Ausgangspunkt gemacht werden.

Ob es sich nämlich um die beiden Verschiebungen des Was-
serspiegels in I und II handelt oder um den Gang zweier Personen (auf dieses letztere Beispiel werden wir noch in den
Kap. II, IV und VII zurückkommen), immer behaupten die
Kinder dieses ersten Stadiums, von zwei bewegten Dingen

brauche das «schnellere» «mehr Zeit». So ist für Pel das Sinken des Wassers in Gefäß I schneller als das Steigen in Gefäß II: folglich braucht das Wasser zum Sinken von I_1 bis I_2 5′ oder 4′, während es zum Steigen von II_1 nach II_2 2′ braucht, und beim Voraussagen an Hand der Uhr nimmt er 55′ oder 57′ für das Sinken und 45′ für das Steigen an; und er präzisiert noch, «solange wird es heruntergehen (57′) und solange herauf (45′), weil es herauf langsamer geht». Wenn Pel meint, das Steigen sei langsamer und das Sinken schneller, so ist es klar, daß er an die größere Schwierigkeit denkt, die das Steigen im allgemeinen erfordert. Lin dagegen kümmert sich nicht um das Sinken in I und stellt nur fest, daß zwischen II_1 und II_2 «ein größeres Stück» ist als zwischen I_1 und I_2. Aber er folgert daraus ebenfalls, daß dies mehr Zeit nehme, wobei sich also die Zeit für ihn proportional zu der durchlaufenen Strecke und der Geschwindigkeit verhält. Außerdem behaupten diese Kinder ganz ausdrücklich, ganz wie Chap, daß von zwei gleichzeitigen Bewegungen, die vor ihnen ablaufen, die schnellere auch länger dauert. Chap seinerseits kommt zu der merkwürdigen Überlegung bezüglich des Gefäßes II, nach welcher das Wasser zum Steigen mehr Zeit brauche, wenn es leer ist, und weniger Zeit, «weil schon Wasser da war», was zweifellos eine Anspielung auf die noch auszuführende Handlung ist und damit wiederum auf den zu durchlaufenden Weg und die Geschwindigkeit.

Welche Bedeutung soll man dieser direkten Proportion geben, die das Kind dieses Stadiums zwischen Zeit und Geschwindigkeit aufstellt? Die Sache läßt sich einfacher erklären, als es zuerst scheinen könnte. In der Auffassung, an die uns die üblichen Maßsysteme wie auch die klassische Mechanik gewöhnt haben, entsprechen Raum und Zeit zwei Grundanschauungen, während die Geschwindigkeit ein aus ihnen abgeleitetes Verhältnis ist: $V = s/t$. Aber es ließe sich ebensogut die Auffassung vertreten — und die diesem Stadium eigenen Beobachtungen führen gerade zu dieser zweiten Deutung, die übrigens mit den Ergebnissen der Relativitäts-Mechanik übereinstimmt — daß die Anschauungen des durchlaufenen Raumes und der

Geschwindigkeit die ursprünglichen sind, und daß die Zeit sich allmählich aus ihnen herausdifferenziert, aber nur in dem Maße, als sich die gleichzeitigen Umstellungen unter sich koordinieren. Daraus würde sich ergeben, daß die Zeit in diesem ersten Stadium schlecht differenziert und mit der Geschwindigkeit oder mit dem durchlaufenen Raum verwechselt wird.

Man muß sich übrigens gleich von vornherein über die Art der Anschauung bei den Begriffen der Umstellung und der Geschwindigkeit verständigen, denn es gibt mehrere Grade oder Stufen der Anschauung, entsprechend den aufeinanderfolgenden Stadien. Es kann (wie wir im zweiten Stadium, Kap. I, gesehen haben und wie wir es in Stadium II dieses Kapitels wiederfinden werden) eine «gegliederte Anschauung» sein, die schon auf halb-operativen Koordinationen beruht, aber noch voll von Wahrnehmungsrelationen steckt. Im ersten Stadium dagegen bleibt die Anschauung «unmittelbar» oder «amorph», d.h. sie reproduziert ohne weiteres Wahrnehmungsverhältnisse, die einen richtig, die andern falsch, ohne sie zu einem zusammenhängenden Ganzen koordinieren zu können.

Was den durchlaufenen Weg anbetrifft, so vermittelt die «unmittelbare» Anschauung einen genauen Begriff der *mehr oder weniger großen Umstellung,* wenn die bewegten Körper von zwei übereinanderliegenden Punkten ausgehen und in der gleichen Richtung zwei parallele Strecken durchlaufen. Aber wenn die Ausgangspunkte nicht übereinander liegen und wenn zwischen den bewegten Körpern ein Zwischenraum liegt, dann kann die Vp. nicht mehr die Gleichheit oder Ungleichheit der durchlaufenen Wege beurteilen.

Hinsichtlich der Geschwindigkeit führt die «unmittelbare» Anschauung zu einer richtigen Schätzung im Falle des *sichtbaren Überholens,* aber schon wenn die Endpunkte zusammenfallen bei Verschiedenheit der Anfangspunkte, werden die Geschwindigkeiten als gleich beurteilt. Es genügt vor allem, das Überholen unsichtbar zu machen, z. B. wenn beide bewegte Körper durch zwei Tunnel gehen (auch wenn der eine als länger erkannt wird), damit bei sichtbarem gleichzeitigem Losgehen und Ankommen die Geschwindigkeiten für gleich gehalten werden. Die Geschwindigkeit hat also im Anfang nichts von einem Verhältnis, da sich ein Schnelligkeitsunterschied nur durch sichtbares Überholen anzeigt und zwei ungleiche Räume, die gleichzeitig durchlaufen werden, ohne daß die bewegten Körper mit dem Blick verfolgt werden können, nicht mehr zu dieser Ungleichheit der Geschwindigkeit führen (auch dann nicht, wenn es sich um Wege handelt, die gerade einen Augenblick vorher sichtbar waren und dabei zu dem entgegengesetzten Urteil Anlaß gaben) [3].

Es ist also natürlich, daß die zeitlichen Begriffe ganz von diesem Sachverhalt abhängen. Man kann sich sogar fragen, ob eine «unmittelbare» Anschauung der Dauer in selbständiger Form überhaupt existiert. Die einzige direkte Anschauung, bei der richtige Urteile zustande kommen, läßt sich beobachten, wenn zwei gleich schnelle Bewegungen im gleichen Moment von dem gleichen Punkt ausgehen und wenn der erste weitergeht, während der zweite stehen bleibt: dann wird der ersteren Bewegung eine längere Dauer zuerteilt, aber nur darum, weil die durchlaufene Strecke größer ist. Ebenso bringt die innere Dauer dann eine richtige Anschauung zustande, wenn von mit gleicher Geschwindigkeit ausgeführten Verrichtungen (z. B. Zahlen schreiben) die eine länger fortgesetzt wird als die andere (z. B. von 1 bis 50 schreiben statt von 1 bis 20). Aber in diesem zweiten Fall, ebenso wie beim Durchlaufen eines Weges, wird die größere Dauer als direkt proportional zu der *Zunahme (oder Fortsetzung) der Arbeit* aufgefaßt. Aber es versteht sich von selbst, daß diese «unmittelbare» Anschauung nur bei Gleichheit der physikalischen oder psychologischen Geschwindigkeiten richtig ist, — sobald die Geschwindigkeiten verschieden sind, genügt die amorphe Anschauung nicht mehr, und die gegliederte Anschauung oder die operative Beziehung werden unerläßlich, weil sich dann die Dauer von der durchlaufenen Strecke oder der verrichteten Arbeit ablöst, um zur

---

[3] In «Les Notions de Mouvement et de Vitesse chez l'Enfant» werden diese Versuche ausführlich dargestellt.

Koordination der Bewegungen selbst zu werden: folglich nimmt die physikalische Zeit die Form an $t = s/v$ und die psychologische Zeit, die eines Verhältnisses zwischen der verrichteten Arbeit und der Tätigkeit (Kraft und Geschwindigkeit der Tätigkeit). Wir werden sehen, daß eben weil im ersten Stadium diese Koordination der gleichzeitigen Umstellungen fehlt und die unmittelbare oder amorphe Anschauung dominiert, die Dauer ohne weiteres an die Geschwindigkeit und den durchlaufenen Weg angeglichen wird.

Wir wollen aber noch bemerken, daß vom Gesichtspunkt der Reihenfolge der Vorgänge die unmittelbare Anschauung der Gleichzeitigkeit nur für den Fall richtig ist (wie Kap. I es uns gezeigt hat und wie wir es in Kap. IV wieder sehen werden), wo die bewegten Körper im gleichen Raumpunkt stehen bleiben (oder in zwei verschiedenen Punkten, aber bei gleicher Schnelligkeit): fehlt dieses räumliche Zusammenfallen, dann glaubt Chap z. B., einer der Läufer, die er sieht, halte «vorher» an, nur darum, weil er weniger weit geht als der andere. Danach beschränkt sich die einzige richtige «unmittelbare Anschauung» der zeitlichen Folge auf den Fall der Geschwindigkeitsgleichheit bei zwei bewegten Körpern oder auf die Reihenfolge der Lagen eines einzelnen bewegten Körpers (also auch auf die gerade stattfindenden Tätigkeiten einer einzelnen bewußten Vp.). Nun, es kann sein, daß diese Schwierigkeiten in der Anschauung der Reihenfolge, die sich im ersten Stadium geäußert haben (beschrieben in Kap. I), ihren Einfluß auch auf das Verhältnis zwischen Zeit und Geschwindigkeit ausüben: dadurch daß die zeitliche Folge von der räumlichen nicht getrennt wird (s. Kap. III), ist es gut möglich, daß für das Kind das schneller Bewegte nicht immer «vor» (avant) dem andern in einem bestimmten Raumpunkt ankommt, daß also das Verhältnis «schneller» nicht unbedingt die Beziehung «weniger Zeit» nach sich zieht. Mehr als das: da es im ersten Stadium keine gut gegliederte Koordination zwischen den Folgen und den Zeitstrecken gibt, wird die Anschauung der Ordung, selbst wenn sie ausnahmsweise richtig ist, keineswegs ein richtiges Verhältnis zwischen Dauer und Geschwindigkeit mit sich bringen.

Wenn wir nun auf die unmittelbare Anschauung der Dauer zurückkommen, so verstehen wir, warum sie zu dem Verhältnis «schneller = mehr Zeit» ebenso gut wie zu dem umgekehrten gelangen kann. Diese amorphe Anschauung, die also die Anschauung der «Tätigkeitszunahme» ist, führt nur in dem Fall eines einzelnen bewegten Körpers oder zweier gleich schneller bewegter Körper zum richtigen Ergebnis. Bei verschieden schnellen Bewegungen sind zwei Lösungsmethoden für die Frage der Zeit möglich: entweder handelt es sich darum, den Begriff der Dauer von den Begriffen der Geschwindigkeit und des durchlaufenen Weges abzulösen, was das Kind in diesem ersten Stadium noch nicht kann, oder die Anschauung einer «Dauer = Tätigkeitszunahme» muß irgendwie an diese gleichzeitigen Umstellungen angepaßt werden, die die Vp. eben nicht mittels eines differenzierten Begriffs der Dauer koordinieren kann. Muß man im zweiten Fall sagen, das schneller Bewegte braucht mehr Aktivität, folglich mehr Zeit, um dieselbe Arbeit zu verrichten, oder kann man den Sinn des Wortes «Tätigkeit» erweitern und ohne weiteres das schneller Bewegte als das aktivere ansehen, was zu der Annahme einer direkten Proportion Zeit = Geschwindigkeit führen würde? Nun, um in dem weniger schnell bewegten Körper eine größere Tätigkeit erkennen zu können, muß das Kind einer größeren Abstraktion und einer Umkehrung der Verhältnisse fähig sein, wozu es bei Fehlen der eigentlichen Operationen einer «gegliederten Anschauung» bedarf: dies werden wir wirklich im zweiten Stadium sehen. Solange das Kind in der diesem Stadium eigenen «unmittelbaren» Anschauung verharrt, bleibt ihm nichts anderes übrig, als dem schnellsten Bewegungsträger die größte Aktivität zuzuschreiben. Es scheint nun, als läge hier die Erklärung für das seltsame Verhältnis «schneller = mehr Zeit»: da die Vp. gewohnt ist, die Zeit nach der verrichteten Arbeit oder nach dem durchlaufenen Weg zu schätzen, deutet sie die Zeitstrecken mit gleicher Geschwindigkeit richtig, aber schreibt auch der schnelleren Be-

wegung bei zwei verschieden schnellen Bewegungen eine längere
Dauer zu, weil sie einen längeren Weg hat. So kommt es, daß
Chap. angesichts zweier hintereinander und im gleichen Punkt
stehenbleibender Läufer erklärt, (A) habe «längere Zeit» gebraucht als (B) (10' präzisiert er noch, statt 5'), obwohl er die
Gleichzeitigkeit der Anfangs- und Endpunkte wohl erkennt:
was heißt das anderes, als daß für ihn die Dauer weder von der
Reihenfolge noch von der Gleichzeitigkeit abhängt, sondern nur
von der verausgabten Tätigkeit. Schematisierend könnte man
sagen, für das Kind bedeutet «schneller» = «weiter» (Überholen) und «weiter» = «längere Zeit», abgesehen von all den
andern Relationen, die eine Rolle spielen [4]. Jetzt versteht man,
warum Pel meint, die gleiche Menge Wasser, die von I nach II
fließe, brauche «zwei Minuten», um von II_1 nach II_2 zu steigen, und «fünf Minuten», um von I_1 nach I_2 zu sinken, weil
er das Sinken für schneller hält: «herunter geht es schneller».
Lin macht scheinbar eine entgegengesetzte Überlegung, aber
kommt doch genau zum gleichen Schluß: da er wie Pel die
(praktische) Gleichheit zwischen I_1 und II_1 und zwischen I_2
und II_2 nicht beachtet, hält auch er die Zeitstrecken $I_1 I_2$ und
$II_1 II_2$ nicht für gleich, aber da eine der beiden synchronen
Niveauverschiebungen «ein größeres Stück» durchläuft (das Ansteigen $II_1 II_2$), braucht diese letztere «mehr Zeit». Da für Pel
das schnelle Sinken die größere Tätigkeit hat, gibt er diesem
in bezug auf die Dauer das Übergewicht, während für Lin die
größere Tätigkeit an der durchlaufenen Strecke meßbar ist und
darum diese letztere die Zeit bestimmt. Was Chap anbetrifft,
von dessen Reaktion angesichts der beiden Läufer wir eben
gesprochen haben, so nimmt er, wie erinnerlich, an, das von
II_1 nach II_2 steigende Wasser brauche «mehr Zeit» als beim
Sinken von I_1 nach I_2, aber von II_2 nach II_3 brauche es «weniger Zeit »als von I_2 nach I_3, weil dann in II schon Wasser ist.
Um Wasser in ein leeres Gefäß zu bringen, ist also mehr Zeit

[4] Vgl. die Reaktion der Kinder in Kap. VIII: nachdem sie bis 15 gezählt und auf der Uhr 15 gesehen haben, erwarten sie, wenn sie viel schneller
zählen, daß der Zeiger weiter gehe, weil das «mehr Zeit» brauche.

nötig als ebensoviel aus einem vollen Gefäß zu leeren, und weniger Zeit, um das erste weiterzufüllen als das zweite weiterzuleeren! Man könnte keine bessere Bestätigung für den rein anschaulichen und aktiven Charakter der primitiven Zeitschätzung finden: Chap will zweifellos einfach damit sagen, daß man sich beim Weiterfüllen des dünnen Gefäßes II dem Ende dieser Tätigkeit näher befinde als beim Weiterleeren des dicken Gefäßes I, was darauf hinausläuft, daß die Geschwindigkeit nach dem Endpunkt geschätzt wird (dies ist das eigentliche Kriterium des «Überholens») und daß die Zeit nach der Geschwindigkeit, d. h. wieder nach der eigenen Tätigkeit gemessen wird [5].

Alles dies zeigt, daß die Dauer ebenso wenig wie die Reihenfolge der Geschehnisse in diesem ersten Stadium richtig verstanden werden, und zwar in beiden Fällen deshalb nicht, weil sich das Kind mit «unmittelbaren Anschauungen» zufrieden gibt, ohne die «gegliederte Anschauung» noch *a fortiori* die «operative» Gruppierung zu erreichen. Wenn nun dies bei der Reihenfolge und bei der Zeitschätzung, auf jedem Gebiet für sich, in Erscheinung tritt, so muß noch die Tatsache betont werden, daß wegen des Mangels an operativer Gruppierung eben gerade die Urteile innerhalb dieser beiden Gebiete nicht miteinander koordiniert werden: die längere Dauer einer Bewegung wird nicht daran erkannt, daß sie «nach» der mit ihr verglichenen aufhört, und wenn zwei Bewegungen gleichzeitig sind, so sind sie deswegen noch nicht von gleicher Dauer. Die gegenseitige Abhängigkeit von Reihenfolge und Dauer findet sich sogar erst im dritten Stadium.

[5] Man wird vielleicht sagen, daß das Verhältnis «plus vite» (schneller) = «plus de temps» (mehr Zeit) Sache der Sprache ist, indem das «plus» wieder das «plus» ohne weitere Überlegung nach sich zieht. Aber es läßt sich leicht feststellen, daß das Kind das gleiche Urteil über die Zeit abgibt, wenn man es vorher über die Geschwindigkeit nicht befragt, also das Wort «plus» nicht ausgesprochen wird. Die sprachliche Analogie kann die Verwirrung verstärken, aber sie verursacht sie nicht.

2

Zweites Stadium:
Gegliederte Anschauung bei Fehlen der operativen Koordination

I. Gleichsetzung der synchronen Zeitstrecken

Wie erinnerlich, war es das Charakteristische des ersten Stadiums in bezug auf die Reihenfolge der Geschehnisse, daß die richtige Reihenbildung der undurchschnittenen D-Zeichnungen, aber nicht die Mit-Reihenbildung der Zeichnungen I und II zustande kam: anschauungsmäßig versteht also die Vp. die Gesamtrichtung der Folge der Niveauflächen, ist aber nicht imstande, sie untereinander operativ in die richtige Beziehung zu setzen. Es besteht also eine gegliederte Anschauung, aber noch keine operative «Gruppierung». Bei der Dauer nun verhält es sich ebenso. Das Kind versteht von jetzt ab das umgekehrte Verhältnis von Zeit und Geschwindigkeit. Aber auch hier handelt es sich wieder nur um eine gegliederte Anschauung, denn das Kind bringt keine operative Koordination zustande, von der es möglich wäre, die Gleichheit der synchronen Zeiten $I_1 I_2 = II_1 II_2$ abzuleiten, die Schätzung der Zeitstrecken und die Aneinanderreihung der Geschehnisse einander zuzuordnen oder endlich die einzelnen Zeitmomente in Form eines Einheitssystems gleich zu setzen.

Unterziehen wir zuerst die Frage der Gleichheit der synchronen Zeitrecken einer Prüfung, eine Frage. von deren Lösung die der beiden andern abhängt. Mit einem Wort läßt sich also sagen, daß für die Kinder dieses zweiten Stadiums das Zeitintervall $I_x I_y$ nicht immer dem Intervall $II_x II_y$ gleich ist, weil in dem einen das Wasser mit größerer Geschwindigkeit läuft als in dem andern, was in ihren Augen eine Verkürzung der betrachteten Zeit bedeutet. In den folgenden Beispielen bringen wir zuerst einen Fall zwischen dem ersten und dem zweiten Stadium und zuletzt einen zwischen dem zweiten und dem dritten Stadium:

War ($6^{1/2}$): «Braucht das Wasser von da bis ($I_1 I_2$) mehr Zeit oder weniger als von da bis da ($II_1 II_2$)?» — *Nein, unten braucht es mehr Zeit* ($II_1 II_2$).» — «Warum?» — *«Weil es schneller herunterging, das Wasser, und langsamer herauf.»* — «Wenn du von der Schule nach Hause läufst oder nur gehst, braucht das gleich viel Zeit?» — *Nein, wenn ich laufe, geht es schneller, ich brauche weniger Zeit.»* — «Sieh mal! (zwei Männchen auf dem Tisch, die synchron laufen, aber A schneller als B). Wie lange Zeit hat der (B) gebraucht?» — *Fünf Minuten. Er ist ebensoviel gegangen* (Gleichzeitigkeit der Anfangs- und der Endpunkte), *aber er war schneller, er geht weiter.»* — «Und der (A)?» — *«Weniger Zeit.»* — «Sieh noch mal das Wasser an (man läßt von I_2 nach I_3 ablaufen). Braucht das die gleiche Zeit wie das ($II_2 II_3$)?» — *«Oben ging es einen kleinen Augenblick und unten einen bißchen größeren Augenblick.»* — «Versuche zu zählen!» (Man läßt von I_3 bis I_4 abfließen; War zählt bis 8). — «Nun, wie lange Zeit ist es oben und unten gegangen?» — *«Oben war es 8, und unten war es 8.»* — «Es ist also die gleiche Zeit?» — *«Nein, herauf war es mehr Zeit, das oben geht schneller herunter.»*

Duc (6; 5): «Wie war es unten, als das Gefäß oben voll war?» — *«Die Flasche* (II) *war leer.»* — «Und jetzt (I_6)?» — *«Oben ist es leer, und unten ist es voll. Das Wasser ist herunter gegangen.»* — «Hat das zum Leermachen gleich viel Zeit gebraucht wie zum Füllen?» — *«Nein, das Steigen nimmt mehr Zeit, das ist höher* (II), *herauf geht es schneller.»*

Lil (6; 10). Gleiche Antworten. «Aber wieviel Zeit brauchte es von da bis da ($I_1 I_2$)?» — *«Das ist in zwei Minuten heruntergegangen?»* — «Und herauf?» — *«Auch zwei, nein, das ist nicht richtig: vier Minuten.»* — «Woher weißt du, daß es nicht die gleiche Zeit ist?» — *Wenn man dieselbe Zeit haben will, damit es dasselbe ist, müßte man ein anderes Glas nehmen, genau so eins wie das* (II) *und anderes Wasser nehmen und es von unten bis hier oben* (II_6) *füllen, und dann wäre es dieselbe Zeit.»* Mit anderen Worten, um die Zeiten vergleichen zu können, müßte man zwei genau gleiche Gefäße haben, sonst haben die verschiedenen Bewegungen keine gemeinsame Zeit!

Flei (7). ($I_1 I_4$ und $II_1 II_4$): *«Hier* ($II_1 II_4$) *braucht es mehr Zeit, weil es länger geht.»* — «Warum?» — *«Unten* (II) *braucht es mehr Zeit, weil es oben dicker ist: es geht schneller herunter als herauf.»* — «Sieh gut hin ($I_4 I_5$ und $II_4 II_5$). Wie lange oben?» — *«Das»* (30″, die er nach Augenmaß abschätzt). — «Und unten?» — *«Das* (90″)» — «Warum?» — *«Weil es unten steigt.»* — «Sieh doch gut hin!» (Man macht den Versuch, und statt die Gleichzeitigkeiten aufzugreifen, bemerkt er, daß die Geschwindigkeit der Niveauüberschiebung unten größer ist). *«Ah, es ist gerade umgekehrt, unten ist es das* (30''), *und oben ist es das* (90'').*»* — «Sieh mal diese beiden Bleistifte!» (Man ändert auf dem Tisch ihre Lage: gleichzeitiges Losgehen vom selben Punkt und gleichzeitiges Anhalten bei Vorsprung des einen vor dem andern). «Sind sie zu gleicher Zeit losgegangen?» — *«Ja.»* — «Und zu gleicher Zeit stehen geblieben?» — *«Ja.»* — «Sind sie also in der gleichen Zeit gegangen?» — *«Ja»* (Zögern). — «Und nun das Wasser da und da (I_5 I_6 und II_5 II_6)?» — *«Oben mehr Zeit.»*

Nic ($8^{1/2}$). I_1 I_2 und II_1 II_2: *«Herunter hat es mehr Zeit gebraucht, weil das Wasser weniger stark fließt.»* — «Und das (I_2 I_3 und II_2 II_3)?» — *«Herunter hat es mehr Zeit gebraucht, weil das Wasser langsamer steigt.»* — «Woher weißt du das?» — *«Hier hat es sich mehr verändert»* (die Niveaus in II, was gut beobachtet ist), *weil das Wasser schneller gestiegen ist.»* — «Wieviel Zeit brauchte es herunter?» — *«Fünf Minuten.»* — «Und herauf?» — *«Eine.»* — «Warum?» — *«Weil das Wasser herauf weniger schnell geht.»*

Wir laufen zusammen in den Saal bei gleichzeitigem Start und gleichzeitigem Halt: *«Sie sind langsamer gegangen, Sie haben mehr Zeit gebraucht.»* — «Wir sind aber doch zusammen losgelaufen, nicht?» — *«Ja.»* — «Und zusammen stehen geblieben?» — *«Ja.»* — «Ist es dann nicht dieselbe Zeit?» — *«Wir brauchen nicht dieselbe Zeit, weil wir nicht gleich schnell gehen.»*

Hen (9). «Ist es von da bis da (I_1 I_3) dasselbe wie von da bis da (II_1 II_3)?» — *«Ja, das ist dasselbe, das ist dieselbe Zahl* (= Menge) *Wasser.»* — «Warum?» — *«Weil es hier* (I) *weniger wird und da* (II) *steigt.»* — «Und das braucht dieselbe Zeit?» — *«Nein.»* — «Warum?» — *«Hier braucht es mehr Zeit* (II_1 II_3).*»* — «Warum?» — *«Weil es höher ist. Nein, weniger Zeit, weil es schneller ist.»* — «Und auf der Uhr? Wieviel Zeit hier (I_1 I_3)?» — *«Das* (15'').*»* — «Und da (II_1 II_3)?» — *«Aha! das ist dasselbe. Das ist dieselbe Zeit, weil es dieselbe Zahl Wasser ist.»*

Das Interessante an diesen Reaktionen ist, daß sie zwar in allem denen des ersten Stadiums gleichen, nur darin nicht, daß die Dauer jetzt umgekehrt proportional zu der Geschwindigkeit geworden ist. Dazu ist nun zu bemerken, daß es sich hier um eine regelmäßige chronologische Reihenfolge handelt. Unter etwa 100 Kindern, die geprüft wurden, findet man Vpn. (Stadium I), für welche die Proportion zwischen Geschwindigkeit und Zeit direkt ist und die die Zeitstrecken I_x I_y = II_x II_y) nicht identifizieren können, man findet auch Vpn., für die die

Proportion zwischen Zeit und Geschwindigkeit indirekt ist, und die die synchronen Zeitstrecken nicht gleichsetzen können (Stadium II), aber man findet keine Vpn., denen diese letztere Gleichsetzung gelingt, und die doch (wenigstens anhaltend und nicht nur aus momentaner Zerstreutheit) die Proportion zwischen *t* und *v* für direkt hält.

Nun, die Tatsache, daß der Zeitbegriff so in zwei Etappen erworben wird — in einer, in der die Zeitdauer umgekehrt zu der Geschwindigkeit aufgefaßt wird, aber ohne daß zwei synchrone Bewegungen verschiedener Geschwindigkeit die gleiche Dauer hätten, und in einer anderen, in der diese Gleichsetzung erreicht wird —, diese Tatsache ist wohl der beste Beweis dafür, daß die Zeit in einer progressiven Koordination der Bewegungen oder der Mit-Lageänderungen besteht. Wie soll man sich aber den Abstand zwischen diesen beiden Etappen erklären? *A priori* könnte man sich ja vorstellen, daß sie unmittelbar aufeinander folgen: in Wirklichkeit liegt zwischen ihnen der ganze Abstand, der zwei gut abgegrenzte Stadien unterscheidet (II und III). Wir sehen hier nur eine mögliche Erklärung: das Verhältnis, das am frühesten entdeckt wird, also die umgekehrte Proportion zwischen Zeit und Geschwindigkeit, ist dasjenige, das der Anschauung am nächsten steht, während das am spätesten gebildete Verhältnis (also die Gleichsetzung synchroner Zeitstrecken) die operativste Konstruktion zur Voraussetzung haben muß. Nun, es genügt, die erhaltenen Antworten zu überprüfen, um festzustellen, daß die umgekehrte Beziehung von Zeit und Geschwindigkeit in der Tat nur auf der Differenzierung zwischen zwei Anschauungen, die sich auf die eigene Aktivität beziehen, beruht, während die Gleichsetzung zweier Zeitstrecken, selbst bei synchronem Ablauf, eine operative Gruppierung, also eine Dezentrierung gegenüber der eigenen Tätigkeit, voraussetzt.

Die Verwechslung, die zu der direkten Proportion zwischen Zeit und Geschwindigkeit führt, beruht darauf, daß die *verrichtete Arbeit* einerseits und die *Tätigkeit* selbst andererseits in einem einzigen Begriff zusammengeschlossen werden. Bei gleicher Schnelligkeit nun wird die Zeit wirklich an der verrichteten Arbeit, d. h. wie wir beim ersten Stadium gesehen haben, an der *Zunahme der Arbeit* (= der Tätigkeit im allgemeinen) gemessen: so braucht das Zeichnen von 30 Stöcken tatsächlich mehr Zeit als das von 20. Andrerseits stellt es mehr Tätigkeit (= Geschwindigkeit und Kraft) und zugleich mehr verrichtete Arbeit vor, wenn jemand 30 Stöcke zeichnet, als wenn ein anderer, der gleichzeitig anfängt und gleichzeitig anhält, 20 zeichnet, — daher die Illusion, die abgelaufene Zeit sei länger, wenn diese nicht an dem inneren Gefühl während der Handlung selbst (um welche die Kleinen, denen die Introspektion fehlt, sich wahrlich nicht kümmern) gemessen wird, sondern nachträglich an den Ergebnissen der Handlung. Im Fall, wo die verrichteten Arbeiten gleichzeitig, aber verschieden schnell sind, kann das Kriterium der Handlung seine Eindeutigkeit verlieren: welche von drei Vpn., die 30 Stöcke machen, muß man als die aktivste bezeichnen, die schnellste, die ohne Sorgfalt gearbeitet hat, die langsamste, aber fleißigste, oder endlich die, die sich am meisten angestrengt hat, um ihrer Ungeschicklichkeit Herr zu werden und deren Langsamkeit auf den größeren Schwierigkeiten beruht, die sie zu überwinden hat? In diesen letzten Fällen entspricht die geleistete Arbeit nicht mehr eindeutig der geleisteten Tätigkeit und ihrer Zunahme, und jetzt geht die Zeitschätzung von anderen Kriterien aus, die nicht mehr nur das Bewußtsein der in der Handlung gewonnenen Ergebnisse voraussetzt, sondern das Bewußtsein der Handlung selbst und im besonderen, wie P. Janet es richtig gesehen hat, das Bewußtsein der Regulierungen von Geschwindigkeit und Handlung.

In einem Wort: der Unterschied zwischen dem ersten und dem zweiten Stadium besteht hauptsächlich darin, daß die Vpn. des ersten die Handlung ohne Introspektion ausführen und die Dauer nach den erhaltenen Ergebnissen (verrichtete Arbeit oder durchlaufener Raum) beurteilen, während die des zweiten Stadiums die geleistete Arbeit von der Tätigkeit selbst trennen und die Dauer nach ihren introspektiven Merkmalen beurteilen. Je nach der Regulierung der Geschwindigkeit der Handlung (Beschleunigung, Anstrengung, Eifer usw. und Verlangsamung,

Langweile, Ermüdung usw.) wird nun die Zeit ganz anders im Moment selbst erlebt, als sie nachträglich erscheint: während nach einer großen Anstrengung die geleistete Arbeit den Eindruck einer relativ langen Zeitdauer geben kann, geht die Zeit während der Handlung selbst «schnell vorbei» und scheint viel kürzer. Nur bei der Introspektion also sind Geschwindigkeit und Dauer umgekehrt proportional, während sie bei fehlender introspektiver Anschauung in direkter Beziehung erscheinen können. Man sieht da, wie leicht die gegliederte Anschauung, die auf der Analyse der eigenen Handlung fußt, das direkte Verhältnis zwischen den beiden Variablen in das indirekte überführen kann, während das direkte Verhältnis sich aus der unmittelbaren oder amorphen Anschauung nur der Ergebnisse der Handlung ergibt. In Kap. X werden wir übrigens eine Bestätigung für diese Hypothese geben, wenn wir die Zeit der eigenen Handlung untersuchen werden.

Um dagegen, ausgehend von der Gleichzeitigkeit der Niveauflächen I_x und II_x, dann I_y und II_y (oder der Identität der Wassermenge, die von I abfließt und II füllt), die zwei Zeitstrecken $I_x I_y$ und $II_x II_y$ miteinander zu identifizieren, bedarf es, entgegen allem Anschein, den die Automatisierung der Denkgewohnheiten bei uns Erwachsenen bewirkt, einer In-Beziehungsetzung, die über die Anschauung, auch die «gegliederte», hinausgeht. Während nämlich die eigene Zeit plastisch ist und sich bei Verlangsamung ausdehnt oder bei Beschleunigung der Handlung zusammenzieht, handelt es sich jetzt um die Auffassung einer Zeit mit homogenem und einförmigem Ablauf, wozu das Denken sich von der erlebten Dauer freimachen und dezentrieren muß. Und vor allem, statt die eigene Zeit einfach bald in den einen, bald in den anderen bewegten Körper zu projizieren, wie es der für die ersten beiden Stadien charakteristischen egozentrischen Anschauung entspricht, handelt es sich nun darum, diese homogene Zeit als die beiden bewegten Körpern gemeinsame Zeit aufzufassen, die von der Geschwindigkeit sowohl des einen wie des andern unabhängig ist. Kurz, es handelt sich darum, die Mit-Lageänderungen zu koordinieren und sich diese Lageänderungen nicht jeweilig nach dem Modell der eigenen Tätigkeit vorzustellen: hieran lassen sich die Merkmale der operativen Dezentrierung (Gruppierung) im Gegensatz zu der anschaulichen Zentrierung (Egozentrismus) erkennen, und so ist es natürlich, wenn man bis zum dritten Stadium warten muß, um diese Dezentrierung aufzufinden.

Während dieses zweiten Stadiums kann die Vp. sehr wohl die Gleichzeitigkeit der Anfangs- und der Endpunkte anerkennen, ohne darum einen Schluß auf die Gleichheit der dazwischenliegenden Zeitstrecken zu ziehen. War z. B. sagt bei den zwei Männchen, die er gleichzeitig vorwärtsgehen sieht, der eine «ist ebensoviel gegangen», was die Gleichzeitigkeit ausdrükken soll, der andere aber sei in «weniger Zeit» gegangen, weil er weniger weit war. Während dann das Wasser von I_3 nach I_4 abläuft, zählt er, und stellt fest, daß es oben acht und unten acht war, schließt aber nichtsdestoweniger daraus, «herauf war es mehr Zeit, (denn) der oben geht schneller herunter». Ebenso gibt Duc zu, daß die Uhr für das Steigen wie für das Sinken 30″ anzeigt, nichtsdestoweniger setzt er hinzu: «herauf geht es schneller» wegen der geringeren Geschwindigkeit. Lil wiederum erklärt mit größter Deutlichkeit, man könne den Ablauf einer Zeitstrecke in zwei Gefäßen von ungleicher Form — also wegen der verschiedenen Geschwindigkeit — nicht miteinander vergleichen. Flei gelingt es, die synchronen Zeitstrecken zweier Bewegungen auf dem Tisch zu identifizieren, zieht aber daraus keine Parallele zu den beiden Bewegungen des Wassers. Nic präzisiert: «Wir brauchen nicht dieselbe Zeit, weil wir nicht gleich schnell gehen.» Hen endlich, der ebenso anfängt, gibt am Schluß die Gleichheit der Zeiten $I_x \, I_y = II_x \, II_y$ zu (er erreicht damit die Grenzen des dritten Stadiums), und zwar mit der folgenden interessanten Begründung: «Das ist dieselbe Zeit, weil es dieselbe Zahl Wasser ist.»

Man kann also in jedem dieser Beispiele — außer am Ende des letzten — feststellen, daß alles so vor sich geht, als ob das Kind keineswegs *a priori* erfasse, daß zwei Bewegungen ungleicher Geschwindigkeit (ungleich vom Standpunkt des kindlichen Begriffs der Geschwindigkeit, d. h. solche, die sich im Raum immer weiter voneinander entfernen) innerhalb der gleichen Dauer liegen können oder sich durch eine gemeinsame Zeit verbinden lassen: es gibt eine Zeit für das Wasser, das sich in Gefäß II fortbewegt, und eine andere Zeit für das Wasser, welches Gefäß II füllt, und in dem «mehr oder weniger Zeit» liegt nur die Frage, ob die Zeit, die zu der einen Verschiebung gehört, «länger» ist als die der anderen, etwa so, wie wenn zwei Touristen, die unter Benutzung verschiedener Wege bei gleichzeitigem Losgehen und gleichzeitigem Ankommen nach der Bergtour einander fragen, ob sie die Dauer des Aufstiegs mehr oder weniger «lang» gefunden haben, nur daß sie sehr gut wissen, sie ist, objektiv gesehen, in beiden Fällen identisch. Fast jedes dieser Kinder erkennt jedoch, daß Anfang und Ende dieser Bewegungen gleichzeitig sind, obschon dies Verhältnis (außer bei Hen am Ende der Befragung) anschaulich bleibt, aber trotzdem zieht diese Gleichzeitigkeit der Grenzpunkte nicht die Gleichheit der Intervalle nach sich, weil die zu der einen und zu der andern Bewegung gehörenden Zeiten nicht in eine einzige Zeit «gruppiert» werden, welche die Synchronisierung gewährleisten würde.

Kurz, die Zeiten stehen jetzt im umgekehrten Verhältnis zu den Geschwindigkeiten, aber da die Geschwindigkeit bald in I bald in II für größer gehalten wird, wird bald die erste, bald die zweite dieser synchronen Zeitstrecken als die längere beurteilt. Was die Geschwindigkeiten selbst anbetrifft, so muß bemerkt werden, daß sie eben gerade weil eine operatorische «Gruppierung» der zeitlichen Relationen fehlt, von der Anschauung aus abgeschätzt werden. Gewöhnlich erscheint das Steigen langsamer, weil (bei gleichen Wegen) der Abstieg schneller geht. So fängt z. B. Flei mit der Behauptung an «herunter geht es schneller als herauf». Aber diejenigen, die die eigentliche Niveauverschiebung aufmerksamer beobachten, sehen, daß die Geschwindigkeit unten höher ist: «Ah, es ist gerade umgekehrt», sagt derselbe Flei nach besserem Hinsehen. Nic und Hen sind gleicher Ansicht.

Das Problem, das dieses Stadium aufwirft, ebenso wie das vorhergehende (und noch mehr als dieses, da diese Vpn. zu einer gegliederten Anschauung fähig geworden sind), ist also das, warum in den Anfängen der geistigen Entwicklung die Zeit nicht einzig ist, wenigstens nicht in bezug auf die Dauer der Außenwelt. Zunächst sei dazu bemerkt, daß diese Nicht-Einzigkeit ein Beweis dafür ist, daß die Anschauung, auch die gegliederte, keineswegs genügt, eine physikalische Zeit hervorzubringen, auch nicht eine rein qualitative, d. h. eine Zeit ohne extensive oder metrische Quantifikation und mit rein intensiver Quantifikation. Alle Momente und alle Zeitstrecken gehören der gleichen Zeit an, sagte Kant, um den anschaulichen und nicht begrifflichen Charakter der zeitlichen Wirklichkeit zu beweisen; denn eine einzige, wenn auch komplexe Wirklichkeit könne nur Gegenstand der Anschauung sein, im Gegensatz zu den Mannigfaltigkeiten, die sich nur in einem synthetischen Akt des Urteils zu einer Gesamtheit zusammenschließen lassen. Und in der Tat erscheint die Zeit dem normalen erwachsenen Nicht-Physiker zuerst als eine «Form a priori der Sinnlichkeit». Nur wissen wir, daß zwar bei großen physikalischen Geschwindigkeiten die Reihenfolge der Ereignisse nie umgekehrt wird, daß aber wenigstens die Zeitstrecken variieren — je nach dem Standpunkt des Betrachters. Andererseits können wir feststellen, daß sich die Einheit der Zeit in den ersten Stadien ihres Entstehens keineswegs von selbst aufdrängt (schon Aristoteles machte die Hypothese einer «eigenen Zeit», aber im Sinne des Kindes und nicht der Relativitätstheoretiker). Vom psychologischen Gesichtspunkt müssen wir uns fragen, worin das Wesen dieser Einheit der Zeit besteht, die sich auf einem gewissen Niveau der geistigen Entwicklung, nicht aber in ihren Anfängen, mit Notwendigkeit aufzudrängen scheint und über die später wieder hinausgegangen wird, wie die nicht-euklidischen Geometrien über den Raum des gesunden Menschenverstandes hinausgehen, um ihn hinterher als Sonderfall wieder in sich einzuschließen.

Die Kantsche Alternative nun zwischen der Einheit der mannigfaltigen Gegenstände, die der Anschauung obliegt, und die der Verbindungen, die dem Begriff zukommt, erschöpft keineswegs die möglichen Typen der Synthese, und Kant selbst sah, daß die Zahlenreihe das Beispiel einer Einheit gibt, die sich weder dem ersten noch dem zweiten Fall zuordnen läßt, denn er macht aus ihr ein «Schema», das die Aufgabe hat, den Inhalt der zeitlichen Anschauung begrifflich zu verteilen. Nun, die Reihe der ganzen Zahlen stellt eine «Gruppe» dar, und in moderner Ausdrucksweise könnte man sagen, jede mathematische «Gruppe» oder logistische «Gruppierung» biete das Beispiel einer Systemeinheit, die nicht anschaulich, sondern operativ ist und doch nicht unbedingt begrifflich [6]. Im Fall der «Gruppierung» logischer Klassen und Relationen kann das System als begrifflich bezeichnet werden unter der Bedingung, daß man nicht vergißt, die Totalität des Systems, d. h. die «Gruppierung» selbst, nicht als einfaches, sondern als gut strukturiertes Ganzes aufzufassen, das als solches seine Einheit in sich trägt. Aber neben den logischen Gruppierungen und den arithmetischen und unstetigen Gruppen lassen sich nach logistischem Muster «Gruppierungen» infra-logischer oder räumlich-zeitlicher Operationen (Teilung und Stellung oder Umstellung) konstruieren und nach mathematischem Muster, stetige «Gruppierungen». Dies nun sind Systeme, die dem Einheitstyp entsprechen, die Kant zu Unrecht als anschaulich bezeichnete. Poincaré hat dies im Falle des Raumes bewiesen, als er die genetische Rolle der «Gruppe der Umstellung» klar legte, und es muß bemerkt werden, daß dieser Gruppe auch qualitative Gruppierungen mit einfacheren Operationen entsprechen können.

Die Annahme einer parallelen Lösung für die Zeit würde zweierlei Vorteile bieten. Erstens, ebenso wie die euklidische Untergruppe sich unter die nicht-euklidischen Untergruppen eingliedern läßt, die über die Einheit des für uns mit unserer makroskopischen Erlebnisweise der langsamen Bewegungen wirklichen Raumes hinausgehen, kann die Galileische Gruppe, die die Zeit ausdrückt, wie wir sie im Maßstab unserer Bewegun-

[6] Zu den Begriffen der Gruppe und der Gruppierung s. Abschnitt 5 dieses zweiten Kapitels.

gen von kleiner Geschwindigkeit für universell halten, als eine erste Annäherung an die Lorentzsche Gruppe [7] angesehen werden. Zweitens, wenn die Einzigkeit der Zeit von dem stetigen Charakter der für sie charakteristischen Gruppe und von dem «infra-logischen» Charakter der entsprechenden «Gruppierungen» abhängt, dann begreift man gut, warum dies Postulat einer einzigen Zeit von dem Moment an selbstverständlich wird, wo das Ganze der wahrgenommenen und erfaßten Verhältnisse vom Geiste spontan «gruppiert» wird, während es für einen Geist wie den des Kindes in den Stadien I und II, der noch ausschließlich auf dem Boden der wahrnehmungsmäßigen oder gegliederten Anschauung steht, keinerlei Notwendigkeit hat. Wenn nämlich die Anschauung auch die Möglichkeit gibt, die größere Dauer einer Bewegung bei Verlangsamung vorauszusehen, so erlaubt sie keinesfalls, die Zeiten zweier Bewegungen zu vergleichen und nicht einmal gleichzusetzen, wenn die Anfangs- und Endpunkte beider gleichzeitig sind: sie vergleichen, heißt nämlich über die Anschauung hinaus ein operatives System von Relationen konstruieren, Relationen der Ordnung und Reihenzuordnung einerseits, der Gleichwertigkeit oder Ungleichheit oder ihrer Einschachtelungen andererseits, die sich alle gegenseitig unterstützen.

Daß diese Erklärung nun die richtige ist, das läßt sich durch das psychologische Experiment leicht feststellen: auf dem Niveau dieses Stadiums, in dem die Einzigkeit der Zeit noch nicht verstanden wird, übersteigen sogar noch die elementaren Operationen der Gruppierung das Verständnis der Vpn., während sich im folgenden Stadium die erstere wie die letzteren gleichzeitig herausbilden. Welches sind nun diese Operationen?

Was die Reihenfolge der Ereignisse anbetrifft, so bestehen sie, wie erinnerlich, in einer doppelten Reihenbildung $I_1 I_2 I_3 \ldots$ usw. und $II_1 II_2 II_3 \ldots$ usw. und in einer Zuordnung oder Doppel-Reihenbildung, von der aus die Bestimmung der Gleichzei-

---

[7] die die Zeit in das Verhältnis einsetzt: $dt' = dt \sqrt{1 - \dfrac{v^2}{c^2}}$, wobei c = Lichtgeschwindigkeit ist.

tigkeiten $I_1 II_1$; $I_2 II_2$; $I_3 II_3$ . . . usw. möglich ist. Diesen infra-
logischen Operationen der gleichzeitigen Stellung oder der Reihenfolge (und der gleichzeitigen Umstellung) entsprechen die
Operationen der «Teilung» («partition»), die die qualitative
Zeitschätzung ermöglichen. Zwischen zwei beliebigen sukzessiven Punkten der Doppel-Reihe läßt sich nämlich ein Intervall herausschneiden, dessen Grenzen diese Punkte sind, und das
nach Definition eine Zeitdauer ist; sind die beiden Punkte nicht
sukzessiv, dann ist die Dauer null (Gleichzeitigkeit). Woraus sich
die beiden folgenden Möglichkeiten ergeben: 1. Zwischen zwei
Intervallen $I_x I_y$ und $II_x II_y$, die zwischen den entsprechenden
Punkten I_x und II_x und I_y und II_y liegen, besteht Gleichheit
der Zeitstrecken oder der synchronen Zeitstrecken. 2. Wenn
drei Punkte in der Reihenfolge $I_x I_y I_z$ aufeinander folgen
(ebenso die ihnen entsprechenden $II_x II_y II_z$), ist die Dauer $I_x I_y$
(= $II_x II_y$) immer kleiner als die Dauer $I_x I_z$ (= $II_y II_z$), von
der sie ein Teil ist. Wie man sieht, spielt es keine Rolle, daß
man über den absoluten Wert dieser Zeitstrecken noch über das
Verhältnis zwischen $I_x I_y$ (= $II_x II_y$) und $I_y I_z$ (= $II_y II_z$)
nichts weiß, diese beiden Operationen behalten immer ihre Gültigkeit: es handelt sich also wirklich um infra-logische qualitative (intensive) Operationen und keinesfalls um metrische oder
der extensiven Quantität zufallende Operationen. Danach ist
es klar, daß man eine «Gruppierung» der Zeitstrecken konstruieren kann, indem man sie einfach wie Teile in ein unbe-
stimmt zunehmendes Ganzes ineinanderschachtelt, und daß diese
Gruppierung der Reihenfolge der Geschehnisse entspricht.

Bis jetzt nun haben wir gesehen, daß die Kinder dieses Stadiums II zu der Operation (1), d. h. der Gleichsetzung synchroner Zeitstrecken, nicht fähig sind. Um zu beweisen, daß dies
wirklich an dem Fehlen der «Gruppierung» liegt, müssen wir
jetzt noch zeigen, daß sie auch bei der Operation (2) versagen,
d. h. bei dem Einschachteln einer Teildauer in die Gesamtdauer.
Aber bevor wir dies näher betrachten, wollen wir noch darauf
hinweisen, daß sich an diese Operationen (1) und (2) eine dritte
anschließen läßt, die diese qualitative Gruppierung in eine metri-

83

sche Gruppe verwandelt, von der man aber sofort annehmen kann, daß sie psychologisch nicht komplizierter sein wird als die beiden vorhergehenden.

(3). Es genügt nämlich, daß die Vp., dank der Schätzung der abgelaufenen Wassermenge oder der Niveauflächen in dem regelmäßig geformten Gefäß II, ein Gleichheitsverhältnis zwischen zwei aufeinanderfolgenden Zeitstrecken bildet (z. B. $I_x I_y$ und $I_y I_z$ oder $II_x II_y$ und $II_y II_z$) um der Einschachtelung (2) einen numerischen Wert zu erteilen: $I_x I_y$ ($= II_x II_y$) $= 1$; und $I_x I_z$ ($= II_x II_z$) $= 2$ Zeiteinheiten. Ebenso wird es sich verhalten, wenn die Vp. die Zeit mittels einer Uhr oder Sanduhr usw. mißt. Beachten wir nur, daß in all diesen metrischen Fällen die Gleichsetzung zweier sukzessiver (und nicht mehr wie bei der qualitativen Zeit nur synchroner) Zeitstrecken das implizite oder explizite Verständnis eines Prinzips der Erhaltung der Geschwindigkeit zur Voraussetzung hat: es muß verstanden werden, daß Wasser, Zeiger oder Sand sich mit konstanter Geschwindigkeit fortbewegen, d. h. die gleiche Strecke in gleicher Zeit zurücklegen.

3

Zweites Stadium:
II. Qualitative Einschachtelung und Zeitmessung

Wir werden feststellen, daß in diesem Stadium II weder die Operationen des Typus (2), die zu den einfachen qualitativen Gruppierungen gehören, noch die metrische Operation (3), von der die Zeitmessung abhängt, erfaßt werden. Für die Untersuchung dieser Fragen haben wir außer den Zeichnungen I und II und den auf den Gefäßen selbst markierten Niveauflächen noch eine Uhr aus Karton mit Zeiger, benutzt, den wir bei jeder Niveauverschiebung von 5' um 5' weiterrückten. Auch eine Stoppuhr wurde verwendet und dabei darauf geachtet, daß das Wasser zwischen jedem Niveaupaar genau 10'' lief. Es folgen Beispiele für die erhaltenen Reaktionen:

Tar (6; 8). Die Zeichnungen I_1 I_2 I_3 I_4 und II_1 II_2 II_3 II_4 werden genau übereinanderliegend in der richtigen Reihenzuordnung vorgelegt: «Brauchte es von (I_1 bis I_3) ebensoviel Zeit wie (II_2 nach II_4) oder mehr oder weniger?» — *«Hier* (II_2 nach II_4) *brauchte es mehr.»* — «Warum?» *«Das ist mehr.»* — «Wir machen auf der Uhr zwischen dem und dem (I_1 I_3) zweimal ein Stück (wir zeigen zwei Verschiebungen des Zeigers), nicht?» — *«Ja.»* — «Und unten (II_1 II_3)?» — *«Auch.»* — «Ist das also länger oder nicht?» — ... — «Und wenn du das Wasser von da bis da (II_1 bis II_3) laufen läßt, und dein Freund von da bis da (I_2 bis I_4).» — «Und so (I_2 I_4 und II_1 II_4)?» — *«Hier* (I_2 I_4) *auch mehr.»*

Clau (6; 10). «Wieviel Zeit braucht es von (II_1) bis (II_2) (man zeigt auf die Gummireifen)?» — *«Soviel* (15")*.»* — «Und von da bis da (II_2 II_3)?» — *«Soviel* (15")*.»* — «Also braucht es gleich viel Zeit für das (II_1 II_2) wie für das (II_2 II_3)?» — *«Nein, nein, das braucht immer mehr Zeit, da ist mehr Wasser.»*

Maga (7¹/₂). «Nahm es von (II_1) bis (II_2) mehr Zeit als von (II_2) bis (II_3) oder weniger oder gleich viel?» — *«Für das* (II_1 II_2) *weniger Zeit.»* — «Warum?» — *«Weil es hier* (II_2) *schon ein bißchen voll war.»* (Für Maga wie für Clau braucht man mehr Zeit zum Nachfüllen als zum Einfüllen in ein leeres Gefäß). — «Aber hast du auf der Uhr von da bis da (II_1 II_2) gesehen?» — *«Ja.»* — «Und von da bis da (II_2 II_3)?» — *«Aha, das ist gleich.»* — «Ist es also von da bis da (II_1 II_2) ebensoviel Zeit wie von da bis da (II_5 II_6)?» — *«Hier* (II_1 II_2) *ist es mehr Zeit, weil vorher nichts da war.»* — «Wieviel Wasser wurde da (II_1 II_2) hereingegeben und wieviel Wasser, da (II_5 II_6)?» — *«Gleichviel. Bei beiden wurde gleichviel Wasser hereingegeben.»* — «Während gleich viel Zeit?» —*«Nein.»* — «Wo mehr?» — *«Hier* (II_5 II_6)*.»* — «Warum?» — *«Wenn es nicht mehr Zeit genommen hätte, wäre es nicht oben angekommen.»* — «Und von da bis da (I_1 I_3) nahm es ebensoviel Zeit wie von da bis da (II_1 II_2)?» — *«Nein.»* — *«Hier* (II_1 II_2) *mehr, weil vorher nichts da war.»*

Mat (8). «Brauchte es mehr Zeit von da bis da (I_1 I_3) oder von da bis da (II_1 II_2)?» — *«Hier mehr* (II_1 II_2)*.»* — «Warum? — ... — «Und von da bis da (I_2 I_4) oder von da bis da (I_6 I_7)?» — *«Hier* (I_6 I_7) *mehr.»* — «Warum?» — ...

Hen (9). «Nimmt es mehr Zeit, weniger oder ebensoviel, wenn das Wasser von da (I_1) bis da (I_3) geht oder von da (II_1) bis da (II_4)?» — *«Hier* (II_4) *ist mehr Wasser als da»* (leerer Raum über I_3, den er auf den aneinandergereihten Zeichnungen angibt). — «Und von (I_3) bis (I_6) oder von (II_3) bis (II_5)?» — *«Das ist gleich viel Zeit.»* — «Und (I_1 I_5) oder (II_1 II_4)?» — *«Hier* (II) *ist mehr gelaufen.»* — «Und wieviel Zeit?» — *«Gleich viel.»* — «Und (II_1 II_4) oder (II_1 II_5)?» — *«Hier mehr»* (richtig).

Jetzt noch ein paar Beispiele für die Fälle, in der die zweite der in Kap. I, 1 beschriebenen Befragungsmethoden angewandt worden sind: statt Uhren zu benutzen, sagt man einfach den Kindern im voraus (und im geeigneten Moment erinnert man sie wieder daran), daß man jedes Mal die gleiche Menge Wasser ablaufen läßt. Denken wir daran, daß ja die Vp. Hen am Ende der ersten Befragung (s. S. 74) an die Grenze des Stadiums III gelangte, als er spontan sagte: «Das ist dieselbe Zeit, weil es dieselbe Zahl Wasser ist.» Wir haben uns also die Frage gestellt, ob sich durch sofortiges Hervorheben dieser Gleichheit der Wassermenge die Zeitschätzung modifizieren ließe. In folgenden Beispielen finden sich Reaktionen auf die Fragen (1) und (3) und einige Wiederholungen der Frage (1) betreffs Gleichheit der synchronen Zeitstrecken:

Del (7; 7), ohne Zeichnungen noch Uhren: «(I_1 I_2 und II_1 II_2)?» — *«Herunter braucht es mehr Zeit.»* — «Warum?» — *«Weil es jedesmal beim Heruntergehen unten heraufgeht.»* — «Na und?» — *«Das braucht mehr Zeit* (= *mehr Arbeit*).» — «Und da (I_2 I_3 und II_2 II_3)?» — *«Unten mehr Zeit.»* — «Warum?» — *«Weil es ein längerer Weg ist.»* — «Und das Wasser?» — *«Das ist gleich.»* — «Na und?» — ... — «Und (II_2 II_3 und II_3 II_4)?» — *«Das ist die gleiche Zeit, weil dies Stück gleich ist.»* — «Und das (I_1 I_2 und I_4 I_5)?» — *«Da (I_1 I_2) weniger Zeit, weil es da (I_4 I_5) größer ist.»* — «Ist das die gleiche Menge Wasser?» — *«Nein, da (I_4 I_5) mehr.»* — «Und unten?» (man zeigt auf II_1 II_2 und II_4 II_5). — *«Gleich viel.»* — «Und oben?» — *«Aha, weil da gleich viel läuft.»* — «Ist das die gleiche Zeit?» — *«Ja, weil es die gleiche Menge ist.»* — «Und (I_5 I_6) und (II_5 II_6)?» — *«Das ist die gleiche Zeit, weil es ebensoviel Wasser ist wie da ... Nein, herunter geht es schneller, es nimmt weniger Zeit herunter.»* — «Und (I_1 I_3) und (II_2 II_4)?» — *«Weniger Zeit in* (I), *weil es länger ist.»* — «Ist es die gleiche Menge?» — *«Ja. Es ist unten länger, aber die gleiche Menge.»* — «Und die Zeit?» — *Unten braucht es mehr Zeit, weil es steigt. Da oben geht es schneller, da braucht es weniger Zeit.»*

Um zwei Gefäße — ein sehr breites und ein sehr enges — gleich hoch zu füllen, braucht es die gleiche Zeit, denkt Del, weil die Höhe gleich ist: «Und (I_1 I_3 und II_1 II_2)?» — *«Hier* (II) *mehr Zeit.»*

Mog (8). (I_1 I_2 und II_1 II_2)? — *«Unten braucht es mehr Zeit, weil es weniger schnell voll wird, und oben fließt es schneller.»* — «Und (II_1 II_2 und II_4 II_5)?» — *«Das ist die gleiche Zeit, weil es das Gleiche ist: zwischen diesen beiden Linien* (Gummiringe) *ist der gleiche Raum wie hier* (II_1 II_2).» — «Und da (II_1 II_3 und II_2 II_4)?» — *«Das ist dasselbe, weil es zwei und zwei sind.»* — «Und da (I_1 I_4 und II_1 II_4)?» — *«Die gleiche Zeit, weil das Wasser, das da* (I) *fließt, das* (II) *füllt, und hier* (I) *leert es sich zur selben Zeit.»* — «Ist der Raum zwischen diesen (I_1 I_4) ebenso groß wie zwischen diesen (II_1 II_4)?» — *«Nein.»* — «Und nimmt das dieselbe Zeit?» — *«Nein, da* (II) *mehr.»* — «Und da (I_1 I_4) und da (I_2 I_5)?» — *«Hier* (I_1 I_4) *mehr Zeit, weil nur das* (I_4 I_5) *übrig blieb, als man die drei Räume* (I_1 I_4) *leer machte, dann kann man diese drei Räume* (I_2 I_5) *nicht noch einmal leer machen.»* — «Und das (I_2 I_5) oder das (II_3 II_5)?» — *«Unten* (II_3 II_5) *mehr Zeit, weil da mehr Wasser ist.»* — «Wieviel Räume?» — *«Zwei unten und drei oben.»* — «Na und?» — *«Aber es sind drei kleine Räume.»* — «Und wieviel Wasser?» — *«Unten mehr* (es ist gerade umgekehrt).» — «Und wenn man das (II_3 II_5) da oben wieder hereingießt, wieviel würde das geben?» — *«Zwei Räume» (richtig).* — «Also wo mehr Zeit, da oder da (I_2 I_5 oder II_3 II_5)?» — *«Mehr Zeit für die beiden Räume unten, weil es eine größere Menge Wasser ist.»*

Bei zwei gleichzeitigen Läufen erkennt Mog die Gleichzeitigkeit, schreibt aber dem schnelleren Lauf eine geringere Dauer zu: *«Er braucht weniger Zeit, weil er gelaufen ist.»*

Boir (8; 11) schwankt ebenfalls zwischen Schätzungen nach der Wassermenge und Schätzungen, die von dem Raum oder Geschwindigkeit der Niveauverschiebungen ausgehen: «(I_1 I_2 und II_1 II_2) — fängt das (I_1 und II_1) zugleich an und hört das (I_2 und II_2) zugleich auf?» — *«Ja, dasselbe.»* — «Also mehr Zeit oder nicht?» — *«Da* (II_1 II_2) *mehr Zeit.»* — «Und da (II_3 II_4 und II_4 II_5)?» — *«Dasselbe, weil die Gummis richtig sind.»* — «Und (I_3 I_4 und II_4 II_5)?» — *«Das ist dieselbe Zeit, weil Sie gleich viel Wasser laufen lassen.»* — «Und das (I_3 I_4 und II_4 II_5)?» — *«Das ist nicht dieselbe Zeit. Hier* (II) *nimmt es mehr Zeit, weil es länger ist.»* — «Aber es ist die gleiche Menge Wasser?» — *«Ah ja, es ist dieselbe Zeit.»* — «Aber einmal sagst du dieselbe, dann wieder das Gegenteil?» — *«Nein, es ist nicht dieselbe Zeit, weil es da* (II_4 II_5) *länger ist, das wird langsamer voll, das braucht mehr Zeit. Oben leert es sich schneller, das braucht weniger Zeit.»*

«Und da (I_4 I_6 und II_5 II_6)?» — *«Hier* (II_5 II_6), *mehr Zeit.»* — «Aber als das Wasser da (I_4) war, war es schon da (II_5)?» — *«Nein.»* — «Und als das Wasser hier (I_6) war, war es da zu gleicher Zeit da (II_6) oder nicht?» — *«Zu gleicher Zeit.»* — «Und da (I_4 I_6) und da

$(II_5 \, II_6)$, welches braucht mehr Zeit?» — *«Da $(II_5 \, II_6)$.»* — «Warum?» — *«Das macht mehr.»*

Mir (7; 10) endlich gelangt an die Grenze des Stadiums III: «(I_1 I_2 und $I_2 \, I_3$)?» — *«Das ist dieselbe Zeit, weil es die gleiche Entfernung ist.»* — «Und ($I_1 \, I_2$ und $II_2 \, II_3$)?» — *«Unten mehr Zeit, weil es länger ist.»* — «Und da ($I_5 \, I_6$ und $II_5 \, II_6$)?» — *«Oben mehr Zeit.»* — «Und das Wasser?» — *«Aha, das ist dieselbe Menge, und das ist dieselbe Zeit.»* — «Und die Entfernung?» — *«Oben ist es höher, aber es ist dieselbe Zeit.»*

Jedes Ergebnis an sich ist schon sehr lehrreich, und alle zusammen, verglichen mit denen von Kap. II/2, machen verständlich, warum es auch auf diesem Stadium noch keine einzige und homogene Zeit geben kann ohne die zusammenhängende Gruppierung der jeweiligen Zusammenhänge. Versuchen wir nun, alle Operationen, die zu dieser Gruppierung nötig wären und die das Kind nicht bilden kann, im Anschluß an die vorher beschriebenen Haupttypen (1), (2) und (3) einer Analyse zu unterziehen.

Wenn man von der metrischen Zeit, also von jeder Zeiteinheit, absieht, wird die Gruppierung der Zeitstrecken einfach in dem gegenseitigen Einschachteln der Zeitstrecken bestehen nach dem operativen Schema der Teilung: von D_1 nach D_2 läuft eine Zeit a ab; diese Dauer a ist in der Dauer b enthalten, welche zwischen D_1 und D_3 abläuft (von D_2 nach D_3 hat man also $b—a=a'$); b selbst ist in c enthalten, das zwischen D_1 und D_4 abläuft (woraus folgt $D_3 \, D_4 = c—b = b'$ usw.) Wird nun diese Einschachtelung, die also einfach bedeutet, daß eine Teildauer kürzer ist als die Gesamtdauer, deren Teil sie ist, von dem Kinde verstanden (Operation 2)? Die Tatsachen zeigen, daß dem nicht so ist.

Gewiß, wenn man sich darauf beschränkt, eine nur auf einem Gefäß gemessene Teilzeit mit einer auf demselben Gefäß gemessenen Gesamtzeit vergleichen zu lassen, dann bestehen für die Vpn. keinerlei Schwierigkeiten: so antwortet Hen beim Vergleich der Dauer $II_1 \, II_4$ mit der Dauer $II_1 \, II_5$ sofort, die zweite sei länger. Aber in diesem Fall deckt sich die Zeit mit der Dauer einer einzigen Bewegung und läßt sich an der Strecke erkennen, die ein einziger der bewegten Körper durchläuft ohne Zusammenhang mit der Bewegung, der Zeit und der durchlaufenen Strecke der anderen bewegten Körper. In diesem Fall — und wirklich nur in diesem — kann man ziemlich sicher sein, daß dann die Teildauer mit fast absoluter Sicherheit für kürzer gehalten wird als die Gesamtdauer. Nun, wenn da eine primäre Anschauung vorliegt (ebenso wie die der Gleichzeitigkeit bei einer räumlichen Koinzidenz oder wie die der Reihenfolge im Falle einer einzelnen, gerade stattfindenden Bewegung), so ist es nicht die einer eigentlichen Einschachtelung oder einer eigentlich zeitlichen Einschachtelung, weil das Ganze auf derselben Ebene steht wie der Teil und sozusagen nur seine Verlängerung in der Anschauung ist.

Handelt es sich dagegen darum, eine Teilzeit (z. B. $II_1 \, II_4$) mit einer am anderen Gefäß gemessenen Gesamtzeit zu vergleichen (z. B. $I_1 \, I_5$), dann ist nicht mehr möglich, sich auf die bloße räumliche Anschauung zu verlassen, um den Teil in das Ganze einschachteln zu können, es müssen vielmehr Gleichzeitigkeiten und Folgen hereingebracht werden: I_1 ist gleichzeitig mit II_1, aber II_4 kommt vor I_5, also ist $I_4 \, I_5$ eine längere Zeitdauer als $II_1 \, II_4$. Die Einschachtelung ist spezifisch zeitlich, da sie nun auf den Mit-Lageänderungen beruht: bei dieser Einschachtelung nun eben versagt das Kind dieses Stadiums. So glaubt derselbe Hen z. B., an dessen richtige Antwort bei den II für sich wir soeben erinnert haben, daß $I_1 \, I_3$ gleich $II_1 \, II_4$ sei, weil er von vornherein darauf verzichtet, über die Gleichzeitigkeit und die Reihenfolgen nachzudenken und sich damit begnügt, die Höhe der Niveauflächen zu betrachten: «Hier ist mehr $II_1 \, II_4$ gelaufen», also ist es «gleich viel» Zeit. Bedeutet dies, daß das Kind die Beziehungen der Reihenfolge vergessen hat? Gewiß, aber eben darum, weil in diesem Stadium die Zeitstrecken noch unabhängig von den Reihenfolgen sind in dem Sinne, daß sie keine «Intervalle» zwischen aneinanderreihbaren Vorgängen bilden, vielmehr an sich selbst abgeschätzt werden (außer, wenn die Länge der Zeitstrecken mit der Reihenfolge der Endpunkte verwechselt wird, wie wir es im folgenden sehen werden). Wenn man die Vpn. an die Beziehungen der Reihenfolge erinnert, wie wir es gewöhnlich machen, zieht sie daraus keinerlei Schlüsse hinsichtlich der Zeitstrecken: so gibt Boir zu, daß I_6 und II_6 gleichzeitig sind und I_4 vor II_5 kommt, aber die Zeitdauer $II_5 II_6$ ist für ihn länger als $I_4 I_6$, weil er sich darauf beschränkt, nach der angeblich geringeren Geschwindigkeit des Steigens in II zu urteilen. Umgekehrt hält Tar $I_2 I_4$ für länger als $II_1 II_4$, weil es langsamer sinke, usw. Mag geht bis zu der Einsicht, daß $II_3 II_5$ «zwei Räume» und $I_2 I_5$ «drei Räume» ausmachen, aber da es «drei kleine Räume» sind, nimmt es mehr Zeit für die beiden Räume unten, weil es eine größere Menge Wasser ist.»

Kurz, die Vpn. dieses Stadiums bringen die wesentlichen Operationen der Einschachtelung von Zeitstrecken nicht zustande, weil sie nicht die Dauer mit der Reihenfolge verknüpfen. Dazu kommt natürlich noch hinzu — aber dies ist nur ein anderer Aspekt derselben Erscheinung —, daß man um $I_x I_z >$ $II_x II_y$ oder $II_x II_z > I_x I_y$ zu bilden, verstehen muß, daß $I_x I_y$ $= II_x II_y$ ist, d. h., daß man die synchronen Zeitstrecken gleichsetzen können muß. Diese Operationen (1) und (2) sind also eng miteinander verknüpft, und es ist natürlich, daß, wenn die Operation (1) oder die Gleichsetzung der Zeitstrecken noch gar nicht gebildet ist, es auch (2) oder die Einschachtelung der Zeitstrecken nicht sein wird. Aber da (1) nur ein Sonderfall von (2) ist, war es wichtig, die Sache experimentell nachzuweisen.

Wenn dem nun so ist bei der bloß qualitativen (d. h. logischen oder besser infra-logischen) Einschachtelung von Teil und Ganzem, dann versteht es sich von selbst, daß dem Kind dieses Stadiums die Operation (3), d. h. die Gleichsetzung sukzessiver Zeitstrecken oder die Zeitmessung auch nicht gelingen wird.

Um nämlich eine metrische Zeiteinheit m zu bilden, ist es notwendig, wenigstens zwei Gleichsetzungen miteinander zu koordinieren: wenn die Zeitstrecken a ($=$ z. B. $II_1 II_2$) und a' (z. B. $= II_2 II_3$) sukzessiv sind ($a + a' = b$, wobei $b = II_1 II_3$ ist), handelt es sich in der Tat darum, zu verstehen, daß die synchronen Zeitstrecken a und m es ebenfalls sind und dann daraus zu folgern: $a = a'$ und $b = 2 a$. Wie man sieht, setzt eine solche Koordinierung die Gleichsetzung der Zeitstrecken und zugleich ihre Einschachtelung (Operationen 1 und 2) voraus: es ist also natürlich, daß diese Operation (3) nicht den zwei anderen vorausgehen kann. Dazu tritt eine zweite Voraussetzung, nämlich die, daß das gemeinsame Maß m bei seinen Verschiebungen sich selber identisch bleiben muß, und dies wiederum setzt voraus, daß die Erhaltung der Geschwindigkeit verstanden wird: wenn die Geschwindigkeit erhalten bleibt, läßt sich die Dauer m an einem gleichen Weg, bezogen auf diese konstante Geschwindigkeit, erkennen. Um m zu bilden, kann sich in unserem besonderen Fall das Kind auf eine Uhr (= Strecke, die der Zeiger mit unveränderlicher Geschwindigkeit zurücklegt) oder vor allem auf das Ablaufen des Wassers beziehen: einer gleichen Strecke $II_1 II_2$ oder $II_2 II_3$ entspricht nämlich eine gleiche Wassermenge, deren Ablauf als konstant schnell angesehen werden kann (natürlich bei Nichtberücksichtigung der Druckstärken usw., die in Wirklichkeit die Regelmäßigkeit dieser Uhr beeinträchtigen).

Aber es liegt noch mehr dahinter. Die nur qualitative Einschachtelung der Zeitstrecken, die der Reihenfolge der Vorgänge korrelativ ist, bildet schon eine operative Gruppierung (aber infra-logischer und nicht metrischer Art): als solche schließt sie also die Umkehrbarkeit des Denkens ein. Um z. B. zu verstehen, daß die Dauer a (= $II_1 II_2$) kürzer als die Dauer b ($I_1 I_3$ = $II_1 II_3$) ist, handelt es sich nämlich darum, in Gedanken bis II_1 (= I_1) heraufzusteigen, wenn das Wasser bis II_3 (= I_3) gekommen ist, also die Zeitstrecken $II_1 II_2$ und $II_1 II_3$ ebenso gut in der einen wie in der anderen Richtung zurückzulegen. Aber dann ist es nur der Gedanke, der sich fortbewegt, wie man z. B. eine unendliche Gerade verfolgen kann, indem man abwechselnd den zwei «Wegordnungen» nachgeht. In der metrischen Zeit dagegen tritt ein weiterer Grad von Umkehrbarkeit hinzu: ebenso wie man im metrischen Raum den Meter als solchen nach beiden Richtungen an der abzumessenden Strecke fortbewegt, handelt es sich bei der Bildung einer metrischen Zeit darum, in Gedanken die Uhr als solche zu verstellen, um sich so zu vergewissern, daß eine Stunde in der Vergangenheit mit einer Stunde in der Gegenwart oder einer Stunde in der Vergangenheit immer identisch ist. Um a ($= II_1 II_2$) und a' ($= II_2 II_3$) gleichzusetzen und b ($II_1 II_3$) $= 2\,a$ zu bestimmen, muß nämlich die Uhr-Zeit m selbst ($=$ das Ablaufen des Wassers bei einer gewissen Geschwindigkeit auf einer beliebigen Strecke des Wertes $II_1 II_2 = II_2 II_3 = II_3 II_4 =$ usw.) beweglich werden und sich auf ein bereits abgeflossenes ebenso wie auf ein gerade abfließendes oder später abfließendes Wasser anwenden lassen.

Bemerkenswerterweise wird nun diese Bedingung *sine qua non* der Umkehrbarkeit — sei es des Denkens selbst (qualitative operative Zeit), sei es der in Gedanken verstellten Uhr (metrischen operativen Zeit) — von unseren Vpn. dieses zweiten Stadiums aufs Ausdrücklichste in Zweifel gezogen. So macht Mog, wie er $I_1 I_4$ mit I_2 und I_5 vergleichen soll, folgende bezeichnende Bemerkung: *«weil nur das ($I_4 I_5$) übrig blieb, als man die drei Räume ($I_1 I_4$) leer machte, dann kann man diese drei Räume ($I_2 I_5$) nicht noch einmal leer machen»*, woraus er folgert, daß die Dauer $I_1 I_4$ länger ist, weil er es ablehnt, sie mit etwas anderem zu vergleichen als mit $I_4 I_5$! Eine derartige Behauptung hat für den Erwachsenen etwas Verblüffendes, und es lohnt sich, etwas bei ihr zu verweilen, denn sie ist keineswegs die einzige dieser Art und gibt uns den Schlüssel zu dem, was die Konstruktion eines operativen Mechanismus oder der «Gruppierung» bedeutet.

In einem früheren Versuch zeigten wir den Kindern in einer Schachtel zwanzig Holzperlen, von denen zwei weiß, alle anderen braun waren, und fragten: «Welche von zwei Ketten würde länger sein, die, welche man aus den Holzperlen machen könnte oder die, welche man aus den braunen Perlen machen könnte?» Nun, die Kleinen antworteten unfehlbar, die Kette aus den braunen würde länger sein, weil nur zwei weiße übrig blieben. Anders ausgedrückt: da das Kind in unumkehrbaren Wahrnehmungsbildern denkt und nicht in umkehrbaren Operationen, ist es nicht imstande, den Teil mit dem Ganzen zu vergleichen; darum verliert es bei der Reproduktion eines der Teile (den braunen) das Ganze aus den Augen (= Unumkehrbarkeit) und vergleicht es nur mit dem andern Teil. Es ist dies der selbe Mechanismus, den wir eben wiedergefunden haben, als wir die Teildauer (z. B. $II_2 II_3$) mit einer Gesamtdauer (z. B. $I_1 I_3$) vergleichen ließen: weil die Umkehrbarkeit fehlt, werden nur die durchlaufenen Strecken verglichen, und dann erscheint der Teil größer als das Ganze! Aber eine unserer Vpn., Laur [8], ist in der Erklärung der Beweggründe des prälogischen Denkens noch weiter gegangen und hat uns, genau wie Mog beim Ablaufen des Wassers, folgendes erklärt: wenn man eine Kette aus den braunen Perlen macht, sind die braunen Perlen zwar aus Holz, aber schon für die erste Kette verbraucht, und die zweite Kette, die aus Holzperlen bestehen soll, kann dann nur zwei weiße Perlen enthalten! Eine solche Überlegung ist gar nicht so dumm, läßt aber desto deutlicher das von Natur Gegensätzliche zwischen dem anschaulichen Denken, das den Gegenstand auf die eigene Handlung «zentriert» (unumkehrbarer Egozentrismus) und dem logischen Denken, das die Handlung umkehrbar macht und damit «dezentriert», in Erscheinung treten: für die umkehrbare Operation nämlich ist die Kette aus «braunen» nur eine Hypothese, und nichts steht dem entgegen, sie wieder auseinanderzunehmen, nachdem sie einmal gedanklich hergestellt worden ist, und diejenige aus allen Perlen zu bilden, um dann diese beiden hypothetischen Gebilde miteinander zu vergleichen. Für das «geistige Experiment», das die unumkehrbare Handlung reproduziert, besteht dagegen die Beweglichkeit der Hypothesen noch nicht, und eine im Geiste angenommene Kette ist eine bereits hergestellte Kette, die jede andere aus den gleichen Farben ausschließt und das Vergleichen in der Zeit verhindert.

Ganz gleichartige Überlegungen, wie man sieht, macht Mog: da das Wasser von I_1 bis I_5 geflossen ist, kann man $I_1 I_4$ nicht

---

[8] Vgl. PIAGET et SZEMINSKA, *La Genèse du Nombre chez l'Enfant*, 203.

mehr mit $I_2 I_5$ vergleichen, weil das Wasser ja nicht wieder aufwärts steigt und die abgelaufene Zeit nicht mehr da ist. Genauer gesagt: das Wasser wieder nach I_2 bringen, um die Zeit $I_2 I_5$ zu beurteilen, das bedeutet einen Widerspruch zu dem Begriff der Dauer $I_1 I_4$, da dieser letztere voraussetzt, das Wasser sei in I_4 und nicht in I_2! Weil die umkehrbare Beweglichkeit fehlt, sind also auf diesem Stadium die Zeitschätzungen ebenso wie das Rekonstituieren der Gesamtordnung noch unmöglich. Paradoxerweise wird nämlich die Zeit nur dank der Umkehrbarkeit des Denkens als Dauer (im Gegensatz zu der gegenwärtig erlebten Zeit) verstanden. Man muß sogar sagen, daß das Schema der Zeit als operativer Mechanismus im wesentlichen umkehrbar ist und daß nur sein Inhalt unumkehrbar ist. Das, was man den «Lauf der Zeit» nennt, ist nichts anderes als die Folge der Geschehnisse; aber wenn der Zeitbegriff die Gesamtheit der Relationen der gleichzeitigen Stellungen und gleichzeitigen Umstellungen ist, die diese Geschehnisse vereinen, so ist das zeitliche Verhältnis als Beziehung umkehrbar, da eine Reihenfolge sich nach zwei Richtungen lesen läßt und nur die Inhalte in einer einzigen Richtung aufeinander folgen. So ist es möglich, daß ein vergangenes Geschehnis sich nicht wiederfinden läßt und doch die Vergangenheit als Vergangenheit rekonstruiert werden kann dank der zeitlichen Beziehungen: der Inhalt ist dann als gegenwärtige Wirklichkeit zerstört, während der Rahmen bestehen bleibt und als Inhalt die Erinnerung oder die geistige Rekonstruktion des Inhalts aufnehmen kann. Dieser Rahmen nun ist weder eine leere noch eine statische Form: er ist das bewegliche System der Ordnungs- und Zwischenraumverhältnisse, welche sich aus den Lagen und ihren Änderungen, also den «Stellungen» und «Umstellungen» durch ihre Koordination ergeben; und ein System, das weder Vorgänge noch Bewegungen, sondern die Gesamtheit ihrer Verhältnisse darstellt, ist notwendigerweise umkehrbar.

Die Verwechslung der unumkehrbaren Geschehnisse mit dem umkehrbaren Mechanismus der operativen Zeit findet sich in diesem Stadium noch in einer zweiten Form: die Dauer

der Umstellungen wird nicht differenziert A) von der Reihenfolge ihrer Endpunkte ohne Bezugnahme auf die Anfangspunkte oder B) von der der Anfangspunkte ohne Bezugnahme
auf die Endpunkte. So beurteilen Tar und Clan die Dauer nur
nach dem Endpunkt (Fall A): «Hier hat man mehr Wasser gebraucht», sagt Tar von $II_2 II_4$ im Verhältnis zu $I_1 I_3$, und «das
braucht immer mehr Zeit, da ist mehr Wasser», sagt Clan bei
$II_2 II_3$ im Verhältnis zu $I_1 I_2$. Dies heißt nicht, wie wir nachgewiesen haben, daß sie die Frage selbst mißverstehen, sondern
es zeigt nur den Mangel an Beweglichkeit im Denken, welches
der Ablauf vom Anfangs- bis zum Endpunkt nicht nach rückwärts zurücklegen kann und das umkehrbare Verhältnis zwischen diesen beiden Punkten durch das unumkehrbare nach dem
Endpunkt gerichtete Ablaufen ersetzt. Das Kind setzt also an
Stelle der zeitlichen Form den Inhalt derselben durch eine «Zentrierung» auf die Handlung selbst, die auf Kosten der «dezentrierten» Operation geht: dadurch daß die primäre Anschauung
der Zeit eine bloße Verlängerung der Handlung ist, beurteilt
die Vp. die Dauer nur auf diese Weise. Auch Maga erteilt zuerst $II_2 II_3$ eine größere Dauer zu als $II_1 II_2$, «weil es hier (II_2)
schon ein bißchen voll war», kehrt aber, wie er auf die Gegebenheiten der Uhr aufmerksam gemacht wird, sein Urteil um und
geht zu Fall (B) über: Schätzung auf Grund des Anfangspunk-
tes unabhängig von dem Endpunkt. Er erklärt in der Tat: «II_1
II_2 ist mehr Zeit, weil vorher nichts da war», genau wie Chap
im ersten Stadium (dessen Antwort wir jetzt verstehen): weil
er an die Handlung denkt, die noch zu Ende geführt werden
muß, teilt er derjenigen eine größere Dauer zu, die bei 0 anfängt, vergißt aber dabei, die Endpunkte zu vergleichen! Danach geht er wieder auf das Kriterium (A) zurück: $II_5 II_6$ dauert
länger als $II_1 II_2$, denn «wenn man nicht mehr Zeit gebraucht
hätte, wäre es nicht oben angekommen».

Kurz, die Kinder des zweiten Stadiums sind ebenso wenig
wie die des ersten imstande, die Zeit als Struktur von ihrem
Inhalt, d. h. von den Vorgängen oder den Bewegungen selbst,
loszulösen, und beurteilen dadurch die Dauer nur nach den End-

oder nach den Anfangspunkten, aber die einen unabhängig von den andern, denn ihr Denken ist in zeitlicher Beziehung noch unumkehrbar. Man versteht jetzt, warum auf diesem Stadium die metrische Operation (3) noch unmöglich ist, besteht sie doch im Vergleichen sukzessiver Zeitstrecken dank einer beweglichen in die Vergangenheit wie in die Zukunft (also nach beiden Verlaufsrichtungen) beliebig übertragbaren Zeiteinheit. Eine Dauer messen, heißt nämlich, die Länge des Intervalls bestimmen, und dazu gehört notwendigerweise die Berücksichtigung sowohl der Anfangs- wie der Endpunkte. Unsere Vpn. nun überlegen entweder ähnlich wie die Vorhergehenden, indem sie nur von einem der beiden Punkte ausgehen, oder sie schenken der Reihenfolge überhaupt keine Beachtung (wie wir schon vorher betont haben) und schätzen dann die Zeitstrecken nur nach der (absoluten) Länge der zurückgelegten Wege oder nach den in der Anschauung abgeschätzten Geschwindigkeiten.

Man kann nämlich unmittelbar beobachten, daß das Kind beim Lösen der Frage (3) betreffs der Vergleiche zwischen Sukzessivzeiten auf genau die gleichen Kriterien zurückgreift wie bei den Fragen (1) und (2) betreffs der Gleichsetzung der synchronen Zeitstrecken und der Einschachtelung der ungleichen Zeitstrecken, und zwar ebenso gut bei Anwendung der zweiten Methode (wenn man vorher sagt, man gieße jedes Mal die gleiche Menge Wasser) wie bei der ersten. Dabei sollte man doch meinen, daß die Gleichheit der abgegossenen Mengen (sichtbar an der Gleichheit der Höhen $II_1 \, II_2 = II_2 \, II_3 = II_3 \, II_4$ usw.) in Verbindung mit der Unveränderlichkeit der Fallgeschwindigkeit (konstanter Auslauf aus dem Hahn, der von I zu II führt) die Vp. darauf stoßen müßte, den Isochronismus der sukzessiven Zeitstrecken zu verstehen und jedes Intervall II_n II_{n+1} als Zeiteinheit zu rechnen. Was die nach der ersten Methode geprüften Vpn. anbetrifft, so sollte man denken, die verwendete Uhr mache die Dinge so leicht, daß ihnen alles Überlegen erspart bliebe. Trotzdem versagen die einen ebenso wie die andern bei dem Problem des Vergleichs sukzessiver Zeitstrecken, als ob es für sie keine Bedeutung hätte eben wegen

Fehlens der Umkehrbarkeit, die, wie wir jetzt gesehen haben, noch keineswegs erreicht ist.

Fangen wir mit der abgelaufenen Wassermenge an: manche Kinder (außer Mir, der bis an die Grenze des dritten Stadiums gelangt war) schienen sich ganz bewußt auf sie zu berufen: so ist es für Boir «dieselbe Zeit, weil Sie gleich viel Wasser laufen lassen». In Wirklichkeit aber handelt es sich in diesen Fällen um Mengen gleicher Form (zwei Segmente $II_x II_z$ oder sogar $I_x I_y$ und $I_y I_z$, wenn diese letzteren die gleiche Höhe haben): wenn das Kind von der Flüssigkeitsmenge spricht, muß man sich also fragen, ob es nicht einfach die Zeit nach der Höhe der Wassersäule abschätzt. Wenn die Formen verschieden sind, spielt nur noch diese Höhe (oder die Geschwindigkeit) eine Rolle: so sagt z. B. Del beim Vergleich von $II_2 II_4$ mit $I_1 I_3$ «es ist unten länger, aber die gleiche Menge» und beurteilt die Zeit nicht nach dieser Gleichheit, sondern nach der Höhe und der Geschwindigkeit («unten mehr Zeit, weil es steigt»). Es ist also nicht so, daß das Kind von der Erhaltung der Mengen bei Veränderung der Form nichts weiß; denn diese wird mit etwa 7 Jahren erworben (wenn gewisse Vpn. wie Mog momentan diese Erhaltung in Abrede stellen, so denken sie zweifellos an die Geschwindigkeit und lassen sich von ihr beeinflussen). Denn um die Zeit nach dem Ablauf der Flüssigkeit abzuschätzen, muß ein komplexer Zusammenhang von Relationen hergestellt werden: es geht darum, zu verstehen, daß bei gleichem Ablauf (konstanter Fallgeschwindigkeit) die gleiche abgelaufene Menge die gleiche Zeit angibt. Wenn man auf diese Geschwindigkeit nicht achtet, zeigt die Menge allein nichts an, und darum beschränken sich diese Vpn. auch wenn man sie nach der zweiten Methode im voraus an die Gleichheit der abgelaufenen Mengen erinnert, auf das Abschätzen der Zeit nach der Länge oder der Geschwindigkeit der Niveauverschiebungen.

Was die Verwendung der Uhr anbetrifft, so zeigt sich, daß Tar, Clau, Maga von dieser Zeitmessung unberührt bleiben: «gleich viel», sagt Maga, wie sie die Zeitstrecken $II_1 II_2$ und $II_2 II_3$ auf der Uhr vergleicht, aber «hier ($II_2 II_3$) ist es mehr

Zeit . . .» usw. Kurz, die Uhr gibt ihre eigene Zeit an, aber diese hat mit den Bewegungen, auf die die Kinder sie anwenden sollen, nichts zu tun. Nun, das Fehlen dieser Koordinierung versteht sich von selbst, wenn man das Vorangegangene versteht. Um t_1 (z. B. $II_1 II_2$) mit t_3 (z. B. $II_2 II_3$) auf Grund der auf der Uhr abgelesenen Zeit t_2 zu vergleichen, muß man folgende Überlegung anstellen: $t_1 = t_2$ und $t_2 = t_3$, also $t_1 = t_3$. Da aber $t_1 = t_2$ und $t_2 = t_3$ zwei Gleichsetzungen synchroner Zeiten sind und diese Gleichsetzungen auf diesen Stadien nicht verstanden werden (siehe § 2), ist es selbstverständlich, daß diese ganze Überlegung für das Kind bedeutungslos ist.

Alles in allem kann man die Reaktionen dieses Stadiums hinsichtlich der Fragen der qualitativen Einschachtelung und der Metrik der Zeitstrecken folgendermaßen zusammenfassen: das Kind versucht entweder, Dauer und Reihenfolge miteinander zu koordinieren, achtet aber dann nur auf die Sukzession der Anfangs- und Endpunkte, ohne beide miteinander zu verbinden, oder es beurteilt die Zeitstrecken unabhängig von der Reihenfolge und schätzt sie nach der bloßen Länge des Weges oder, umgekehrt, nach der Durchlaufgeschwindigkeit. Obschon die gegliederte Anschauung einen Fortschritt mit sich bringt, nämlich die Herstellung umkehrbarer Beziehungen zwischen Zeit und Geschwindigkeit, bleibt doch in beiden Fällen die Zeitschätzung unvollständig, weil die operative Umkehrbarkeit fehlt und die Zeit als solche von ihrem Inhalt nicht losgelöst wird: die Zeitstrecken werden dann als unter sich heterogen aufgefaßt, wobei jeder Bewegung eine besondere Zeit zukommt und die sukzessiven Zeitmomente sich nicht durch ein gemeinsames Maß verbinden lassen. Wie wir es bei der Analyse des dritten Stadiums sehen werden, wird die Zeit einzig und allen Bewegungen gemeinsam erst von dem Moment an, wo sie eine umkehrbare «Gruppierung» der Ordnungs- und Einschachtelungsverhältnisse bildet: ohne eine solche Gruppierung können die synchronen Zeitstrecken nicht gleichgesetzt werden, noch die Teilzeiten mit Sicherheit als kleiner als die Gesamtzeiten, deren Bestandteile sie sind, erkannt werden, und es läßt sich keine Zeiteinheit nach den zwei Richtungen des Geschehnisablaufs übertragen, die die Gleichheit zwischen einer gestern gemessenen Stunde und einer gegenwärtigen oder morgigen sichern würde. Kurz, die Zeit des Stadiums II ist noch anschaulich, und da die Anschauung ihrem Wesen nach immer nur einen Vorgang oder eine Bewegung auf einmal erfaßt, versagt sie natürlich bei den Fragen der Koordination der Zeit, der gleichzeitigen Stellung und der gleichzeitigen Umstellung, d. h. bei der Koordination der Stellungen und Bewegungen: durch ihre Bindung an die unumkehrbare Handlung «realisiert» die Anschauung die Zeit, statt ihre bewegliche Struktur auszubilden, und so fehlt ihr nicht nur die metrische Zeit, wie gewöhnlich hervorgehoben wird, sondern auch die qualitative operative Zeit, die zugleich extern und intern ist.

4

Drittes Stadium:
Operative Komposition qualitativer Zeitstrecken
und Zeitmessung

Im Laufe des dritten Stadiums finden alle bisher behandelten Probleme gleichzeitig ihre systematische Lösung. Allgemein gesprochen, wird jetzt eine einzige Zeit gebildet, die dank einer Koordination von Dauer und Reihenfolge alle Momente und Vorgänge umfaßt. Im einzelnen kommt diese Koordination durch eine «Gesamtgruppierung» zustande, die zu der Gleichsetzung synchroner Zeitstrecken und der Einschachtelung ungleicher Zeitstrecken führt, wobei die Grenzvorgänge dieser verschiedenen Zeitstrecken durch die Mit-Reihenbildung der Relationen der Folge einschließlich der der Gleichzeitigkeiten selbst auch «gruppiert» werden. Endlich werden eben dadurch die Konstruktion und die Iteration einer Zeiteinheit möglich, die zu der Messung eingeschachtelter Zeitstrecken führen.

Es folgen einige Beispiele für Reaktionen bei Anwendung der gewöhnlichen Methode (Verwendung der Uhren, ohne daß vorher gesagt wird, daß immer gleiche Wassermengen ablaufen):

Chol (8; 7): «Braucht es gleich viel Zeit hierzwischen (I_1 I_3) und dazwischen (II_1 II_2)?» — *«Hier (I_1 I_3) mehr Zeit, weil mehr geflossen ist.»* — «Und zwischen (I_1 I_2) und (I_2 I_3)?» — *«Gleich.»* — «Warum?» — *«Das ist gleich viel Wasser.»* — «Und (I_1 I_4) und (II_3 II_5)?» — *«Hier (I_1 I_4) mehr Zeit, weil man hier (II_3 II_5) zweimal und hier (I_1 I_4) dreimal laufen lassen mußte.»*

Cie (9): «(I_1 I_3) und (II_2 II_3)?» — *«Hier (I_1 I_3) mehr Zeit, weil das (I_1) vor dem (II_2) ist.»* — «Und (I_1 I_4) und (I_3 I_5)?» — *«Hier (I_1 I_4) mehr Zeit.»* — «Warum?» — *«Weil hier (I_3 I_5) zwei sind und da (I_1 I_4) drei.»* — «Und von (I_1 I_3) und (II_2 II_4)?» — *«Das ist gleich: da sind zwei, und da sind zwei.»* — «Und (I_2 I_3) und (II_3 II_4)?» — *«Dieselbe Zeit.»* — «Und (I_1 I_3) und (II_1 II_3)?» — *«Dieselbe Zeit, weil auf der Uhr zweimal das (10") ist.»* —

Laur (9); bei der Reihe Zeichnungen: «Von da bis da (I_1 I_2) ist es eine Weile gegangen, nicht?» — *«Ja.»* — «Und von da bis da (II_1 II_2)?» — *«Ja, aber das ist dieselbe Zeit, glaube ich, weil die zusammengeflossen sind (spontan).»* — «Und das (I_1 I_3) und das (II_3 II_5)?» — *«Ja, auch dieselbe Zeit, weil es immer dreimal ist.»* — «Und das (II_1 II_2) und (II_2 II_3)?» — *«O ja, das ist zweimal dieselbe Zeit.»* — «Und von da bis da (II_3 II_4) und von da bis da (I_4 I_5), ist das dieselbe Menge Wasser, da, wo es heraufgeht (II) und da, wo es heruntergeht (I)?» — *«Nicht ganz, weil vor (I_4) ein bißchen mehr Wasser abgelaufen ist als vor (II_3). Ja doch, weil es hier (II_3 II_4) noch nicht das letzte Mal ist, es ging ja 10", bis es voll war.»* (Laur entdeckt also, daß man zwei nicht synchrone Zeitstrecken gleichsetzen kann, desgleichen die entsprechenden Wassermengen). — «Und wechselt die Wasserfläche von da bis da (I_1 I_2) ebenso schnell wie von da bis da (II_1 II_2)?» — *«Ja, weil es zu gleicher Zeit stehen geblieben ist»* (= «schnell» im zeitlichen Sinne). — «Aber ist es die gleiche Schnelligkeit?» — *«Nein, unten geht es schneller, weil es ganz anders ist: unten* (II) *ist es wie ein Rohr, und oben* (I) *ist es wie eine Birne.»* — «Aber ist es dieselbe Zeit oder nicht?» — *«Ja, dieselbe Zeit.»* — «Und ist da (I_1 I_3) dieselbe Zeit wie (II_2 II_5)?» — *«Nein, unten ist es mehr Zeit, weil man mehr gefüllt hat: unten viermal und oben dreimal.»*

Es folgen zwei Beispiele, die bei Anwendung der zweiten Methode erhalten wurden (es wird vorher gesagt, daß die abgelaufenen Wassermengen gleich sind):

Lad (8; 7): «Ist $(I_1 \; I_2)$ und $(II_1 \; II_2)$ die gleiche Zeit?» — *«Ja, das ist die gleiche Zeit, weil es in die gleiche Länge eingeteilt ist.»* — «Ist es die gleiche Höhe?» — *«Nein, hier $(I_1 \; I_2)$ ist es dünner, aber es ist auch dicker (= breiter).»* — «Und das $(I_1 \; I_3$ und $II_3 \; II_5)$?» — *«Natürlich, weil zwei gleiche Mengen in diese gleichen Teile Wasser gegossen wurden.»* — «Und $(I_2 \; I_3)$ und $(I_6 \; I_7)$?» — *«Ja natürlich, das ist immer die gleiche Zeit.»* — «Warum?» — *«Weil das die gleiche Menge Wasser ist* (zeigt auf $II_2 \; II_3$ und $II_6 \; II_7$).» — «Und wenn man das $(II_6 \; II_7)$ wieder hier in (I) zurückgießen würde?» — *«Das würde eine Schicht geben wie die $(I_6 \; I_7)$.»*

Ant (0; 10) ordnet sofort die zerschnittenen Zeichnungen: «$(I_1 \; I_2)$ und $(II_1 \; II_2)$?» — *«Das ist dieselbe Zeit.»* — «Warum?» — *«Weil es in beiden gleich viel Wasser ist.»* — «Sinkt und steigt es gleich schnell?» *«Nein, das* (II) *geht schneller als das* (I).» — «Nimmt es also dieselbe Zeit oder nicht?» — *«Dieselbe.»* — «Warum?» — *«Weil es zu gleicher Zeit heraufgeht und herunter.»* — «Aber du sagst doch, es steigt schneller!» — *«Es ist gleich viel Zeit, weil beide zu gleicher Zeit heruntergehen. Zur gleichen Zeit, wo es heraufgeht, füllt es sich auch.»* — «Und von $(II_2 \; II_3)$ und $(II_3 \; II_4)$?» — *«Das geht immer länger, weil es immer höher geht ... Nein! Von da bis $(II_2 \; II_3)$ und von da bis da $(II_3 \; II_4)$, das ist immer dieselbe Zeit, weil es immer dieselbe Höhe hat.»* — «Und $(I_1 \; I_2)$ und $(II_5 \; II_6)$?» — *«Das ist dieselbe Zeit, weil es immer dieselbe Menge ist.»*

Man sieht, wie verschieden diese Reaktionen von denen der vorhergehenden Stadien sind. Um diesen allgemeinen Fortschritt zu verstehen, wollen wir die in Abschn. 1 und Abschn. 3 unterschiedenen Fragen der Reihe nach durchgehen.

Was zuerst einmal die Gleichheit der synchronen Zeitstrecken anbetrifft, so sehen wir, daß diese Vpn. sie ohne Zögern behaupten und beweisen. Für die einen, wie Laur und Ant, rührt diese Gleichheit der Zeitstrecken von der Gleichzeitigkeit ihrer Anfangs- und Endpunkte her: «Das ist dieselbe Zeit, weil sie zusammen geflossen sind», sagt Laur von $I_1 \; I_2$ und $II_1 \; II_2$, d. h., drückt er sich dann genauer aus, daß «es zu gleicher Zeit stehen geblieben ist». Und Ant präzisiert: «Weil es zu gleicher Zeit heruntergeht und herauf ... Es ist gleich viel Zeit, weil ... zur gleichen Zeit, wo es heruntergeht, füllt es sich auch». Bei

101

anderen, wie Chol, Cie und Lad (ebenso Ant zu Anfang) ist die Gleichheit der synchronen Zeitstrecken, unabhängig von den Ordnungsfragen (Gleichzeitigkeit), an der Gleichheit des abgelaufenen Wassers oder sogar an der Uhr erkennbar. So ist für Chol $I_1 I_3 = II_1 II_3$ «weil es gleich viel Wasser ist». Lad argumentiert: $I_1 I_2 = II_1 II_2$, «weil es in die gleiche Länge eingeteilt ist ..., d. h. die Wasserschicht «ist dünner» in $I_1 I_2$, «aber ... dicker», es ist also die gleiche Menge und die «gleiche Zeit». Cie endlich setzt $I_1 I_3$ und $II_1 II_3$ gleich: «dieselbe Zeit, weil auf der Uhr zweimal das (10″) ist», also t_1 (= $I_1 I_3$) = t_3 (= $II_1 II_3$), weil $t_1 = t_2$ (= 10″) und $t_2 = t_3$, was eine doppelte Gleichsetzung bedeutet.

Die Gleichsetzung (einfache oder doppelte) synchroner Zeitstrecken zeigt nun, daß für die Vpn. dieses dritten Stadiums die Zeit nicht mehr nur eine anschauliche «Dauer der Handlung» ist, wie sie jeder Bewegung zukommt, sondern eine einzige verschiedenen Bewegungen gemeinsame Struktur, kurz ein System von gleichzeitigen Umstellungen. Laur z. B. findet für die Tatsache, daß die Bewegungen $I_1 I_2$ und $II_1 II_2$ verschieden schnell sind, die schöne Erklärung: «unten geht es schneller, weil es ganz anders ist ...»; nichtsdestoweniger ist es «dieselbe Zeit» weil die Zeit beiden Bewegungen gemeinsam ist und es dadurch eben möglich wird, durch die Gleichzeitigkeit der Anfangs- und Endpunkte ihre Geschwindigkeiten zu vergleichen.

Was die Einschachtelung ungleicher Zeitstrecken anbetrifft, bei denen die einen Teilstrecken der andern darstellen, so bietet auch sie keine Schwierigkeit; sie gründet sich ebenfalls bald auf die Reihenfolge der Anfangs- und Endpunkte, bald auf die Wassermenge. So erklärt Cie beim Vergleichen von $I_1 I_3$ und $II_2 II_3$, die erstere Bewegung nehme «mehr Zeit, weil das (I) vor dem (II) ist». Nun, so einfach uns diese Verbindung von Dauer und Reihenfolge (II_3 und I_3 als gleichzeitig betrachtet) vorkommen mag, so müssen wir doch feststellen, daß sie neu ist und im Laufe der vergangenen Stadien nicht angeführt worden ist. Andererseits beruft sich Chol auf die Wassermenge: ($I_1 I_3$) «mehr Zeit, weil mehr abgeflossen ist». In beiden Fällen besteht also eine richtige Einschachtelung und eine Koordinierung der eingeschachtelten Zeitstrecken mit der Reihenfolge.

Man kann nun feststellen, daß von dem Moment an, da diese operativen Gruppierungen qualitativer Art erreicht sind, eine zeitliche Metrik möglich ist, die die sukzessiven und nicht mehr nur die die ganz oder teilweise synchronen Momente untereinander verbindet. Wie wir vorhin gesehen haben, setzt nämlich die qualitative Gruppierung der Zeiteinschachtelung (von der die Gleichsetzung synchroner Zeiten nur eine Sonderoperation darstellt) schon die Umkehrbarkeit voraus, denn um die Zeitstrecken einzuschachteln, muß man dem Lauf der Zeit sowohl vorwärts wie rückwärts nachgehen können: dann aber spielt das Denken die Rolle des Bewegten, das die Strecke nach beiden Richtungen durchläuft. Bei der metrischen Zeit dagegen wird die Uhr und ihre Zeiteinheit vom Denken weitergerückt, und zwar durch eine Synthese — jetzt nicht mehr der Dauer und der Ordnung oder der «Stellung», wie es schon der Fall für die qualitative Zeit ist, sondern durch eine Synthese der Dauer und der zeitlichen «Umstellung». Wie ist diese neue Synthese möglich? Es ist oft bemerkt worden, daß die Zeitmessung Schwierigkeiten aufwirft, welche die des Raumes nicht kennt. Um zwei Strecken verschiedener Länge $a < b$ zu messen, genügt es, a auf b abzutragen und b in zwei Teile zu zerlegen, von denen einer gleich a ist und der andere a' bildet, woraus folgt $b = a + a'$, und dann a auf a' durch eine Verschiebung von a auf a' abzutragen. Wenn $a = a'$, dann hat man $b = 2\,a$, und wenn a von a' verschieden ist, vergleicht man a mit a' nach derselben Methode wie a und b. Das Messen einer Entfernung ist also eine operative Synthese der Teilung und der Verschiebung und beruht auf der Möglichkeit, eine Strecke zu verschieben, ohne ihre Größe zu verändern. Aber um zwei sukzessive Zeiten a und a' aufeinander abzutragen und so eine zeitliche Metrik herzustellen, kann man nicht eine der beiden auf direktem Wege verschieben: wenn $b = a + a'$, läßt sich a' nicht auf a oder umgekehrt anlegen, da das Teilintervall a' anfängt, wenn das andere Teilintervall aufgehört hat. Um $a = a'$ gleich zu setzen, muß man also die Teileinheit *a* beweglich machen, und die einzige Methode, sie zu verschieben, besteht in der Reproduktion der physikalischen Erscheinung, deren Ablauf (Bewegung) eben gerade die Dauer *a* benötigte, so daß man diese Dauer *a* das zweite Mal wiederfinden und mit *a'* synchronisieren kann. Dies ist das Prinzip aller Uhren, angefangen von der Sonnenuhr oder Sanduhr bis zum Chronometer und der Taschenuhr: Synthese zwischen der Teilung der Zeitstrecken und der entsprechenden Raumstrecken mit der Verschiebung in der Zeit oder *Wiederholung* der Bewegung, die die Zeiteinheit mit sich bringt; die zeitliche Metrik setzt also ein neues Postulat voraus, das in der Raummetrik unbekannt ist, nämlich das der Erhaltung der Bewegung und seiner Geschwindigkeit. Die Frage ist also die: welche Uhr hat dem Kind das Mittel gegeben, die sukzessiven Zeitstrecken gleichzusetzen, die in der Auffassung der Vpn. der vorhergehenden Stadien noch heterogen waren?

Die Untersuchung der erhaltenen Reaktionen gestattet nun, diese Frage sehr einfach zu beantworten: in der großen Mehrzahl der Fälle benutzt das Kind keine andere Uhr als das Abfließen des Wassers selbst. Man muß hier zwei Situationen unterscheiden: die, bei der wir das Wasser vor der Vp. abgegossen und dabei jedesmal auf der Taschenuhr 10″ oder der Kartonuhr 10″ abgezählt haben (gewöhnliche Methode), und die, bei der wir der Vp. bei jeder Niveauänderung einfach sagten: «Wir werden jetzt dieselbe Menge Wasser abgießen» (zweite Methode). Es läßt sich nun leicht sehen, daß im ersten Fall, also wenn eine Uhr von außen zum Messen der gegossenen Mengen herangebracht wird, in Wirklichkeit wieder das Verhältnis zwischen diesen und der abgelaufenen Zeit für die Gleichförmigkeit der Zeitdauer sorgt, so daß diese Situation sich im Prinzip von der zweiten nicht unterscheidet: in der ersten muß die Gleichheit der Mengen, die nicht gegeben ist, erst konstruiert werden, und erst eigentlich diese Konstruktion sichert die Gleichheit der Zeit; in der zweiten ist wohl die Gleichheit der Mengen gegeben, sie bringt aber die der Zeiten erst dann zustande, wenn das gleiche Verhältnis zwischen gegossener Wassermenge (oder dem Niveauunterschied), der einförmigen Ablaufgeschwindigkeit und der entsprechenden Dauer herausgebildet ist.

Wie begründen denn eigentlich Chol, Cie und Laur (gewöhnliche Methode) die Gleichheit und die Ungleichheit der sukzessiven Zeitstrecken? Chol, der die Zeitstrecke $II_1 II_2$ in $I_1 I_3$ einschachtelt, «weil da ($I_1 I_3$) mehr geflossen ist» und der die Gleichheit der synchronen Zeitstrecken $I_1 I_3 = II_1 II_3$ herstellt, weil es «gleich viel Wasser» ist, macht einfach beim Vergleichen der teilweise sukzessiven Zeitstrecken $I_1 I_4$ und $II_3 II_5$ aus dieser Gleichsetzung der Wassermengen eine Chronometrie: «Hier ($I_1 I_4$) mehr Zeit, weil man hier ($II_3 II_5$) zweimal und hier ($I_1 I_4$) dreimal laufen mußte». Ebenso mißt Cie die Ungleichheit von $I_1 I_3$ und $I_3 I_5$, «weil hier zwei sind und da drei» und die Gleichheit $I_1 I_3 = II_2 II_5$; «da sind zwei, und da sind zwei»; und erst im Falle des Synchronismus $I_1 I_3 = II_1 II_3$ beruft er sich auf die Uhr. Laur seinerseits stellt sofort die Gleichheit $I_1 I_3 = II_3 II_6$ auf, «weil es immer dreimal ist», also wieder durch das Messen an der abgegossenen Menge. Auf die Frage, ob die Menge $II_3 II_4$ gleich $I_4 I_5$ sei, gerät er zuerst wegen des Unterschieds der Reihenfolge in Verwirrung, findet dann aber den Faden wieder und sagt: «weil es hier (II_4) noch nicht das letzte Mal ist, es ging ja 10″, bis es voll war»: die eigentliche Einheit der Dauer ist also das Verhältnis der Ablaufzeit zu der Flüssigkeitsmenge, also die Zeit, die durch das Ablaufen einer den andern Mengen gleiche Menge bestimmt wird. Endlich wird man sich an Hen erinnern, der vom zweiten zum dritten Stadium übergeht (2), wie er entdeckt, «dies ist dieselbe Zeit, weil es dieselbe Zahl Wasser ist».

Was die Vpn. anbetrifft, die nach der zweiten Methode befragt wurden, so sieht man, wie Lad, der sich zuerst vergewissert hat, daß die Wassermenge beim Ablaufen von I nach II gleich bleibt, behauptet, die Zeiten $I_1 I_3$ und $II_3 II_5$ seien gleich: «Natürlich, weil zwei gleiche Mengen Wasser gegossen wurden». Sogar auseinanderliegende Momente wie $I_2 I_3$ und $I_6 I_7$ werden von der Quantität aus gleichgesetzt: «Ja natürlich, das ist immer die gleiche Zeit» . . . ., weil das die gleiche Menge Wasser ist». Und er stützt seine Behauptung auf die Umkehrbarkeit: $I_2 I_3 = II_2 II_3$; $I_6 I_7 = II_6 II_7$ und $II_2 II_3 = II_6 II_7$, in der Weise, daß, wenn man $II_6 II_7$ in I gießen würde, es «eine Schicht wie die $(I_6 I_7)$» geben würde. Ant erklärt: «das ist immer dieselbe Zeit, weil es immer dieselbe Höhe hat (in II)», womit implizit die Erhaltung der Geschwindigkeit zugegeben wird.

Kurz, ob das Kind die Gleichheit der in das zylindrische Gefäß II gegossenen Wassermenge an der Gleichheit der Höhen $(II_1 II_2 = II_3 II_4 \ldots)$ entdeckt, oder ob es im voraus auf diese Gleichheit der Mengen aufmerksam gemacht wird und sie an den Höhen erkennt, in beiden Fällen spielt also in diesem Stadium der Wasserablauf die Rolle der Uhr. Der große Unterschied zwischen ihnen und denen der früheren Stadien ist also der, daß die Kinder des dritten Stadiums die Zeit nicht wie die des zweiten nur an den Längen (daher der Fehler, $II_x II_y$ nehme mehr Zeit als $I_x I_y$) oder an den Geschwindigkeiten der Niveauverschiebungen (daher die Ungleichheiten bei den Zeiten in I und in II) messen, sondern in der Niveauverschiebung nur das Zeichen für die gegossenen Wassermengen sehen und von diesem Gesichtspunkt aus sofort die Verschiebungen in I denen von II zuordnen, wodurch es ihnen möglich ist, von der Gleichheit der sukzessiven Verschiebungen in II auf die der gegossenen Mengen und vor allem auf die der abgelaufenen Zeiten zwischen den einzelnen Stufen zu schließen.

Worauf ist dieser grundlegende Fortschritt zurückzuführen? Zunächst ist daran zu erinnern, daß die Gleichwertigkeit der sukzessiven Zeitstrecken auf dem Umweg über die der abgelaufenen Mengen nur dann von der Gleichheit der Höhen $(II_1 II_2 = II_2 II_3 = II_3 II_4 = \ldots)$ abgeleitet werden kann, wenn angenommen wird, daß die Geschwindigkeit des Abfließens erhalten bleibt. Interessanterweise läßt sich eine bemerkenswerte Parallele zu der Entwicklung des Zeitbegriffs beobachten, wenn man die Kinder auffordert, auf dem Tisch die sukzessiven Teilstrecken abzutragen, die ein kleines Auto oder ein kleiner Radfahrer zurücklegt, wobei man ausdrücklich erklärt, daß die

Geschwindigkeiten konstant sind, und man selber die Anfangs-
touren während des ersten Tages vorzeigt: wieder erst gegen 8
bis 9 Jahre ist das Kind imstande, gleiche sukzessive Strecken
abzutragen, während die Kleinen sich damit begnügen, willkürliche Verschiebungen abzutragen [9]. Die Erhaltung der Geschwindigkeit ist also keineswegs das Produkt einer unmittelbaren Anschauung, sondern setzt eine komplexe Verarbeitung
voraus, folglich ist es nur natürlich, daß die metrische Zeit, die
ja notwendigerweise diese Invariante voraussetzt, sich nicht
früher bilden kann. Aber es ist klar, daß umgekehrt die Erhaltung der Geschwindigkeit die Bildung einer wenigstens qualitativen zeitlichen Gruppierung voraussetzt, und wir würden
also nichts erklären, wenn wir zur Erhellung der Zeitkonstruk-
tionen uns nur auf eine Strukturierung der Geschwindigkeit
berufen würden.

Der wesentliche Unterschied zwischen den Vpn. des dritten Stadiums und den vorhergehenden beruht also auf der operativen Umkehrbarkeit des Denkens: auch wenn das Kind
des zweiten Stadiums weiß, daß die von einem Niveau zum
andern gegossenen Wassermengen gleich sind, so leitet es davon
noch keine Metrik der Zeitstrecken ab, und diese Gleichheit bedeutet ihm nichts Zeitliches, da es die Niveauverschiebungen
nicht als homogen betrachtet. Man muß sich selbstverständlich
davor hüten zu glauben, die Zeit könne von außen in irgend-
einem physikalischen Abrollen fertig entdeckt werden: dieses
Abrollen erhält eine zeitliche Bedeutung nur in dem Maße, als
es zum Inhalt einer operativen Gesamtstruktur werden kann.
Wie dieselbe konstruiert wird, dies wollen wir nun in der Zusammenfassung untersuchen.

[9] Vgl. «Les Notions de Mouvement et de Vitesse chez l'Enfant».

5

Zusammenfassung

Die elementaren Operationen und ihre hauptsächlichen Gruppierungen: Ordnen der Sukzessionen und Einschachtelung der Zeitstrecken

Alles in allem stehen wir vor zwei Reihen korrelativer Tatsachen, die drei Stadien charakterisieren. Im Laufe der ersten Etappe nimmt das Kind das Ablaufen der Flüssigkeit in seiner bestimmten Ordnung wahr und versteht daher beim Ablaufen selbst die Bedeutung der Reihenfolge der Niveauflächen, aber es ist nicht imstande, nachträglich die D-Zeichnungen (nicht durchschnittenen) zu ordnen, weil es die Reihenfolge nicht nach der Gesamtbewegung rekonstruieren kann. Vom Gesichtspunkt der Dauer hat es andererseits wohl die Anschauung der Verschiebungen (Raum), der Überholungen (Geschwindigkeiten) und der Verlängerung der ablaufenden Handlung (Beginn der psychologischen Zeit), aber es gelingt der Vp. nicht, diese Anfangsanschauungen zu einer artikulierten Anschauung zu vereinen, nicht einmal, was das umgekehrte Verhältnis von Zeit und Geschwindigkeit anbetrifft. Kurz, in beiden Fällen ist die Vp. nicht imstande, eine einzige Zeit zu bilden, entweder, weil es sich um vergangene Momente handelt, deren Reihenfolge sie nicht wiederfinden kann, da ihnen ohne die Wiederherstellung der Gesamtbewegung die Verbindung fehlt oder weil es sich um verschiedene Bewegungen handelt, zu deren Koordinierung die Zeit von der durchlaufenen Strecke differenziert werden muß. Im zweiten Stadium gelingt es dem Kind, die D-Zeichnungen und die I oder die II zu ordnen, aber es kann die durchgeschnittenen Zeichnungen I und II nicht in ihrem gegenseitigen Verhältnis einander zuordnen, und es kehrt das Verhältnis von Zeit und Geschwindigkeit um, kann aber die synchronen Zeitstrecken nicht gleichsetzen noch die Teilzeiten in die Gesamtzeiten richtig einschachteln: es koordiniert also zuerst die Bewegungen untereinander, aber ohne die Umkehrbarkeit kann' es den Gang der Geschehnisse nicht nach rückwärts verfolgen und ist so nicht imstande, das System der gleichzeitigen Umstellungen zu bilden, das die operative Zeit erzeugen würde. Im dritten Stadium endlich vollzieht sich die Doppel-Reihenbildung der Sukzessionen Hand in Hand mit der Einschachtelung der Zeitstrecken bis zu der Vollendung einer operativen qualitativen und zugleich metrischen Zeit.

Diese Entwicklung im allgemeinen und ganz besonders diese wachsende gegenseitige Abhängigkeit zwischen Folge und Dauer lassen den operativen Charakter des Schemas der einzigen Zeit klar erkennen, eines Schemas, das sowohl alle unterschiedlichen Momente als alle synchronen Zeitstrecken in sich umfaßt. Während nämlich im Anfang die Sukzessions- und Zeitstreckenverhältnisse heterogenen Anschauungen entspringen, also unter sich keine notwendige Verknüpfung aufweisen, enden sie schließlich in einem einzigen differenzierten und durch und durch kohärenten System, in dem sie sich gegenseitig bestimmen. Daran erkennt man die fortschreitende Konstruktion der «Gruppierungen» von Operationen, analog denen, die wir bei der Entwicklung der logischen Begriffe (Reihenbildung der Relationen und Einschachtelung der Klassen) und der Zahl, ebenso wie bei den Mengen im allgemeinen (Stoffmenge, Gewichte und Umfang) unterscheiden konnten. Hierin liegt übrigens nichts Überraschendes, da die Zeit wie alle diese quantitativen Systeme zuerst als Qualität und unbearbeitete oder anschauliche Quantität erscheint, um sich dann unter dem doppelten Aspekt der logischen Qualität und der extensiven oder metrischen Quantität fortschreitend zu organisieren. Ein Gradunterschied bleibt jedoch insofern bestehen, als die qualitative Zeit, sobald sie operativ ist, neben der metrischen Zeit eine praktisch viel größere Rolle beibehält, was z. B. bei dem qualitativen Gewicht im Verhältnis zu der Gewichtsmessung nicht der Fall ist. Aber dieser Unterschied erklärt sich durch die Existenz der inneren Dauer, die mit der Erinnerung an unsere früheren Tätigkeiten oder an die Ablaufsmomente der eben stattfindenden Tätigkeit verbunden ist, währen das innere qualitative Gewicht des eigenen Körpers bei der gewöhnlichen Handlung ohne Interesse ist. Von diesem Gegensatz abgesehen, setzt also die Bildung der Zeit die Entwicklung eines Operationssystems voraus, analog denen, die uns von unseren früheren Studien her vertraut sind.

Was sind diese zeitlichen Operationen? Wir haben eine nach der andern beschrieben, müssen jetzt aber noch ihr allgemeines Schema herausschälen, um die Gründe für die eben erwähnte fortschreitende Verknüpfung zwischen den Operationen der Reihenfolge und denen der Einschachtelung verständlich zu machen und somit die ausführlicheren Analysen, die die nächsten Kapitel entwickeln werden, vorzubereiten.

Es sei zuerst daran erinnert, was eine logische oder infra-logische «Gruppierung» ist und worin sie sich von einer arithmetischen «Gruppe» unterscheidet.

Eine «Gruppe» ist ein System von Operationen, die sich unter sich zusammensetzen lassen und den folgenden vier Bedingungen gehorchen: 1. Das Produkt zweier beliebiger Operationen dieser Art gehört ebenfalls zu dem System. Zum Beispiel bildet die Gesamtheit der ganzen Zahlen (positive und negative) eine Gruppe, deren Operation die Addition $(+ 1)$ ist: das Produkt nun von zwei Additionen ganzer Zahlen ist auch eine Addition von ganzer Zahl (z. B. $+ 1 + 1 = + 2$). 2. Die Umkehrbarkeit: jeder «direkten» Operation entspricht eine «indirekte» Operation, die sie aufhebt (z. B. $+ 1 - 1 = 0$). 3. Das Bestehen einer und nur einer identischen Operation $(+ 0)$, Produkt jeder direkten Operation und ihres Gegenteils (z. B. $+ 3 - 3 = 0$), und zwar solcher Art, daß sie sich mit einer beliebigen Operation zusammensetzen läßt, ohne deren Produkt zu ändern (z. B. $+ 3 + 0 = + 3$). 4. Die Operationen der Gruppe sind assoziativ, d. h. $(A + B) + C = A + (B + C)$, z. B. $(+ 1 + 2) + 3 = + 1 + (+ 2 + 3)$, also $(3) + 3 = 1 + (5)$.

Wir haben nun zeigen können[1], daß die logischen Operationen selbst noch allgemeinere Systeme bilden als die Gruppen. Wir haben sie als «Gruppierungen[10]» («groupements») bezeichnet. Es sei z. B. A, B, C, D eine Reihe eingeschachtelter Klassen, d. h. solche, bei der jede einen Teil der nächsten bildet: man erhält also $A + A' = B$; $B + B' = C$; $C + C' = D$; ... usw., wobei $A' =$ der Unterschied

[10] J. PIAGET. *Classes, relations et nombres. Essai sur les groupements de la logistique et la réversibilité de la pensée.* Paris (Vrin), 1942.

zwischen A und B, B' = der Unterschied zwischen B und C ist usw. Man kann in diesem Fall 1. diese Gleichungen unter sich zusammensetzen (Prinzip des Syllogismus), 2. diesen direkten Operationen die entsprechenden umgekehrten der Ausschließung und Ausschachtelung zuordnen B — A' = A oder — A — A' = — B, usw. 3. eine «allgemeine» identische Operation definieren: (A + A' = B) — (A + A' = B) = (0 + 0 = 0). 4. Aber außer der allgemeinen Identischen spielt jede Gleichheit die Rolle der Identischen gegenüber sich selbst (Tautologie A + A = A) und gegenüber höheren Gliedern gleichen Zeichens (Resorbierung A + A = B). 5. Daraus ergibt sich, daß die Assoziativität auf die Fälle begrenzt ist, wo man die Operationen (4) auf beide Glieder der Gleichungen zugleich anwendet, d. h., daß die Elemente der Gruppierung nicht «Klassen» als solche sind, sondern Gleichheiten oder «Urteile» der Form A + A' = B, usw. Von diesem Gesichtspunkt aus bilden alle möglichen Kombinationen, die ein System von Syllogismen kennzeichnen, eine «Gruppierung».

Außerdem sei daran erinnert, daß das Prinzip der Gruppierung sich ebenso auf ein System asymmetrischer Relationen anwenden läßt der Art $0 \xrightarrow{a} A \xrightarrow{a'} A' \xrightarrow{b'} B' \ldots$ («logische oder qualitative Reihenbildung»)[11]. Aus der Synthese dieser zweiten Gruppierung mit der vorhergehenden geht nun eben die additive Gruppe der ganzen Zahlen hervor (op. cit. Kap. XI): die Synthese der beiden Gruppierungen in einer einzigen gestattet nämlich die Tautologie (A + A = A) durch die numerische Iterierung (A + A = 2A) zu ersetzen, da sich die Elemente A, A', B' usw., wenn sie ersetzbar und aneinanderreihbar geworden sind, in «Einheiten» verwandeln.

Wir können jetzt feststellen, daß die qualitativen Relationen der Zeit dann Gruppierungen bilden, wenn es sich nicht mehr um unumkehrbare Anschauungsverhältnisse handelt, sondern um logische Relationen, die ihren Gleichgewichtszustand erreicht haben, d. h. die dank reversibler Operationen koordiniert sind. Zuerst werden wir beschreiben, welche Operationen und Gruppierungen das Kind bildet, wenn es sich bei dem in diesem Kap. I und II beschriebenen Versuch am Ende seiner Entwicklung befindet, dann werden wir im Laufe der Schlußbetrachtungen dieses Bandes hierauf noch allgemeiner zu sprechen kommen.

Vom rein logischen Gesichtspunkt aus, d. h. wenn die Konstruktion der Zeit abgeschlossen ist und damit die zeitlichen Operationen die reversible Beweglichkeit erreicht haben, die

[11] Die inverse Relation ist hier die konverse Relation $A \leftarrow O$ und die allgemeine Identische $(O \rightarrow A) + (A \leftarrow O) = 0$.

ihre Gleichgewichtsform charakterisiert, kann man beliebig entweder von der Reihenfolge der Vorgänge ausgehen und aus ihr das System der Zeitstrecken ableiten oder von diesem letzteren ausgehen und aus ihm die erste ableiten. Diese Reziprozität der beiden Operationsarten wird eben gerade von den Vpn. in Stadium III erreicht, und wenn wir jetzt noch einmal einen Gesamtüberblick über diese Operationen geben wollen, so könnten wir ebenso gut bei der einen wie bei der andern beginnen. Psychologisch aber finden sich die elementarsten zeitlichen Erlebnisse sicherlich in dem Bewußtsein der Folge: beschränken wir uns also darauf, die wirkliche Reihenfolge der geistigen Operationen logisch auszudrücken; es wird sich dann interessanterweise zeigen, daß dieser Organisation der tatsächlichen Operationen gerade auch die logisch einfachere der beiden möglichen Verfahren entspricht.

Gegeben sei die sinkende Bewegung der Wasserflächen durch die Punkte I_1, I_2, I_3 usw. Diese Bewegung bestimmt also als solche eine Wegrichtung (oder räumliche Folge) $I_1 \rightarrow I_2 \rightarrow I_3$ usw., d. h. wenn man die durchlaufene Strecke in Richtung der Bewegung verfolgt, kommt I_1 vor I_2 und I_2 vor I_3 usw., was wir schreiben:

(1) $I_1 \; \underset{a}{\rightarrow} \; I_2 \; \underset{a'}{\rightarrow} \; I_3 \ldots$ usw.

(wobei $a + a' = b$ usw., d. h. «wenn I_1 vor I_2 kommt» und «wenn I_2 vor I_3 kommt», dann kommt «I_1 vor I_3» usw.). Diese erste Reihe bildet eine «additive Gruppierung asymmetrischer Operationen» (quantitative Reihenbildung).

Es ist nun klar, daß, wenn die betreffende Bewegung wirklich und nicht fiktiv ist, d. h. wenn sie eine endliche und nicht eine unendliche Geschwindigkeit hat, diese Verhältnisse «vor» und «nach» auch eine zeitliche Bedeutung haben. Aber in dem Falle einer einzelnen Bewegung sind diese beiden Bedeutungen untrennbar, da die räumliche Lage als Anzeichen für die zeitliche dienen kann, und umgekehrt. Es besteht also noch keine von der Bewegung unterschiedene Zeit.

Führen wir dagegen eine zweite Bewegung ein, die sich von der ersten in Laufbahn und Geschwindigkeit unterscheidet, dann haben wir in bezug auf das Steigen des Wassers im zweiten Gefäß:

(1bis) II_1 $\underset{\sim}{a}$ II_2; II_2 $\underset{\sim}{a}'$ II_3 usw. und

II_1 $\underset{\sim}{b}$ II_3; II_1 $\underset{\sim}{c}$ II_4 usw.,

wobei diese Relationen dieselbe doppelte Bedeutung haben wie in (1).

Aber jetzt stellt sich die Frage, wie man die Lage des einen bewegten Körpers I oder II im Verhältnis zu denen des andern festzusetzen hat, also wie man die beiden Bewegungen zu gleicher Zeit nach ihren gemeinsamen räumlichen Zuständen beschreiben soll. Da die Lagen der beiden Bewegungen I und II räumlich nicht zusammenfallen, muß man sie durch ein drittes System von Verschiebungen miteinander verbinden. Im Falle des in diesen beiden Kapiteln beschriebenen Versuchs kann die Bewegung, welche die Verbindung zwischen den Lagen I und II herstellt, das Abfließen des Wassers von einem Gefäß in das andere sein. Aber es ließe sich ebenso gut an ein optisches Signal denken, das die Lagen I und II durch einen Lichtstrahl miteinander verbindet. Man kann vor allem die einfache Blickverschiebung zwischen den Lagen I und den Lagen II (doppelte Verschiebung → und ←) berücksichtigen. In jedem dieser verschiedenen Fälle tritt zwischen die Lagen I_1 und II_1, I_2 und II_2 usw. ein neues Relationssystem. Im Falle des Wasserablaufens wird II_1 ein wenig nach I_1 erscheinen, II_2 nach I_2 usw. Im Falle der Blickbewegung seitens derselben Person wird dagegen die Aufeinanderfolge von I_1 zu II_1 usw. kaum merklich sein. In dieser letzteren Situation, der einzigen, die wir zur Vereinfachung unserer Darstellung ins Auge gefaßt haben, muß man eine neue Relation oder vielmehr die Grenzform der eben beschriebenen Folgerelationen einführen: nämlich die Relation der Folge Null (o) oder «Gleichzeitigkeit».

(2) $(I_1 \underset{\sim}{o} II_1) = (I_1 \underset{\underset{\sim}{a}}{\overset{a}{\rightarrow}} II_1) = (I_1 \underset{\sim}{o} II_1)$

So definiert, entspricht die Gleichzeitigkeit gut der Form, in der sie bei ihrer psychologischen Konstruktion erscheint: sie ist nämlich nur ein Grenzfall, denn die absolute Gleichzeitigkeit deckt sich mit dem Zusammentreffen in einem bestimmten Raumpunkt, und der Charakter des Gleichzeitigen relativiert sich, je mehr die Lagen sich voneinander entfernen und der Beobachter darauf angewiesen ist, zu den Bewegungen, die er vergleichen soll, noch ergänzende Bewegungen, einschließlich der des Blickes, zu machen. Wenn die metrische Zeit einmal gebildet ist, läßt sich die Gleichzeitigkeit nicht nur feststellen, sondern auch berechnen, und an Stelle bloß qualitativer Operationen des Zusammenfallens kann eine genaue Bestimmung treten: man weiß aber, daß auch dann die Gleichzeitigkeit relativ bleibt und für die großen Entfernungen und die großen Geschwindigkeiten alle Bedeutung verliert. Umso interessanter ist es, daß sich diese gleichen Aspekte schon bei der sozusagen «unmittelbaren» Gleichzeitigkeit beobachten lassen.

Sind nun die gleichzeitigen Lagen $I_1 \leftrightarrow II_1$, $I_2 \leftrightarrow II_2$ usw. hergestellt, ist es möglich, den Relationen «vor» und «nach» eine spezifisch zeitliche, von der räumlichen «Wegordnung» unabhängige Bedeutung zu erteilen. Jedes Paar oder jedes vielfache System gleichzeitiger Lagen bildet nämlich einen räumlichen «Gesamtzustand» oder eine «Momentaufnahme» wie die z. B., die ein Photograph aufnehmen würde, wenn er die Stellungen aller Fahrzeuge auf einem Platz festhält, oder die, welche das Kind einzeichnet, wenn es die beiden Niveauflächen der Flüssigkeit in den Gefäßen I und II markiert. Diese «Zustände» oder «Momentaufnahmen» können als solche aneinandergereiht oder geordnet werden, und eben in dieser Sukzessionsordnung, die ein komplexes System von gleichzeitigen Umstellungen betrifft, liegt die spezifisch zeitliche Reihenfolge. Um sie zu bestimmen, genügt es (I) und (II) zu verbinden, wodurch eine «multiplikative Gruppierung von Relationen» (Reihenzuordnung oder Doppel-Reihenbildung) entsteht:

$$(3) \quad I_1 \underset{\text{\scriptsize o}}{\underline{a}} \ I_2 \underset{\text{\scriptsize o}}{\underline{a'}} \ I_3 \ \underline{b'} \cdots$$
$$II_1 \underline{a} \ II_2 \underline{a'} \ II_3 \ \underline{b'} \cdots$$

Diese «Gruppierung» der gleichzeitigen Umstellungen bringt nämlich die spezifisch zeitliche Vereinfachung mit sich, da es außer der räumlichen Wegordnung der I und II noch möglich ist, aus ihr Relationen der Art «I_1 kommt vor [12] II_2» oder «I_3 kommt vor II_1» usw. abzuleiten, die vom Gesichtspunkt der räumlichen Wegordnung keinen Sinn mehr haben (es handelt sich nicht mehr um dieselben Wege), vielmehr nur eine Bedeutung in bezug auf die Zeit erhalten.

Stellt man so die zeitliche Ordnung durch eine multiplikative Gruppierung transitiver asymmetrischer Relationen (Doppel-Reihenbildung) dar, welche die verschiedenen Lagen eines Systems von gleichzeitigen Umstellungen untereinander koordinieren, und geht man dann dem Prozeß der psychologischen Operationen selbst Schritt für Schritt nach, dann läßt sich leicht sehen, worin diese operative Gruppierung und die Zeitstreckeneinschachtelung isomorph sind, abgesehen von einem Unterschied: die letztere stützt sich zwar auf die Reihenfolge, abstrahiert aber von ihr und gilt nur noch für symmetrische Intervallrelationen.

Wenn I_1 vor I_2 kommt oder II_2 und I_2 vor I_3 oder II_3, kann man nämlich, auch ohne etwas von dem metrischen Wert des durchlaufenen Weges oder der abgelaufenen Zeiten zu wissen, mit Notwendigkeit daraus folgern, daß das Intervall zwischen I_1 und I_3 oder II_3 größer ist als das Intervall zwischen I_1 und I_2 oder II_2. Dieses Intervall nun zwischen den «Zuständen» ($I_1 II_1$ und $I_2 II_2$ oder $I_3 II_3$ usw.) ist eben gerade die Dauer. Um das System der Zeitstrecken durch eine neue operative Gruppierung auszudrücken, genügt es dann festzuhalten, daß, selbst wenn der «Zustand» $I_2 II_2$ immer später als der Zustand $I_1 II_1$ ist, das Intervall zwischen ihnen das gleiche bleibt, ob das Denken von $I_1 II_1$ nach $I_2 II_2$ schreitet, d. h. dem Lauf der Zeit folgt, oder ob es von $I_2 II_2$ nach $I_1 II_1$ zurückgeht. Die Intervalle lassen sich also durch ein Gebilde symmetrischer Relationen darstellen:

(4) $I_1 II_1 \underset{a}{\rightleftharpoons} | I_2 II_2; I_2 II_2 \underset{a'}{\rightleftharpoons} | I_3 II_3; I_3 II_3 \underset{b'}{\rightleftharpoons} | I_4 II_4$ usw., was zu lesen ist: «Intervall zwischen den Niveaux I_1 und II_1

---

[12] vor = avant (zeitlich vor). (die Übers.)

einschließlich und den Niveaux I_2 und II_2 ausschließlich usw.»
Wenn man weiterhin diese Verhältnisse der Form $\leftrightarrow\,|$ als die
Gesamtheit aller Relationen der Mitzugehörigkeit zu dem gleichen Intervall zwischen allen von I_1 bis I_2 usw. möglichen Niveaux definiert, kann man diese Verhältnisse addieren, und
zwar in folgender Form, die eine erste Form der Zeitaddition
darstellt:

(4bis)$(I_1\,II_1\underset{\sim}{\underline{a}}\,|\,I_2\,II_2) + (I_2\,II_2\underset{\sim}{\underline{a'}}\,|\,I_3\,II_3) = (I_1\,II_1\underset{\leftrightarrow}{\underline{b}}\,|\,I_3\,II_3)$ usw.

Aber worin bestehen diese Intervalle, welche die sukzessiven Niveauflächen (dargestellt als Reihen in [1], [2] und [3])
trennen? Im Laufe dieses Kapitels hat sich hinreichend gezeigt,
daß die Dauer nach den Bewegungen des Wassers abgeschätzt
wird, daß aber die große Schwierigkeit für die Kleinen darin
lag, zu verstehen, daß Bewegungen von verschiedener Geschwindigkeit (langsames Sinken der ersten Niveaux $I_1\,I_2$ usw. und
schnelles Aufsteigen der Niveaux $II_1\,II_2$ usw.) einer gleichen
Dauer entsprechen kann. Wir können also sagen, das Kind versteht, was die Dauer ist, sobald es sie als die Bewegung selbst,
aber im Verhältnis zu ihrer Geschwindigkeit, auffaßt. Wenn
es sich um metrische Operationen handeln würde, hätte man
also t = s/v durch Umwandlung von v = s/t. Aber es handelt
sich nur um qualitative Operationen, und dann läßt sich die
Sache in sehr einfacher Form darstellen, wie folgt: setzen wir
voraus, die Vp. ginge von dem Ablauf $I_1\,I_2$ aus: nach ihrer Auffassung wird dann die zwischen I_1 und I_2 durchlaufene Strecke
sowohl eine Dauer als eine Geschwindigkeit messen. Sie wird
weiterhin feststellen, daß die zwischen II_1 und II_2 durchlaufene
Strecke größer ist, und da I_1 und II_1 ebenso wie I_2 und II_2
gleichzeitig sind, wird sie schließen, daß die Geschwindigkeit
v_2 ($II_1\,II_2$) größer ist als die Geschwindigkeit v_1 ($I_1\,I_2$). Wenn
sie dann dazu gelangt, die Dauer ($I_1\,I_2$) und die Dauer ($II_1\,II_2$)
gleichzusetzen, so darum, weil sie vom Gesichtspunkt der
Dauer die Zunahme der durchlaufenen Strecke s'_1 ($= s_2 - s_1$)
durch die Zunahme der Geschwindigkeit v'_1 ($= v_2 - v_1$) für aufgehoben hält. Man erhält also, wenn man diese gemeinsame
Dauer a nennt:

(5) $a \, s_1 \, v_1 = a \, s_2 \, v_2$, weil $(s'_1) \times (-v'_1) = 0$

d. h. «die Dauer a einer Bewegung der Geschwindigkeit v_1, die eine Strecke s_1 durchläuft, ist dieselbe wie die einer Bewegung der Geschwindigkeit v_2, die eine Strecke s_2 durchläuft, wenn die Zunahme der durchlaufenen Strecke einer gleichwertigen Zunahme der Geschwindigkeit entspricht ($=$ logische Multiplikation). (Hierbei hat die Zunahme der Geschwindigkeit ein negatives Vorzeichen, da sie s'_1 aufhebt, denn die logische Multiplikation ist das Äquivalent der mathematischen Division s/v.) Diese Operation (5) also gestattet die Gleichsetzung der synchronen Zeitstrecken $I_1 \, I_2 = II_1 \, II_2$; $I_2 \, I_3 = II_2 \, II_3$ usw.

Nun, wenn so jedes Zeitintervall durch die durchlaufene Strecke im Verhältnis zu der Geschwindigkeit (oder durch die geleistete Arbeit im Verhältnis zu der Leistung, d. h. zu der Kraft vereint mit der Geschwindigkeit) definiert wird, dann läßt sich die Dauer als wirkliche Totalität auffassen, deren Teile sich ineinanderschachteln:

(6) $a + a' = \beta + \beta' = \gamma$; usw.,

wobei die Elemente a, a', β' usw. den in (5) definierten Sinn haben und zugleich den Intervallen von (4) und (4bis) entsprechen. Dies ist die Grundoperation der Zeiteinschachtelung (additive Gruppierung der Teilung).

Was die Operationen anbetrifft, die die zeitliche Metrik bilden, so haben wir in dem besonderen Fall des Wasserablaufens gesehen, wie die Entwicklung des kindlichen Denkens vor sich geht. Im Anfang hat das Vergleichen einer aktuellen Dauer mit den vorhergehenden oder folgenden gar keinen Sinn, weil die geistige Reversibilität fehlt: die Zeitmessung wird also nicht besser verstanden als die Gleichsetzung synchroner Zeitstrecken (5) oder als die Einschachtelung der Zeitstrecken (6). Am Ende der Entwicklung dagegen werden die aufeinanderfolgenden Zeiten miteinander verglichen dank der Gleichheit der mit gleicher Geschwindigkeit ablaufenden Wassermengen, wobei diese Gleichheit sich an den Niveauunterschieden der Wassersäule in dem zylindrischen Gefäß II erkennen läßt. Da in diesem Fall jeder Unterschied $II_1 \, II_2 = II_2 \, II_3 =$ usw. gleich den Unterschieden $I_1 \, I_2$, $I_2 \, I_3$ usw. ist, hat das Kind ein System von Einheiten $I_1 \, II_1 \, (a) \, I_2 \, II_2 = I_2 \, II_2 (a') \, I_3 \, II_3 = I_3 \, II_3 (\beta') \, I_4 \, II_4 =$ usw., aus dem sich schließen läßt: $\beta = 2a$; $\gamma = 3a$; usw.

Während die qualitativen Operationen sich immer beschränken entweder auf den Vergleich einer Teildauer mit der Totaldauer, von der sie ein Element darstellt $a < \beta$, oder auf den Vergleich zweier synchroner Zeitstrecken (partieller oder totaler $a_1 = a_2$ oder $\beta_1 = \beta_2$), die aufeinander folgen (a, a', β' usw.), bestehen die metrischen Operationen in einem Vergleichen der sukzessiven Zeitstrecken selbst: dazu tragen sie eine Einheit a durch Gleichsetzung von $a = a' = \beta' =$ usw. ab, wodurch sich die Einheiten, die in jeder Gesamtdauer enthalten sind, zählen lassen $\beta = 2a$; $\lambda = 3\varkappa$ usw. und so ein Zeitmaß geliefert wird. Man kann also durch einfache Gleichsetzung der sukzessiven Zeitstrecken Operation (6) in ein System metrischer Einschachtelungen umwandeln.

(7) $a + a \, (= a') = 2a \, (= \beta)$; $2a \, (= \beta) + a \, (= \beta') = 3a \, (= \gamma)$; usw. wobei a, a', β, β' usw. bedeuten: $I_1 \, II_2 \, (a) \, I_2 \, II_2$; $I_2 \, II_2 (a') \, I_3 \, II_3$; $I_1 \, II_1 \, (\beta) \, I_3 \, II_3$; usw.

Nur muß man recht verstehen, daß diese Operationen, so einfach sie auch schließlich in ihrer Gleichgewichtsform sind, in Wirklichkeit ein sehr kompliziertes Durcharbeiten hinsichtlich einer räumlichen und stofflichen Gesamtstrukturierung benötigt haben.

Um die Gleichsetzung zweier Sukzessivzeiten $a = a'$ zu bewirken, würde die qualitative Operation der Synchronisierung (5) nämlich nicht genügen. Denn wenn das Kind in (5) soweit kommt, die Geschwindigkeit mit der Zunahme des durchlaufenen Weges in Beziehung zu setzen und zu verstehen, daß $a_{s1\,v1} = a_{s2\,v2}$, so darum weil es die Geschwindigkeiten v_1 und v_2 am gleichen Anfangen und gleichen Aufhören der beiden Bewegungen vergleichen kann: diese doppelte Gleichzeitigkeit allein würde schon hinreichen für das Gleichsetzen der Zeitstrecken (auf Grund des Satzes [4]), und tatsächlich führt sie auch manchmal dazu. Aber in diesem Fall der sukzessiven Zeitstrecken geht es nicht mehr um die Synchronisierung, und um a und a' gleichzusetzen, gibt es nur zwei Methoden, die beide viel komplexer sind:

1. Da jede der Zeitstrecken a und a' an einen durchlaufenen Weg und an eine Geschwindigkeit geknüpft ist (auf Grund von 5 und 6), kann man sie gleichsetzen, wenn diese durchlaufenen Wege und diese Geschwindigkeiten selbst gleich sind:

(8) $a_{sv} = a'_{s'v'}$, wenn s = s' und v = v' ist.

Dies ist der Fall, wenn die Vp. beim Prüfen der Niveaufläche in Gefäß II feststellt, daß die Höhe $II_1 II_2$ gleich den Höhen $II_2 II_3$ usw. ist, da das Wasser mit konstanter Geschwindigkeit steigt. Daraus ergibt sich e = e'; v = v', also $a = a'$.

2. Die Zeitstrecken a und a' werden, allgemeiner gesehen, dann gleich sein, wenn die geleisteten Arbeiten r bei konstanter Leistung gleich sind (wobei die Leistung [l] bestimmt ist durch Geschwindigkeit mal Kraft):

(8bis) $a_{rl} = a'_{r'l'}$, wenn r = r' und l = l'

Dies ist der Fall, wenn die Vp. sich nicht darauf beschränkt, die Zeit an dem durchlaufenen Weg zwischen den beiden sukzessiven Niveauflächen zu messen, sondern sich auf die mit konstanter Geschwindigkeit fortbewegte Wassermenge bezieht (= Verschiebung eines Gewichts bei bestimmter Geschwindigkeit).

Es läßt sich nun feststellen, daß bei der einen wie der anderen der beiden Methoden neue Maße vorkommen, die die Operationen (1) bis (6) nicht benötigten: eine Quantifizierung entweder des durchlaufenen Weges ($s_1 = s_1'$) oder der geleisteten Arbeit (verschobene Wassermenge usw.) und vor allem eine Quantifizierung der Geschwindigkeit, dank der ihre Erhaltung in Form einer gleichförmigen Bewegung verstanden wird.

Kurz, mehr noch als die qualitative Zeit setzt die metrische Zeit eine Geometrie und zugleich eine Kinematik und eine Mechanik voraus, da sie außer dem Verhältnis zwischen den

119

geleisteten Arbeiten und ihren Geschwindigkeiten, die schon bei der Synchronisierung eine Rolle spielen, konstante Geschwindigkeiten zur Voraussetzung hat (geradlinige und gleichförmige Bewegung oder regelmäßige Periodizität). Alles in allem erscheint so die Zeit mitbedingend für die Konstruktion des Weltbildes. Die vier großen Kategorien, die sich aus dem Gebrauch der infra-logischen oder räumlich-zeitlichen Operationen ergeben, bilden nämlich ein unlösliches Ganzes: Gegenstand (oder Substanz) und Raum, Kausalität und Zeit. Denn wenn es einerseits keine Dinge ohne Raum und keinen Raum ohne Gegenstände gibt, so bestimmen andererseits die gegenseitigen Einwirkungen der Dinge aufeinander die Kausalität, und die Zeit ist eben nichts anderes als die Koordination dieser Einwirkungen oder Bewegungen. Aus der Kausalität zieht die Zeit ihre Reihenfolge, da die Ursachen notwendigerweise ihren Wirkungen voraus gehen, und in der Kausalität drücken sich ihre Zeitstrecken aus, da die Zeitdauer nur das qualitative oder metrische Verhältnis zwischen durchlaufenem Weg und Geschwindigkeit ist (oder, was auf das gleiche hinauskommt, zwischen der geleisteten Arbeit und der «Leistung»).

Zweiter Teil

Die physikalische Zeit

Der erste Teil dieses Buches (Kap. I und II) hatte die Aufgabe, die Konstruktion der Zeit in ihrer psychologischen Problemstellung aufzuzeigen und die grundlegenden Operationen herauszustellen, die bei diesem Bildungsprozeß eine Rolle spielen. Jetzt handelt es sich darum, jede einzelne noch einmal zu analysieren und dann ihre Erklärung zu suchen. Bis jetzt haben wir sie nur in einem synthetischen Beispiel (Versuch mit den Gefäßen) angetroffen, wobei sich ihre Verbindungen und ihre gegenseitige Abhängigkeit innerhalb eines Systems von Gruppierungen zeigte. Es ist nun nötig, die Versuchssituation so zu variieren, daß die Untersuchung einer einzelnen Operation nicht die der andern stört und daß man die Möglichkeit hat, die Bedingungen ihrer Entstehung zu rekonstruieren.

In den Kap. III und IV werden wir beschreiben, wie das Kind in bezug auf Folge und Gleichzeitigkeit reagiert, wenn es sich um zwei im Augenblick des Urteils sichtbare Wettläufe handelt. Kap. V hat die Gleichsetzung synchroner Zeitstrecken bei zwei gleichen und gleichzeitigen Abläufen zum Gegenstand. Kap. VI gibt eine Analyse der Addierbarkeit und Assoziativität der Zeitstrecken im Zusammenhang mit den bei den Wettläufen zurückgelegten Strecken, Kap. VII analysiert die Einschachtelungen der Ablaufzeiten und Kap. VIII die metrische Zeit in Verbindung mit Uhren und Sanduhren.

Kapitel III

Die Aufeinanderfolge der wahrgenommenen
Vorgänge

Wie wir im ersten Kap. feststellen konnten, gelangt das
Kind nur mit Mühe zu dem Rekonstituieren der Reihenfolge
so einfach zu verstehender Geschehnisse, wie es die Phasen des
Wasserablaufs sind. Liegt es daran, daß in einer solchen Aufgabe zwei verschiedene Probleme miteinander verknüpft sind,
einerseits die Reihenfolge, die rekonstruiert werden soll, d. h.
die Reihenfolge der Geschehnisse der Erzählung oder der graphischen Reproduktion, und andrerseits die wahrgenommene
Reihenfolge als solche, d. h. die Reihenfolge der Geschehnisse
im Augenblick, da sie sich abspielen und auf die Sinnesorgane
der Vp. direkt einwirken? Daraus ergibt sich jetzt die Notwendigkeit, die Begriffe der Folge auf dem Gebiet der aktuellen Geschehnisse und während des Wahrnehmens zu untersuchen.

Dazu aber muß noch genau bestimmt werden, wie sich dies
Problem der Folge und der Gleichzeitigkeit der wahrgenommenen Bewegungen stellt. Nehmen wir an, wir zeigen dem Kind
zwei bewegte Körper, die sich nebeneinander mit gleicher Geschwindigkeit bewegen, und halten sie entweder nacheinander
oder gleichzeitig an. Dann wird die Vp. zweifellos auf keinem
der vorher beschriebenen Stadien Schwierigkeiten haben, diese
Folge oder Gleichzeitigkeit festzustellen. Das kommt aber daher, daß sich bei diesen zwei Bewegungen, die sich gleichen und
zusammen ablaufen, sozusagen nur um eine Bewegung handelt;
nun, wie wir jetzt ja wissen, ist in diesem Fall die zeitliche
Reihenfolge nicht von der räumlichen unterschieden, und in der
Meinung, das Kind über die Zeit zu befragen, erhalten wir von
ihm nur Antworten über die Reihenfolge der geometrischen
Strecken. Da die Zeit das System der gleichzeitigen Umstellungen ist, muß man, um die Begriffe der zeitlichen Folge während
des Wahrnehmungsaktes untersuchen zu können, Bewegungen

122

mit verschiedener Geschwindigkeit vergleichen lassen. Zur Vereinfachung kann man die Laufbahnen parallel legen und für gleichzeitigen Start oder gleichzeitiges Halten sorgen, man muß aber immer daran denken — und darauf kommt es an —, die Fragen so zu stellen, daß die zeitliche Ordnung nicht notwendigerweise mit der räumlichen Ordnung zusammenfällt.

Nach diesen Vorsichtsmaßnahmen können wir uns fragen: wird es der Vp. gelingen, an ungleiche Geschwindigkeiten gebundene Geschehnisse in ein gleiches räumlich-zeitliches Feld zu legen, oder wird sie die beiden zeitlichen Felder heterogen lassen und die beiden Bewegungen nicht in einer einzigen und homogenen Zeit vereinigen können? Dies ist das Problem, das wir jetzt untersuchen wollen.

1

Versuchsmethode und allgemeine Ergebnisse

Die Versuchsanordnungen, die wir für die Analyse der Begriffe der Folge (Kap. III) und der Gleichzeitigkeit (Kap. IV) im Augenblick der Wahrnehmung verwendet haben, sind von elementarer Einfachheit. Sie lassen sich auf zwei zurückführen, von denen die erste konkreter, aber weniger genau ist und zur Einführung in die zweite dient, die dann alle erwünschten genaueren Feststellungen gestattet.

Die erste besteht einfach darin, daß man mit dem Kind in dem Versuchsraum einen Lauf macht. Man klopft bis drei zum Zeichen für den gleichzeitigen Start und bleibt früher oder später als das Kind oder gleichzeitig, jedoch in einem gewissen Abstand von ihm, stehen. Dann wird gefragt, ob man gleichzeitig loslief oder gleichzeitig ankam, oder welches die Reihenfolge war. Es ist aber für das Kind schwer, Zuschauer und Ausführender zugleich zu sein, daher hat das Befragen nur ausnahmsweise einen objektiven Wert. So dient die Frage gewöhnlich nur als Einleitung zu den eigentlichen Problemen, die sich alsdann in folgender Form stellen:

Die zweite Versuchsanordnung besteht darin, daß man mit kleinen Männchen oder mit Schnecken auf dem Tisch einen Lauf vorführt, wobei man sie entweder in einem Zug bei ungleicher Geschwindigkeit vorwärts bringt, oder, was im allgemeinen vorzuziehen ist, ruckweise weiterbewegt und bei jedem Sprung auf den Tisch klopft. In diesem Fall besteht dann vom Gesichtspunkt der Wahrnehmung kein Zweifel mehr über den wirklichen Synchronismus der beiden Läufe und über die Reihenfolge und Gleichzeitigkeit der Endpunkte. Die Fragen werden dann folgendermaßen gestellt:

1. Zuerst kann man fragen — aber gewöhnlich ist dies nur eine Kontrollfrage ganz am Schluß, um das Verständnis des Sachverhalts selbst zu kontrollieren —, ob beim Anhalten des einen der beiden Männchen (I) das andere (II) noch weiterging, und umgekehrt. Dazu muß allerdings gleich bemerkt werden, daß diese Frage für die jungen Vpn. nicht notwendigerweise eine rein zeitliche Bedeutung hat. Es seien A_1, B_1, C_1 usw. die einzelnen Punkte der Laufbahn von I, A_2, B_2, C_2 usw., die von II. Nehmen wir nun an, I durchlaufe die Strecke $A_1 D_1$, während II $A_2 B_2$ zurücklegt, und weiterhin, II durchlaufe $B_2 C_2$, während I in D_1 stehen bleibt. Dann wird das Kind ohne Schwierigkeit erkennen, daß, wenn I in D_1 stehen geblieben ist, II noch weitergegangen ist (von B_2 bis C_2) und daß, wenn II in C_2 stehen geblieben ist, I nicht mehr weiterging. Aber wie wir sehen werden, schließt es daraus keineswegs, daß I früher als II stehen geblieben ist, und behauptet sogar gewöhnlich das Gegenteil. Manchmal geht es sogar so weit, zu sagen, die Zeitstrecke, die von A_1 bis D_1 abgelaufen ist, sei größer, als die zwischen A_2 und C_2, weil D_1 weiter sei usw. Die Frage, ob I noch ging, als II stand und umgekehrt, betrifft also nur einen bestimmten, sehr begrenzten Aspekt der Zeit: man könnte dies die *Wahrnehmungszeit* nennen im Gegensatz zu der *intellektuellen* Zeit, die im Augenblick der Wahrnehmung konstruiert wird, der einzigen, die wir in diesem Buch untersuchen wollen. Die Wahrnehmungszeit betrifft nämlich nur das, was als aufeinanderfolgend unterschieden und als gleichzeitig fusioniert

wird, ist aber unabhängig von dem Verständnis dieser Begriffe, ebenso wie das Ohr einen Akkord von einer einfachen Note unterscheiden kann, ohne daß vom Verstand her erfaßt zu werden braucht, daß ersterer aus zwei oder mehreren Noten und letztere aus einer einzigen gebildet wird.

2. I gehe also von A_1 bis D_1, während II von A_2 nach B_2 geht, dann gehe II von B_2 bis C_2, nachdem I stehen geblieben ist. Jetzt hat man also zu fragen, welcher der beiden bewegten Gegenstände «zuerst» angekommen ist. Aber hier stellt sich eine Frage des Wortschatzes, die für sich allein schon bezeichnend ist. Wenn man nämlich vor der Vp. die Idee einer zeitlichen und nicht räumlichen Folge ausdrücken will, merkt man, daß das Kind gar kein Wort besitzt, das die erste von der zweiten klar unterscheidet. Sagt man «welcher ist vor (avant) dem andern angekommen?», kann das Wort «vor» (avant) «weniger weit» oder im Gegenteil «vorne» (en avant) bedeuten. «Der, der zuerst angekommen ist», bietet dieselbe Schwierigkeit: an der Spitze oder in der Zeit vorher. Aber «welcher ist zuerst stehen geblieben», ebenso wie «früher», hat merkwürdigerweise im allgemeinen keinen rein räumlichen Sinn, sondern eine undifferenzierte Bedeutung, die eben gerade für den Zeitbegriff vor dem 7. bis 8. Jahr charakteristisch ist und die wir sorgfältig analysieren müssen. Um genauer vorzugehen, haben wir vereinbart, daß I «mittags» ankommt, d. h. wie die Kinder sagen, zur Zeit, wo man ißt, und dann gefragt, ob II «vormittags oder nachmittags» stehen geblieben ist.

3. Danach fragt man (zur weiteren Information und als Vorbereitung auf die Fragen des Kap. V), ob I und II «die gleiche Zeit», «ebenso lange Zeit» usw. oder wenn nicht, welcher «länger» gegangen ist.

4. I bleibt in C_1 stehen, während II gleichzeitig in B_2 stehen bleibt, nachdem beide im selben Zeitpunkt von A_1 und A_2 losgegangen sind: dann fragt man, ob I und II «zur gleichen Zeit» oder «im gleichen Augenblick» oder nicht stehen geblieben sind; wenn nicht, wer «zuerst» stehen geblieben ist. Diese Frage (4) wird in Verbindung mit (3) im Kap. IV untersucht werden.

Endlich kann man die Fragen auf verschiedene Weisen variieren: Start in verschiedenen Momenten und gleichzeitiges Ankommen; gleichzeitiger oder sukzessiver Anfang, aber von verschiedenen Stellen aus und gleichzeitiges Ankommen an derselben Stelle usw.

Dies vorausgeschickt, lassen sich die erhaltenen Ergebnisse in drei Stadien gruppieren, entsprechend den bisher unterschiedenen. Im ersten bleiben alle zeitlichen Beziehungen, die der Folge wie die der Dauer, undifferenziert von der durchlaufenen Strecke: «längere Zeit» ist gleich «weiter»; «zuerst» bedeutet «vor» (devant) oder manchmal auch «hinter», und die Verschiedenheiten der Geschwindigkeiten schließen den Synchronismus aus oder kehren das Verhältnis der Zeitstrecken um. In dem zweiten Stadium beginnen diese ersten Anschauungen sich zu differenzieren oder zu «gliedern», sei es, daß sich das zeitliche «Vor» und «Nach» von den räumlichen ablösen oder daß die Gleichzeitigkeit unabhängig von den Stellungen oder Geschwindigkeiten erkannt werden kann oder endlich, daß die Dauer umgekehrt zur Geschwindigkeit wird. Aber in welchem Punkt die Anschauung sich zuerst gliedert, dies wechselt von einer Vp. zur andern, und dieser Anfang zieht nicht sofort die Gliederung der gesamten Zeitanschauungen nach sich. Anders ausgedrückt: sogar die gegliederten Anschauungen des zweiten Stadiums erlauben keine Komposition in einer Gesamtgruppierung; daher das Unzusammenhängende in den Reaktionen dieses Stadiums, in denen man kein konstantes Prinzip suchen darf, abgesehen von einer beginnenden Trennung von zeitlicher und räumlicher Ordnung. In Stadium III endlich besteht eine operative Gruppierung aller Verhältnisse innerhalb eines kohärenten Systems, das zugleich die Dauer und die Reihenfolge betrifft.

2

Erstes Stadium:
Nichtdifferenzierte zeitliche und räumliche Folgen

Um aber zu verstehen, wie sich in den ersten Stadien die Verhältnisse der Folge bilden, muß man sich aber davon überzeugen, daß sie keinerlei Logik besitzen. Im dritten Stadium erst, wenn die Beziehungen des «Vor» und «Nach» mit denen der Dauer in zwei korrelative Gruppierungen koordiniert werden, bekommen die Behauptungen des Kindes einen Zusammenhang. Dagegen führen die einfachen oder sogar die gegliederten Anschauungen der Folge und der Dauer in den beiden ersten Stadien zu immer neuen Widersprüchen, woraus sich erklärt, daß beständig herumverbessert wird und richtige Antworten neben falschen ohne festes System vorkommen. Wir wollen dennoch versuchen, die erhaltenen Antworten von den primitivsten bis zu den besten in eine mehr oder weniger gleichmäßig graduierte Reihe zu ordnen.

Es folgen zuerst Beispiele für das niedrigste Niveau, das wir bei unseren Vpn. angetroffen haben:

Hes (4; 5). Das gelbe Männchen (I) bleibt in D_1 vor dem blauen (II) stehen. Letzteres ist in B_2, wenn I in D_1 ist, und macht noch den Weg $B_2 C_2$: «Sind sie zu gleicher Zeit stehen geblieben?» — *«Nein.»* — «Welcher zuerst?» — *«Der blaue (II) bleibt vor dem andern stehen.»* — «Welcher ist länger gegangen?» — *«Der gelbe.»* — «Als I stehen blieb, war es mittags. Und als (II) stehen blieb, wie war es da, vor- oder nachmittags?» — *«Es ist vormittags.»* — «Aber welcher hielt an erster Stelle (le premier [1]) an? Welcher blieb zuerst (d'abord) stehen?» — *«Der gelbe (I) bleibt an erster Stelle stehen. Der blaue (II) ist zuerst stehen geblieben. Der gelbe ist länger gegangen.»* — «Aber sieh mal hin, ob der blaue noch geht, wenn der gelbe stehen geblieben ist.» (Die beiden Läufe werden wiederholt). — *«Der gelbe bleibt als erster stehen. Dann geht der blaue. Der gelbe ist länger gegangen.»* — «Aber welcher bleibt vor (avant) dem andern stehen?» — *«Der blaue (II).»*

---

[1] Auch hier wurde bei der Übersetzung der Protokolle mehr der Genauigkeit als dem Stil Rechnung getragen, besonders hinsichtlich der Unterscheidung von «d'abord» (zuerst) und «le premier» (der erste; an 1. Stelle). (Die Übers.)

Reg (4; 6). Gleiche Versuchsanordnung. «Sind sie zu gleicher Zeit angekommen?» — *«Nein, der gelbe* (I) *bleibt vor dem andern stehen.»* — «Welcher hielt als erster an?» — *«Der blaue* (II).» — «Was macht man zur Mittagszeit?» — *«Mittagessen.»* — «Wir wollen sagen, der gelbe bleibt stehen, wenn es Mittag ist. Wann bleibt der blaue stehen (die Läufe werden wiederholt), auch mittags, vormittags oder nachmittags?» — *«Vormittags.»* — «Sieh mal» (man beginnt von neuem). — *«Ja, der gelbe* (I) *ist länger gegangen. Er ist da* (D₁) *stehen geblieben, er ist zuerst stehen geblieben.»* — «Aber ist der andere weiter gegangen, wie er stehen blieb?» — *«Ja.»* — «Also welcher ist dann zuerst stehen geblieben?» — *«Der blaue.»*

Cor (5; 6). Gleiche Versuchsanordnung. «Was hast du gesehen?» — *«Der gelbe* (I) *ist stehen geblieben, und der andere* (II) *geht noch.»* — «Also welcher ist zuerst stehen geblieben?» — *«Der blaue.»* — «Welcher als erster?» — *«Der blaue* (II).» — «Welcher ist länger gegangen?» — *«Der gelbe* (I).» — «Wir wollen sagen, (I) bleibt mittags stehen. Jetzt sieh mal, bleibt der auch mittags oder vor- oder nachmittags stehen?» — *«Vor . . ., mittags.»* — Zur Kontrolle lassen wir die Strecken einander entgegengesetzt laufen. I und II gehen von A los, aber I geht nach D₁ auf die rechte Seite, während II in B₂ auf der linken Seite ankommt und bis nach C₂ weitergeht. Jetzt ist alles richtig: I ist «der erste, der stehen blieb» oder «zuerst» stehen geblieben, und II «ist länger gegangen».

Dom (6; 6). «Sind sie gleichzeitig angekommen?» — *«Nein.»* II *«ist vorher stehen geblieben, ‚früher', ‚als erster'»* usw. — «Welcher ist länger gegangen?» — *«Der da* (I), *weil er weiter gegangen ist.»* — «Ging (II) noch, als (I) stehen geblieben war?» — *«Ja.»* — «Und ging (I) noch, als II stehen geblieben ist?» — *«Nein.»* — «Welcher ist also länger gegangen?» — *«Der gelbe* (I).» — «Warum?» — *«Weil er weiter war.»* — «(I) ist mittags stehen geblieben. Dieser (II) dann auch mittags oder vor- oder nachmittags?» — *«Vormittags.»*

Arl (7). (II) *«ist vor dem andern stehen geblieben»* und (I) *«ist länger gegangen, weil er weiter weg war.»* — «Aber welcher ist längere Zeit gegangen?» — *«Der da* (II), *nein, der da* (I).» — «Und am längsten?» — (I) — «Und welcher ist zuerst stehen geblieben?» — (II) — «Wann ist (II) stehen geblieben, wenn (I) mittags stehen geblieben ist?» — *«Vor dem Mittag.»* — «Warum?» — *«Weil er da stehen geblieben ist, vor dem»* (zeigt den Raum zwischen ihnen).

Zuerst muß ausdrücklich bemerkt werden, daß diese Reaktionen keineswegs von Wahrnehmungsfehlern herrühren: all diese Vpn. versichern einstimmig, daß das Männchen II noch geht, wenn II stehen bleibt, und daß I nicht mehr ging, als II stehen blieb. In der Wahrnehmung besteht also eine klare Reihenfolge. Warum behauptet dann das Kind so hartnäckig, II sei «vor» I stehen geblieben oder «früher», «zuerst» usw.?

Man könnte die Ansicht vertreten, es handle sich da nur um die Worte, das Kind verwende die Termen «vor» und «nach» im räumlichen Sinn nur darum, weil es sprachlich nicht versteht, daß das Problem die Zeit betrifft. Wir haben aber oft zur Kontrolle die gleichen Fragen bei entgegengesetzt verlaufenden Bahnen gestellt: in diesem Falle (siehe z. B. die letzten Antworten von Cor) gibt das Kind mühelos richtige Antworten, weil es dann die Geschwindigkeiten nicht miteinander vergleichen kann und darum nicht versucht, die beiden Lageänderungen miteinander zu koordinieren, sondern Stehenbleiben und Weitergehen einfach als Episoden einer einzigen Geschichte ansieht. Wenn dagegen die beiden bewegten Körper die gleiche Richtung I und II nehmen, können Zeit, Raum und Geschwindigkeit nicht voneinander dissoziiert werden, was eine logische und nicht eine sprachliche Verwechslung darstellt [2]. Das stimmt umsomehr, als diese Vpn. bei der Zeitdauer ausdrücklich feststellen, daß I «länger» geht, weil es «weiter war», worin sich sowohl das Fehlen einer sprachlichen Differenzierung zwischen Zeit und Raum als das Fehlen der logischen Differenzierung ausdrückt.

Worin besteht also diese Undifferenziertheit des Zeitlichen und des Räumlichen? Bei den Zeitstrecken macht die Erklärung keine Schwierigkeiten. In ihrer gewöhnlichen Form, die wir schon in Kap. II angetroffen haben und die wir diese ganze Untersuchung hindurch immer wieder finden werden, tritt sie als Verwechslung von Zeit und Geschwindigkeit auf. Die Überlegung des Kindes ist etwa folgende: 1. Wenn man schneller geht, geht man weiter (die Geschwindigkeit ist also proportional zu dem durchlaufenen Raum). 2. Wenn man mehr Weg durch-

---

[2] Vgl. an späterer Stelle die analogen Reaktionen bezüglich des Begriffs des Lebensalters. Claud z. B. (Kap. IX/3) behauptet, «zuerst geboren» bedeute «jünger», also kleiner.

läuft, braucht man mehr Zeit (der durchlaufene Weg ist also proportional zu der Zeit). 3. Wenn man schneller geht, braucht man also mehr Zeit, weil man weiter weg ankommt. So zieht jedes einzelne dieser drei «mehr» (mehr Geschwindigkeit, mehr Zeit, mehr Weg) die andern beiden nach sich.

Von dieser Einsicht aus kann man die Verwechslung der zeitlichen Sukzessionsordnung und der räumlichen Streckenordnung leicht erklären: nicht daß das Kind dieses Stadiums seine Ordnungsbegriffe auf die Zeitbegriffe gründet oder umgekehrt, sondern beide bilden sich nach der gleichen Logik. In dieser Hinsicht ist die Frage der Reihenfolge der Haltepunkte im Verhältnis zum «Mittag» am klarsten. Bei der Annahme, daß das Männchen mittags stehen bliebe, behaupten unsere Vpn. einstimmig, II bleibe «vormittags» stehen, obwohl sie erkennen, daß II noch einen Moment weitergeht, wenn I zu gehen aufhört. Warum das? Die Vp. Arl erklärt es mit aller Deutlichkeit: «Er ist ‚vor dem Mittag' stehen geblieben», sagt er, «weil er da stehen geblieben ist, vor dem (I).» Anders ausgedrückt: es ist definitionsgemäß Mittag, wenn man zum Mittagessen nach Hause kommt, und der Umstand, nicht im gewünschten Augenblick da angelangt zu sein, bedeutet nicht, daß es später (= «Nachmittag») ist, sondern im Gegenteil, daß die Zeit selbst ohne uns die Mittagsstunde noch nicht erreicht hat. Darum werden die Termini «vorher», «als erster», «früher», «zuerst» abwechselnd in der zeitlichen und in der räumlichen Bedeutung genommen, ohne daß es dem Kind nötig scheint, beide Sukzessionsordnungen voneinander zu unterscheiden: denn die Zeitmomente werden an den für sie charakteristischen räumlichen Geschehnissen erkannt, und so bedeutet der Umstand, an den Ort eines solchen Geschehnisses nicht angekommen zu sein, daß man diesen Moment nicht erreicht hat. Da im Falle einer einzigen Bewegung von gleichmäßiger Geschwindigkeit die räumliche Streckenordnung mit der zeitlichen Sukzessionsordnung wirklich zusammenfällt, wendet das Kind dieses Stadiums einfach dieses gleiche Schema auf den Fall zweier Bewegungen gleicher Richtung und unterschiedlicher Geschwindigkeit an.

Weil bei einem einzelnen bewegten Körper «weiter» gehen die Bedeutung hat «mehr Zeit» brauchen und «nachher» ankommen, schließt das Kind, das Männchen I sei «nach» II stehen geblieben, obwohl I nicht mehr vorrückte, als II noch lief. Also weil die Kinder dieses ersten Stadiums sich nicht von der Zeit, die der Laufbahn eines einzelnen bewegten Körpers zukommt, losmachen können, wenden sie sie einfach durch egozentrische Assimilierung auf die zwei bewegten Körper zusammen an, statt die zeitlichen Verhältnisse von der jeder Bewegung eigenen räumlichen Ordnung zu dezentrieren und eine Zeit zu bilden, die der Doppel-Umstellung als solcher gemeinsam ist.

Kurz, das zeitliche Ordnen der wahrgenommenen Folgen steht auf diesem Stadium nicht höher als das Rekonstituieren der Reihenfolge bei den Zeichnungen in Kap. I/2, und zwar aus den gleichen Gründen: die Etappen einer Gesamtbewegung rekonstituieren, wenn diese nicht mehr zu sehen ist, oder zwei sichtbare Bewegungen von verschiedener Geschwindigkeit koordinieren, beides bedeutet die Trennung von zeitlicher Folge und räumlicher Ordnung kraft der Relativität des Denkens und der Reversibilität. Im Fall der Rekonstituierung einer einzelnen Laufbahn, deren Streckenordnung nicht mehr sichtbar ist, muß von zwei möglichen räumlichen Ordnungen die tatsächliche zeitliche Ordnung gewählt werden, und im Fall der beiden sichtbaren Bewegungen müssen die Lagen der beiden bewegten Körper in ein Sukzessionsverhältnis vereinigt werden, das sich von den räumlichen Sukzessionen unterscheidet: in beiden Fällen ist also eine einzige und homogene Zeit zu bilden, die über die egozentrische, unmittelbar erlebte Zeit bei einer gerade ablaufenden Bewegung oder einer momentanen Handlung hinausgeht. Die Untersuchung der Sukzessionsbegriffe in ihrer Anwendung auf gerade Wahrgenommenes bestätigt also, ja übertrifft noch an Erkenntnisgehalt, die Analyse des Rekonstituierens zeitlicher Verhältnisse (Kap. I).

3

Zweites Stadium:

Teilstadium II a:
Beginn der Differenzierung
zwischen zeitlicher Reihenfolge und räumlicher Reihenfolge
und gegliederte zeitliche Anschauungen

Unter den Vpn., die nicht, wie im ersten Stadium, die Sukzessionsordnung und die Einschachtelung der Zeitstrecken umkehren, noch, wie im dritten Stadium, gleich alle Relationen beherrschen, findet man ungefähr 45 %, die die zeitliche Sukzession von der räumlichen Reihenfolge zu unterscheiden anfangen, aber nicht ihre Schätzungen der Zeitdauer (weiter = mehr Zeit) verbessern, dann ungefähr 45 %, die diese letzteren verbessern, aber die zeitliche Sukzession nicht berichtigen, und etwa 10 %, die beide Arten Begriffe zugleich (Sukzession und Dauer) überprüfen. Aber auch bei diesen noch ist der Fortschritt in einem der beiden Begriffe schneller als der andere, so daß auch sie sich immer in eine der beiden vorhergehenden Kategorien einordnen lassen. Eine solche Entwicklung ist sehr interessant, indem sie zeigt, daß der Fortschritt auf dem Gebiete der Zeitbegriffe den der Folgebegriffe nach sich ziehen kann ebenso gut wie umgekehrt, und zwar in ziemlich gleichem Verhältnis.

Es folgen Beispiele für den ersten Prozeß: Fortschritt in dem Begriff der Folge bei geringerem Fortschritt (letzte Vp.) oder noch keinem Fortschritt (die drei ersten Vpn.) in dem Begriff der Dauer.

Pail (5½). Gleiche Versuchsanordnung wie in 2 (S.—): I bleibt in D_1 stehen, wenn II in B_2 ist, und II geht weiter von B_2 nach C_2: »Sind sie zu gleicher Zeit stehen geblieben?« — «*Nein.*» — «Welcher ist früher stehen geblieben?» — (II) — «Welcher als erster?» — (II) — «Welcher ist am längsten gegangen?» — (I) — «Warum?» — «*Weil er weiter gegangen ist.*» (Man fängt noch einmal an). «Sind sie zu gleicher Zeit stehen geblieben?» — «*Nein.*» — «Welcher ist vor dem andern stehen geblieben?» — (II) — «Welcher ist früher?» — (II) —

132

«Sagen wir, (I) ist mittags stehen geblieben. Ist (II) dann vormittags oder nachmittags stehen geblieben?» — *«Nachmittags, weil er zu spät gekommen ist»* (richtig). — «Welches ist also länger gegangen? — (I).

Jos (5½). Gleiche Versuchsanordnung. «Welcher ist früher als der andere stehen geblieben?» — (II) — «Und welcher ist zuerst stehen geblieben?» — (I) — «Warum?» — *«Weil er länger gegangen ist.»* (Man fängt noch einmal an). «Welcher ist also zuerst stehen geblieben?» — (II) — «Ist (II) noch gegangen, als I stehen blieb?» — *«Ja.»* — «Welcher ist also länger gegangen?» — *«Der (II), weil er einen kleineren ... nein, der (I), weil er weiter weg war.»* — «Aber welcher ist zuerst stehen geblieben?» — (II) — «Sagen wir, (I) bleibt mittags stehen. Und (II)?» — *«Um vier Uhr, weil er nach dem andern angekommen ist.»* — «Schön, welcher ist also länger gegangen?» — (I), *weil er weiter war.»*

Yva (6) sagt spontan noch vor jeder Frage: *«Der da (I) ist länger gegangen, weil er als erster losgegangen ist»* (= weil er II überholt hat). — «Welcher ist vor dem andern stehen geblieben?» — «(I). *Der dickere (I) blieb an erster Stelle stehen, weil er länger (!) gegangen ist.»* — «Welcher ist am frühesten stehen geblieben?» — (I) — «Als (I) stehen blieb, ging da der andere noch?» — *«Ja.»* — «Welcher ist also länger gegangen?» — (I) — Wir fangen von vorne an, lassen aber diesmal II bis nach D_2 gehen, wo er stehen bleibt, während I in B_1 ist, von wo er dann noch bis C_1 geht. «Welcher ist vor dem andern stehen geblieben?» — (I) (falsch) — «Welcher ist früher stehen geblieben?» — (I) (falsch) — «Und welcher ist länger gegangen?» — (I) (richtig).

Dan (6½). Gewöhnliche Versuchsanordnung: «Sind sie zu gleicher Zeit stehen geblieben?» — *«Nein, einer vor dem andern.»* — «Welcher vor dem andern?» — (II) — «Welcher ist früher stehen geblieben als der andere?» — (II) — «Warum?» — *«Weil er da (= weniger weit) ist.»* — «Welcher ist länger gegangen als der andere?» — (I) — «Warum?» — *«Weil er weiter war.»* — «Wir wollen sagen, er ist mittags stehen geblieben. Und (II) auch mittags, vorher oder nachher?» — *«Nachmittags, weil er langsamer gegangen ist.»* — «Welcher ist also länger gegangen?» — *«Der* (I).*»* — «Und welcher ist vor dem andern stehen geblieben?» — (I, was stimmt). — «Ging (II) noch, als (I) stehen blieb?» — *«Ja.»* — «Welcher ging also einen längeren Moment?» — (II) — «Warum?» — *«Weil er noch ging, als der andere stehen geblieben war»* (richtig). — «Gut. Wie lange ging denn (I)?» — *«Fünf Minuten.»* — «Und (II)?» — *«Drei Minuten?»* — «Welcher ist länger gegangen?» — (I).

Und jetzt ein paar Fälle des zweiten Typus mit entgegengesetztem Mechanismus: richtige Zeitschätzung durch Umkehrung des Verhältnisses von Zeit und Geschwindigkeit (schneller = weniger Zeit), aber keinen oder geringeren Fortschritt im Begriff der Folge:

Char (5½). «Sind sie zu gleicher Zeit stehen geblieben?» — «*Nein.*» — «Welcher ist früher stehen geblieben?» — (II) — «Und als erster stehen geblieben?» — (II) — «Welcher ist länger gegangen?» — *Dieser* (II), *weil er mittelschnell gegangen ist*» (richtig). — «Und welcher ist weniger lang gegangen?» — *«Der* (I), *weil er sehr schnell gegangen ist*» (richtig). — «(I) ist mittags stehen geblieben. Und dieser (II)?» — *«Vormittags.»*

Chri (6½). «(II) *ist länger gegangen, weil er zu spät kam*» (richtig). — «Also welcher ist der erste, der stehen blieb?» — *«Der gelbe* (I) *ist der erste, der stehen blieb, der blaue* (II) *geht weiter*» (richtig). — «Wir wollen sagen, der gelbe (I) ist mittags stehen geblieben. Ist dann der blaue (II) auch mittags, vormittags oder nachmittags stehen geblieben?» — *«Der* (II) *ist um 10 Uhr stehen geblieben.»* — «Ist das vor- oder nachmittags?» — *«Das ist vormittags.»* — «Warum ist er vormittags stehen geblieben?» — *«Weil er erst da ist.»*

Mar (6½). *«Der* (II) *ist länger gegangen.»* — «Sind sie zu gleicher Zeit fortgegangen?» — *«Ja.»* — «Und zusammen stehen geblieben?» — *«Nein.»* — «Welcher zuerst?» — (II) — «Und welcher am frühesten?» — (II), usw.

Beide Arten Fälle sind von großem Interesse für die Psychologie der Zeit, obwohl es so aussieht, als führten sie zu einander widersprechenden Ergebnissen.

Die Vpn. des ersten Typus verstehen, daß das Männchen II nach I stehen bleibt, da es weitergeht, wenn I steht: wenn I mittags stehen bleibt, kommt II also «nachmittags» an. Aber sie halten noch an der Ansicht fest, I gehe länger als II, weil es «weiter war». Es scheint also, daß die Anschauung der Folge der der Dauer vorausgeht. Dagegen behaupten aber die Fälle des zweiten Typus, daß das Männchen II länger gehe, weil es «zu spät» kommt (Chri) oder weil es «mittelschnell gegangen ist» (Char). Aber obschon diese Fälle des zweiten Typus bei den Worten «zuerst», «früher» oder «als erster» die gleiche Unsicherheit zeigen, sind sie sich doch darin einig, daß II «vormittags ankommt, und zwar gerade darum, weil man es, wenn man der Wegstrecke nachgeht, wegen seiner Verspätung vor I und nicht nach I findet. Hier scheint es also, als ob die richtige Anschauung der Dauer der der zeitlichen Sukzession vorausgehe.

In Wirklichkeit lassen sich diese beiden Reaktionsarten durchaus miteinander in Einklang bringen, wenn man begreift, daß keine von ihnen das operative Niveau erreicht: in beiden Fällen handelt es sich nur um einen Fortschritt in der Anschauung auf Grund einer Differenzierung regulierender Art, also ohne Verallgemeinerung noch «Gesamtgruppierung» der betreffenden Beziehungen. Darum ist es natürlich, daß eine solche Trennung von Zeit und Raum erst in einem Punkt auftritt — bei der Sukzession oder bei der Dauer — und nicht sofort auf alle anderen überspringt, während sie bei einer Differenzierung operativer Art mit einem Schlag zu einer allgemeinen Umstrukturierung der zeitlichen Begriffe führen würde.

Worin besteht diese anschauliche Differenzierung, und inwiefern läßt sie sich mit einer Regulierung perzeptiver Art vergleichen? Nun, es handelt sich um eine allmähliche «Dezentrierung», welche die Vp. von der primitiven auf die eigene Handlung «zentrierten» Zeit oder der isolierten Bewegung zu der Zeit der Zuordnungen führt, die mehrere Gesichtspunkte miteinander verbindet und schließlich ein System der Mit-Umstellungen bildet.

In dem Falle der Reihenfolge nämlich verwechselt die Vp. zuerst die zeitliche Reihenfolge mit der räumlichen Reihenfolge der Strecke, weil sie ihre anschauliche Vorstellung auf die Laufbahn selbst zentriert und dabei die Geschwindigkeitsunterschiede nicht beachtet. Von diesem ersten Gesichtspunkt aus ist der von A abgegangene Körper in B, bevor er in C ist, und in C, bevor er in D ist: das Männchen II, das seinen Weg von B_2 nach C_2 weiter geht, während I schon in D_1 ist, bleibt also «vor» I stehen, weil C auf der Laufbahn «vor» D kommt. Die Vpn. nun, die erklären, I bliebe «vor» II stehen (und diese sind auch häufig), denken ebenfalls nicht an die Zeit, sondern bezeichnen mit «vor» das räumliche Vornestehen. Von dieser auf die Laufbahn zentrierten Anfangsperspektive, die die Geschwindigkeiten nicht berücksichtigt, machen sich die Vpn. Pail und Jos in einem einzelnen Punkte folgendermaßen frei: da das Männchen I mittags ankommen soll, stellt sich die Frage, ob II vor- oder nachmittags stehen bleibt. Für die Vpn. in Stadium I ist «mittags» durch die Lage D_1 bestimmt, dann ist C_2 also «vormittags», was der primitiven Zentrierung der zeitlichen Vorstellungen auf die Laufbahn selbst entspricht. Aber Pail und Jos beschränken sich bei dieser Frage nicht mehr darauf, die Lage des Männchens II in C_2 statisch zu betrachten: um es mit I in D_1 zu vergleichen, verlängern sie im Geiste die Bewegung von II bis nach D und «dezentrieren» so ihre Vorstellung durch eine so lebhafte Antizipation, daß sie von II in D_2 im Indikativ Präsens sprechen, als ob es sich wirklich da befände: II kommt «nachmittags» an, sagt Pail, «weil es zu spät gekommen ist», und nach Jos «um vier Uhr, weil es nach dem andern angekommen ist». Dadurch daß diese Vpn. die Verlängerung der Bewegung von dem Männchen II in der Vorstellung vorwegnehmen — was eine wirkliche Dezentrierung der Wahrnehmung bedeutet —, führen sie implizit den Geschwindigkeitsunterschied ein und können dann die zeitliche Aufeinanderfolge an der Ankunft der beiden Männchen im gleichen Punkt D richtig beurteilen. So macht es auch Yva, für den «erster» die Reihenfolge bedeutet, die der höheren Geschwindigkeit von I entspricht. Aber da es sich nur um einen Fortschritt in der Vorstellung handelt (um eine durch ihre Dezentrierung «gegliederte» Anschauung), ziehen diese Vpn. aus ihrer Entdeckung noch keinen Schluß hinsichtlich der Zeitstrecken und schätzen die Zeit weiterhin nach dem Endpunkt der Laufbahnen.

Umgekehrt gelingt es den Vpn. der zweiten Gruppe durch eine Dezentrierung der ursprünglichen Anschauung ihre Zeitschätzung zu verbessern, aber dieser Fortschritt im Vorstellungsmäßigen überträgt sich nicht auf ihre Begriffe der Folge. Denn für diese Kinder geht das Männchen II länger als I, jedoch nicht deswegen, weil es mit I losgegangen und nach ihm stehen geblieben ist, vielmehr nur darum, weil es langsamer geht. So bleibt für Char II «früher» usw. stehen als I, braucht aber mehr Zeit, weil es «mittelschnell» geht. Die Reaktion von Chri ist

136

noch merkwürdiger. «II ist länger gegangen, weil es zu spät kam», so fängt er an, worin eine gute Koordination von Dauer und Folge zu liegen scheint. Und er fügt sogar noch hinzu, daß I als erster stehen geblieben ist. Aber wenn I mittags stehen bleibt, gilt: «II ist um 10 Uhr stehen geblieben», d. h. «vormittags». «Zu spät» bedeutete also nur geringere Geschwindigkeit, und Chri versteht die Reihenfolge nicht von der Dauer aus. Wie geht also die Überlegung der Kinder vor sich? In Wirklichkeit beschränken sie sich darauf, das Verhältnis von Zeit und Geschwindigkeit umzukehren, und denken keineswegs an die Verhältnisse der Dauer und der Folge. Aber um das Verhältnis «weniger schnell = mehr Zeit» ohne Beachtung der Sukzessions- und Ordnungsverhältnisse zu erfassen, genügt es ja, wie wir in Kap. II/2 gesehen haben, die Introspektion der Handlungen von ihren Ergebnissen zu trennen: die langsamere Bewegung führt zu dem kürzeren Weg (was in Stadium I weniger Zeit bedeutet), gibt aber das Gefühl der größeren Dauer. Während die Vpn. des ersten Typus ihre erste Anschauung der Folge dadurch korrigieren, daß sie in der Vorstellung die Verlängerung der gesehenen Bewegung antizipieren, verbessern also die des zweiten Typus ihre erste Anschauung der Dauer durch ein vorstellungsmäßiges Rekonstituieren dieser Bewegungen, worin aber auch noch nicht eingeschlossen ist, daß die Gesamtheit ihrer zeitlichen Beziehungen in einer operativen Gruppierung erfaßt wird.

Kurz, alle diese Vpn., die für die Anfänge des zweiten Stadiums charakteristisch sind, zeigen einen Fortschritt der zeitlichen Anschauungen in Richtung der «gegliederten Anschauung» oder der Anschauung der Verhältnisse. Dieser Fortschritt geht dank eines Mechanismus der Vorstellungs-Dezentrierung vor sich, ähnlich dem der Wahrnehmungs-Dezentrierung, d. h. die bevorzugten Qualitäten der egozentrischen Anfangsanschauung (Verwechslung von Zeit und Fortsetzung der Handlung, also verrichteter Arbeit oder durchlaufenem Weg) werden allmählich dezentriert entweder dadurch, daß die Verlängerung der gesehenen Bewegung in der Vorstellung antizipiert wird oder daß sie in der Vorstellung rekonstituiert werden, womit sie introspektiv eine Bedeutung erhalten, die sie von den Ergebnissen der Handlung unterscheidet. In beiden Fällen erfahren also die Anfangsanschauungen durch Kompensationen Korrekturen, die den Wahrnehmungsregulierungen entsprechen, aber ohne daß diese «gegliederten» Anschauungen zu einer Gesamtkoordination der Folge und Dauer führen: es besteht also in dem einen oder anderen Sektor der Anfangsanschauung ein, wenn man so sagen darf, lokaler Fortschritt, aber keine «Gesamtgruppierung».

4

Zweites Stadium

Teilstadium II B:
Anfang einer operativen Koordination zwischen den
gegliederten Anschauungen

Wie wird das Kind von diesen differenzierten oder gegliederten, aber in bezug auf das Ganze des zeitlichen Systems noch in sich widerspruchsvollen Anschauungen zu den Gesamtoperationen gelangen, die die homogene Zeit selbst bilden? Dies werden uns die Übergangsfälle zwischen dem zweiten und dem dritten Stadium jetzt zeigen. Diese mittleren Fälle lassen sich unter der Bezeichnung Stadium II B zusammenfassen, denn sie entsprechen durchaus dem Teilstadium II B, das wir in Kap. I unterschieden haben. Es folgen ein paar Beispiele:

Den (6^{1}/$_{2}$). Gleiche Versuchsanordnung. «Sind sie zu gleicher Zeit stehen geblieben?» — *«Nein.»* — «Welcher zuerst?» — *«Der»* (I; richtig).» — «Welcher ist früher stehen geblieben als der andere?» — (II) (falsch) — «Welcher ist als erster stehen geblieben?» — (II) (falsch) — «Welcher ist länger gegangen?» — *«Der»* (II) (richtig). — «Warum?» — *«Weil er noch ging, wie der andere stehen blieb.»* — «Und welcher ist weniger lang gegangen?» — (I) (richtig) — «Warum?» — *«Weil er zuerst stehen blieb.»* — «(I) ist mittags stehen geblieben. Und (II)?» — *«Nachher, weil er länger gegangen ist.»*

Lil (7½). «Welcher ist vor dem andern stehen geblieben?» — «*Der*» (I; richtig). — «Welcher zuerst?» — (I) — «Welcher ist länger gegangen?» — «*Dieser* (I), *weil er der erste war, der stehen blieb. Ah nein, der ist es* (II), *weil er nach dem andern stehen blieb.*» — «Dieser (I) ist mittags stehen geblieben. Und der (II)?» — «*Nachmittags, weil er sich verspätet hat.*»

Rog (8½): «Sind sie zu gleicher Zeit stehen geblieben?» — «*Nein.*» — «Welcher blieb vor dem andern stehen?» — «(I) *vor* (II)» (richtig). — «Welcher ist länger gegangen?» — «*Der*» (I; falsch). — «Längere Zeit?» — (I) — «Warum?» — «*Weil er weiter vorne war.*» — «Wie lange ist (I) gegangen?» — «*5 Minuten.*» — «Und (II)?» — «*4 Minuten.*» — «Und ging (II) noch, als (I) stehen blieb?» — «*Ja.*» — «Also welcher von beiden ist länger gegangen?» — (I) — «Und wenn (I) mittags stehen geblieben ist, wann blieb dann (II) stehen?» — «*Nachmittags*» (richtig). — «Welcher ist also länger gegangen?» — (II) (richtig) — «Warum?» — «*Weil er nachmittags angekommen ist.*» — «Na und?» — «*Dieser* (I) *hat weniger Zeit gebraucht, und der mehr Zeit.*» — «Warum?» — «*Weil er langsamer gegangen ist.*» — (Zeigt auf II).

Die Antwort, die diese Vpn. geben, ist also vollkommen klar. Die ausgesprochenen Fälle des zweiten Stadiums (Teilstadium II A) hatten, wie erinnerlich, noch nicht die leiseste Ahnung, daß die Einschachtelung der Zeitstrecken und die Reihenfolge notwendigerweise in irgendeiner Beziehung stehen; denn das Charakteristische der Anschauung ist ja gerade, daß die beiden grundlegenden Aspekte der Zeit nicht miteinander koordiniert werden. In ihren Anfängen (Stadium I) ist die Dauer nichts anderes als die Anschauung einer bestimmten zusätzlichen Fortsetzung der Handlung (verrichteten Arbeit oder durchlaufenen Strecke usw.). Wenn sich die Dauer im Teilstadium II A von den Ergebnissen der Handlung ablöst, so nur darum, weil die Vp. dank einer vorstellungsmäßigen Rekonstruktion entdeckt, daß eine langsam ausgeführte Arbeit länger erscheinen kann als eine andere Arbeit, die schnell ausgeführt worden ist. Aber diese Differenzierung der Anschauung in «schneller = weniger Zeit» steht noch gar nicht in Verbindung mit der Aufeinanderfolge als solcher. Umgekehrt ist die Folge im Anfang (Stadium I) nur die Anschauung der zu einer einzigen Umstellung gehörenden Lagen. Dann trennt sich diese Anschauung von dem Räumlichen (Teilstadium II A) beim Vergleich von zwei Bewegungen mit verschiedenen Geschwindigkeiten, was durch eine vorstellungsmäßige Antizipation möglich ist, welche eine der beiden Bewegungen so weit verlängert, bis sie mit der andern in eine gemeinsame Lage kommt. Solange sich aber diese Trennung der zeitlichen Anordnung von der räumlichen Anordnung nicht auf die Dauer stützt, bleibt sie anschaulich. Die Reaktionen des Teilstadiums II B bringen gerade deswegen etwas ganz Neues, weil sie zu der Entdeckung führen, daß die Verhältnisse der Folge sich auf die Dauer gründen müssen und umgekehrt: diese gegenseitige Abhängigkeit nun eben erklärt den Übergang von der anschauungsmäßigen Regulierung zu der Operation.

Der Fall Rog ist in dieser Hinsicht besonders deutlich. Nachdem er behauptet hatte, daß I länger gehe als II, «weil er weiter vorne war», entdeckt er, daß, wenn I mittags stehen blieb und II nachmittags, dieser letztere länger gegangen ist, «weil er nachmittags angekommen ist». Ebenso wechselt Lily, nachdem sie behauptet hatte, I ginge länger, ganz spontan ihre Ansicht, weil II «nach dem andern stehen geblieben ist», und Den begründet abwechselnd die Dauer mit der Folge und umgekehrt: I ist weniger lange gegangen, «weil er zuerst stehen geblieben ist», und II ist nachmittags stehen geblieben, «weil er länger gegangen ist». Wenn so die Dauer durch die Folge — durch das Intervall zwischen den geordneten Geschehnissen — bestimmt wird, kann die Folge ihrerseits aus der Dauer abgeleitet werden, und darum findet man bei diesen Vpn. über die anschauliche Zeit hinaus einen Anfang von operativem Denken, Anzeichen des dritten Stadiums.

Wie kann man sich dieses Entstehen der Operation erklären? Wir haben gesehen, daß die Regulierungen der Anschauung, ebenso wie die der Regulierungen der Wahrnehmung, darin bestehen, daß sie durch einen Mechanismus von vorstellungsmäßigen Antizipationen und Rekonstituierungen über die ursprünglich zentrierten Bewegungen hinausgehen: daraus ergibt sich ganz natürlich, daß an der Grenze solcher Regulierungen nur die Operation selbst stehen kann, da ja (wie wir in den Kap. I und II gesehen haben) die zeitlichen Operationen wie alle anderen durch ihre Umkehrbarkeit definiert werden. Also von dem Augenblick an, wo die zu vergleichenden Bewegungen sich im Geiste nach beiden Richtungen — von ihrem Anfangs- bis zu ihrem Endpunkt und noch darüber hinaus bis zu ihrem fiktiven, nur möglichen Treffpunkt — abrollen lassen, bilden die zeitlichen Relationen eine richtige Gesamtheit operativer Art. Sie wird von den Kindern dieses Stadiums II B erst nach allmählichen Regulierungen erreicht, während die des dritten Stadiums ohne weiteres auf sie stoßen.

5

Drittes Stadium:

Operative Sukzession und Dauer
Schlußfolgerungen

Im Unterschied zu den letzten Vpn., die bei der Anschauung anfangen, um dann durch die Operation allmählich zu den richtigen Antworten zu gelangen, reagieren also die, die wir in das dritte Stadium gruppieren, auf den ersten Anhieb operativ:

Dani ($6^{1}/_2$): «Sind sie gleichzeitig angekommen?» — *«Nein. Der* (I) *zuerst.»* — «Warum?» — *«Weil der andere noch gegangen ist, als er stehen blieb.»* — «Welcher ist länger gegangen?» — (II) — «Warum?» — *«Weil er noch nach dem andern gegangen ist.»*
II in D_2 und I in B_1, dann von B_1 nach C_1. Ebenfalls richtige Antworten.

Gin (7). «Welcher ist zuerst stehen geblieben?» — (I) — «Warum?» — *«Weil der andere länger gegangen ist.»* — «Wenn (I) mittags stehen geblieben ist, wann ist dann der andere stehen geblieben?» — *«Nachmittags.»* — «Wie lange ist (I) gegangen?» — *«Fünf Minuten.»* — «Und (II)?» — *«Mehr als fünf Minuten.»* — «Warum?» — *«Weil dieser* (I) *vor dem andern stehen geblieben ist.»*

Jac ($8^{1}/_2$): *«(I) ist vor (II) stehen geblieben.»* — «Warum?» — *«Weil der andere noch gegangen ist, als er stehen blieb.»* — «Welcher

141

ist länger gegangen?» — (II) — «Warum?» — *«Er ist weniger schnell gegangen.»*

Wie man sieht, leiten diese Vpn. die Dauer von der Folge ebenso gut wie die Folge von der Dauer ab. Daraus ergibt sich, daß die Folge endgültig von der räumlichen Ordnung losgelöst ist und daß die Dauer bei gleichen Laufstrecken in umgekehrter Proportion zu den Geschwindigkeiten steht. Die Beziehungen bilden also endlich ein autonomes und zugleich kohärentes Gesamtsystem, dessen «Gruppierungen» sich, wie in Kap. I und II, durch die Koordination der Mit-Umstellungen definieren lassen.

Wenn wir nun abschließend versuchen, die Ergebnisse dieses Kapitels zusammenzufassen, können wir feststellen, daß die beiden Wettläufe, die unsere Vpn. vergleichen müssen, uns wirklich den Weg weisen zu einer genetischen Erklärung der Operationen der zeitlichen Folge.

Da die Operation eine reversible Handlung ist, erscheint sie nicht *ex abrupto* im Laufe der geistigen Entwicklung. Sie ist die endgültige Gleichgewichtsform einer langen Entwicklung, die, ausgehend von den sensu-motorischen Mechanismen, durch Regulierungsprozesse vorbereitet wird, wie die, welche wir kürzlich bei der Untersuchung der Wahrnehmung aufdecken konnten [3]. Von diesem Gesichtspunkt scheint uns die in Kap. III/3 festgehaltene Verwandtschaft zwischen den Regulierungen der Anschauung und denen der Wahrnehmung sehr bedeutungsvoll. Auf dem Gebiete der Wahrnehmung werden Figuren und Beziehungen in dem Maße, in dem sie «zentriert» werden, zuerst überschätzt; aber der Anfangsfehler kann durch das Dazwischentreten anderer Zentrierungen korrigiert werden, wobei also diese «Dezentrierung» die Rolle einer fortschreitenden Regulierung spielt. Die Dezentrierung der Wahrnehmung geht auf reelle oder virtuelle Augenbewegungen zurück und funktioniert im besonderen, wie A. Auersperg gezeigt hat, durch sensorischmotorische «Antizipationen» und «Rekonstitutionen», mit Hilfe

---

[3] Vgl. PIAGET, LAMBERCIER, BOESCH und v. ALBERTINI, *Introduction à l'étude des perceptions chez l'enfant.* Arch. Psychol. XXIX, 1—107.

derer die bewegten Körper in festen Formen gesehen werden können [4]. Bei der vorstellungsmäßigen Anschauung steht man einem ganz analogen, aber weiteren Mechanismus gegenüber. Die ersten Anschauungen sind auch hier auf irgendein Verhältnis zentriert, das anfänglich an das Sich-Bewußtwerden der eigenen Handlung gebunden ist und darum eine Vorzugsstellung einnimmt. Diese Überschätzung eines Verhältnisses auf Grund einer bevorzugten Zentrierung ist das, was wir seit langem «Egozentrismus» des Denkens genannt haben. Durch einen Mechanismus von Antizipationen und vorstellungsmäßigen Rekonstitutionen üben dann die einzelnen Verhältnisse auf Grund der Widersprüche, die sie mit sich bringen, aneinander Korrekturen aus: sie «dezentrieren» sich also nicht durch einen operativen Mechanismus, sondern durch einfache, anschauliche Regulierungen oder globale Kompensationen. Nun, wenn dann einmal die Antizipationen und vorstellungsmäßigen Rekonstitutionen so weit getrieben sind, daß die Vp. die zu vergleichenden Bewegungen bis zu ihrem fiktiven Treffpunkt verlängern und andererseits bis zu ihrem Ausgangspunkt zurückführen kann, dann wird das System der gleichzeitigen Umstellungen eben durch diese Umkehrbarkeit operativ; und wenn seine Kompositionen so durch die Gruppierung der direkten und indirekten Operationen geregelt sind, bringen sie die zeitlichen Relationen hervor.

[4] AUERSPERG. A. und BUHRMESTER, *Experimenteller Beitrag zur Frage des Bewegtsehens.* Zeitschr. f. Sinnesphysiol., Bd. 66, 274—309.

Kapitel IV

Die Gleichzeitigkeit

Jetzt wollen wir daran gehen, die Reaktion des Kindes bei zwei Wettläufen zu untersuchen, die nach derselben Methode wie im vorigen Kapitel durchgeführt werden, aber unter folgenden neuen Bedingungen (s. Kap. III/1, Frage IV): die beiden Männchen (oder Schnecken usw.) I und II gehen zusammen von derselben Linie (A_1 und A_2) los und entfernen sich alle beide von ihr in der gleichen Richtung, um dann wieder zusammen stehen zu bleiben; aber I geht schneller als II, so daß sie gleichzeitig in 3 bis 4 cm Entfernung voneinander anhalten (I kommt in C_1, II in B_2 an).

Wir finden hier wieder die drei vorhergehenden Stadien an, aber unter anderer Form. Im ersten Stadium erkennt das Kind weder die Gleichzeitigkeit der Endpunkte (oft nicht einmal die der Anfangspunkte) noch die Gleichheit der Zeitstrecken, welche beide Wege benötigen, obwohl sie ja synchron sind. Es ist außerdem der Meinung, der bewegte Körper I habe mehr Zeit gebraucht als II, weil er weiter oder schneller gewesen ist, und es denkt im allgemeinen, II sei «zuerst» stehen geblieben, weil er weiter war. Im Teilstadium II A des Stadiums II leugnet das Kind noch die Gleichzeitigkeit und die Gleichheit der synchronen Zeitstrecken, aber es glaubt, II sei länger gegangen, weil es weniger schnell ist; oder aber das Kind entdeckt die Gleichzeitigkeit, leugnet aber noch die Gleichheit der synchronen Zeitstrecken; oder endlich, es gibt unter gewissen Bedingungen zu — aber dies ist viel seltener —, daß die synchronen Zeitstrecken gleich sind, bevor es die Gleichzeitigkeit der End- und Anfangspunkte sieht. In Teilstadium II B fängt die Koordination zwischen diesen Neuerwerbungen an. Im dritten Stadium endlich wird beides, Gleichzeitigkeit und Gleichheit der synchronen Zeiten, ohne weiteres zugegeben, wobei die eine auf die andere gegründet wird.

1

Erstes Stadium:

Keine Gleichzeitigkeit; direkte Proportion zwischen Dauer und durchlaufenem Weg

Es folgen Beispiele für die unterste Stufe:

Mar ($5^{1}/_{2}$). Um uns hinsichtlich der gestellten Fragen gut zu verständigen, zeigen wir zuerst zwei Läufe von gleicher Länge. I und II gehen also gleichzeitig von A_1 und A_2 ab und bleiben gleichzeitig in B_1 und B_2 stehen. «Sind sie gleichzeitig losgegangen?» — *«Ja.»* — «Und gleichzeitig stehen geblieben?» — *«Ja.»* — «Ist einer länger gegangen als der andere?» — *«Nein, beide gleich.»*

I geht von A_1 nach C_1, während II von A_2 nach B_2 geht: «Sind sie zu gleicher Zeit losgegangen?» — *«Ja.»* — «Sind sie zu gleicher Zeit stehen geblieben?» — *«Nein.»* — «Sind sie im gleichen Augenblick stehen geblieben?» — *«Nein.»* — «Welcher ist länger gegangen?» — (I) — «Warum?» — *«Weil er weiter war.»*

Man führt noch einmal die beiden gleichen Läufe $A_1 B_1$ und $A_2 B_2$ vor: «Sind sie zu gleicher Zeit stehen geblieben?» — *«Ja.»* — «Und so?» ($A_1 C_1$ und $A_2 B_2$) — *«Nein.»* — «Aber sind sie gleichzeitig losgegangen? — *«Nein.»* — «Sieh mal» (gleichzeitige Anfangspunkte in A_1 und B_1 und gleichzeitige Endpunkte in C_1 und B_2). — *«Nein.»* — «Welcher ist der erste, der losging?» — (I).

Mic (4; 9). Wir machen im Zimmer einen gemeinsamen Lauf; gleichzeitiges Loslaufen und Anhalten, aber das Kind wird um 1,50 m von dem Versuchsleiter überholt: «Sind wir zugleich losgelaufen?» — *«Ja.»* — «Und zugleich stehen geblieben?» — *«Ja, nein.»* — «Ist einer als erster stehen geblieben?» — *«Ich.»* — «Ist einer vor dem andern stehen geblieben?» — *«Ich.»* — «Ging ich noch, als du stehen bliebst?» — *«Nein.»* — «Und als ich stehen blieb, gingst du noch?» — *«Nein.»* — «Also sind wir im selben Augenblick stehen geblieben?» — *«Nein.»* — «Wer ist länger gegangen?» — *«Sie.»*

Pie (5; 5) läuft ebenfalls mit dem Versuchsleiter, der sich überholen läßt: «Sind wir zusammen losgelaufen?» — *«Ja.»* — «Zu gleicher Zeit stehen geblieben?» — *«Nein.»* — «Ist einer vorher stehen geblieben?» — *«Ja, ich.»* — «Ging ich noch, als du stehen bliebst?» — *«Nein.»* — «Und gingst du noch, als ich stehen blieb?» — *«Nein.»* — «Also sind wir im gleichen Augenblick stehen geblieben?» — *«Nein, nicht zu gleicher Zeit.»* — «Sind wir gleich lange Zeit gegangen?» — *«Nein.»* — «Wer länger?» — *«Ich.»*

145

Der Versuchsleiter und das Kind laufen gleichzeitig von zwei gegenüberliegenden Punkten los und halten gleichzeitig an derselben Stelle, wobei das Kind einen längeren Weg zu machen hat: «Sind wir gleichzeitig losgelaufen?» — *Nein.* — «Aber im gleichen Augenblick?» — *Nein.* — «Ist einer vorher losgelaufen?» — *Nein.* — «Also im gleichen Augenblick?» — *Nein.* — «Sind wir zur gleichen Zeit stehen geblieben?» — *Ja.* — «Sind wir gleich lange Zeit gelaufen?» — *Nein.* — «Wer länger?» — *Ich.* — «Welchen Weg habe ich gemacht?» — *Ein kleines Stück.* — «Und du?» — *Ein großes Stück.* — «Sind wir zu gleicher Zeit stehen geblieben?» — *Nein.* — «Und ebenso lange Zeit gegangen?» — *Nein, ich länger.* — «Warum?» — *Weil ich ein größeres Stück gegangen bin.*

Lil (6; 5). Lauf im Saal; der Versuchsleiter überholt das Kind: «Sind wir zu gleicher Zeit losgelaufen?» — *Ja.* — «Und zu gleicher Zeit stehen geblieben?» — *Nein.* — «Ist einer vorher stehen geblieben?» — *Ja, du.* — «Gingst du noch, als ich stehen blieb?» — *Nein.* — «Und ging ich noch, als du stehen bliebst?» — *Nein.* — «Also sind wir zu gleicher Zeit losgelaufen?» — *Nein.* — «Sind wir gleich lange Zeit gegangen?» — *Nein. Sie, länger, weil der Weg länger ist.*

Wir laufen dann von verschiedenen, einander gegenüberliegenden Stellen los und bleiben am gleichen Ort, aber einer nach dem andern, stehen: «Sind wir zu gleicher Zeit stehen geblieben?» — *Ja.* — «Zu ganz gleicher Zeit oder nicht?» — *Ja.* — (Man beginnt von vorne, aber mit einem noch größeren Intervall). — «Zu gleicher Zeit?» — *Nein.*

Luc (5; 9). Lauf im Saal. Das Kind überholt den Versuchsleiter. Gleichzeitiges hörbares Stehenbleiben. «Sind wir zu gleicher Zeit losgelaufen?» — *Ja.* — «Und zu gleicher Zeit stehen geblieben?» — *Nein.* — «Wer ist vor dem andern stehen geblieben?» — *Sie, ein bißchen nach mir.* — «Sind wir gleich lange gegangen?» — *Nein, weil Sie gegangen sind und ich gelaufen.* — «Wer ist vor dem andern stehen geblieben?» — *Sie, ein bißchen nach mir.* — «Sind wir gleich lange gegangen?» — *Nein, weil Sie gegangen sind und ich gelaufen.* — «Wer ist vor dem andern stehen geblieben?» — *Sie, weil Sie gegangen sind und nicht gelaufen.*

Don (6). I in C_1 und II in B_2: «Sind sie zu gleicher Zeit losgelaufen?» — *Ja.* — «Und zu gleicher Zeit stehen geblieben?» — *Nein.* — «Welcher ist zuerst stehen geblieben?» — *(II)* — «Haben sie die gleiche Zeit gebraucht?» — *Nein. (I) mehr.* — «Warum?» — *Er war weiter.*

146

Arl (7). Dieselben Antworten: «Warum meinst du, daß (I) und (II) nicht im gleichen Augenblick stehen geblieben sind?» — *«Weil dieser weiter gegangen ist und der da weniger weit.»*

Um noch genauer zu gehen, stellen wir ein Glas in C_1 und eins in B_2 auf und lassen die Männchen gleichzeitig bei ihrer Ankunft hörbar dagegen stoßen, was bedeuten soll, daß sie zum Mittagessen kommen und an der Tür läuten: «Als der eine bei seinem Haus ankam, kam da der andere zu gleicher Zeit bei seinem an?» — *«Nein.»* — «Sind sie zu gleicher Zeit an die Gläser angestoßen?» — *«Nein.»*

Dies sind die Tatsachen, die sich gewöhnlich beobachten lassen. Man kann sie sehr einfach folgendermaßen zusammenfassen. Wenn zwei bewegte Körper sich von dem gleichen Ort entfernen, um mit gleicher Geschwindigkeit zu einem gleichen Punkt zu gelangen, macht die Gleichzeitigkeit der Anfangs- und Endpunkte keine Schwierigkeit. Gehen die bewegten Körper von einander gegenüberliegenden Punkten aus und kommen sie gleichzeitig, doch bei verschiedener Geschwindigkeit, in dem gleichen Punkt an, wird die Gleichzeitigkeit in manchen Fällen bestritten (Pie), in andern nicht, während die der Endpunkte im allgemeinen selbstverständlich ist. Sobald dagegen die beiden bewegten Körper vom gleichen Punkt ausgehen und gleichzeitig an verschiedenen Punkten ankommen (ungleiche Geschwindigkeit bei parallelen, in gleicher Richtung durchlaufenen Bahnen), wird die Gleichzeitigkeit der Endpunkte in den meisten Fällen bestritten [1]. Es kann vorkommen, daß sie es nicht wird, wenn das Kind nicht auf die Unterschiede der Geschwindigkeiten und des durchlaufenen Weges achtet, aber wenn es diese Gegebenheiten bemerkt, wird sie fast immer geleugnet.

Warum das? Gewiß liegt es nicht an einem Wahrnehmungsfehler oder an einem Nichtannehmenwollen der wahrgenommenen Gegebenheiten des Problems, da ja jede Vp. zugibt, daß II nicht mehr geht, wenn I stehen bleibt, und umgekehrt. Die Situation ist also die gleiche wie bei der Folge: die Gleich-

---

[1] Es kommt sogar vor, daß die Gleichzeitigkeit der Anfangspunkte bestritten wird, aber nur in Angleichung an die der Endpunkte. Per (5; 4) z. B. meint, daß von zwei bewegten Körpern, die gleichzeitig losgehen, der zweite «vor» dem andern losgegangen ist: denn er hat den andern schnell überholt.

zeitigkeit wird wahrgenommen, könnte man sagen, aber nicht intellektuell anerkannt. Läge es also daran, daß man sich nicht richtig über die Worte verständigt hätte und die Vp. systematisch «zu gleicher Zeit» oder «im gleichen Augenblick» durch «an derselben Stelle» und «ebenso lang» oder «gleich lange Zeit» durch die «gleiche Wegstrecke» übersetze? Weit davon entfernt, damit das Problem gelöst zu haben, würde man es nur verschieben; denn es bliebe dann noch zu erklären, warum das Kind keine Worte besitzt, um die Gleichzeitigkeit bei Entfernung und verschiedenen Geschwindigkeiten auszudrücken, während es die Ausdrucksweise der Erwachsenen gut versteht, wenn es sich um Lampen handelt, die gleichzeitig oder nacheinander in 2 m Abstand aufleuchten (statt der wenigen Zentimeter Abstand zwischen den Männchen I und II). Wenn sich also die Reaktionen des Kindes weder auf eine Schwierigkeit der Wahrnehmung noch auf ein nur ungenügendes sprachliches Verständnis zurückführen lassen (wir sprechen von dem besonderen Fall, denn die Situation wird in Kap. IV/4 bezüglich dieses Punktes anders aussehen), dann bleibt nur eine Interpretation übrig: zwei Bewegungen ungleicher Geschwindigkeit haben keine gemeinsame Zeit im Sinne von «Augenblicken», die bei zwei getrennten bewegten Körpern die gleichen wären. Dies kommt bei der Vp. Arl ganz offen zum Ausdruck. Nachdem er zugegeben hat, daß I nicht mehr ging, als II stehen blieb, bestreitet er doch, daß sie «im gleichen Augenblick» stehen geblieben sind. Auf unsere Frage «warum?», macht er folgenden Gedankengang: «weil dieser (I) weiter gegangen ist und der da (II) weniger weit.»

Die Sache wäre unverständlich, wenn die Analyse der Folge uns nicht schon an diese Undifferenziertheit der zeitlichen und der räumlichen Reihenfolge gewöhnt hätte. Nämlich wenn die zeitlichen «Vorher» und «Nachher» und die räumliche Folge der Etappen sich nicht voneinander abheben und die Dauer mit dem durchlaufenen Weg gleichgesetzt wird, versteht es sich von selbst, daß die Gleichzeitigkeit bei Entfernung und ungleicher Geschwindigkeit keinen Sinn haben kann: das Kind kann es einfach nicht begreifen, daß sich die zwei bewegten Körper, die nach verschieden schnellen Bewegungen an verschiedenen Stellen anhalten, in einer einzigen, homogenen, ihnen gemeinsamen Zeit verbinden lassen. Dieses Verneinen der Gleichzeitigkeit beweist also besser als alles, was wir bis jetzt gesehen haben, den «räumlichen» Charakter der ursprünglichen Zeit (natürlich nicht der «räumlichen» Zeit im Sinne der Relativitätstheoretiker, die eine besondere Konstruktion zum Koordinieren von Geschwindigkeiten verschiedener Maßstäbe darstellt, sondern im aristotelischen Sinne): solange die Zeit anschaulich bleibt, kann sie nämlich nicht über den erlebten Eindruck, der jeder Bewegung oder jeder Handlung innewohnt, hinausgehen, und von diesem Gesichtspunkt aus wird die Gleichzeitigkeit, sobald es sich um Bewegungen oder Handlungen mit verschiedenem Rhythmus handelt, unverständlich. Dies wird *a fortiori* auch für die Gleichsetzung synchroner Zeitstrecken gelten.

2

Zweites Stadium:

Differenzierung der Anschauungen
(Ansätze zur Gleichzeitigkeit, umgekehrtes Verhältnis
von Zeit und durchlaufenem Weg usw.)

Bei der Entwicklung der Begriffe der Reihenfolge sah man, daß in Stadium II A zwei verschiedene parallele Entwicklungen vorkommen: entweder geht die Gliederung der Dauer der der Folge voraus oder umgekehrt, als ob sich die zeitlichen Anschauungen in variablen Punkten von dem Raum differenzieren könnten, bevor sie sich in einem einzigen operativen System zusammenschließen. Was die Gleichzeitigkeit und die Gleichsetzung synchroner Zeiten anbetrifft, die ja einen Sonderfall der Folge- und Zeitstreckenverhältnisse darstellen, so ist hier die Situation noch komplexer, und es lassen sich drei Arten von Gliederung der ursprünglichen Anschauung beobachten, ohne daß sich zwischen ihnen eindeutige Progressionen aufstellen ließen. Bei einem ersten Reaktionstypus sind Gleichzeitigkeit und Gleichsetzung synchroner Zeiten noch nicht erworben, aber die Dauer erscheint im umgekehrten Verhältnis zu dem durchlaufenen Weg. Man könnte meinen, dieser erste Typ gehe dem folgenden immer voraus, aber man findet manchmal Vpn., die schon die Gleichzeitigkeit anerkennen und trotzdem die Dauer direkt proportional zu dem durchlaufenen Raum auffassen. Der zweite Reaktionstypus wird also definiert durch die Anerkennung der Gleichzeitigkeit ohne Gleichsetzung synchroner Zeiten und mit oder ohne umgekehrte Beziehungen zwischen Dauer und Geschwindigkeit. Schließlich, aber nur ausnahmsweise, findet man gewisse Vpn., die zu einer anschaulichen Gleichsetzung synchroner Zeiten gelangen (in globaler und ungenauer Form), ohne aber die Gleichzeitigkeit der Endpunkte und manchmal nicht einmal der Anfangspunkte zuzugeben! Man sieht also, daß bei der Gleichzeitigkeit, noch mehr als bei der Folge, das zweite Stadium oder wenigstens das Teilstadium II A dasjenige ist, in dem sich die Anschauungen in wechselnder Reihenfolge und ohne Gesamtkoordination gliedern oder stückweise differenzieren. Erst im Teilstadium II B zeigt sich der Beginn der Koordination an als Auftakt zu Stadium III.

Es folgen Beispiele für den ersten Typus des Teilstadiums II A, bei denen die Reaktionen weder die Gleichzeitigkeit noch die Gleichsetzung der synchronen Zeitstrecken erreichen, sondern nur die Umkehrung der Dauer im Verhältnis zu dem durchlaufenen Weg.

Pai (5; 2): «Sind sie zu gleicher Zeit losgegangen?» — «*Ja.*» — «Und zu gleicher Zeit stehen geblieben?» — «*Nein.*» — «Ging II noch, als I stehen blieb?» — «*Nein.*» — (Das Umgekehrte)? — «*Nein.*» — «Sind sie denn im gleichen Moment stehen geblieben?» — «*Nein.*» — «Welcher ist zuerst stehen geblieben?» — (II) — «Warum?» — «*Weil er nicht so weit gegangen ist wie der andere.*» — «Sind sie gleich viel Zeit gegangen?» — «*Nein.*» — «Ein bißchen länger als der andere?» — «*Ja.*» — «Welcher?» — «(II), *weil er langsamer gegangen ist.*»

Mar (5; 6) stellt die Gleichzeitigkeit ebenfalls in Abrede, obwohl auch er anerkennt, daß keiner von beiden noch ging, als der andere stehen blieb. «Also ist einer früher als der andere stehen geblieben?» — *«Ja, der* (II), *weil er vorher stehen geblieben ist.»* — «Sind sie die gleiche Zeit, gleich viel Zeit gegangen?» — *«Nein,* (II) *länger, weil er getrödelt hat.»*

Jetzt noch Beispiele des Typus II, d. h. derjenigen Vpn., die die Gleichzeitigkeit erreichen, die Gleichheit der synchronen Zeitstrecken leugnen und die gelten lassen, daß die Dauer sich entweder direkt oder indirekt proportional zu dem durchlaufenen Weg verhält.

Jos (5; 6). «Sind sie zur selben Zeit losgegangen?» — *«Ja.»* — «Und zur selben Zeit stehen geblieben?» — *«Ja.»* — «Im selben Augenblick?» — *«Ja.»* — «Wann?» — *«Als* (I) *stehen blieb, blieb der andere auch stehen.»* — «Sind sie dieselbe Zeit gegangen?» — *«Nein.»* — «Haben sie gleich lange gebraucht?» — *«Nein.»* — «Hat einer mehr Zeit gebraucht als der andere?» — *«Ja.»* — «Welcher?» — *«*(I), *weil er weiter gegangen ist.»* Die Dauer ist also proportional der Geschwindigkeit, obschon das Kind die Gleichzeitigkeit anerkennt!

Lea (5; 5): «Sind sie zusammen losgegangen?» — *«Ja.»* — «Und zusammen angekommen?» — *«Ja.»* — «Im selben Moment?» — *«Ja, ganz genau im selben Moment.»* — «Sind sie gleich viel Zeit gegangen?» — *«Nein.»* — «Warum?» — *«Weil der eine weiter gegangen ist als der andere.»* — «Welcher hat mehr Zeit gebraucht?» — *«*(II), *weil er langsamer gegangen ist.»* Lea läßt also die Gleichzeitigkeiten gelten, leugnet die Gleichheit der synchronen Zeiten, setzt aber die Dauer in ein umgekehrtes Verhältnis zu der Geschwindigkeit oder dem durchlaufenen Weg.

Und endlich ein Fall von Typus III, der die synchronen Zeitstrecken gleichsetzt, aber die Gleichzeitigkeit der Endpunkte in Abrede stellt:

Al (6): «Sind sie zur selben Zeit losgegangen?» — *«Ja.»* — «Und zur selben Zeit angekommen?» — *«Nein.»* — «Im selben Augenblick?» — *«Nein.»* — «Einer vor dem andern?» — *«Ja, der* (II).*»* — «Sind sie gleich viel Zeit gegangen?» — *«Ja.»* — «Warum?» — *«Beide einen kleinen Augenblick.»* — «Also sind sie zur selben Zeit angekommen?»

— «*Ja.*» — «Und sind sie ebenso lange gegangen?» — «*Ja.*» — «Und sie sind nicht zur selben Zeit angekommen?» — «*Nein, einer vor dem andern.*»

Wie man sieht, ist es sehr schwierig, diese Vpn. verschiedenen Stufen zuzuteilen. Gewiß könnte man versucht sein, die des Typus I niedriger anzusetzen, also die Vpn., die die Gleichzeitigkeit der Endpunkte und die Gleichheit der betreffenden Zeitstrecken in Abrede stellen, während die des Typus II und III doch das eine oder das andere annehmen. Da sie jedoch — im Fortschritt gegenüber Stadium I — das umgekehrte Verhältnis von Zeit und Geschwindigkeit erkannt haben, während manche Vpn. des Typus II noch nicht so weit sind, ließe sich keine sichere Progression aufstellen. Was die Typen II und III anbetrifft, so gehen sie ebenfalls ineinander über. Kurz, wollte man die Typen wieder in Teilstadien unterteilen, dann wüßte man nicht, welches Kriterium man anwenden sollte. Mehr als das — und da liegt zweifellos das Hauptargument —, diese verschiedenen Antworten sind im Wesentlichen unstabil: wenn man dieselben Vpn. ein paar Tage, oft auch ein paar Stunden später wiedersieht, können ihre Antworten anders aussehen, was hinreichend zeigt, daß wir noch in einem Vorbereitungsstadium stehen mit all den Schwankungen, die für das auf die perzeptive und egozentrische Anschauung gegründete Denken bezeichnend sind.

Aber wenn eine solche Sachlage die Klassifikation auch kompliziert, so ist sie doch vom Gesichtspunkt der erklärenden Analyse umso lehrreicher. In dieser Hinsicht bilden die drei Typen dieses Teilstadiums II A die klarste Bestätigung für unsere Beobachtungen im Kap. III über die regulierenden «Dezentrierungen», die die fortschreitende Gliederung der ersten Anschauungen ausmachen und sie in Richtung der Operationen lenken, ohne jedoch ihre Stabilität oder ihre Koordination zu erreichen. Typus I erklärt sich nämlich im vorliegenden Fall wie in dem von Kap. III durch ein vorstellungsmäßiges auf die Rückschau gegründetes Rekonstituieren, durch das es möglich wird, zwischen der im Augenblick der Handlungen erlebten

Dauer und der nach den Resultaten dieser Handlungen abgeschätzten Dauer zu unterscheiden. Was den Typus II anbetrifft, so entspricht er dem der in Kap. III zitierten Vpn., die
zu der richtigen Beurteilung der Reihenfolge gelangen, bevor
sie die Zeitstrecken abschätzen können. Um die Sache zu erklären, beriefen wir uns auf eine vorstellungsmäßige Antizipation, die der Vp. gestattet, die langsamere der beiden Bewegungen bis zu dem Augenblick zu verlängern, da der weniger
schnelle Körper den schnelleren einholen würde, was zu der
Antwort führt «kommt an nach ...» (in der Zeit) statt «bleibt
stehen vor ...» (im Raum). Aber in dem Falle des gleichzeitigen Stehenbleibens bei Entfernung würde dieser Prozeß nicht
funktionieren. Dagegen kann man annehmen (und diese Hypothese werden wir in Kap. IV/4 wiederfinden), daß das Kind des
Typus II, nachdem es sich in der Anschauung auf den Standpunkt eines der beiden verschieden schnellen Körper gestellt
und so die Gleichzeitigkeit in Abrede gestellt hat, diese Anschauung dezentriert, indem es die beiden Bewegungen durch
ein neues Verhältnis oder eine neue Bewegung verknüpft: nämlich schon wenn die beiden bewegten Körper sich im Moment
ihres jeweiligen Stehenbleibens Zeichen geben (durch einen Ton,
ein Lichtsignal oder selbst einen Blick) oder wenn ein Beobachter sie mit eigenen Zeichen oder seinem eigenen Blick verbindet, werden die Haltestellen von ihren vorangegangenen Bewegungen unabhängig und lassen sich in ein neues Wahrneh-
mungs- oder Anschauungsverhältnis einreihen. Es erhebt sich
also die Frage, warum diese so einfache Verfahrensweise nicht
von Anfang an die Gleichzeitigkeit sicherstellt, aber darauf
wird Kap. IV/4 zu antworten versuchen. Tatsache ist, daß solch
ein Anschauungsverhältnis nicht ursprünglich ist; und so versteht man, daß es erst durch die Dezentrierung auftaucht, und
zwar durch eine Dezentrierung, die zu der Abstraktion der vorangegangenen Geschwindigkeiten führt.

Wie könnte man nun bei Typus III nach demselben Schema
erklären, warum die Gleichheit der Zeitstrecken vor den Gleichzeitigkeiten erkannt wird? Wenn sie sich auf die Gleichzeitig-

keit in einem operativen Prozeß stützen würde, könnte man einfach sagen, das Verhältnis, das die gleichzeitigen Lagen verbindet, werde jetzt nur auf die ganze Länge der Bahn verallgemeinert, daher der Gedanke der Gleichzeitigkeit und die Gleichsetzung der synchronen Zeitstrecken. Aber so ist es ja eben nicht. Man muß also annehmen, daß die Vp., nachdem sie die Gleichzeitigkeiten wegen des Schnelligkeitsunterschieds geleugnet hat, ihre Vorstellung im Moment, da man die Frage nach den Zeitstrecken stellt, dezentriert und nur noch an den «kleinen Moment» denkt, die die beiden bewegten Körper zusammen verlebt haben: es bestände also, wenn man so will, eine Gesamtzuordnung im Gegensatz zu der spezialisierten Zuordnung der Endpunkte (die die Gleichzeitigkeit erklärt) und eine in der Anschauung global erfaßte, statt deduktiv verallgemeinerte Zuordnung. Der Prozeß wäre also trotzdem vergleichbar.

Wir können also bei allen drei Fällen sagen, daß durch Rekonstituieren und vorstellungsmäßige Antizipationen zu dem bloßen Anschauungsverhältnis des Beginns (Stadium I) neue Verhältnisse hinzutreten, die das erste dezentrieren und es dadurch nach allen möglichen Richtungen differenzieren. Da aber diese verschiedenen Gliederungen untereinander nicht koordiniert sind und sowohl unstabil wie bruchstückhaft bleiben, können wir diese Prozesse eher mit dem der Wahrnehmungsregulierung vergleichen als mit dem der Operationen. Paragraph 4 wird eine Kontrolle dieser Interpretation liefern.

In dem Teilstadium II B dagegen beginnen diese verschiedenen, durch bloße regulierende Dezentrierung gewonnenen Artikulationen der Anschauung sich untereinander zu koordinieren, und zwar nur dadurch, daß die Antizipationen und rekonstituierten Vorstellungen, die diese Regulierungen bilden, so viel Umkehrbarkeit und damit auch Verallgemeinerung gewinnen, daß sie zu Operationen für eine deduktive Anwendung führen. So kommen die folgenden Vpn., die zuerst zwischen denselben Schwierigkeiten hin- und herschwankten wie die vorigen, tatsächlich nach und nach zu einer richtigen Koordination und bilden damit den Übergang zu dem operativen Stadium III.

Net (6; 6) leugnet zuerst die Gleichzeitigkeit: I und II sind *«nicht zu gleicher Zeit stehen geblieben; (II) zuerst»* und I *«hat länger gebraucht, weil er weiter war.»* — Aber nach den Versuchen über die Folge, in denen Net zuerst analoge Antworten gibt und dann richtig antwortet (Teilstadium II B), stellen wir wieder die gleichen Fragen: Net versichert jetzt, I und II seien *«zu gleicher Zeit angekommen.»* — «Und brauchten sie die gleiche Zeit oder nicht?» — *«Ja, gleich viel Zeit, sie sind ja im gleichen Moment stehen geblieben.»*

Dal (7): «Sind sie zu gleicher Zeit stehen geblieben?» — *«Nein.»* — «Ging (II) noch, als (I) stehen blieb?» — *«Nein.»* — «Und... (umgekehrt)?» — *«Nein.»* — «Sind sie im gleichen Moment stehen geblieben?» — *«Ja.»* — «Warum?» — *«Weil sie alle beide still standen.»* — «Sind sie gleich viel Zeit gegangen?» — *«Ja.»* — «Warum?» — *«Weil sie beide zusammen gegangen sind und im gleichen Moment still standen.»* — «Sieh mal (es wird noch einmal gemacht). Wie lange ist (I) gegangen?» — *«Zwei Minuten.»* — «Und (II)?» — *«Auch zwei Minuten.»* — «Sind sie im gleichen Moment stehen geblieben?» — *«Ja.»* — «Warum?» — *«Weil (I) nicht mehr ging, als (II) still stand.»*

Diese Fälle sind von großem Interesse, denn sie beleuchten den Übergang von der anschaulichen Regulierung zu der deduktiven Operation. Halten wir zuerst fest, daß die Vpn. wie im Teilstadium II A mit der Verwechslung des Zeitlichen mit dem Räumlichen beginnen, um sich dann unter dem Einfluß einer neuen Gegebenheit zu korrigieren. Bei Net geht dies während der Fragen über die Folge vor sich, und bei Dal findet die Verbesserung in dem Moment statt, in dem er ausdrücklich feststellt, daß II stehen bleibt, wenn I stehen bleibt, und umgekehrt. Der Beginn dieser Reaktionen läßt sich also auf das zurückführen, was wir anläßlich des Teilstadiums II A gesehen haben: Dezentrierung der Anfangsanschauung durch das Auftreten antizipierter oder rekonstituierter Verhältnisse. Aber drei Fortschritte zeichnen sich alsbald ab, die übrigens eng miteinander zusammenhängen:

1. Wenn die Vp. ein neues Verhältnis entdeckt, beschränkt sie sich nicht mehr darauf, es nur in der bevorzugten Situation,

in der sie es wahrnimmt, zu beachten, sondern findet es in allen vergleichbaren Situationen wieder. Auf diesem Wege geht Dal von der Gleichzeitigkeit der Endpunkte zu der Entdeckung des Synchronismus im allgemeinen und der Gleichsetzung der synchronen Zeiten über. Statt sich wie in Stadium II A damit zu begnügen, die Lagen der bewegten Körper bei ihrer Ankunft durch ein neues, von den vorhergehenden Bewegungen unabhängiges Verhältnis zu verknüpfen, erfaßt Dal sofort, daß dieses Verhältnis sich auch auf jede der Lagen oder jeden der sukzessiven Momente dieser Bewegungen anwenden läßt: daher die Schlußfolgerung, die Zeitdauer sei die gleiche, «weil sie beide zusammen gegangen sind und im gleichen Moment still standen». Wenn man diese so einfache Begründung für die Gleichheit der synchronen Zeiten liest, muß man es wirklich erstaunlich finden, daß das Kind erst auf Niveau II B — und dann noch erst am Ende der Befragung nach Herumtasten und Zögern — dazu gelangen kann. Die Sache wird hingegen natürlich, wenn man sie folgendermaßen ansieht: um sich vorzustellen, daß zwei bewegte Körper trotz ihres Geschwindigkeitsunterschieds «zusammen gehen», muß man zuerst die Vorstellung dieser Geschwindigkeiten dezentrieren, dann von diesen so differenzierten Verhältnissen aus sich vorstellen, daß sie «im gleichen Moment still standen» und sich schließlich das Ganze der beiden Bewegungen unter dem Gesichtspunkt dieses neuen Gleichheitsverhältnisses vorstellen. Es besteht also zuerst eine Differenzierung der Verhältnisse dank einer vorstellungsmäßigen Dezentrierung, und dann kann das neue Verhältnis verallgemeinert werden dank des Umstandes, daß die Dezentrierung beständig geworden ist, d. h., daß die Regulierung zur Operation wird.

2. Dadurch nun aber, daß die regulierende Dezentrierung Beständigkeit erhält und sich verallgemeinern läßt, läßt sich die Differenzierung des Zeitlichen und Räumlichen, die an einem einzelnen Punkt entdeckt wurde, darüber hinaus auf andere Punkte anwenden, und zwar durch eine Art gegenseitiger Einwirkung der Vorstellungen innerhalb der Zeit (ver-

gleichbar dem Anfang der gegenseitigen Einwirkung der Wahrnehmungen innerhalb der Zeit). So kommt es, daß Nel zuerst
Gleichzeitigkeit und Synchronismus leugnet und dann zu der
richtigen Lösung der Fragen über die Folge gelangt: bei der
Wiederaufnahme der ersten Fragen kommt er sofort zu richtigen Lösungen, als ob die Regulierung, die sich auf dem Gebiete der Folge vollzogen hat, sich nun auf das der Gleichzeitigkeit ausdehne.

3. Endlich und allgemein gesprochen: sobald diese Dezentrierungen, die, wie erinnerlich, von den vorstellungsmäßigen
Antizipationen und Rekonstitutionen herrühren, ihre vollständige Reversibilität erreicht haben, indem sie sich jetzt auf
das Ganze einer Bewegung (vgl. 1.) beziehen und sich durch
Transponieren und Transferieren von einer Bewegung auf die
andere anwenden lassen, wird es möglich, die einzelnen Verhältnisse zu koordinieren. Dazu genügt es, daß jedes Verhältnis dank einer verallgemeinerten Dezentrierung unveränderlich
bleibt: ihre umkehrbare Komposition bildet dann die Gruppierung der zeitlichen Operationen.

Ganz allgemein kann man also sagen: ausgehend von einer
egozentrischen Anschauung, die (unter der Wirkung eines unvollständigen Sich-Bewußtwerdens der eigenen Handlung) die
zeitliche mit der räumlichen Reihenfolge vermischt, dezentriert
die Vp. im Anfang diese Anschauung durch einen Mechanismus von Rekonstitutionen und Antizipationen der Vorstellung;
wenn diese Regulierungen beständig geworden sind und folglich
die Umkehrbarkeit erreichen, erlangt ihre Verallgemeinerung
eben dadurch den Charakter des Deduktiven, wobei die so aus-
gelösten Operationen sich in einer zeitlichen Gesamtkoordination gruppieren.

3

Drittes Stadium:

*Sofortiges Koordinieren von Gleichzeitigkeit
und Synchronismus*

Der einzige Unterschied zwischen den Reaktionen in Stadium III und den Schlußantworten in Teilstadium II B besteht darin, daß die Koordinierung der Gleichzeitigkeit und des Synchronismus von nun ab sofort erfolgt ohne die Vorphase des Tastens, die die vorigen Vpn. immer aufwiesen. Es folgen Beispiele:

Sia (7; 6): «Sind sie zu gleicher Zeit losgegangen?» — *«Ja.»* — «Und zu gleicher Zeit stehen geblieben?» — *«Ja.»* — «Ist einer weiter gewesen als der andere?» — *«Ja* (I).*»* — «Und sind sie im gleichen Augenblick stehen geblieben?» — *«Ja.»* — «Woher weißt du das?» — *«Als der eine stehen blieb, blieb der andere auch stehen.»* — «Nicht einer nach dem andern?» — *«Nein.»* — «Sind sie gleich schnell gegangen, der eine wie der andere?» — *«Ja.»* — «Warum?» — *«Weil sie im gleichen Augenblick stehen geblieben sind.»*
Jac (8; 6): «Sind sie zu gleicher Zeit losgegangen?» — *«Ja.»* — «Und zu gleicher Zeit stehen geblieben?» — *«Ja.»* — «Woher weißt du das?» — *«Ich hab's gesehen.»* — «Was hast du gesehen?» — *«Wie der eine stehen blieb, ging der andere auch nicht mehr.»* — «Wie lange ist (II) gegangen?» — *«Drei Minuten.»* — «Und der andere?» — *«Auch drei Minuten?»* — «Warum gleich lange?» — *«Sie sind doch zu gleicher Zeit stehen geblieben.»*

Dieser Abschluß der Entwicklung der Gleichzeitigkeit verläuft also ganz parallel zu dem, was wir bei der Folge gesehen haben. Die Sache hat übrigens nichts Überraschendes, da die Gleichzeitigkeit ja ein Grenzfall der Relationen der Folge ist, der nämlich, bei dem die Folge sich dem Nullpunkt nähert. Aber wenn dies so vom Gesichtspunkt der infra-logischen oder physikalischen Operationen ist (vgl. Kap. I/5 und Kap. II/5), so ist es doch sehr interessant, festzustellen, daß es sich im Psychologischen und im Genetischen gleich verhält. Die Gleichzeitigkeit folgt einer ursprünglichen Anschauung nur in dem bevorzugten Fall der räumlichen Koinzidenz. In den anderen Fällen haben wir gesehen, daß sie konstruiert wird, und zwar tatsächlich von der Folge aus: in dem Falle, wo die beiden bewegten Körper nach zwei verschieden schnellen Bewegungen in einem Abstand von einigen Zentimetern stehen bleiben, glaubt das Kind im Anfang, daß sie aufeinander folgen, weil es die räumliche Ordnung und die zeitliche Ordnung nicht differenziert; indem es dann beide fortschreitend voneinander trennt, gelangt es zu der Gleichzeitigkeit in ihrer Eigenschaft als Grenzfall dieser anfänglichen Folge. Wir können nun feststellen, daß selbst in den Fällen, wo die Gleichzeitigkeit bei Distanz ohne Zögern erkannt wird, wie bei den Vpn. dieses dritten Stadiums, sie doch noch konstruiert, d. h. deduziert und nicht wahrgenommen wird, und daß diese Deduktion parallel zu der bleibt, die wir bei der Folge festgestellt haben.

Denn ebenso wie sich die Folge auf dem operativen Niveau in zwei verschiedenen einander ergänzenden Gruppierungen auf die Unterschiede der Dauer stützt, und umgekehrt, ebenso stellen wir im Stadium III fest, daß die Gleichzeitigkeit auch schon bei einer Entfernung von wenigen Zentimetern operativ aus der Gleichheit der beiden synchronen Zeitstrecken abgeleitet wird, und umgekehrt. Zwar begründet Jac seine Behauptung der Gleichzeitigkeit damit, daß er sagt: «Ich habe gesehen», womit er ausdrücklich auf die direkte perzeptive Anschauung zurückzugehen scheint. Aber halten wir gleich fest, daß wir bei unseren Vpn. im Durchschnitt das 7. bis 8. Lebensjahr abwarten müssen, um dieses «Sehen» der Gleichzeitigkeit zu finden, da die Kleinen sie ja eben nicht erkennen. Abgesehen davon, was hat die Vp. «gesehen»? Sie hat «gesehen», daß, «wie der eine (der bewegte Körper) stehen blieb, der andere auch nicht mehr ging». Nun, wenn es sich nur darum handelt, dann «sahen» es die Kleinen sehr wohl, da sie es vom ersten Stadium einstimmig zugaben: und gleichwohl zogen sie daraus kein Urteil der Gleichzeitigkeit! Die Gleichzeitigkeit der Haltemomente von I und II «sehen», heißt also, sie konstruieren: das heißt, sie aus der Tatsache ableiten, daß die beiden Zeitstrecken, die

159

ihre Bewegungen charakterisieren, trotz des Geschwindigkeitsunterschieds nicht aufgehört haben, synchron zu sein. Diese elementare Feststellung, nach der II nicht mehr geht, wenn I still
steht, und umgekehrt, hatte in Stadium I keine zeitliche Bedeutung. Bei den Vpn. des Typus II in Teilstadium II A (s. Jos
5; 6) dient sie zwar schon zur Motivierung der Gleichzeitigkeit, aber da die synchronen Zeiten nicht gleich gesetzt werden,
führt sie eben nur zu einer anschaulichen, also schwankenden
und leicht umwerfbaren Regulierung der Gleichzeitigkeit. Von
dem Moment an dagegen, wo die synchronen Zeitstrecken als
notwendigerweise gleich aufgefaßt werden, wird die Gleichzeitigkeit selbst, die sich daraus ergibt, auch zur Gewißheit, weil
sie jetzt deduziert ist und nicht nur wahrnehmungsmäßig festgestellt wird. Umgekehrt werden Gleichheit der synchronen
Zeitstrecken und Synchronismus im allgemeinen, solange die
Zeitdauer nach dem Weg und der Geschwindigkeit und nicht
nach den Folgen und Gleichzeitigkeiten abgeschätzt wird, in
Abrede gestellt und erst angenommen, sobald die Gleichzeitigkeit aus ihnen abgeleitet und nicht bloß erschaut wird. Kurz,
Gleichzeitigkeit und Gleichheit der synchronen Zeitstrecken
stützen sich gegenseitig ebenso wie Folge und Dauer im allgemeinen in zwei komplementären operativen Gruppierungen, sobald die anschaulichen Regulierungen die strenge Reversibilität
erreicht haben.

Aber es stellt sich noch ein anderes Problem. Auf allen
Altersstufen erkennt das Kind ja, daß der bewegte Körper II
stehen bleibt, wenn der bewegte Körper I stehen bleibt: könnte
man da nicht sagen, die eigentliche Gleichzeitigkeit gehe trotz
allem auf diese anschauliche und fast rein wahrnehmungsmäßige
Feststellung zurück, und alles übrige sei dann als Überbau und
sozusagen als Intellektualisierung der zeitlichen Gegebenheit zu
betrachten? Dies ließe sich verteidigen, wenn die beiden Ebenen
— die der Wahrnehmung und die des Intellektuellen — wirklich diskontuierlich oder mindestens unabhängig wären. Aber
wenn die operative Gruppierung der Folgen und Zeitstrecken
die letzte Gleichgewichtsform eines Organisationsprozesses wäre,

der von den Wahrnehmungsregulierungen an über die vorstellungsmäßigen Regulierungen bis zu den Operationen fortschritte, dann könnten die Stadien I bis III, die wir in diesem Kapitel beschrieben haben, mit Recht als wesentlich für diese Gesamtkonstruktion angesehen werden.

4

Die Rolle der Bewegungen der Vp.:

Die Blickbewegungen bei der Gleichzeitigkeit und die wahrnehmungsmäßige zeitliche Folge

Wir waren zu der Annahme gekommen, daß die physikalische Zeit, selbst in ihrer nur qualitativen Form, das Ergebnis einer Gruppierung von gleichzeitigen Umstellungen sei. Wenn die Vp. imstande ist, die Bewegung in ihrem gegenseitigen Verhältnis nach beiden Richtungen weiterzuführen, vervollständigt sie notwendigerweise die räumliche Koordination mit einer Koordination all dieser verschiedenen gleichzeitigen Stellungen und gleichzeitigen Umstellungen, die nichts anderes ist als die Zeit. Doch woher kommen diese Operationen? Es kann keine Rede davon sein, die Zeit aus etwas anderem als aus ihr selbst abzuleiten, also sie auch nicht auf den Raum zurückzuführen. Wir haben festgestellt, daß die ersten zeitlichen Begriffe im Verhältnis zu dem Raum eine radikale Undifferenziertheit aufweisen: da die Zeit in der Aufeinanderfolge der Lagen eines bewegten Körpers ebenso wie in den Intervallen zwischen diesen Lagen besteht, verwechseln die jüngsten unserer Vpn. bei der Aufgabe, verschieden schnelle Bewegungen miteinander zu koordinieren, zuerst die zeitliche Reihenfolge mit der Reihenfolge der Wege und die Dauer mit dem durchlaufenen Weg, der durch seinen Endpunkt vertreten wird. Alles geht dann so vor sich, als ob die Vp. nur diese räumlichen Verhältnisse bemerke — oder als ob sie ihre Aufmerksamkeit und ihre vorstellungsmäßige Anschauung nur darauf «zentriere» —, also die beiden zu koordi-

161

nierenden Bewegungen als die Etappen einer einzigen Bewegung auffasse und die der gleichzeitigen Umstellung eigentümlichen Verhältnisse vernachlässige. Daher verneinen sie auch die Gleichzeitigkeit bei Entfernung. Sobald aber die Vp., statt bei dieser vorstellungsmäßigen Zentrierung auf den Raum (auf die Endpunkte) zu bleiben, damit beginnt, den kommenden Zustand der wahrgenommenen Bewegungen vorwegzunehmen oder den vergangenen Zustand zu rekonstituieren, dezentriert sie ihre anfängliche Anschauung und korrigiert sie in dem Sinn der gleichzeitigen Umstellung. Diese Regulierungen der Wahrnehmung oder der Vorstellung bilden den Ausgangspunkt der Operationen, und diese sprunghaften und lückenhaften Vorgänge brauchen nur systematisch zu werden und so die vollständige Umkehrbarkeit zu erreichen, damit die eigentliche operative Koordination erscheint.

Damit stellt sich aber ein Problem, das wir jetzt noch behandeln müssen. Wir haben diese Fixierung der anschaulichen Vorstellung auf bestimmte Verhältnisse mit der «Zentrierung» bei der Anschauung verglichen, und diese späteren Korrekturen, mit den ihnen analogen «Dezentrierungen», die die Wahrnehmung regulieren. Aber diese Vergleiche werden nur dann ihre Berechtigung haben, wenn schon im Bereich der Zeitwahrnehmung selbst solche Zentrierungen auf die räumlichen Lagen und solche durch die Umstellungen hervorgerufene Dezentrierungen vorkommen. Nun, ist dem wohl so? Hat man nicht ganz im Gegenteil den Eindruck, die Zeitwahrnehmung bilde in dem Moment, wo der Zeitbegriff erarbeitet wird, ein vollendetes Ganzes, und dieses vollendete Ganze folge Gesetzen, die mit denen des Zeitverständnisses nichts Gemeinsames habe?

Wir werden sehen, daß dieser Eindruck eine Täuschung ist und daß die Wahrnehmung der Zeit sehr wohl das Auftreten von Mechanismen voraussetzt, ganz analog denen, die wir eben bei dem Verständnis für die Folge und die Gleichzeitigkeit beschrieben haben. Und um die Beweisführung deutlicher zu machen, wollen wir nicht die Wahrnehmung zweier Umstellungen untersuchen, sondern die des sukzessiven oder simultanen

162

Anzündens zweier unbeweglicher, auseinanderstehender Lämpchen. So weit entfernt diese Geschehnisse nämlich auch von einem System gleichzeitiger Umstellungen scheinen mögen, es bleibt doch dies gleich, daß die Vp. sie nur dann aufeinanderfolgend oder gleichzeitig wahrnehmen kann, wenn sie sich selbst oder ihren eigenen Blick verschiebt. Weit davon entfernt, in einem passiven Ablesen zu bestehen, wird die Wahrnehmung der zeitlichen Ordnung also eine Organisation dieser Bewegungen voraussetzen, und in dieser Hinsicht werden wir innerhalb der Wahrnehmung ganz analoge Probleme finden zu denen der anschaulichen oder operativen Koordinierung.

Wir haben übrigens keineswegs die Absicht, hier das Problem der Zeitwahrnehmung im allgemeinen (Zeitdauer usw.) zu lösen, nicht einmal das der Wahrnehmung der zeitlichen Sukzessionen, denn seine Lösung würde die Auseinandersetzung von Methoden voraussetzen, die über den Rahmen dieses Werkes hinausgehen und ihren Platz in an anderem Ort veröffentlichten Untersuchungen haben [2]. Wir werden uns ausschließlich auf die Frage beschränken, die für unsere Belange genügt, nämlich die der Relationen zwischen der Zeit der Intelligenz und der Zeit der Wahrnehmung, wie sie in der Organisation der zur Wahrnehmung der Sukzessionen und Gleichzeitigkeiten notwendigen Blickbewegungen (Fixierungen und Umstellungen) in Erscheinung treten. Es handelt sich da also nicht um die Wahrnehmungszeit selbst (Problem, das wir also ganz beiseite lassen), sondern, man könnte sagen, um die Verhaltungsweisen der Beobachtung, die in den Wahrnehmungen der zeitlichen Folge auftreten.

Wir zeigen den Vpn. einen Apparat (dessen Herstellung wir Herrn Lamberciers Erfindungsgeist verdanken), an dem gleichzeitig oder mit einem Intervall von ein oder zwei Zehntelsekunden zwei Lampen bei wechselnder Entfernung angezündet werden können. Alles, was man das Kind fragt, ist dies, ob die Lampen gleichzeitig hell werden oder nicht, und wenn dies letz-

---

[2] Vgl. Recherches sur le développement des perceptions, Arch. de Psychol. Vol. XXIX, und Folge.

tere der Fall ist, welche zuerst hell wird. Doch lassen sich nicht nur die Entfernungen zwischen den Lampen und ihren Stellungen zu der Vp. modifizieren, sondern auch — und ganz besonders — die Blickrichtung derselben: durch geeignete Instruktionen fixiert man den Blick des Kindes auf eine der beiden Lampen oder auf einen Punkt mitten zwischen den beiden Lampen, oder schließlich läßt man der Vp. völlige Freiheit, um zu sehen, ob sie sich ihre spontanen Bewegungen so dienstbar machen kann, daß sie zu einem besseren Ergebnis kommt als in den beiden anderen Fällen.

Man sieht also, daß die Frage keinerlei Schwierigkeit intellektueller Art bietet, da es sich nicht mehr um bewegte Körper noch um Bewegungen verschiedener Geschwindigkeit handelt: ob zwei Lampen gleichzeitig oder nacheinander aufleuchten, das ist eine Frage, die ein Säugling, wenn er sprechen könnte, zu beantworten wüßte, vorausgesetzt, daß die Intervalle nicht zu kurz sind. Aber gerade darum, weil sehr kurze Intervalle gewählt wurden, tauchen wieder Schwierigkeiten auf. Worin bestehen sie? Wenn man sagt, sie seien perzeptiver und nicht mehr intellektueller Art, so ist das nur eine Frage der Benennung. In Wirklichkeit kommt es bei Fehlen äußerer Bewegungen — die Lampen sind ja bei der Wahrnehmung unbeweglich — darauf an, daß die Vp. die eigenen Blickbewegungen miteinander koordiniert und von den objektiven Geschehnissen unterscheidet. Um gut zu sehen, muß man gut hinsehen, und um gut hinzusehen, muß man die Geschehnisse im Verhältnis zu den Bewegungen und Zuständen der Vp., d. h. zu den Blickverschiebungen und den Blickfixierungen, aneinanderreihen. Nun, es könnte durchaus so sein, daß dieses Problem des Koordinierens der äußeren Änderungen im Verhältnis zu den eigenen Bewegungen in mancher Hinsicht dem intellektuellen Problem der gleichzeitigen Umstellungen analog ist, und eben das werden wir tatsächlich feststellen. Wenn die beiden Lampen auch gleichzeitig aufleuchten, so wandert doch der Blick von einer zur andern, und diese Blickverschiebung könnte einen Eindruck der Aufeinanderfolge geben. Die Gleichzeitigkeit wahrnehmen, setzt also eine Verkürzung der Verschiebungsdauer auf ein *Minimum* voraus: um sich auf dies Ziel einstellen zu können, muß man sich vor den Täuschungen hüten, welche die Blickfixierung auf eines der Elemente verursacht, und sie durch eine sofortige Dezentrierung korrigieren können. Läßt sich die Regulierung, die diese Dezentrierung bildet, mit den sukzessiven Differenzierungen der Anschauung der Aufeinanderfolge im Falle der bewegten Körper vergleichen, die wir in den Kapiteln III und IV untersucht haben? Dies ist ja die Frage, die wir zu Beginn dieses Paragraphen gestellt hatten und die, wie man sieht, nichts Künstliches an sich hat.

In dieser Hinsicht schien uns folgender Versuch am interessantesten: die beiden Lampen befinden sich auf einem langen Tisch frontal-parallel zu der Vp· und in 1 m Abstand voneinander. Mitten zwischen den Lampen liegt eine kleine Schachtel. Die Vp. selbst sitzt 50 cm von dieser Schachtel entfernt und erfaßt so die beiden Lampen in gleicher Entfernung vor sich im gleichen Gesichtsfeld. In einer ersten Reihe von 10 Versuchen ist der Blick frei: man zündet ganz beliebig die linke Lampe vor der rechten an oder umgekehrt oder beide gleichzeitig unter Vermeidung jeder Regelmäßigkeit. In einer zweiten Reihe von 10 Versuchen wird die Vp. aufgefordert, die Schachtel zu fixieren, und wieder zündet man beliebig nach allen drei Möglichkeiten an. Bei der dritten Versuchsreihe läßt man die linke Lampe fixieren und zündet wieder wie vorher ohne bestimmte Reihenfolge an. In einer vierten Reihe endlich läßt man die rechte Lampe fixieren.

Ein anderer Versuch hat ebenfalls gute Ergebnisse gezeigt: man stellt die beiden Lampen auf dem gleichen langen Tisch in 2 m Entfernung voneinander auf, aber das Kind sitzt an einem Tischende, 30 cm von der einen Lampe, so daß es die andere in der Tiefe sieht. Es werden dann drei Reihen von je 10 Versuchen durchgeführt: freier Blick, Fixieren der nahen Lampe und Fixieren der entfernten Lampe (das Fixieren der Mitte hat beim Tiefensehen keinen Sinn mehr).

Wir haben ebenfalls einige Versuche mit einer hochgestellten Lampe gemacht, ohne aber diese dritte Methode länger anzuwenden, da sie uns zu weit geführt hätte.

Die bei je 10 Kindern pro Alter beobachteten Reaktionen (mit ungefähr 70 Schätzungen pro Vp.) lassen sich in folgender

Tabelle zusammenfassen, die das *mittlere Prozent der Fehler* angibt:

Versuchsanordnung in frontal-paralleler Ebene:

Altersstufen	5	6	7	10—11 Jahre
Freier Blick	41 %	28 %	29 %	6 %
Fixieren der Mitte	33 %	13 %	12 %	11 %
Fixieren einer Lampe	42 %	31 %	24 %	13 %

Versuchsanordnung bei Tiefensehen:

	5	6	7	10—11 Jahre
Freier Blick	40 %	23 %	9 %	3 %
Fixieren einer Lampe	48 %	28 %	20 %	12 %

Es lassen sich zwei interessante Ergebnisse feststellen. Das erste ist dies, daß sich das wahrnehmungsmäßige Schätzen der Gleichzeitigkeit und Sukzession mit dem Alter beträchtlich entwickelt. In jedem Alter ist übrigens das Schätzen der Gleichzeitigkeit etwas leichter als das der Sukzession, aber welches auch immer die Darbietungsmethode sei, zwischen 5 und 10 bis 11 Jahren läßt sich ein bemerkenswerter Fortschritt beobachten. Ein zweites Ergebnis gibt dem ersten seinen eigentlichen Sinn: nur bei den Großen ist das Schätzen der Gleichzeitigkeit oder Folge bei freiem Blick leichter als beim Fixieren eines Elementes und merkwürdigerweise auch beim Fixieren des Mittelpunktes zwischen den beiden Lampen. Die Aussagen im 5., 6. und 7. Lebensjahr weisen praktisch bei freiem Blick in der Frontalebene ebenso viel Fehler auf wie die Aussagen bei Blickfixierung auf eine der Lampen; und auf den gleichen Altersstufen sind die Ergebnisse sichtlich besser, wenn der Blick auf die Mitte zwischen den Lampen fixiert ist (beim Sehen in die Tiefe gibt der freie Blick ein etwas besseres Ergebnis, weil das Fixieren eines Elementes eine visuelle Akkommodation bewirkt, die den Vergleich stört). Mit 10 bis 11 Jahren dagegen wird bei freiem Blick zwei- oder dreimal besser geschätzt als bei Fixierung des Blickes entweder auf die Mitte oder *a fortiori* auf eins der Elemente.

Die Bedeutung dieser Ergebnisse ist durchaus klar. Die Kleinen vergleichen die beiden Expositionen nicht mit der nötigen Beweglichkeit: ihr freier Blick wandert nicht genug oder nicht schnell genug von einer Lampe zur andern, sondern bleibt auf einer von beiden haften wie eben bei der dritten Methode, statt hin- und herzugehen oder sich auf die Mitte zu fixieren (darum haben wir immer mit der Methode des freien Blickes angefangene, um ein Perseverieren in einer der beiden anderen zu verhindern). Die Großen dagegen bringen es zu der Korrektur dieser Fixierungsfehler entweder durch ein schnelles Blickspiel oder durch ein Zentrieren des Blickes auf einen dazwischenliegenden Punkt, von dem aus sie beide Expositionen zugleich überwachen können.

Nun, es bedarf keiner tiefgründigen Analyse, um aus diesen Wahrnehmungsmechanismen eine sehr einfache Erklärung abzuleiten. Die Statistik der Fehlertypen — so zufällig die späteren Zahlen auch scheinen würden, wenn man sich an ihren absoluten Wert halten wollte — genügt, um ihre relative Bedeutung hervorzuheben. 1. Was die gleichzeitig aufleuchtenden Lampen bei freiem Blick der Vp. anbetrifft, so findet man auf 100 Fehler 80, die dadurch zustande kommen, daß das Kind die fixierte Lampe als die frühere ansieht; in 18 % der Fälle bezeichnen die Vpn. die Lampe als die frühere, auf die sich ihr Blick richtete, und nur in 2 % der Fehler scheint ihnen die frühere, die ihrer Blickrichtung entgegengesetzt ist. Es ist also klar, daß die Ursache der Täuschung das Zentrieren des freien Blickes auf eins der Elemente ist. 2. Betreffs der Sukzession findet man, wenn die vom Kind spontan fixierte Lampe zuerst angezündet wird, zwischen 5 und 7 Jahren fast 50 % Fehler. Etwa 8 auf 100 dieser Fehler rühren daher, daß das Kind der entgegengesetzten Lampe den Vorrang gibt, und etwa 92 nehmen Gleichzeitigkeit an: das kommt daher, daß das Kind beim Übergang von der fixierten (und angezündeten) Lampe auf die noch nicht fixierte Lampe, die gerade aufleuchtet, diese auch hell sieht, wenn es den Blick auf sie richtet, und so Gleichzeitigkeit annimmt. 3. Zündet man dagegen die Lampe zuerst an, die auf der dem Blick entgegengesetzten Seite steht, dann findet man nur 5 % Fehler, weil die Vp. durch dieses Hellwerden angezogen wird und ihren Blick von der fixierten Lampe abwendet. — Von diesen Fehlern fällt ein Fünftel auf diejenigen, die der Blickseite den Vorrang erteilen (weil sie nicht beizeiten sehen, wenn die andere Lampe hell wird), und vier Fünftel fallen auf diejenigen, die auf Gleichzeitigkeit schließen (dadurch, daß sie von der zuerst angezündeten Lampe zu der vorher fixierten zurückgehen). 4. Beim Tiefensehen sind die Fehler häufiger für die dem Blick entgegengesetzte Seite, aber sie bestehen mehr darin, daß die Blickseite als die frühere angesehen wird. 5. Wenn (in der Ebene oder beim Tiefensehen) der Instruktion gemäß eine der beiden Lampen fixiert wird, bleiben die Erscheinungen gleich: a) Es entstehen ungefähr dreimal mehr Fehler, wenn man zuerst auf der Blickseite anzündet, und von diesen Fehlern fallen fünf Sechstel auf diejenigen, die aus dem eben angeführten Grund Gleichzeitigkeit annehmen; b) wenn die Exposition gleichzeitig ist (immer bei instruktionsgemäß fixiertem Blick), ergeben sich ungefähr zehnmal mehr Fehler mit der Annahme, die Blickseite leuchte eher auf, als mit der umgekehrten Annahme. 6. Schließlich gibt es bei Fixierung des Mittelpunktes zwischen den beiden Lampen natürlich weniger Fehler, sie bleiben aber charakteristisch: a) im Falle gleichzeitigen Aufleuchtens besteht der Fehler darin, daß diejenige Seite als früher betrachtet wird, auf die der schlecht stabilisierte Blick momentan fällt; b) im Falle sukzessiven Aufleuchtens bestehen zwei Drittel der Fehler in der Gleichzeitigkeit (gleicher Mechanismus) und ein Drittel im Umkehren der Reihenfolge.

Aus all dem sieht man, daß die Fehler sich im wesentlichen auf die Tatsache der Zentrierung zurückführen lassen: ob die Expositionen gleichzeitig oder nacheinander gegeben werden, das Kind sieht prinzipiell die Lampe als früher an, die es fixierte oder gerade fixieren wollte. Andererseits berücksichtigen die Kleinen, wenn sie ihren Blick auf die andere Lampe gehen lassen, nicht die Verschiebungszeit und nehmen Gleichzeitigkeit an, wenn die andere Lampe bei der Blickbewegung hell wird.

Nun, die Verwandtschaft zwischen derartigen Verhältnissen mit denen, welche wir in bezug auf die intellektuellen Schwierigkeiten bei der Gleichzeitigkeit und der Folge im allgemeinen beschrieben haben, springt in die Augen. Es lohnt sich also, zum Abschluß der Kap. III und IV das Problem des Entstehens der Folge- und Gleichzeitigkeitsbegriffe noch einmal im Ganzen zu beleuchten und den Weg von der Wahrnehmungszentrierung an über die Regulierungen der Wahrnehmung und der Vorstellung bis zu der Operation kurz aufzuzeigen.

5

Schluß zu Kap. III und IV:

Das Entstehen der Aufeinanderfolge und der Gleichzeitigkeit

Ob es sich darum handelt, die zeitlichen Verhältnisse zweier Geschehnisse — auch wenn ihr Standort unbeweglich ist — wahrzunehmen, oder solche Verhältnisse im allgemeinsten Sinne zu erfassen, immer ist die Zeit das System der gleichzeitigen Umstellungen. Im ersten Fall jedoch sind die betreffenden Umstellungen die des eigenen Körpers, und sei es nur des Kopfes oder des Blickes. Wenn die Ereignisse schnell aufeinander folgen, wie in dem Beispiel der in Kap. IV/4 untersuchten Lichtexpositionen, tritt der Mechanismus der Zeitorganisation in der Wahrnehmung deutlich hervor. Gehen wir also wieder von dieser zeitlichen Ordnung der Wahrnehmung aus, die genetisch der einfachste Fall des Bewußtwerdens der physikalischen Zeit ist (wir sehen dabei von dem Fall der Gewohnheit ab, der mehr Sache der in Kap. X untersuchten psychologischen Zeit ist).

In Kap. IV/4 sind wir also zu dem Ergebnis gekommen, daß die Wahrnehmung der Folge und Gleichzeitigkeit Anlaß zu systematischen Fehlern gibt, und zwar umso mehr, je jünger das Kind ist — Fehler, die auf die Tatsache zurückzuführen sind, daß es seine eigenen Blickbewegungen nicht mit den äußeren Vorgängen koordinieren kann: einerseits bringt die Reihenfolge seiner Zentrierungen Täuschungen der Priorität mit sich, und andererseits kann die Vernachlässigung der Dauer seiner Blickverschiebungen dazu führen, daß die wirkliche Reihenfolge der Geschehnisse umgekehrt oder aufgehoben (Gleichzeitigkeit) wird. Kurz, ebenso wie die zeitlichen Verhältnisse der Aufeinanderfolge vor 7 bis 8 Jahren nicht von der räumlichen Wegordnung der Bewegungen getrennt wird, so wird die perzeptive zeitliche Reihenfolge nicht von der Reihenfolge der Zentrierungen oder der Bewegungen des Blickes getrennt: da das Kind die rein zeitliche Verknüpfung, die es zwischen dem Aufleuchten der beiden Lampen herstellen soll, nicht versteht, kann es nicht mit genügender Schnelligkeit abwechselnd hinsehen und beschränkt sich darauf, eine von beiden zu fixieren und abzuwarten. Erst wenn diese hell wird, wendet es der andern den Blick zu und macht dann seine Fehler durch die Verwechslung der äußeren Reihenfolge mit der seiner eigenen Bewegungen.

Wie werden solche Fehler korrigiert, und welches ist der Anpassungsmechanismus bei der Wahrnehmung der zeitlichen Ordnung? Dies ist die Frage, deren Lösung den ganzen Entstehungsprozeß der Folgebegriffe aufhellen kann.

Allgemein läßt sich sagen, daß, wenn eine Wahrnehmungstäuschung von der Wirkung einer bevorzugten Zentrierung herrührt (und alle Wahrnehmungstäuschungen, die wir bis jetzt untersucht haben, die räumlichen wie die zeitlichen, beruhen auf diesem selben Faktor[3]), dann geht die Korrektur dank der Dezentrierung vor sich. Gegegeben seien z. B. zwei Elemente A und B (zwei Linien usw.): wenn die Zentrierung auf A zu der Überschätzung oder der Unterschätzung von B führt, führt die Zentrierung auf B zu der umgekehrten Wirkung, und der Übergang von einer Zentrierung zur anderen — die Dezentrierung — wird diese beiden Wirkungen, eine durch die andere, reduzieren. Nach Definition bildet die Dezentrierung also eine Regulierung, d. h. sie tendiert entweder auf die Verkleinerung des einen Fehlers zugunsten des umgekehrten Feh-

[3] *Recherches sur le développement des perceptions*, Arch. de psychol., vol. XXIX (1942), 1—107, 173—254 und 255—308.

lers oder auf ihren Gleichgewichtszustand, der in einem Kompromiß zwischen beiden oder, im Grenzfall, in ihrer Aufhebung besteht.

In dem besonderen Fall wird es ganz klar, daß dies so ist: die Zentrierung auf eine der beiden Lampen führt zu Täuschungen, die Zentrierung auf die andere führt zu dem reziproken Fehler, aber der Übergang einer Zentrierung zu der anderen (oder Dezentrierung) führt je nach seiner Häufigkeit in einer bestimmten Zeit, also je nach seiner Schnelligkeit, zu der Verminderung dieser Fehler.

Aber wir können noch weiter gehen. Warum gehen die Täuschungen mit dem Alter zurück? Auch hier lassen sich die beobachteten Tatsachen in den allgemeinen Rahmen einfügen, den wir für die räumlichen oder geometrischen Täuschungen aufstellen konnten. Neben den wirklichen Zentrierungen und Dezentrierungen muß man die virtuellen Zentrierungen und Dezentrierungen unterscheiden, die von der gegenseitigen Einwirkung der Wahrnehmungen in der Zeit herrühren (von der Erfahrung, die erworben ist, aber erst durch Gleichgewichtsgesetze organisiert wird, wie bei dem «Prinzip der virtuellen Geschwindigkeiten»). Nun, diese virtuellen Dezentrierungen gewinnen natürlich mit dem Alter an Bedeutung und gestatten der Vp., von vornherein die Wirkung der Zentrierung zu korrigieren, bevor noch die eigentliche Dezentrierung tatsächlich verwirklicht ist. Darum machen die Großen von 10 bis 11 Jahren, wenn der Blick fixiert werden muß, nur noch 13 % Fehler (statt 6 % bei freiem Blick), während die Kleinen von 5 Jahren 42 % aufweisen (bzw. 41 % bei freiem Blick).

Worin bestehen nun die virtuellen Dezentrierungen? In der Antizipation oder der Reproduktion von Zentrierungen, die wirklich sein könnten oder die es gewesen sind, und zwar so, daß sie mit der aktuellen Zentrierung in Zusammenhang gebracht werden. Wir schließen uns hier der Auffassung von A. Auersperg an, nach der jede Wahrnehmung einen Mechanismus von durchgehenden Antizipationen und Reproduktionen voraussetzt, und tatsächlich läßt sich im besonderen Falle

171

nur mit Hilfe eines solchen Mechanismus erklären, warum die Vp. eine Gleichzeitigkeit wahrnehmen kann, wenn ihr Blick von einem Punkt zu einem anderen wandert: da die Blickverschiebung eine bestimmte Zeit beansprucht, muß man, um B gleichzeitig mit A zu sehen, B antizipieren, wenn man von A fortgeht, und A reproduzieren, wenn man in B ankommt.

Kurz, täuschende Zentrierungen und regulierende Dezentrierungen, dies sind die beiden Pole des Wahrnehmungsprozesses bei Folge und Gleichzeitigkeit. Bevor wir nun an die Anschauungszeit herangehen, wollen wir noch eine grundlegende Tatsache herausstellen, die den Übergang von den Wahrnehmungs- zu den Vorstellungserscheinungen gewährleistet: die Zeit der sensu-motorischen Intelligenz, die sich zwischen 3 bis 4 und 12 bis 18 Monaten beobachten läßt, fängt genau so an wie die Wahrnehmungszeit, selbst wenn die Ereignisse nicht besonders schnell aufeinander folgen. Denken wir z. B. an ein kleines Kind, das seiner Mutter neben der Wiege zulächelt, ihr dann mit den Augen folgt, bis sie aus dem Zimmer herausgeht, und endlich, wenn die Tür geschlossen ist, sie wieder an der ersten Stelle neben der Wiege sucht. Was bedeutet das anderes, als daß die Reihenfolge der Geschehnisse in Funktion der Handlungen aufgefaßt wird? Da das Kind die objektive Bahn des bewegten Körpers nicht konstruieren kann, erwartet es, daß das erste Geschehen wieder auftrete, wenn es sich in die bevorzugte Lage zurückbegibt, in der die Handlung stattgefunden hat. Ebenso wird das Kind von 8 bis 9 Monaten, wenn es einen Gegenstand unter einem Kissen zu seiner Linken gefunden hat, ihn an derselben Stelle wieder suchen, nachdem es gesehen hat, daß er unter ein anderes Kissen rechts von ihm gelegt wurde, gerade so, als würde der Gegenstand da wiedererscheinen, wo die Handlung ein erstes Mal zum Erfolg geführt hatte. Wenn die Laufbahnen und der Raum im allgemeinen somit auf die eigene Handlung zentriert werden, können die zeitlichen Folgen nur zu «subjektiven» oder «egozentrischen Folgen» werden, d. h. die zeitliche Ordnung wird aufgehoben oder umgedreht gemäß den priviligierten Situationen, so daß die Zeit nicht ein homogenes, allen Gegenständen gemeinsames Element bilden, noch ein vom Ich unabhängiges Weltall charakterisieren kann [4].

Man sieht die Analogie zu den Wahrnehmungsverhältnissen, die wir in Kap. IV/4 analysiert haben, bloß, daß in diesem Fall die Reihenfolge nur durch die Zentrierung des Blickes gefälscht war, während sie in dem Falle der ersten sensu-motorischen Intelligenz nicht nur durch eine wahrnehmungsmäßige Zentrierung gefälscht ist, sondern durch eine Zentrierung auf den Ansatzpunkt der momentanen Handlung, als Ganzes gesehen (Wahrnehmungen, Bewegungen und Affektivität).

Wie wird nun die sensu-motorische Intelligenz aus diesen ersten egozentrischen Reihen eine praktische Zeit herausbilden, d. h. eine richtige Reihenfolge der Geschehnisse, welche die Handlung betrifft? Durch einen Dezentrierungsprozeß, der sich mit dem bei der Wahrnehmung vergleichen läßt und der bewirkt, daß die Gegenstände sich von der Handlung selbst ablösen, indem sie selbständige Bewegungen erhalten: die Koordinierung der sukzessiven Handlungen löst einen Mechanismus von praktischen Antizipationen und Reproduktionen aus (praktisch, weil an die ganze Handlung geknüpft und nicht mehr nur an die Blickbewegungen) und vermag auf diese Weise die äußeren Bewegungen in einer praktischen Gruppe von Umstellungen zu organisieren; und diese Organisation der sukzessiven Bewegungen eines bewegten Körpers oder des eigenen Körpers im Verhältnis zu einem Gegenstand bildet den äußeren Raum und begründet zugleich die physikalische Zeit praktischer Art, also die Ordnung der für die Handlung notwendigen Sukzessionen.

Nach der Wahrnehmung und nach der sensu-motorischen Intelligenz kommt eine dritte Stufe: die der anschaulichen Intelligenz, der Art Intelligenz, die mit der Sprache auftaucht und auf die Handlung das Denken aufbaut. Aber das Denken ist nicht gleich logisch, wozu dieser ganze Band einen neuen Beweis liefert. Obwohl es dank der Vorstellungen über die

[4] Vgl. *La Construction du Réel chez l'Enfant*, Kap. IV.

Handlung hinausgeht, kann es im Anfang diese nur in Form von «geistigen Experimenten» verlängern, und darum nennen wir diese erste Struktur des Denkens anschaulich. Durch alles, was ihm in der Wahrnehmung und im Sensu-Motorischen vorausgeht, versteht man jetzt das Wie und Warum der anschaulichen Zentrierungen und Dezentrierungen, die wir bis jetzt bei den zeitlichen Sukzessionen angetroffen haben. Der Egozentrismus, von dem schon die Wahrnehmung und die sensumotorische Konstruktion der Wirklichkeit abhängt, ist nämlich nicht auf diese drei Stufen beschränkt, sondern erscheint auch auf dieser Ebene in neuer Form. Die durch die geistigen Experimente anschaulich konstruierten Verhältnisse werden nämlich nicht mehr nur von der eigenen Handlung bedingt (denn diese befindet sich auf praktischen Gebiet schon auf dem Wege der Dezentrierung und Objektivierung), sondern von dem Bewußtwerden der eigenen Handlung, und eben dieser neue Mechanismus bestimmt den Egozentrismus des anschaulichen Denkens und besonders die Zentrierungen, die den ersten zeitlichen Begriffen innewohnen.

Durch die Fortschritte der sensu-motorischen Intelligenz ist das Kind also fähig geworden, die praktischen zeitlichen Folgen in Funktion der im Raum organisierten Bewegungen zu ordnen. Wie aber wird es sich im Bereich des anschaulichen Denkens dieser Bewegungen bewußt werden? Experimentell läßt sich feststellen [5], daß die Bewegung zuerst von der Schlußstellung des bewegten Körpers, anders ausgedrückt, von dem gesteckten Ziel aus, erfaßt wird. Wir haben in einer früheren Arbeit [6] gesehen, wieviel Intentionalität und Finalität ursprünglich in jeder Bewegung liegen: wie in der aristotelischen Auffassung strebt sie zu einem bestimmten Ort und zu einem Endzustand der Vollendung und der Ruhe. Vom metrischen Gesichtspunkt aus werden die Kleinen die durchlaufenen Wege nach der räumlichen Reihenfolge der Endpunkte und nicht nach dem

[5] Vgl. die Arbeit über *Le mouvement et la vitesse chez l'enfant*
[6] *La Représentation du Monde chez l'Enfant* und *La Causalité physique chez l'Enfant*, Alcan, 1927 und 1928.

Abstand zwischen den Anfangs- und den Endpunkten abschätzen. Vom Qualitativen aus werden sie annehmen, daß der Hinweg länger ist als der Rückweg, das Steigen länger ist als das Sinken usw. usw. Kurz, die Bewegung wird von der eigenen, intentionellen Handlung aus aufgefaßt, was auch bedeutet, daß sie durch eine vorzugsweise auf den Endpunkt gerichtete Zentrierung charakterisiert ist.

Diese Anfangsform der vorstellungsmäßigen Zentrierung erklärt die ersten zeitlichen Anschauungen der Aufeinanderfolge und der Gleichzeitigkeit. Selbst wenn ein Problem wie das der Wettläufe unserer beiden Männchen (Kap. III und IV) von der Wahrnehmung aus keine Schwierigkeit mehr bietet, selbst wenn die Vp. ein solches Problem «praktisch» bewältigt, so bleibt doch dies, daß die zeitlichen «Vor» und «Nach» vom Gesichtspunkt des ersten Denkens oder der vorstellungsmäßigen Anschauung ursprünglich von der räumlichen Wegordnung aus aufgefaßt werden, und wir verstehen jetzt warum: da die Uhr in der Bewegung besteht und diese nach dem Endpunkt abgeschätzt wird, zentriert sich die zeitliche Folge selbst auf die räumliche Folge, definiert durch das Laufziel. Die Gleichzeitigkeit wird ebenfalls keine Bedeutung haben, und zwar aus demselben Grund. Kurz, ebenso wie die Reihenfolge durch die Wahrnehmungszentrierungen. dann durch die sensu-motorischen Zentrierungen, gefälscht wurde, ebenso wird sie nun durch die ersten anschaulichen Zentrierungen entstellt, die sich mit der primitiven Kinematik des Kindes erklären lassen.

Endlich wird verständlich, worin die anschaulichen Dezentrierungen bestehen. Anstatt alles allein von dem räumlichen Endpunkt aus zu beurteilen, gelingt es der Anschauung allmählich, durch einen Mechanismus von vorstellungsmäßigen Antizipationen und Reproduktionen, der die Antizipationen und Reproduktionen der Wahrnehmung verlängert, die anderen Lagen mit zu berücksichtigen. Und dies wird sie tun, wenn die Fehler zu beträchtlich werden, denn dann bildet sich ein Hin- und Herschwanken bald nach der einen, bald nach der anderen Seite, wie es für Regulierungen charakteristisch ist, bis es früher oder später zu einem Umstoß der ersten Verhältnisse kommt und die Gesamtsituation ins Auge gefaßt werden kann. Es ist also gar nicht nötig, Operationen vorauszusetzen, um diesen ersten Fortschritten Rechnung zu tragen: es genügt, wenn man annimmt, daß die Übertreibung eines Fehlers seine Umkehrung hervorruft (Regulierung), daß diese Umkehrung in der Beachtung anderer Elemente als der ursprünglich zentrierten besteht (Dezentrierung) und daß diese Ausdehnung des ins Auge gefaßten Gebietes sich selbst in Form von immer weiter gehenden Antizipationen und Reproduktionen äußert (Gliederung und Anschauung).

Hat dieser Prozeß der regulierenden Dezentrierung einmal begonnen, dann strebt er notwendigerweise zu einer abschließenden Gleichgewichtsform. Solange in dem Gang der zu vergleichenden Bewegungen diese Lage oder jene Umstellung noch nicht in den Mechanismus der vorstellungsmäßigen Antizipationen und Reproduktionen eingeordnet ist, solange ist das Gleichgewicht natürlich nicht erreicht. Wenn hingegen die betreffenden Elemente integriert sind, dann ist die regulierende Dezentrierung vollständig, wobei Antizipationen und Reproduktionen generell möglich werden und infolgedessen ihre völlige Umkehrbarkeit erreichen: damit sind die Operationen gebildet, und ihre Gruppierung, die aus dieser reversiblen Komposition hervorgeht, sichert nunmehr dem System der gleichzeitigen Umstellungen eine zeitliche und zugleich räumliche Koordination.

Kapitel V´

Gleichsetzung der synchronen Zeitstrecken und Transitivität der Gleichheitsrelationen der Zeit

Nachdem wir die Analyse der Begriffe der Sukzession beendet haben, müssen wir die Erklärung für diejenige der Dauer suchen, und in diesem Zusammenhang führt die Frage der Gleichzeitigkeit, die wir eben behandelt haben, zu der Gleichsetzung der synchronen Zeitstrecken.

Wir haben schon zweimal festgestellt (Kap. II/2 und Kap. IV/2), daß das Kind die Gleichzeitigkeit der Start- und der Ankunftsmomente wohl erkennt, aber daraus keineswegs schließt, daß auch die Zeiten bei den beiden so bestimmten Niveauverschiebungen oder Läufen gleich sind. Bevor wir aber diese Tatsache erklären wollen, haben wir noch ihr Bestehen und ihre Allgemeingültigkeit durch eine genauere Methode als die beiden vorhergehenden zu kontrollieren.

Aus einem großen Gefäß, das als Reservoir dient, fließt das Wasser in ein zweischenkliges Rohr (in Y-Form), dessen Enden zugespitzt sind und einen ganz gleichen Wasserstrahl durchlassen. Unter jeden Schenkel wird ein kleines, ein paar Zentimeter langes Fläschchen oder ein kleines Glas usw. gestellt, deren Formen und Dimensionen wechseln. Beide Schenkel von Y werden zugleich von demselben Hahn bedient derart, daß beide Fläschchen sich zu gleicher Zeit zu füllen beginnen und das Fließen zu gleicher Zeit aufhört, und zwar so deutlich, daß diese Gleichzeitigkeiten der Vp. keinerlei Schwierigkeiten der Wahrnehmung machen können [1]. Wenn die beiden Flaschen von gleicher Form und gleicher Dimension sind, reicht das abgelaufene Wasser in beiden bis zu derselben Höhe: in diesem Falle wird die Gleichheit der beiden synchronen Zeit-

---

[1] Für das gleichzeitige Anhalten am Schluß sind wir oft so verfahren, daß wir zur Vereinfachung die Flaschen ohne weiteres unter dem Hahn weggezogen haben.

strecken immer erkannt. Wenn dagegen die beiden Flaschen nicht die gleiche Form und die von den gleichen abgelaufenen Wassermengen erreichten Wasserspiegel nicht die gleiche Höhe haben, dann gibt das Kind in den unteren Entwicklungsstadien die Gleichheit der für die beiden synchronen Abläufe notwendigen Zeiten nicht mehr zu. Man kann also folgende Fragen nicht nur über die Synchronisierung selbst, sondern auch über die logischen Gleichheitskompositionen und die Verhältnisse zwischen den Zeiten und den abgelaufenen Mengen stellen:

Die erste Frage besteht darin, daß man das Kind vor dem Füllen fragt, welche der beiden ungleichen Flaschen am schnellsten voll sein werde und ob man, um sie zu füllen, mehr oder weniger Zeit brauche.

Ist einmal eine der Flaschen, z. B. A (wir wollen die Flaschen nach wachsender Größe A, B, C usw. nennen), bis A_1 (bei der kleinsten Flasche bedeutet der Index 1: bis zum Rande voll) und B bis B_1 gefüllt (= das Niveau, das A_1 vom Gesichtspunkt der Gleichheit der in A und B abgegossenen Wassermengen entspricht), stellt man die zweite Frage (Gleichzeitigkeit): «Fing das Wasser auf beiden Seiten zu gleicher Zeit zu laufen an? Und hörte es (oder hielt es ... an) zu gleicher Zeit auf zu fließen (in A_1 und in B_1)?»

Dritte Frage: «Ging es von da (A_0 = Boden des leeren A) bis A_1 eine Weile? Nahm es dann von (B_0) bis (B_1) die gleiche Zeit oder länger oder weniger Zeit?»

Vierte Frage: zuerst versichert man wieder, daß es sich um Gleichzeitigkeiten handelt: «Du siehst, das Wasser fließt in diesen beiden Hähnen gleich. Und wir haben das Wasser zu gleicher Zeit in die beiden Flaschen laufen lassen, und wir haben das Wasser auf beiden Seiten zu gleicher Zeit angehalten.» Ist dies verstanden, setzt man fort: «Ist da ($A_0 A_1$) nun die gleiche Menge (gleich viel) Wasser wie da ($B_0 B_1$) oder auf einer Seite mehr?» Dann fragt man zur Kontrolle der gegebenen Antwort: «Wenn man das (A_1) in B' (= ein anderer Behälter von gleicher Form wie B) gießen würde, bis wohin würde das gehen? Und wenn man das (B_1) hier hinein (in A'

= A) gießen würde, bis wohin würde das Wasser dann gehen?»
Endlich kann man noch hinzufügen: «Wenn man das (A_1) hier
(in L = langes Rohr) und das (B_1) hier (L' = L) hineingießen
würde, würde das beides bis zur gleichen Höhe steigen oder
nicht?»

Die fünfte Frage betrifft die logische Koordinierung der
synchronen oder der eingeschachtelten Zeitstrecken. Gegeben
sind zwei Gefäße X und Y, die sich, obwohl von verschiedener
Form, zu gleicher Zeit bis zum Rand füllen, also X = Y und
Z so wie Y = Z; wird nun das Kind folgern können, daß
X = Z? Und wenn $Z_2 >$ Y, wird es daraus ableiten, daß X
$< Z_2$, d. h. daß das Füllen von Z_2 mehr Zeit nimmt als das
von X?

Nun, es hat sich herausgestellt, daß die Stadien, die sich
mittels dieser fünf Fragen (und besonders der Fragen III und
V) beobachten ließen, genau die gleichen sind wie die, die wir
bisher bei den in den Kap. I bis IV untersuchten Problemen
gefunden haben. Dies gestattet uns, die schon bekannten Ergebnisse kürzer zu behandeln und alles Gewicht auf die Konstruktion des Synchronismus selbst zu legen.

1

Erstes Stadium:

Keine Gleichzeitigkeit,
keine Synchronisierung noch Quantifizierung
der abgelaufenen Flüssigkeiten

Wir geben erst einige Tatsachen:

Per ($4^1/_2$). Frage I: «Sieh mal diese Flaschen (B und F). Wir wollen sie unter diese beiden Hähne beide zu gleicher Zeit stellen und sie
zu gleicher Zeit fortnehmen. Bis wohin wird das Wasser gehen?» —
«Sie werden zu gleicher Zeit voll sein.» — «Sieh mal!» (Versuch) —
«Nur eine ist voll.» — «Warum?» — ... (Frage II) «Haben wir zu
gleicher Zeit angefangen?» — *«Ja.»* — «Haben wir auf beiden Seiten
zu gleicher Zeit angehalten?» — *«Nein.»* — «Haben wir nicht die

Flaschen zu gleicher Zeit unter den Hähnen weggezogen?» — *«Nein»* (falsch). — (Man fängt von vorne an). «Haben wir sie zusammengehalten?» — *«Ja.»* — «Also zu gleicher Zeit?» — *«Nein, weil diese Flasche (F) nicht gefüllt ist.»* (Man fängt wieder von vorne an und zählt). «1 ... 2 ... 3 ... Hielt ich sie zu gleicher Zeit an?» — *«Nein.»*

Frage III: «Wieviel Zeit nimmt es von da bis da (B_0 bis B_1)?» — *«Ich weiß nicht.»* — «Einen kleinen Moment?» — *«Ja.»* — «Und von da bis da (F_0 bis $F_1 = 1/3$)?» — *«Auch einen Moment.»* — «Nahm es gleich viel Zeit?» — *«Nein, für diese Flasche (B) mehr Zeit, sie voll ist.»* — (Wir machen darauf einen Lauf im Saal. Per verneint die Gleichzeitigkeit der Ankunft). «Was habe ich gemacht, während du liefst?» — *«Sie sind gegangen.»* — «Dieselbe Zeit?» — *«Nein, ich mehr, weil ich gelaufen bin.»* — «Aber sind wir während der gleichen Zeit gegangen?» — *«Nein.»* — (Man fängt wieder mit den Flaschen an). «Zu gleicher Zeit angehalten (man zählt)?» — *«Nein ... Ja.»* — «Nahm das Füllen von der da (B) einen Moment?» — *«Ja, einen langen Moment.»* — «Und bei dieser (F) bis dahin (F_1)?» — *«Keinen langen Moment.»* — «Warum?» — *«Weil diese Flasche (B) viel Wasser hat (spontan).»*

Frage IV: «Wenn das Saft wäre, welche würdest du wollen?» — *«Die, die voll ist, weil sie größer ist»* (falsch: $B < F$). — «Wenn ich (B) in (leere F) gieße, was dann?» — *«Das wird bis zum Rand gehen.»* — «Und wenn ich (F_1) in (leere B) gieße?» — «Bis hierher ($1/2$ B).»

Luc ($4^{1/2}$) bestreitet ebenfalls die Gleichzeitigkeit der Haltepunkte von C und G: «Warum?» — *«Weil er (G) nicht ganz voll wird, während das (C) bis zum Rand geht.»* — «Haben sie die gleiche Zeit gebraucht?» — *«Nein, der (C) mehr.»* — «Warum?» — *«Weil es am Schluß sehr schnell gegangen ist»* (sich verjüngender Hals). — (Zwei Männchen auf dem Tisch, gleichzeitiges Stehenbleiben). *«Dieser hat weniger Zeit gebraucht, weil er weniger weit war, und der hat mehr Zeit gebraucht, weil er weiter war.»* (Man geht zu C und G zurück: Frage IV). «Gleich viel Wasser?» — *«Nein, da (C) ist mehr Wasser, weil es größer ist»* (falsch G $>$ C). — «Wenn ich die beiden Flaschen in die beiden da gieße?» (und L' = zwei identische Gläser) — *«Mit der gibt es mehr (C).»* — (Der Versuch wird durchgeführt). *«Ja, ganz bißchen mehr. Ah nein, das ist gleich.»* — (Man gießt nach C und G zurück). «Es ist also gleich?» — *«Nein, da ist nicht gleich viel Wasser.»* — «Aber es ging gleich lange Zeit, bis es voll wurde?» — *«Nein.»* — «Sieh mal, wir wollen es an der Uhr markieren (Tintenstrich am Anfang und am Ende des Abfüllens). Hat das die gleiche Zeit genommen?» — *«Nein, weil diese Flasche (C) sehr schnell voll wird, und der Zeiger geht nicht so schnell.»* — «Na und?» — *«Für*

die (C) *hat es mehr Zeit genommen.»* — «Warum?» — *«Weil sie kleiner ist»* (= schneller voll = mehr Zeit).

Jack (5; 10) vermutet (Frage I) bei den zwei sichtlich ungleichen
Flaschen E > C, daß *«die beiden zusammen voll sein werden.»* (Versuch) «Wie lange bei C_1?» — *«Eine Minute.»* — «Und bei E_1 (= $^2/_3$)?»
— *«Eine Sekunde. Das ist weniger.»* — «Beide die gleiche Zeit?» —
«Nein, die (C) *mehr Zeit.»* — «Warum?» — *«Weil die klein ist und
die andere größer.»* — Ebenso bei B und F: «(B) *ist voller und kleiner.
Sie ist schneller voll geworden, weil sie kleiner ist.»* — «Also mehr
oder weniger Zeit?» — *«Mehr Zeit.»* Frage IV: die vollste hat am
meisten Wasser, *«bei der* (C) *wird es höher* (in L) *heraufgehen als bei
der* (E)». Nachdem er die Gleichheit der Wasserspiegel in L und L_1
gesehen hat, meint er trotzdem, der von E in C abgegossene Inhalt
werde nur $^2/_3$ von C geben.

Bei den Läufen: keine Gleichzeitigkeit und direktes Verhältnis
zwischen Geschwindigkeit und durchlaufener Strecke.

Diese drei Vpn. geben uns Beispiele der elementarsten Re-
aktionen, die wir mit dieser Methode erreichen konnten: weder
Gleichzeitigkeit noch Synchronisierung und vor allem keinerlei
Quantifikation der geleisteten Arbeit (des Wasserablaufs).

Was die Gleichzeitigkeit anbetrifft, so nehmen diese Kinder in aller Klarheit wahr, daß beim Drehen des Hahns das
Fließen in beiden Flaschen aufhört oder sogar, daß man die
beiden Flaschen zugleich unter den Wasserröhren fortzieht,
und trotzdem leugnen sie fast durchgehend, daß das Fließen
auf beiden Seiten zugleich aufhört. Darin liegt eine schöne Bestätigung für das, was wir in Kap. IV sehen konnten, und die
Vp. Per bietet uns alle nötigen Elemente, um diese merkwürdige Reaktion zu erklären: da das Kind die Verschiedenheit
der kleinen Flaschen (B oder C) und der größeren Flaschen
(E, F oder G) in bezug auf Dimension und Inhalt überhaupt
nicht beachtet, erwartet es, daß, wenn die beiden Schenkel das
Wasser mit gleicher Geschwindigkeit durchlassen, die beiden
Flaschen gleichzeitig gefüllt sein werden («sie werden zu gleicher Zeit voll sein», sagt Per); wenn nun aber eine der Flaschen vor der andern voll wird, schließt er daraus, daß sie nicht
«zu gleicher Zeit» angehalten haben, und zwar darum nicht,
«weil diese Flasche nicht voll ist». Man sieht also wieder, daß

die Zeit ausschließlich als Ablauf einer Handlung von ihrem Anfang bis zu ihrem Ende aufgefaßt wird und nicht als das Verhältnis oder das gemeinsame Milieu der Handlungen, d. h. als eine Gesamtreihe. Da der Ausgangspunkt des Füllens bei beiden Flaschen in einem Mal gegeben ist und als Beginn einer Handlung mit doppeltem Aspekt erscheint, besteht für den Anfang Gleichzeitigkeit. Da aber eine der beiden Flaschen sich schneller füllt als die andere (ebenso wie einer der Läufer in Kap. III und IV den andern überholte), gehen die beiden Handlungen auseinander, und die Ankunftspunkte haben so keine Gleichzeitigkeit mehr. Genauer gesagt, die Gleichzeitigkeit verliert dann für das Kind jeden Sinn, da es diesen auseinandergehenden Handlungen keine gemeinsame Zeit zuschreibt; ebenso wie das Kind bei den beiden Flaschen sagt, «sie werden zu gleicher Zeit voll sein», wenn es ein doppeltes vollständiges Vollwerden bei gleicher Geschwindigkeit erwartet, so bestreitet es auch, daß das Fließen «zu gleicher Zeit» aufgehört habe, wenn es feststellt, daß eine schneller voll ist als die andere; wörtlich bedeutet das, es ist keine «gleiche Zeit» mehr da, und ohne gemeinsame Dauer ist der Vergleich in der Zeit unmöglich geworden.

Diese Deutung erhellt auch sofort die Reaktion dieser Vpn. bei der Frage der Synchronisierung der Zeitstrecken. Nämlich nicht nur, daß die Kinder dieses Stadiums bestreiten, daß das Füllen der kleinen Flaschen bis zum Rand und das Füllen der großen bis zu einem Drittel ungefähr die gleiche Zeit genommen habe, sie sagen auch alle übereinstimmend, für die kleine habe man mehr Zeit gebraucht, und zwar darum, «weil sie voll ist» (Per) oder «weil es (am Schluß) sehr schnell gegangen ist» (Luc), oder auch aus beiden Gründen zugleich: «sie ist voller und kleiner. Sie ist schneller voll geworden, weil sie kleiner ist» (Jack). Luc faßt die Sache in der verblüffenden Formel zusammen: «weil sie kleiner ist, hat sie mehr Zeit genommen». Kurz, man findet hier wieder die allgemeine Reaktion der Kleinen, nach der die Zeit proportional zu der Geschwindigkeit ist, weil bei größerer Geschwindigkeit die geleistete Arbeit (der durchlaufene Weg usw.) beträchtlicher ist. Dazu kommt in diesem be-

182

sondern Fall, daß die kleinere Flasche mehr zu fassen scheint, weil sie bis zum Rande gefüllt ist.

Dies führt uns zu der dritten, für dieses Stadium charakteristischen Reaktion: nicht nur daß keine Simultanität auf beiden Seiten des Anhaltens und daß keine Synchronisierung der Zeitstrecken besteht, weil jede einzelne Handlung ihre eigene Zeit hat und diese Handlungen unter sich nicht anders koordiniert werden als nach dem Kriterium ihres Resultats (der geleisteten Arbeit), sondern dieses Kriterium bleibt auch noch ohne jeden objektiven Wert, da die Mittel zur Quantifizierung fehlen.

Was die Frage I betrifft, so erwarten unsere Vpn. in der Tat trotz des offensichtlichen Mißverhältnisses der Größen, daß die Flaschen B oder C und E, F oder G «zu gleicher Zeit voll» werden (Per). Man findet da wieder die falsche Auffassung des Synchronismus, nach der die Zeitstrecken nur von dem Resultat aus beurteilt werden, in Verbindung mit einer gewissen subjektiven oder egozentrischen Quantifizierung dieses Resultats, bei der die Schätzung nicht nach dem zu durchlaufenden Weg erfolgt, sondern nach dem zu erreichenden Ziel (bis zum Rand zu füllen). So erklären sich die merkwürdigen Reaktionen der Vpn. dieses Stadiums auf die Frage IV: die volle, wenn auch kleinere Flasche scheint mehr Wasser zu enthalten als die nicht gefüllte, obwohl sie größer ist. Per verbindet sogar spontan diese Abschätzung mit seinem Begriff der Dauer: «viel Zeit (für B) ... weil diese Flasche viel Wasser hat», «die, die voll ist, weil sie größer ist». Ebenso behauptet Luc: «Da (C) ist mehr Wasser, weil es größer ist», dies unter Mißachtung krassester Widersprüche, denn an anderer Stelle sagt er, (C) nimmt «mehr Zeit ... weil sie kleiner ist» (wenn er an die Geschwindigkeit des Einfüllens denkt) usw.

Kurz, man findet somit in neuer Form dieselbe primitive Anschauung wieder wie in den vorhergehenden Kapiteln: die Dauer wird nach den bei der Handlung erreichten Resultaten abgeschätzt, und diese Resultate hängen nicht von dem Intervall zwischen dem Ausgangspunkt und dem Endpunkt ab, sondern nur von dem Endpunkt. Dieser wurde bei den Wettläufen von der räumlichen Wegordnung vertreten. Im Falle des Abfließens erfolgt die Schätzung der Wassermenge selbst von dem mehr oder weniger vollständigen Füllen der Flasche aus, unabhängig von ihrer Größe, und auch wenn man vor den Augen des Kindes das Wasser umgießt, ändert sich nichts an diesem Vorgehen der Quantifizierung noch an dieser Abschätzung der Zeitstrecken. Was die Verwendung der Uhr anbetrifft, so sieht man im Fall von Luc (Ende des Protokolls), daß selbst der Gang des Zeigers in dieses allgemeine Erklärungssystem eingeschlossen wird.

2

Zweites Stadium

Teilstadium II A:
Umgekehrtes Verhältnis von Zeit und Geschwindigkeit und richtiges Voraussehen der Einfüllgeschwindigkeit nach der Größe der Flaschen; Gleichzeitigkeit, aber weder Synchronisierung der Zeitstrecken noch richtige Quantifizierung der abgelaufenen Flüssigkeit

Die Vpn. dieses Teilstadiums gelangen im allgemeinen zu der Lösung der Fragen I und II, versagen aber bei den Fragen III und IV (*a fortiori* bei V). Für die genetische Analyse sind sie also von großem Interesse. Hier einige Beispiele in der Reihenfolge der Entwicklungsstufe:

Wuh (5; 10). Frage I: erfaßt sofort die umgekehrte Proportion bei den Flaschen C und G: «*Für die größere* (G) *wird man zum Füllen mehr Zeit brauchen. Die kleine wird schneller voll werden.*» — (Versuch) «Wurden sie zu gleicher Zeit hingestellt?» — «*Ja.*» — «Und zu gleicher Zeit angehalten?» — «*Ja.*» — «Wieviel Zeit zum Füllen der kleinen (C)?» — «*Zwei Minuten.*» — «Und die (G) bis dahin (zu $^1/_3$)?» — «*Eine Minute, weil da weniger Wasser drin ist.*» — «Ist in beiden Flaschen gleich viel Wasser geflossen?» — «*Nein, in die kleine mehr, weil sie voll ist.*»

Blai (5$^1/_2$). Frage I: Es braucht mehr Zeit «*bei dieser* (G), *weil sie größer ist.*» — «Welche wird schneller voll sein?» — «*Die kleine* (C).»

184

Frage II—III. C wird gleichzeitig mit G ($^1/_3$) gefüllt: *«Die kleine gewinnt! Ich habe recht gehabt.»* — «Hat man zu gleicher Zeit angefangen, sie zu füllen?» — *«Ja.»* — «Und zu gleicher Zeit angehalten?» — *«Ja.»* — «Wie lange bei (G $^1/_3$)?» — *«Eine Minute.»* — «Und bei (C)?» — *«Nicht eine Minute* (weil schneller voll). *Ach nein, es brauchte eine Minute bei der kleinen. Bei der großen brauchte es mehr Zeit, weil die* (G) *immer größer ist»* (= weil man sie nicht füllt). — «Ja. Aber ist es von da bis da (C$_0$ bis C voll) und von da bis da (G$_0$ bis G $^1/_3$) mehr, weniger oder die gleiche Zeit?» — *«Ich weiß das nicht.»* — «Überlege!» — *«Ich find's nicht, das ist unmöglich.»* — «Warum?» — *«Das ist unmöglich.»*

Frage IV: «Sieh einmal diese beiden Röhren (L und L'). Ich werde (C in L) und (G $^1/_3$ in L') gießen. Bis wohin wird das gehen?» — *«Da* (G) *tiefer als hier* (C).*»* — «Warum?» — *«Weil das weniger voll war als dies.»*

Pons (5; 4). Frage I: *«Die kleine* (C) *wird schneller gefüllt sein. Es nimmt mehr Zeit, die große zu füllen.»* Frage II—III: Angefangen und aufgehört *«zu gleicher Zeit».* — «Sieh auf die Uhr. Mache einen Strich bei die Stelle, wo der Zeiger ist, wenn ich die Flaschen unter den Auslauf stelle. Jetzt sieh, wo der Zeiger ist, wenn ich die Flaschen fortziehe (weiterer Strich).» — *«Ja, der Zeiger hat das Stück gemacht.»* — «Hat er für die große Flasche auch den gleichen Weg gemacht?» — *«Nein, er geht schneller, weil es schneller herumgeht.»* — «Und da (Versuch mit C und E). Wieviel Zeit ist es gegangen, bis (C) voll war?» — *«Fünf Minuten.»* — «Und bei (E) bis hierher ($^1/_2$)?» — *«Zehn Minuten.»* — Frage IV: «Ist auf beiden Seiten die gleiche Menge Wasser abgeflossen?» — *«Nein. In der großen Flasche ist mehr Wasser.»* — «Wenn das Saft wäre, wo hätte man dann mehr zu trinken?» — *«In der kleinen, weil sie voll ist.»* — «Wir wollen (C in L und G in L') gießen. Bis wohin wird das Wasser steigen?» — *«Bei* (G) *höher, weil die Flasche dicker ist.»* — «Und wenn man (G in C) gießt?» — *«Das wird überfließen, weil es zu viel ist.»* — «Ist auf beiden Seiten gleich viel zu trinken?» — *«Nein, ich würde lieber die kleine nehmen: sie ist voll, und darum ist da mehr zu trinken.»*

Clau (5$^1/_2$). Frage I: richtig (vgl. Pons usw.). Frage II: *«zu gleicher Zeit, weil Sie die Flaschen zusammen weggezogen haben.»* — Fragen III—IV: *«Eine Minute bei* (C) *und weniger als eine Minute bei* (G): *Sie ist weniger voll, das geht schneller.»* — «Und wenn man (C in L und G in L') gießt?» *«Bei* (C) *höher.»* — «Und wenn man (G in C) gießt?» — (Er zeigt die $^2/_3$). *«Ach nein, sie ist nicht so groß!»* (L wird in L' hineingegossen). — *«Das ist die gleiche Höhe, weil es die gleichen Gläser sind.»* — «Ebensoviel Wasser?» — *«Ja, das ist beides gleich.»* — «Hat man gleich viel zu trinken, wenn man sie zurücktut

185

(in C und G)?» — *«Nein, denn die* (C) *ist kleiner. Nein, in* (C) *ist mehr Wasser: ich möchte das.»*

Man nimmt zwei weitere Gläser B und E, und das Kind zählt 1, 2, 3, während man gießt: «Wieviel Zeit für (B)?» — *«Zwei Minuten.»* — «Und für (E)?» — *«Drei Minuten, weil sie größer ist.»* — «Sieh mal!» (Man gießt B in L; E in B und L in E). — *«Aha, das ist dasselbe! Es nahm für beide gleich viel Zeit.»* Clau kommt so für einen Augenblick bis zu Teilstadium II B, aber die Fortsetzung bestätigt nicht diesen Fortschritt:

Zwei neue Flaschen verschiedener Form K_1 und K_2, aber desselben Inhalts: «Wurde zusammen angefangen und aufgehört?» — *«Ja.»* — «Wie lange bei K_1?» — *«Zwei Minuten.»* — «Und bei K_2?» — *«Drei Minuten. Die andere ist kleiner.»* — «Lief das Wasser gleich?» — *«Ja.»* — «Ist dann nicht ebensoviel Wasser in K_1 wie in K_2?» — *«Nein: die eine Flasche ist größer als die andere»* (die Menge hängt also vom Gefäß ab). «Aber sieh mal hin!» (in L und L' abgegossen). — *«Aha, das ist dasselbe.»* — «Brauchte es bei beiden dieselbe Zeit?» — *«Ja, weil es zu gleicher Zeit anhielt.»* — «Sieh hin und zähle!» (Man beginnt von vorne). — *«1, 2, 3.»* — «Gleich viel Wasser?» — … — «Wieviel Zeit?» — *«Vier Minuten bei* (K_2) *und zwei Minuten bei* (K_1).» — «Aber eben hast du gesagt, es sei die gleiche Zeit?» — *«Ja, aber da ist mehr Wasser.»* — «Na, und?» — *«Vier Minuten und zwei Minuten. Bei* (K_2) *länger.»*

Man sieht, worin die Reaktionen des Teilstadiums II A bestehen: einerseits gelangt das Kind dazu, die Gleichzeitigkeiten zu erkennen, die Zeit von der Geschwindigkeit zu scheiden und zugleich anschauungsmäßig vorauszusehen, daß die größere der beiden Flaschen weniger schnell gefüllt sein wird und in längerer Zeit; andererseits jedoch ist es nicht imstande, die Zeitstrecken, deren Grenzmomente gleichzeitig sind, gleichzusetzen noch zu synchronisieren und die abgelaufenen Flüssigkeiten so zu quantifizieren, daß der Ablauf als Uhr für diese Zeitstrecken dienen könnte.

Hinsichtlich der Neuerwerbungen haben wir schon in Kapitel II/2 gesehen, wie das umgekehrte Verhältnis von Zeit und Geschwindigkeit durch eine gegliederte Anschauung dann entsteht, wenn die rückschauende Reproduktion es gestattet, innerhalb der Handlung eine Trennung zu machen zwischen dem Ergebnis (einziges Kriterium der Zeit im ersten Stadium) und dem Eindruck der Dauer, die je nach der Schnelligkeit oder Langsamkeit der Bewegungen kurz oder lang ist. Nun, wird dies einmal auseinandergehalten, dann reagiert das Kind auf Frage I (Voraussehen der für das Füllen der verschieden großen Flaschen nötigen Zeit) anders als im ersten Stadium. In Stadium I erwartet nämlich die Vp., daß die beiden Flaschen bei gleichem Ablaufrhythmus zu gleicher Zeit voll sein werden, als ob das zu erwartende Ergebnis nur von diesem Rhythmus abhinge und unabhängig von der zu leistenden Arbeit (Größe der Flaschen) bliebe. Im zweiten Stadium dagegen sieht die Vp. dank der Unterscheidung, an die wir eben erinnert haben, beim Anblick der leeren Flaschen voraus, daß die größere mehr Arbeit voraussetzt und die kleinere weniger, daß folglich die letztere «schneller voll» sein wird («schnell» im doppelten Sinn: in bezug auf die Geschwindigkeit und im Sinne «früher angekommen») und weniger Zeit nehmen wird.

Hinsichtlich der Gleichzeitigkeit haben wir in Kap. IV/3, Typus II) gesehen, daß auch sie in Teilstadium II A dank einer anschaulichen Dezentrierung erkannt wird, sobald das Kind die beiden Ankunftspunkte durch neue Signalisierungsverhältnisse usw., unabhängig von den früheren Bewegungen und ihrer Geschwindigkeiten, in anschaulichen Antizipationen und Reproduktionen verbindet. In dem besonderen Falle ist die Sache durchaus klar. Im ersten Stadium leugnen die Vpn. die Gleichzeitigkeit der Haltemomente der Abläufe, weil sie ihre Aufmerksamkeit nur auf die Steigebewegung des Wassers in den beiden Flaschen zentrieren und dabei nicht darauf achten, daß sie gleichzeitig von den Ausläufen weggezogen wurden. In diesem zweiten Stadium (II A) beachtet das Kind diese zweite Bewegung (des Wegziehens) ebenso wie die ersten, und eben diese Dezentrierung führt es zu der Gleichzeitigkeit (vgl. Clau: «zu gleicher Zeit, weil Sie die Flaschen zusammen weggezogen haben»). Nun, da dieses neue Verhältnis viel anschaulicher ist als das bei den beiden Wettläufen, die zwar zusammen, aber nicht in gleicher Entfernung aufhören, wird die Gleichzeitigkeit nicht mehr nur von einer besonderen Kategorie Vpn. des

Teilstadiums II A (Typus II von Kap. IV) erkannt, sondern praktisch von allen.

Gehen wir jetzt zu dem über, was in diesem Stadium noch unverstanden bleibt, also dem Versagen bei der Synchronisierung der Abfüllzeiten und bei der Quantifizierung der Gefäßinhalte. Angesichts der größeren Leichtigkeit für die Entdeckung der Gleichzeitigkeit mag es seltsam erscheinen, daß sich die der Gleichheit der synchronen Zeitstrecken nicht unmittelbar hieraus ergibt, sondern fast später erscheint als bei den Wettläufen in Kap. IV. Wir haben tatsächlich keine Vpn. angetroffen, die wie die des Typus III in Kap. IV/3 diese Gleichheit vor den Gleichzeitigkeiten annehmen. Aber wir haben ja schon die Vermutung ausgesprochen, daß die Synchronisierung der Zeitstrecken komplexer ist als das Erkennen der Gleichzeitigkeit von Anfang und Ende, weil die erstere noch dazu die Gleichzeitigkeit aller entsprechenden Punkte zwischen diesen beiden äußersten in sich einschließt. Dies tritt eben gerade hier aufs deutlichste ein: das Kind erkennt die Anfangs- und Endgleichzeitigkeiten daran, daß man beide Flaschen zusammen hinstellt; aber da nichts die beiden Abläufe zwischen diesen Grenzmomenten miteinander verbindet, denkt die Vp. nur noch an die ungleichen Füllgeschwindigkeiten und stellt die Gleichheit der Zeitstrecken in Abrede. Mehr noch: da eine der Flaschen beim Zurückziehen voll ist, während bei der anderen das Wasser zu einem Drittel oder der Hälfte reicht, zieht das Kind, angesichts der Tatsache, daß eine ihr Ziel erreicht und die andere nicht, den Schluß, daß die Zeitstrecken nicht gleich sind, obwohl es leicht die Gleichzeitigkeit der Haltepunkte anerkennt: «die kleine gewinnt!», ruft z. B. Blai, woraus er zuerst folgert, sie habe weniger, dann, sie habe mehr Zeit genommen und schließlich, es sei «unmöglich», Zeitstrecken zu vergleichen.

Allerdings könnte die Gleichheit dieser Zeitstrecken unabhängig von den Gleichzeitigkeiten und selbst von der Synchronisierung gebildet werden, wenn einfach auf die Gleichheit der abgegossenen, mit gleicher Ablaufgeschwindigkeit gegossenen Wassermengen zurückgegangen würde. Und da diese Vpn. die

Frage I (Zeit proportional zu der Größe der Flasche) lösen, könnte man erwarten, daß sie ebenso die Frage IV (Gleichheit der abgegossenen Mengen) verstehen und daraus die Gleichheit der Zeitstrecken ableiten. Interessanterweise aber tritt neben dem Faktor der Proportionalität zwischen der Flüssigkeitsmenge in der Flasche und ihren entsprechenden Größen («in der großen Flasche ist mehr Wasser», sagt z. B. Pons), bei allen Vpn. ein anderer Faktor auf, eben der, welcher dazu führt, daß sie an anderer Stelle die Gleichheit der Füllzeiten in Abrede stellen: die kleine Flasche scheint mehr Wasser zu enthalten, weil sie bis zum Rand voll ist (es ist mehr «in der kleinen, weil sie voll ist», sagt derselbe Pons, der unaufhörlich zwischen diesen beiden Interpretationen hin- und herschwankt). Ob man nun das Wasser der zu vergleichenden Flaschen in zwei gleiche Röhren gießt oder von einer in die andere umgießt und dann die Wassermengen abschätzen läßt, immer findet man bei jeder Vp. dieses Zögern zwischen dem Urteil nach der Größe der Flaschen und dem nach dem mehr oder weniger vollständigen Einfüllen. Der einzige Punkt, in dem sich alle Vpn. mit sich selbst und untereinander in Einklang befinden, ist der, daß die Einfüllzeit direkt von den abgegossenen Wassermengen abhängt, aber sie wissen nicht, wie sie diese abschätzen sollen, und leugnen ihre Gleichheit bei den gleichzeitig gefüllten Flaschen.

Aber gibt nicht gerade der Versuch dem Kind ein viel einfacheres Mittel zur Quantifizierung der abgelaufenen Flüssigkeiten in die Hand? Das Wasser läuft durch zwei Abflußröhren gleicher Form und bei gleicher Geschwindigkeit, und in jedem Versuchsgespräch sorgt man dafür, daß das Kind sich wirklich dessen bewußt wird: alle haben zugegeben, «auf beiden Seiten fließt es gleich». Wenn nun diese beiden Abläufe gleich sind und gleichzeitig anfangen und gleichzeitig aufhören, warum folgert dann das Kind nicht sofort und sogar von der Anschauung aus, daß die gegossenen Mengen auf beiden Seiten gleich sind? Eben darum nicht, weil es, um *a priori* diese Gleichheit erkennen zu können, einen genügend strukturierten Zeitbegriff besitzen müßte, von dem aus es die Gleichheit der synchronen Zeiten aus der Gleichzeitigkeit ihrer Grenzereignisse ableiten könnte. Da nun aber das Kind die Dauer nur nach der geleisteten Arbeit beurteilt, muß es umgekehrt, um diese Gleichheit der synchronen Zeiten herstellen zu können, einen genügend strukturierten Mengenbegriff haben, um die Gleichheit der gegossenen Mengen trotz des Augenscheins zu erfassen und aus der Tatsache der gleichen Abläufe den Schluß zu ziehen, daß die Wasserspiegel beim Umgießen der abgelaufenen Mengen in identische Gefäße gleich sein würden [2]. Hier besteht also ein Zirkel.

In diesem Zirkel nun liegt das ganze Geheimnis der operativen Konstruktion der Zeit. Wenn man das Problem in seiner allgemeinen Form stellt und nicht nur auf dem Boden der frühen Kindheit, ist es in der Tat klar, daß das Herausarbeiten der Zeit die Quantifizierung des Weltalls in seiner Gesamtheit bedingt und umgekehrt. Immer und überall bezieht sich die Zeit auf eine durchlaufene Strecke (oder eine geleistete Arbeit) bei einer bestimmten Geschwindigkeit, die durchlaufene Strecke selbst bezieht sich auf eine Zeit, während der eine Bewegung von bestimmter Geschwindigkeit stattgefunden hatte, und die Geschwindigkeit bildet ein Verhältnis zwischen der Zeit und der durchlaufenen Strecke. Das Zeitmaß bestimmt also eine «Transformationsgruppe», die den unvermeidlichen Zirkel, auf dem es beruht, in ein kohärentes und geschlossenes operatives System erweitert. Aber auf der Stufe der Anschauung, die dieses zweite Stadium noch darstellt, besteht eine ganz unentwirrbare Situation. Einerseits ist es von der zeitlichen Anschauung aus, auch wenn sie artikuliert ist, nicht möglich, den Synchronismus der Zeitstrecken aus der Wahrnehmung der Gleichzeitigkeiten abzuleiten, und andererseits erlaubt die räumliche Anschauung nicht, die Gleichheit der abgelaufenen Mengen zu errichten, weil während des Umgießens keine Erhaltung der Mengen besteht: um die Gleichheit der synchronen Zeitstrecken herzustellen, müßte man sich also auf die der abgelaufenen Men-

---

[2] Auch unabhängig von den Zeitfragen kann diese Gleichheit mittels Umgießen erst gegen etwa das 7. Lebensjahr errichtet werden. Vgl. PIAGET und SZEMINSKA, *La Genèse du Nombre chez l'Enfant,* Kap. I und X.

gen stützen können, aber um diese herzustellen, müßte man sie auf den Synchronismus der Abläufe gründen! Wir werden sehen, wie sich die Situation in den Stadien II B und III klärt und sich der Zirkelschluß in eine Gruppierung verwandelt.

3

Teilstadium II B des zweiten Stadiums:
Empirische Entdeckung der Synchronisierung

Die letzte der im vorhergehenden Paragraphen zitierten Vpn., Clau, brachte es momentweise zu einem ungefähren Erkennen des Synchronismus der Zeitstrecken, als er vermutete, die abgelaufenen Mengen seien gleich. Die Vpn., die wir jetzt untersuchen wollen, gelangen zu der doppelten Gleichheit der synchronen Zeitstrecken und der abgelaufenen Menge auch erst nach einer Reihe von tastenden Versuchen und gegenteiligen Behauptungen. Haben sie aber einmal dieses Ergebnis entdeckt, halten sie, wenn die Situation die gleiche bleibt, an ihm fest: man kann also diesmal von einer Entdeckung der Synchronisierung sprechen, aber es handelt sich noch um eine anschauliche und empirische und nicht um eine operative Konstruktion, da ihr die Verallgemeinerung fehlt.

Es folgen einige Beispiele, von denen das erste ein Fall zwischen dem letzten Teilstadium und diesem ist:

Pas (6; 4). Frage I (C und G): *«Die größere wird später voll sein (G). Die größere braucht mehr Zeit.»* — (Versuch) «Zusammen angehalten?» — *«Ja.»* — «Brauchte es dieselbe Zeit für (C voll) wie für (G bis zu* $^1/_3$*)?»* — *«Nein. Diese (G) brauchte weniger Zeit, weil sie nicht ganz voll ist.»* — «Wie viel Zeit?» — *«Eine Minute bei* (C), *bei* (G) *weniger, weil in der weniger ist, und sie ist größer.»* — «Also nahm es bei einer mehr Zeit als bei der andern?» — *«Ah! die gleiche Zeit, weil sie zu gleicher Zeit gefüllt wurden.»* — «Warum die gleiche Zeit?» — *«Weil die* (C) *klein ist und die* (G) *groß, aber sie ist nicht ganz voll gemacht worden.»* — «Schön, und wenn man sie in diese beiden Röhren (L und L') gießt?» — *«Für die große wird es tiefer sein, weil da*

191

weniger drin ist.» — (Versuch) — *«Ach ja, dasselbe, weil zu gleicher Zeit gegossen wurde!»*

Dius (6; 8). Frage I und II: richtig. Versuch mit C und E: um (C) zu füllen *«das nahm nicht eine Minute: eine Sekunde.»* — «Und bei (E bis zu $2/3$)?» — *«Weniger Zeit, weil die länger ist.»* — «Wurde zusammen angefangen?» — *«Ja.»* — «Zusammen angehalten?» — *«Ja.»* — «Bei der kleinen eine Sekunde, sagst du?» — *«Ja.»* — »Und bei der großen?» — *«Aha, auch eine Sekunde, das ist dieselbe Zeit.»* — «Und wenn ich in (L und L') gieße, bis wohin wird das gehen?» — *«Aha, die gleiche Menge.»*

«Sieh mal diese beiden andern Flaschen (Versuch mit B und D). Wieviel Zeit bei (D bis zu $2/3$)?» — *«Eine Sekunde.»* — «Und bei (B voll)?» — *«Zwei Sekunden, sie ist länger.»* — «Und wenn man in (L und L') gießt?» — *«Das gibt nicht das Gleiche, in der da (B) ist mehr drin.»* — «Zu gleicher Zeit angefangen und angehalten?» — *«Ja.»* — «Wieviel Zeit bei (D)?» — *«Eine Sekunde.»* — «Und bei (B)?» — *«Zwei Sekunden.»* — «Aber wie kommt es, daß es hier eine Sekunde ging und da zwei, wenn zu gleicher Zeit angefangen und zu gleicher Zeit angehalten wurde?» — *«Weil die eine Flasche größer ist.»* — «Ich werde sie in (L und L') abgießen.» —*«Das wird nicht gleich sein.»* — (Versuch) — *«Ach ja, das ist gleich.»* — «Wieviel Zeit bei (D)?» — *«Eine Sekunde.»* — «Und bei (B)?» — *«Auch eine Sekunde.»* — «Warum?» — *«Weil sie gleich geflossen sind.»* — «Das heißt?» — *«Daß beide Flaschen eine Sekunde gebraucht haben.»* — «Aber du hast doch das Gegenteil gesagt?» — *«Ja, aber diese Flasche (B) ist bis oben gefüllt, und die ist da (D $2/3$), dann gibt es das gleiche.»* — «Das gleiche wovon?» — *«Es ist die gleiche Menge.»*

Zwei weitere Flaschen, E und F, die gleichwertig scheinen: *«Das gibt die gleiche Menge, weil sie von gleicher Größe sind.»* (Versuch) — *«Nein, nicht die gleiche Menge.»* — «Die gleiche Zeit?» — *«Nein, die große brauchte mehr Zeit.»* — «Und wenn man in (L und L') gießt?» — *«Nicht das gleiche.»* (Versuch) — *«Aha, doch.»* — «Und die Zeiten?» — *«Beide brauchten die gleiche Zeit.»* — «Gleich lange?» — *«Ja, das brauchte die gleiche Zeit.»*

Mag ($6^{1}/_{2}$). C und G ($1/_{3}$) werden gefüllt, während er zählt: *«1, 2, 3.»* — «Was ist da vorgegangen?» — *«Hier* (C) *ist mehr Wasser.»* — «Zu gleicher Zeit angefangen?» — *«Ja.»* — «Zu gleicher Zeit angehalten?» — *«Ja.»* — «Wieviel Zeit?» — *«Bei* (C) *eine Minute, bei* (G) *die Hälfte von einer Minute, weil da weniger ist.»* — «Wenn man in (L und L') gießt?» — *«Das gleiche, ich weiß nicht, nein, es gibt doch weniger, weil eine länger ist, nein, das gibt doch das gleiche, weil das andere breiter ist.»* — «Und wenn man (C) in (G) und (G) in (C) gießt?» — (Zeigt richtig) — «Und die Zeiten?» — *«Beide eine*

192

Minute, weil es bei (G) *dasselbe ist, nur breiter; es war die gleiche ‚Länge' Zeit zum Füllen.»* — «Warum hast du vorhin das Gegenteil geglaubt?» — *«Weil ich glaubte, es sei da weniger Wasser.»* — Bei E und F: richtig.

Mar (7). Frage I. Reihe von Vergleichen: die größere wird mehr Zeit brauchen. Fragen II—IV (C und G): «Zusammen?» — *Ja.»* — «Die gleiche Zeit?» — *«Nein, hier* (G) *mehr, weil sie größer war.»* — «Aber was machte das Wasser in (G), als es in (C) lief?» — *«Es stieg bis hierher* (¹/₃).» — «Also die gleiche Zeit?» — *«Nein.»* — «Wir werden in (L und L') gießen.» — *«Das gibt dasselbe.»* — «Warum?» — *«Es ist ebenso viel Wasser.»* — «Wieviel Zeit bei C und G?» — *«Das ging die gleiche Zeit.«* — «Warum?» *«Weil zu gleicher Zeit angehalten wurde.»* — Er beruft sich also auf die Gleichzeitigkeit, aber erst nachdem die Quantifizierung richtig erfaßt ist.

Flaschen E und F; zuerst ganz die gleichen Fehler: «Wir werden in (L und L') abgießen.» — *«Tiefer* (bei F). *Ich weiß nicht. Aha, das gibt dasselbe, weil die dicker ist und die da dünner* (und höher).» — «Und die Zeit?» — *«Es ging gleich lange, weil zu gleicher Zeit angehalten wurde.»*

Lil (7; 1) verneint ebenfalls zu Anfang, bei C und G, die Gleichheit der Zeitstrecken und der Mengen; wie sie dann feststellt, daß L und L' gleiche Wasserhöhen haben, sagt sie: *«Gleich viel Wasser.»* — «Warum?» — *«Weil Sie bei beiden Flaschen zu gleicher Zeit angehalten haben.»* — «Wieviel Zeit?» — *«Drei Minuten und drei Minuten.»*

Diese Reaktionen sind für die Konstruktion der Zeit von großem Interesse. Sie lassen nämlich den Zusammenhang hervortreten zwischen der Entdeckung, daß die Abläufe synchron sind, und der, daß die bei gleicher Geschwindigkeit abgelaufenen Mengen gleich sind. Nur muß noch ausdrücklich darauf hingewiesen werden, daß, wenn auch jede dieser Vpn. (außer der ersten, die den Übergang bildet) spontan dazu kommt, die Gleichheit der synchronen Zeiten und zugleich die der abgegossenen Mengen anzuerkennen, so kann doch die Reihenfolge wechseln. Nachdem z. B. Dius versichert hat, E nehme mehr Zeit als C, entdeckt er auf direktem Wege den Synchronismus und die Gleichheit der Mengen, diesmal aber entdeckt er zuerst die letztere (durch richtiges Voraussehen der Wasserspiegel in L und L') und leitet von ihr den Synchronismus ab, zu dessen Rechtfertigung er nur Überlegungen über die

Menge heranzieht. Mag entdeckt nach anfänglichem Verneinen der beiden Gleichheiten zuerst die der Wassermengen, «weil die eine länger ist und die andere breiter», dann behauptet er den Synchronismus und setzt sofort hinzu, daß es die gleiche Menge sei, denn «es war die gleiche Länge Zeit zum Füllen», und daß er zuerst den Synchronismus darum verneint hatte, «weil ich glaubte, es sei da weniger (Wasser)». Mar entdeckt die Gleichheit der Wassermengen und erst danach den Synchronismus, diesen aber rechtfertigt er mit dem gleichzeitigen Anhalten der Abläufe, während er vor der richtigen Quantifizierung der Flüssigkeit daraus keinerlei Schlüsse gezogen hatte. Lil folgt genau den gleichen Weg. Pas schließlich geht bei der Entdeckung des Synchronismus von den Gleichzeitigkeiten aus, dann begründet er ihn mit der Gleichheit der Mengen, leugnet danach diese, erklärt sie aber, wie er sie in den Röhren L und L' feststellt, wiederum durch den Synchronismus!

Unter den verschiedenen Reaktionen muß man drei Typen unterscheiden, die übrigens bei dem gleichen Individuum nebeneinander bestehen können. Erstens kann das Kind die Gleichheit der synchronen Zeitstrecken nur aus der Tatsache der Gleichzeitigkeiten der entsprechenden Anfangs- und Endmomente der Abläufe ableiten, ohne sich explizit oder implizit auf die abgelaufenen Wassermengen zu berufen (z. B. Dius im Anfang der Befragung oder Pas, wenn er meint: «Ah! die gleiche Zeit, weil sie zu gleicher Zeit gefüllt wurden»). Diese erste Reaktion läßt sich mit der vergleichen, die wir in Kap. IV analysiert haben, wenn die Vpn. des Teilstadiums II B zuerst die Gleichheit der synchronen Zeitstrecken entdecken und sich dabei auf die Gleichzeitigkeit von Anfang und Ende der verschieden schnellen Läufe stützen, und diese parallelen Reaktionen lassen sich in beiden Fällen auf die gleiche Weise erklären: durch eine fortschreitende Dezentrierung der zuerst nur auf die extremen Punkte gerichteten Aufmerksamkeit (Gleichzeitigkeit der Ankunft), dehnt das Kind allmählich die Anschauung der Gleichzeitigkeit auf alle entsprechenden Punkte der beiden Strecken aus, woraus sich der Übergang von der Gleichzeitigkeit zum Synchronismus ergibt («die gleiche Zeit», weil «zu gleicher Zeit» gefüllt, wie Pas sagt). Nur braucht in diesem Fall bei dieser Entstehungsart eine solche Synchronisierung durchaus nicht allgemein zu sein und kann anschaulicher Natur bleiben, ohne das operative Niveau zu erreichen: den Beweis dafür werden wir in Kap. VII/3 erhalten, wenn wir feststellen werden, daß auf diesem selben Teilstadium II B der Synchronismus der beiden einfachen Zeitstrecken $A_1 = A_2$ oder $A'_1 = A'_2$ angenommen werden kann, ohne daß die Addition dieser Zeitstrecken $A_1 + A'_1 = B_1$ oder $A_2 + A'_2 = B_2$ zu der Gleichheit der Zeitstrecken $B_1 = B_2$ führt.

Zweitens kommt es vor, daß das Kind (z. B. Mar und Lil) die Synchronisierung scheinbar wie die vorhergehenden auf die Gleichzeitigkeit der Anfänge und die der Haltemomente des Ablaufens gründet, aber erst nachdem es die Gleichheit der abgelaufenen Wassermengen erkannt hat, während vorher die Gleichzeitigkeit der extremen Momente für sie nicht die Gleichheit der synchronen Zeitstrecken oder das Bewußtsein der Synchronismus nach sich zog: die Synchronisierung wird also jetzt implizit auf die Quantifizierung der geleisteten Arbeiten gegründet, im besonderen Falle auf die Gleichheit der abgelaufenen Mengen.

Drittens — und dies ist der häufigste Fall — beginnt das Kind damit, daß es die Gleichheit der abgelaufenen Mengen entdeckt, also die geleistete Arbeit quantifiziert, und leitet dann daraus die Gleichheit und den Synchronismus der Zeitstrecken ab, die diese Abläufe oder Arbeiten charakterisieren. Aber wie hat es denn diese Gleichheit der Mengen entdeckt? Manchmal macht es wohl eine rein räumliche Überlegung und nimmt an, daß, wenn eins der Gefäße höher ist, das andere breiter ist und daß die Unterschiede sich ausgleichen müssen, aber selbst in diesem Fall weiß es, daß diese Unterschiede sich deswegen ausgleichen, weil die beiden Abläufe gleichzeitig angefangen und aufgehört haben: so setzt Mag, der mit einer rein räumlichen Quantifizierung begonnen hatte, um die Gleichheit der Mengen zu begründen, spontan hinzu, diese seien gleich, denn «es war die gleiche ‚Länge' Zeit zum Füllen». Kurz, auf welchem Wege auch immer diese Vpn. die Induktion vornehmen, es ist klar, daß sie die Synchronisierung auf die Gleichheit der Mengen und umgekehrt gründen: es bestehen also da zwei korrelative Entdeckungen, wie wir am Ende des Abschn. 2 vermutet haben, und dies ist für die Konstruktion des Zeitbegriffs eine Feststellung von allergrößter Wichtigkeit.

Die Zeit kann nämlich nur dann als ein den einzelnen Erscheinungen gemeinsames Milieu aufgefaßt werden, wenn diese in einem System von gleichzeitigen Umstellungen organisiert werden, derart, daß die Bewegungen oder Zustände miteinander in Beziehung gesetzt werden: diese Beziehungen nun können nicht ohne eine Quantifizierung dieser Bewegungen selbst bestehen, von denen das in diesem Kapitel behandelte Ablaufen des Wassers ein mögliches Beispiel unter allen anderen darstellt. Es ist also nicht ohne Grund, wenn der Synchronismus der Zeitstrecken sich bei unseren Kindern von der Gleichheit der Abläufe aus bildet, also von der Quantifizierung der geleisteten Arbeiten oder der ausgeführten Bewegungen. Allerdings ist dieser Fall besonders einfach, da die Ablaufgeschwindigkeiten gleich sind. In den meisten Fällen sind die Geschwindigkeiten ungleich, und dann kann einer bestimmten Transformation eine synchrone Transformation entsprechen, deren Ergebnisse mehr oder weniger groß sind. Eben dies ist der Fall, wenn sich die Vp., anstatt den Ablauf der Flüssigkeiten in unseren verschiedenen Flaschen ins Auge zu fassen, auf ihr mehr oder weniger schnelles Vollwerden einstellt. Dies war auch der Fall bei den verschieden schnellen Wettläufen, welche die Kap. III und IV behandelten; doch auch hier setzt die Entdeckung des Synchronismus und der Gleichheit der Zeitstrecken eine Quantifizierung voraus: die der durchlaufenen Strecken im Verhältnis zu der Geschwindigkeit, was zu der Relation führt: $t = s/c$. Selbst in dem Fall der psychologischen Geschwindigkeit bleibt dies so, wobei dann die Bewegungen zu den Handlungen werden und die Geschwindigkeiten zu deren jeweiligen Geschwindigkeiten.

4

Drittes Stadium:

Sofortige Synchronisierung und Quantifizierung

Wir bringen zuerst Beispiele, von denen das erste den Übergang bildet:

Bac (7; 6). Flaschen C und G: «*Die kleinere* (C) *wird schneller voll sein.*» — (Versuch) «Zu gleicher Zeit angefangen?» — «*Ja.*» — «Und das Wasser zu gleicher Zeit angehalten?» — «*Ja.*» — «Wieviel Zeit bei (C)?» — «*Eine Minute.*» — «Und bei ($^1/_3$ G)?» — «*Auch eine Minute.*» — «Warum?» — «*Weil sie zusammen hingestellt wurden.*» — «Ist in diesen beiden Flaschen die gleiche Menge?» — «*Ja.*» — «Wenn man in (L und L') gießt?» — «*Das Wasser wird auf beiden Seiten gleich hoch steigen, weil in beiden die gleiche Menge Wasser ist.*» — «Und wenn ich (C in G und G in C) gieße?» — «*Auf beiden Seiten wird es bis dahin gehen, wo es vorher war*» (richtig).

Bei zwei neuen Flaschen B und E sagt er zuerst: «*Das nimmt die gleiche Zeit, weil sie beide zusammen angehalten haben*», bestreitet dann aber, daß es die gleiche Menge sei: «*Hier* (E) *ist mehr, weil die Flasche breiter ist*», kommt jedoch nachher wieder auf die Gleichheit zurück. Bei einem dritten Paar sagt er von vornherein: «*Gleich viel Zeit, weil auf beiden Seiten die gleiche Menge Wasser zusammen eingegossen wurde.*»

Let (7; 8). Die Flaschen C und G (13) werden in L und L' «*bei beiden dasselbe geben.*» — «Warum?» — «*Weil eine dicker ist und die andere länger.*» — «Aber wieviel Zeit nahm es, um sie bis dahin zu füllen?» — «*Eine Minute und auch eine Minute.*» — «Warum?» — «*Weil sie zusammen anhielten.*»

Neus (7; 10). C und G: «Was ist geschehen?» — «*Diese* (C) *ist schneller gegangen.*» — «Warum?» — «*Weil sie weniger dick ist.*» — «Wieviel Zeit?» — «*Eine Minute.*» — «Und um das ($^1/_3$ G) zu füllen?» — «*Den gleichen Moment.*» — «Warum?» — «*Es ist ebenso viel.*» — «Wenn das Saft wäre, welches würdest du lieber trinken wollen?» — «*Das ist gleich.*» — «Und wenn man (C in G und G in C) gießt?» — «*Es wird wie vorher sein.*» — «Sieh mal.» (Man füllt C und sieht dabei auf eine Uhr). — «Und bei ($^1/_3$ G)?» — «*Der Zeiger wird auf dieselbe Stelle gehen.*»

Einmal mehr kann man feststellen, daß die Fortschritte in der Synchronisierung korrelativ zu denen der Quantifizierung

197

sind, da beide zur selben Zeit zur Vollendung gelangen. Doch findet man die beiden Reaktionstypen wieder, die wir schon in Teilstadium II B antrafen, außer daß es sich hier nur um die Art der Begründung und nicht mehr um die Art der Begriffsentdeckung handelt. Bei manchen Fällen, wie bei Bac und Let, beruht die Gleichheit der synchronen Zeiten auf den Gleichzeitigkeiten und führt zu der Gleichsetzung der abgelaufenen Mengen, während bei andern, wie Neus, diese letztere Gleichheit, obwohl auch sie auf den Gleichzeitigkeiten beruht, ihrerseits gestattet, die synchronen Zeitstrecken gleichzusetzen.

Aber bei den Kindern des ersten Typus, bei denen also, welche die Gleichheit der synchronen Zeitstrecken nur mit der Gleichzeitigkeit begründen, ohne die Quantifizierung der zwischen den gleichzeitigen extremen Geschehnissen heranzuziehen, kann man sich immer noch fragen — selbst dann, wenn sie sofort richtig anworten —, ob ihre Reaktion wirklich operativ ist und nicht nur intuitiv. Tatsächlich zeigt es sich ja, daß Bac zwischen den noch anschaulichen Mechanismen des Teilstadiums II B und den operativen Mechanismus des Stadiums II eine Zwischenstellung einnimmt, da er seine Resultate nicht sofort auf alle Flaschenpaare verallgemeinert und sich einen Augenblick noch bei B und E irrt: dann stützt er wieder die Synchronisierung auf die Gleichzeitigkeit, ohne daraus die Gleichheit der abgelaufenen Mengen abzuleiten, was deutlich zeigt, daß diese letztere Quantifizierung für das richtige Verstehen der Gleichheit synchroner Zeitstrecken notwendig ist.

Wie soll man also vorgehen, um sich über den operativen Charakter der Reaktionen einer Vp. Gewißheit zu verschaffen? Hier setzt die Frage V ein, deren Analyse uns noch vorbehalten bleibt: wir werden nun sehen, daß Let ihr gewachsen ist, während Bac eben gerade bei ihr versagt.

5

Frage V:

Transitivität des Synchronismus und der Gleichheit der abgelaufenen Mengen

Die der Zeit eigenen Relationen bilden, sobald das Kind sie operativ erfassen kann, «Gruppierungen», während die anschaulichen Beziehungen untereinander nicht «gruppiert» werden können. Es wird sich also leicht entscheiden lassen, ob die Gleichheiten der synchronen Zeitstrecken oder der abgelaufenen Mengen operativ oder anschaulich sind, wenn wir unseren selben Vpn. ein Problem einfacher Komposition (Transitivität) dieser Gleichheiten vorlegen. Dieses Problem würde sich durch die einfache logische Formel, unabhängig von dem Inhalt der Zeit und Mengenbegriffe, lösen lassen, wenn eben die logische Formel vor der Erarbeitung der Begriffe, die ihren Inhalt bilden, erworben würde. Nun, in diesem Fall wie in allen denen, die wir bis jetzt untersucht haben [3], bildet sich die logische Formel in einem bestimmten Gebiet erst in dem Moment, in dem die Begriffe, die es definieren, soweit strukturiert sind, daß sie «gruppiert» werden können: im Anfang besteht also keine formale Logik (bis 11—12 J.), sondern es bilden sich fortschreitend «Gruppierungen», die zuerst von «konkreten Operationen» gebildet werden und der formalen Logik allmählich den Weg bereiten.

Das Problem lautet: C_1 braucht zum Vollwerden dieselbe Zeit wie C_2 (zwei Gefäße von verschiedener Form, aber von gleichem Inhalt), ebenso C_2 wie C_3 (idem). Wird dann C_1 ebenso viel Zeit brauchen wie C_3? Die Vp. kontrolliert im Versuch, daß die Gefäße zusammen voll werden $C_1 = C_2$ und $C_2 = C_3$, und soll nur daraus ableiten: $C_1 = C_3$ (Transitivität). Die Fragen können betreffs der Wassermengen von C_1, C_2, C_3 die gleichen sein. Man sieht also, daß das Kind, selbst wenn es keine gut

---

[3] Vgl. im besonderen PIAGET und INHELDER: *Le développement des quantités chez l'enfant.*

strukturierten Zeit- und Mengenbegriffe hätte, doch durch einfachen Schluß zu der richtigen Lösung kommen könnte: die Tatsachen zeigen aber nun, daß diese Relationen in den anschaulichen Stadien eben nicht transitiv sind, d. h. daß sie nicht operativ konstruiert werden, und daß die gegebenen Gleichheiten ($C_1 = C_2$ und $C_2 = C_3$) erst in dem Augenblick transitiv werden, wo die Konstruktionen, die zu der Gleichheit der synchronen Zeiten und der abgelaufenen Mengen führen, vollendet sind! Nicht nur, daß wir tatsächlich keine Vp. gefunden haben, die vor der vollständigen Lösung der Fragen I bis IV, also vor dem dritten Stadium (Abschn. 4), Problem V ($C_1 = C_3$) hätte lösen können, sondern es gibt auch Vpn., die zu dem dritten Stadium zu gehören scheinen, weil sie die Fragen der Synchronisierung und der Quantifizierung bei den elementaren Paaren gut beantworten (Vp. Bac), aber nicht sofort die Transitivität dieser Relationen entdecken, also in Wirklichkeit zwischen dem Teilstadium II B, das noch anschaulich ist, und dem operativen dritten Stadium stehen.

Es folgen zuerst Vpn., die zu der Transitivität nicht fähig sind. Es ist natürlich unnötig, Kindern des ersten Stadiums, die noch nicht einmal die Gleichzeitigkeiten erkennen können und also die Gegebenheiten der Frage V als solche nicht verstehen, dieses Problem zu stellen. Dagegen zeigen wir ein Beispiel für Vpn. des Teilstadiums II A:

Saut (6^{1}/$_2$). C_1 und C_2 werden gefüllt: *«Sie sind zusammen voll geworden.»* — «Nehmen sie die gleiche Zeit?» — *«Ja.»* — «Und die da?» (Versuch mit C_2 und C_3). — *«Ja, auch gerade zu gleicher Zeit.»* — «Und wenn man jetzt (C_1 und C_3) nimmt, was wird das geben?» — *«Die* (C_3) *weniger Zeit, und die* (C_1) *mehr Zeit.»* — «Warum?» — *«Sie ist größer.»* — «Aber das (C_1) und das (C_2) war doch zusammen?» — *«Ja.»* — «Und das (C_2 und C_3)?» — *«Ja, auch.»* — «Und dann das (C_1 und C_3)?» — *«Nein, die* (C_1) *wird mehr Zeit nehmen.»*

Man sieht, daß die Frage der Synchronisierung selbst in Stadium II A keinerlei Schwierigkeiten mehr macht, wenn die beiden Flaschen zu gleicher Zeit bis zum Rand voll werden (hier bestätigt sich, was wir in Kap. V/1 und 2 von der Rolle des

200

Ankunftspunktes bei der Schätzung der Menge und der Zeit-strecken sagten). Nichtsdestoweniger zeigen also diese anschau-lichen Verhältnisse der Synchronisierung keinerlei Transitivität.

Jetzt Vpn. des Teilstadiums II B:

Pas (6; 4). Man zeigt C_1 und C_2: «Was wird das geben?» — *«Für* (C_2) *nimmt es mehr Zeit, weil sie größer ist.»* — (Versuch) — *«Nein, es ist die gleiche Zeit.»* — «Und das (C_2 und C_3)?» — *«Die* (C_3) *wird schneller gehen, das nimmt weniger Zeit.»* — (Versuch) — *«Nein, sie sind zusammen voll geworden.»* — «Also das (C_1 und C_2)?» — *«Zusammen.»* — «Und das (C_2 und C_3)?» — *«Zusammen.»* — «Und dann das (C_1 und C_3)?» — *«Nicht zusammen.»* — «Warum?» — *«Die* (C_1) *ist größer.»*

Lil (7; 1). Man füllt C_1 und C_2: *«Das ist die gleiche Zeit.»* — «Ist in beiden gleich viel Wasser?» — *«Ja.»* — «Wenn man hier hinein-gießt (L und L')?» — *«Das wird dasselbe sein.»* — «Warum?» — *«Die* (C_1) *ist breiter und nicht so lang, und diese ist weniger breit.»* — (C_2 und C_3 werden gefüllt). — *«Gleich viel Wasser.»* — «Und die Zeit?» — *«Drei Sekunden und drei Sekunden.»* — «Warum?» — *«Diese ist länger und nicht so breit, und diese ist breiter und kleiner.»* — «Also die waren zusammen (C_1 und C_2)?» — *«Ja.»* — «Wieviel Zeit?» — *«Drei Sekunden.»* — «Und die (C_2 und C_3)?» — *«Auch.»* — «Und wenn wir jetzt mit denen (C_1 und C_3) versuchen würden?» *«Die* (C_1) *wird vorher sein, weil er kleiner ist.»* — «Gleich viel Was-ser?» — *«Ich glaube nicht.»*

Für das dritte Stadium zeigen wir erst ein Beispiel von einem Übergangsfall, der noch nicht ganz operativ ist (siehe seine Reaktionen in Abschn. 4):

Bac (7; 6). «Was meinst du, werden diese beiden Flaschen (C_1 und C_2) zu gleicher Zeit voll sein?» — *«Nein, wenn die kleinere voll ist, wird die andere halb voll sein.»* — (Versuch) — «Wieviel Zeit nahm es also bei der (C_1)?» — *«Eine Minute.»* — «Und bei der (C_2)?» — *«Auch eine Minute.»* — «Und die da (C_2 und C_3)?» — *«Sie werden zu gleicher Zeit voll sein.»* — (Versuch) — «Wieviel Zeit?» — *«Eine Minute bei beiden.»* — «Und die (C_1) und die (C_3)?» — *«Die kleine wird voll sein, wenn die halb voll ist.»* — (Versuch) — *«Ah! zur gleichen Zeit.»* — «Hätte man das vorher wissen können?» — *«Nein.»*

«Paß mal auf, wie wir jetzt diese zwei (D_1 und D_2) füllen.» — *«Gleiche Zeit.»* — «Und da (D_2 und D_3)?» — *«Auch.»* — «Und wenn wir damit versuchen (D_1 und D_3)?» — *«Das wird dasselbe sein.»*

Dagegen hier das Beispiel einer richtigen Antwort:

Let (7; 8): «(C_1 und C_2)?» — *«Gleiche Zeit.»* — «Ebenso viel Wasser oder nicht?» — *«Ja.»* — «Warum?» — *«Die eine ist mager und hoch, die andere ist dick und klein.»* — «Und da (C_2 und C_3)?» — *«Gleiche Zeit.»* — «Und wenn man damit versucht (C_1 und C_3)?» — *«Das wird die gleiche Zeit sein.»* — «Bist du sicher, oder hast du geraten?» — *«Sicher.»* — «Kann man das vorher wissen? — *«Ja.»* — «Und die Wassermengen?» — *«Gleich.»*

Man sieht also, daß eine Korrelation zwischen der Entdeckung der Transitivität der Gleichheitsrelationen und deren Konstruktion selbst besteht. Aber es erübrigt sich, schon jetzt das Problem der Transitivität zu besprechen, da wir es im folgenden Kapitel bei der Einschachtelung der Zeitstrecken wiederfinden werden.

Kapitel VI

Die Einschachtelung der Zeitstrecken und die Transitivität der Gleichheitsrelationen der Zeit [1]

Am Ende des vorigen Kapitels haben wir gesehen: sobald das Kind auf Grund der Quantifizierung der geleisteten Arbeiten die Gleichheit der synchronen Zeitstrecken entdeckt hat, wird es fähig, die Transitivität dieser Gleichheitsrelationen der Zeitstrecken oder der abgelaufenen Mengen zu begreifen. Wenn die Transitivität in der Form $A = B$; $B = C$, also $A = C$ erreicht ist, stellt sich die Frage, ob das Kind sie auch auf die Ungleichheiten in der Form $A < B$; $B < C$, also $A < C$ anwenden kann, oder einfacher noch, ob es eine qualitative Reihe, wie $A < B < C$... usw. bilden kann.

Wenn man sich aber nicht darauf begrenzt, nur sukzessive Zeitstrecken in Betracht zu ziehen, und wenn die betreffenden Zeitstrecken immer teilweise synchron sind, so daß das ganze A ein Teil von B, B ein Teil von C usw. ist, dann bildet eine Reihe der Zeitstrecken $A < B < C$... usw. in Wirklichkeit ein mehr oder weniger komplexes System von Einschachtelungen, entsprechend denen, die wir in Kapitel II angetroffen haben. Was wir in diesem Kapitel untersuchen wollen, ist also die Einschachtelung der Zeitstrecken im allgemeinen.

Die Methode, die wir gewählt haben, ist äußerst einfach, und lehnt sich direkt an die des vorigen Kapitels an. Wir zeigen den Vpn. denselben Wasserbehälter, durch den eine zweischenklige Röhre (in Y-Form) geht, und 10 Flaschen wechselnden Inhalts A, B, C... J, K, aber natürlich in bunter Reihenfolge. Diese Flaschen sind in der Form so verschieden, daß es unmöglich ist, ihren Inhalt und die nötige Zeit zum Füllen zu beurteilen, ohne sie tatsächlich gefüllt zu haben. Wir greifen zwei be-

---

[1] Unter Mitarbeit von Frl. Vreni Richli.

liebige Flaschen heraus und fragen zuerst wieder: 1. Welche der beiden wird schneller voll sein: 2. Warum? 3. Ob sie mehr oder weniger Zeit braucht als die andere. Ist dies festgelegt (und bei jedem Paar muß man auf die Relationen Zeit und Geschwindigkeit sowie Zeit und Menge zurückkommen), stellen wir dem Kinde die zwei voneinander verschiedenen Aufgaben folgender Art: 1. Drei oder vier Flaschen nach der Reihenfolge der nötiten Füllzeiten ordnen, z. B. $A < B < C$ oder $B < E < K$, usw. Beachten wir, daß diese Operation nur dann eine gewöhnliche Reihenbildung ist, wenn es sich darum handelt, das Füllen zu ordnen, und gefragt wird, «welches wird die erste sein, die voll wird, welche die zweite usw.; daß sie aber eine Einschachtelung darstellt, wenn es sich um die Zeitstrecken handelt; denn die Zeit, die für A nötig ist, ist als Teil eines Ganzen in der Zeit, die für B nötig ist, enthalten; diese ist in der für C nötigen Dauer enthalten usw., so daß die Reihe $A < B < C$ ... durchaus den Sinn einer Reihe von Einschließungen oder Ungleichheiten zwischen Teilen und Ganzheiten wachsender Größe hat[2]. 2. Schließlich stellt man Fragen über die Transitivität dieser Einschachtelungen: Wenn $A < B$ und wenn $B < C$ (mit Versuch zur Unterstützung), ist dann $A < C$ oder $A > C$? Wenn $C_1 = C_2$ und wenn $C_2 < D$, ist dann $C_1 < D$ oder $C_1 > D$ usw.

Die Ergebnisse lassen sich nach den drei Stadien ordnen, die wir bisher unterschieden haben. Im ersten Stadium ist die Vp. unfähig, beim Ordnen der drei Flaschen je zwei und zwei spontan miteinander zu vergleichen, und gelangt *a fortiori* zu keiner logischen Deduktion der Zeitstrecken. Im zweiten Stadium vergleicht sie wohl je zwei Elemente, koordiniert aber nicht die Paare miteinander: sie wird sich z. B. mit $A < B$ und $A < C$, zufrieden geben, da sie die Transitivität der Ungleichheitsoder Gleichheitsrelationen noch nicht versteht. Nachdem diese Schwierigkeiten in Teilstadium II B fortschreitend bewältigt

[2] Im ersten Stadium beschränkt man sich darauf, die Flaschen nach der Reihenfolge des Füllens ordnen zu lassen, indem man die heraussuchen läßt, die «die erste war», usw. und nicht «die, die am wenigsten Zeit braucht», da dies nicht verstanden wird.

werden, gelingen ihr im dritten Stadium sowohl die Reihenbildungen oder Einschachtelungen wie auch Transitivitätsschlüsse, die sich aus ihnen ergeben.

Abschnitt I

DIE EINSCHACHTELUNGEN DER ZEITSTRECKEN

Um größere Klarheit zu gewinnen, beschränken wir uns hier auf die Fragen der Reihenbildung und lassen die Transitivität für Abschnitt II.

1

Erstes Stadium:

Kein Vergleichen von je zwei und zwei Elementen

Wie erinnerlich, entdeckt das Kind im ersten Stadium weder die Gleichzeitigkeit noch den Synchronismus und sogar nicht einmal die umgekehrte Relation von Zeit und Geschwindigkeit. Es versteht sich von selbst, daß unter diesen Bedingungen das Problem der Einschachtelung der Zeitstrecken keinen Sinn hat. Es wird also nur die Reihenfolge des Füllens verlangt, und doch gelangt die Vp. nur zu folgenden elementaren Reihen, für die man Beispiele bis gegen das sechste Jahr findet und die oft noch über die eben erinnerten Reaktionen hinaus dauern:

Clay (6; 10): «Siehst du diese beiden Flaschen (B und J)? Wird eine zuerst voll sein?» — *«Ja* (B), *weil sie viel kleiner ist, das geht schneller.»* — «Braucht es mehr oder weniger Zeit, sie zu füllen?» — *«Mehr Zeit.»* — «Und welche von diesen beiden (B und D) nimmt weniger Zeit?» — *«Die* (D).»

Man läßt E, F und G ordnen, indem man sagt: «Stelle hierher diejenige, die an erster Stelle voll wird, dann die, die an zweiter Stelle voll wird, dann die, die zuletzt voll wird.» — Clay stellt darauf nach der Höhe G < E < F. «Bist du ganz sicher?» — *«Ja.»* — «Probiere einmal, statt hinzusehen.» Er probiert nur mit G und mit E, und stellt wieder G < E < F auf, ohne daß mehr herauszuholen wäre.

Alf (6; 11) stellt, um D, E und F in der Reihenfolge des Füllens zu ordnen, versuchsweise D und E zusammen, dann F allein und stellt

205

auf: F < D < E. «Ist das richtig?» — *«Nein»* (Er ändert um in D < F < E). *«Die* (E) *ist mehr gefüllt und die* (F) *weniger.»* — «Woher weißt du das?» — *«Sie ist breiter, die andere ist kleiner»* (probiert nicht).

«Und da (G, H und J)?» — (Er stellt auf G < J < H, versucht dann J mit J mit H und sagt:) *«Das* (H), *das ist weniger, und das* (J), *das ist mehr.»* (Dann versucht er G allein und sagt:) *«Das ist mehr.»* (Er stellt dann auf H < J < G). — «Woher weißt du, daß das richtig ist?» — *«Weil die andere* (G) *breit ist.»* — Welche braucht mehr Zeit?» (Zeigt auf J, mitten in der Reihe! Darauf ändert er um in J < G < H). — «Bist du sicher?» — *«Ja.»* — «Wann hast du probiert?» — *«Eben.»*

Chri (7; 3) meint, daß von G und J, J *«an erster Stelle voll sein wird, weil sie kleiner ist.»* Der Versuch zeigt ihm seinen Irrtum, aber er folgert daraus, daß G *«mehr Zeit brauche, weil es hier* (J) *langsamer geht und hier* (G) *schneller.»* — «Bis wo kann man bei (G) zählen?» — *«Sechs.»* — «Und bei (J)?» — *«Fünf oder vier.»* — Danach fragt man nur nach der Reihenfolge des Füllens bei D, E und F. Er stellt nach der Wahrnehmung der Höhen auf: E < D < F. «Weißt du, du kannst probieren. (Er probiert F mit E und stellt auf: E < F < D, ohne D zu probieren, versucht dann diese für sich ohne Zusammenhang mit den beiden anderen).

Cons (7; 1) stellt gleichfalls B < D < C nach den Flaschenhöhen, probiert dann B mit D und stellt sie zurück, ohne C zu versuchen. Bei D, E und F stellt er auf: F < D < E: «Kann man sicher sein?» — *«Nein.»* — «Was soll man da machen?» — *«Messen»* (er vergleicht E und F und stellt auf: E < D < F, ohne D zu messen). — «Kann da kein Fehler mehr drin sein?» — *«Nein, weil die* (F) *richtig ist und die* (F) *auch.»* — «Und da (D)?» — *«Die braucht weniger Zeit.»*

Dies sind im allgemeinen die Reaktionen dieses ersten Stadiums. Sie wären schwer verständlich ohne alles das, was wir bisher über diese primitive Stufe gesehen haben, denn hinter den anscheinend einfachen Ausdrücken, die verwendet werden, um die Reihe zu rechtfertigen, wie «die Flasche, die zuerst (als erste) voll ist» oder «zuletzt (als letzte) voll ist» sind all die Schwierigkeiten enthalten, die in den Begriffen der Dauer, des Synchronismus, der Gleichzeitigkeit und der Aufeinanderfolge stekken, ebenso wie in den Relationen zwischen Zeit, Geschwindigkeit und abgelaufener Menge (verrichteter Arbeit). Hingegen werden sie ganz klar, wenn man auf die gewöhnlichen Reaktionen dieses ersten Stadiums im allgemeinen zurückgeht.

Zuerst einmal versteht man, warum es in diesem Stadium I nur Sinn hat, nach der Reihenfolge des Füllens zu fragen. Verlangt man von der Vp. das Ordnen der Flaschen nach der Zeit, die sie bis zu ihrem Vollwerden brauchen, stellt das Kind, die, die «am wenigsten schnell voll» ist, an den Anfang und die «die am schnellsten voll» ist, ans Ende — was auf die Reihenfolge des Füllens selbst hinausläuft — denn es faßt noch die Dauer proportional der Geschwindigkeit auf. Stellt man dann die Frage in der Sprache der Geschwindigkeiten, bleibt sie wiederum zweideutig, da «schneller» bedeuten kann entweder «mit größerer Geschwindigkeit» oder einfach «früher», Bedeutungen, die das Kind nicht unterscheidet. Läßt man andererseits nach den Mengen ordnen, wird sich das Kind nur an die Höhe der Flaschen halten. Kurz, um sich verständigen zu können, bleibt nichts anderes übrig als die Aneinanderreihung auf die Reihenfolge des Füllens (der Momente, in denen die einzelne Flasche bis zum Rand gefüllt ist) zu verlegen. Nach unserer Logik würde dies gleichzeitig eine Reihenbildung nach der Einschachtelung der zu dem Füllen nötigen Zeiten bedeuten, aber für das Kind in diesem Stadium ist dem nicht so aus den Gründen, die wir eben gesehen haben. Wenn die Kinder des Stadiums I bei der Reihenfolge des Füllens versagen, ist es also klar, daß ihnen *a fortiori* das Ordnen oder Einschachteln der Zeitstrecken selbst mißlingen würde.

Warum denn mißlingt dem Kind dieses Stadiums die Aufgabe, drei Flaschen in der Reihenfolge ihres Vollwerdens aneinanderzureihen? Die geprüften Vpn. zeigen eine auffallende Einförmigkeit der Reaktionen: sie vergleichen nur zwei der zu ordnenden Elemente untereinander und beurteilen das dritte für sich. Hierin läßt sich eine Eigentümlichkeit erkennen, auf die wir schon am Anfang aller Reihenbildungen hingewiesen haben, ganz gleich, ob es sich um Längen, Gewichte usw. oder um die Zeit handelt [3]. Dieses Verhalten nun ist immer ein Zeichen dafür, daß die Eigenschaft, nach der die Reihe gebildet

---

[3] La Genèse du Nombre chez l'Enfant, Kap. V und VI, und Le Développement des Quantités chez l'Enfant, Kap. IX.

werden soll, noch nicht als relativ aufgefaßt, sondern noch als absolutes Prädikat abgeschätzt wird. In unserem besonderen Falle ist der Grund ganz klar. Das Kind ordnet die drei Flaschen eigentlich nur nach ihrer Höhe, und dies tut es nach dem Augenschein, bevor es noch einen Versuch macht zu füllen, weil es ohne weiteres annimmt, die Reihenfolgen und Zeiten werden diesen Höhen proportional sein. Wenn man es auffordert, es solle versuchen zu füllen, führt es dies wie widerstrebend aus und begreift nicht das erhaltene Ergebnis, wenn es seine Voraussage entkräftet, weil es sich nicht in die Hypothese einer Synchronisierung beider Abläufe versetzt (wir haben im vorigen Kapitel hinreichend gesehen, warum), sondern die zeitliche Reihenfolge und die räumliche Reihenfolge des Weges (der Höhen) miteinander verwechselt. Kurz, man findet hier eine Schwierigkeit analog denen der Reihenbildung des Kap. I/2). Das Kind des ersten Stadiums konnte die Zeichnungen mit den Ablaufhöhen nicht ordnen, weil es das Ganze der Bewegung, bei der diese Höhen die Etappen des Weges darstellen, im Geiste nicht wiederholen kann. Im vorliegenden Falle dagegen meint das Kind, die Etappen des Weges seien in der Reihenfolge der Flaschenhöhen gegeben, aber es kann auch die Füllzeiten nicht ordnen, weil es sich an diese statischen Merkmale hält und eine zeitliche von der räumlichen unterschiedene Reihenfolge nicht begreift. So stellen wir in Kap. I fest, daß dem Kind die Aufgabe nicht darum mißlingt, weil ihm im allgemeinen die Fähigkeit fehlt, eine Reihe zu bilden, da es ja räumlich die Flaschen nach ihrer Höhenordnung aneinanderreihen kann (ebenso wie es die Niveauflächen in Kap. I nach ihren Höhen ordñen konnte), sondern weil ihm eine spezifisch zeitliche Reihenbildung fehlt, d. h. darum, weil es nicht eine einzige Zeit hat, die allen sukzessiven Ereignissen, die sie füllen, gemeinsam ist.

2

Zweites Stadium

Teilstadium II A:
Vergleich von je zwei und zwei Elementen, aber keine Koordination der Paare unter sich

Im Fortschritt gegenüber den Kindern des ersten Stadiums messen die des zweiten das Ablaufen nicht mehr isoliert in einer Flasche, jedoch bleiben die Verhältnisse zwischen den Paaren noch unkoordiniert sowohl bei der Reihenbildung selbst wie bei der logischen Schlußfolgerung. Außerdem kann sich bei ihnen die Frage der Reihenbildung auch auf die Einschachtelung der Zeitstrecken als solche richten:

Lou (7 J.) meint, B werde schneller gefüllt sein als D, und man könne bis 5 zählen, um die Dauer von B abzuschätzen, und bis 6, bei der von D: «Versuch, diese drei (E, F und G) zusammenzustellen: hierher stellst du die, die am wenigsten Zeit nimmt, hier die, die ein bißchen mehr Zeit braucht und hierher, die am meisten Zeit zum Füllen braucht.» — (Er stellt auf: E < G < F nach Augenmaß.) — «Bist du sicher?» — *«Nein. Man muß die beiden Flaschen zu gleicher Zeit unter die Hähne stellen»* (er versucht E und G, stellt auf: E < F < G und verbessert E < G < F).— «Warum änderst du?» — *«Die* (E) *braucht weniger Zeit als* (F)» (Er versucht E und F und stellt wieder auf: E < G < F).

Ber (7; 10): «Welche von denen (D und G) wird zuerst voll sein?» — *«Beide zugleich.»* — «Sicher?» — *«Man muß versuchen»* (er macht es) ... *«Die da* (D). — «Mehr oder weniger Zeit?» — *«Weniger.»* — Ordne ... (D, E und F nach den Zeiten). — (Er stellt nach Augenmaß auf: D < F < E). «Sicher?» — *«Man muß mit dem Wasser versuchen.»* (Er versucht D mit F und stellt sie wieder zurück.) *«Es stimmt.»* — «Und das (E)?» — *«Die braucht mehr Zeit, sie ist dicker.»* (Er versucht D und E und stellt sie wie vorher zurück.)

An (7; 3) sieht, daß G vor J voll sein wird, weil sie dünner ist, aber *«es ist besser zu versuchen».* Sie findet bestätigt, daß es wirklich so ist, und schließt, daß *«sie weniger Zeit braucht.»* — So stelle mir diese drei (E, F und G) so auf, daß hier die steht, die zum Vollwerden am wenigsten Zeit nimmt, dann diese, die ein bißchen mehr, dann die,

209

die am meisten Zeit nimmt.» — (An will alle drei auf einmal hin-
stellen, stellt aber fest, daß nur zwei Ausläufe da sind.) — *«Welche
muß man nehmen?»* — «Wie du willst.» — (Nimmt E und F und stellt
auf: E $<$ G $<$ F). — «Stimmt das jetzt?» — *«Ich weiß nicht.»* —
«Könnte es so sein (E $<$ F $<$ G))?» — *«Ich weiß nicht.»*

Man gibt ihr G, H und K. Stellt nach Augenmaß hin: H $<$ K $<$ G,
versucht dann G und K und stellt auf H $<$ G $<$ K. «Stimmt das?» —
«Ich weiß nicht.» (Versucht H und G und stellt auf: G $<$ H $<$ K). —
«Und so ist es richtig?» ...

Jea (7; 4) stellt nach Augenmaß auf: D $<$ E $<$ F, versucht dann
D mit E und stellt auf: D $<$ F $<$ E, wobei er die beiden eben Aus-
probierten an die Enden stellt. «Warum (F) da?» — *«Dazwischen.»* —
«Bist du sicher?» — *«Nicht ganz.»* — «Versuch, den Platz von (C)
zu finden!» — (Er versucht D mit E, C mit F und stellt auf
D $<$ E $<$ C $<$ F). Es sollen geordnet werden A, B, C, D. Er versucht
D und A und sagt *«(A) ist die erste»*, versucht dann C mit B und stellt
auf: A $<$ D $<$ B $<$ C. «Ist das richtig?» — *«Nicht ganz»* (stellt auf:
A $<$ B $<$ C $<$ D, dann B $<$ A $<$ C $<$ D).

Der Fortschritt, der sich bei diesen Vpn. zeigt gegenüber
denen des ersten Stadiums, springt in die Augen: letztere vergleichen nur zwei von drei Flaschen untereinander und beurteilen die dritte nach Augenmaß oder, indem sie sie gesondert füllen, während die des vorliegenden Stadiums nur paarweise
vorgehen, wenigstens, wenn sie ihre Vermutungen kontrollieren
wollen. Die Zeitbegriffe bekommen also mehr Relativität, was
Hand in Hand mit den anderen gegliederten Anschauungen
geht, die wir bisher auf dieser Stufe festgestellt haben.

Neben diesem Fortschritt aber werden die sukzessiven miteinander verglichenen Flaschenpaare auch jetzt noch nicht miteinander koordiniert. So vergleicht Lou, um E, F und G zu
ordnen, E mit G und bildet E $<$ G $<$ F, ohne sich um das Verhältnis zwischen F und G zu kümmern usw. Den weniger entwickelten dieser Vpn. gelingt es also nicht, die drei Flaschen
aneinander zu reihen trotz aller Versuche, paarweise zu vergleichen. Manche kommen soweit nach einer Reihe glücklicher
Zufälle wie An und Jea, aber nur unter der Wirkung unserer
Suggestionen, und keiner gelingt die Reihenbildung von vier
Elementen, auch nicht, wenn durch Fragen geholfen wird.

Wie soll man diese interessanten Tatsachen erklären? Zuerst einmal zeigt die Unfähigkeit, die Paare mit Zeitungleichheiten zu koordinieren, ganz klar, daß diese noch nicht auf diesem Stadium als transitiv aufgefaßt werden, ebensowenig wie es bei den Relationen der Gleichheit durch Synchronisierung, die wir im vorigen Kapitel untersucht hatten, der Fall war. Dies werden wir auf direktem Wege am Ende des vorliegenden Kapitels auseinanderlegen. Aber warum diese doppelte Schwierigkeit bei der Reihenbildung oder bei der Einschachtelung der Zeitstrecken und bei dem Umgang mit der Transitivität ihrer Verhältnisse?

Der Grund ist einfach: wie wir schon am Ende von Kap. VI/1 gesehen haben, bedeutet das Anordnen der drei Geschehnisse $A <$ $B < C$ nach «vorher» und «nachher» und, wie wir jetzt hinzufügen können, das Einschachteln der drei ihnen korrelativen Zeitstrecken $a < \beta < \gamma$, die Fähigkeit, eine einzige Zeit als System der gleichzeitigen Umstellungen zu erfassen, in welchem die Zeiten der einzelnen Bewegungen, die im Ganzen (Kap. V) oder teilweise (vorliegende Versuche) synchron sind, sich untereinander koordinieren. Nun, hätten diese drei Flaschen, die den Kindern gezeigt werden, die gleiche Form und wären sie nicht von verschiedener Höhe, so würden sie unser Problem lösen können, da es dann nur darauf ankäme, die Niveauflächen nach einer einzigen Streckenordnung zu ordnen (vgl. Kap. I, Stadium II). Aber im Falle unserer drei verschieden geformten Flaschen lassen sich die Laufbahnen nicht mehr auf einer einfachen räumlichen Linie vergleichen, da die Lageänderungen sich zugleich nach der Höhe, der Breite und der Tiefe vollziehen: es handelt sich also darum, nicht nur Niveauänderungen zu ordnen, sondern ein komplexes System von progressiven Zunahmen an Volumen und Quantität. Darum kann die Zeit, die diese Quantifikation bewirkt, indem sie die Umformungen (gleichzeitigen Umstellungen) ordnet, in diesem Falle nicht auf anschaulichem Wege strukturiert werden. Wir haben dies schon bei der Synchronisierung festgestellt, und es ist klar, daß letztere von der Einschachtelung der Zeitstrecken abhängt, da zwei ungleiche Zeitstrecken α und β, von der die erste in der zweiten eingeschachtelt ist, nichts anderes sind als zwei synchrone Zeitstrecken α_1 und α_2 plus einer Differenz α_2 derart, daß $\beta_2 = \alpha_2 + \alpha'_2$ ist. Wir finden hier also bei der Einschachtelung der Zeitstrecken genau die gleichen Erscheinungen wieder: wenn das Kind die Wahrnehmungspaare $x < y$ und $y < z$ nicht ordnen kann, so darum, weil es keine Komposition der von dem Wahrnehmungsbild abstrahierten und damit zugleich transitiv gewordenen Relationen vornimmt, sondern in einem unzusammenhängenden Synkretismus die anschaulichen Verhältnisse des Niveaus, der Dicke, der Geschwindigkeit usw. miteinander vermengt, derart, daß, wenn ein Paar der Elemente gemessen ist, sein Platz in der Reihe in bezug auf ein anderes nach gleichem Prinzip gemessenes Paar noch gar nicht bestimmt ist; vielmehr wird dann das Maß des ersten Paares entweder im voraus dem vorgefaßten Ganzen der Wahrnehmungsverhältnisse (z. B. der Höhe der Flaschen) einverleibt, oder es läßt sich mit dem des zweiten nicht zusammensetzen. Einfacher ausgedrückt: es bestehen immer nur einzelne oder heterogene Zeiten und noch keine homogene Zeit, deren verschiedenen Momente sich ineinanderschachteln.

3

Teilstadium II B:

Empirische Entdeckung des richtigen Ergebnisses bei drei Elementen, aber Versagen bei vier

Die Vpn. dieses Teilstadiums unterscheiden sich von den letzten in Kap. VI/2 angeführten (An und Jea) darin, daß sie nicht mehr unserer Suggestivfragen bedürfen, um selbst die angenommenen Verhältnisse nachzuprüfen: so entdecken sie schließlich in sukzessiven Versuchen und Fehlern die Reihenfolge $A < B < C$, ohne aber ein Gesamtsystem *a priori* zu haben. Es folgen Beispiele:

Mar (7; 3) (schon in Kap. V/3 angeführt) sagt beim Anein-
aneinanderreihen von D, E und F spontan: «*Also ich nehme* (F und E),
dann leert man (F) *und fängt wieder von vorne an* (F und E).» Er versucht F mit E, dann F mit D, wie er es angekündigt hat, und stellt zufällig auf: D < E < F, dann E < D < F, ohne D mit E zu messen.

Bei A < D < E mißt er A < D, dann A < E und stellt auf:
A < E < D, ändert sie aber beim Anblick der Reihe um in A < E < D,
weil das Niveau in E etwas tiefer ist als in D. «Welche ist am schnellsten gefüllt?» (A). — «Und am langsamsten?» — « (D), *nein* (E). *O, ich
möchte gern die ausprobieren* (D und E)». Er macht es und stellt
richtig auf: A < D < E. Dann fordert man ihn auf, C dazwischen
zu stellen: er stellt nach Augenmaß auf A < D < E < C, probiert
dann A mit C und stellt sie wie vorher auf; dann sagt er: «*Ich glaube,
man muß noch (C) und (D) ausprobieren*», woraus sich ergibt
A < C < D < E.

Jac (7; 11) stellt zum Ordnen von D, E und F nach Augenmaß auf
E < F < D, versucht dann F und E, dann F und D und stellt auf:
E < D < F: «Welche nimmt am meisten Zeit?» (F) — «Am wenigsten?» — (E, zögernd.) — «Sicher?» — «*Nein, man könnte D und E
vertauschen*» (probiert D mit E und stellt auf: D < E < F).

Pie (8; 5) stellt auf: E < D < F, probiert dann E und D, stellt sie
wieder zurück, dann F und E und stellt sie wie vorher zurück, probiert dann E und D und stellt endlich auf: D < E < F.

Lis (8; 6) stellt auf: E < F < D nach Augenmaß, setzt dann hinzu:
«*Ich glaube,* (F und E) *sind zu gleicher Zeit voll*», probiert D mit F
und stellt auf: D < F < E; dann E mit D und stellt auf: D < E < F.
Aber bei der Frage: «Bist du jetzt sicher?» antwortet Lis richtig:
«*Ich will noch (E und F) probieren.*» Nach dem Versuch kommt er
zu dem Schluß: «*Jetzt bin ich ganz sicher.*»

Man sieht, diese Vpn. kommen im Gegensatz zu denen des
vorigen Teilstadiums allein dazu, die Elementenpaare, die sich
aus den Vergleichen ergeben, zu koordinieren. Sie gelangen dazu nur allmählich auf empirischem Wege; und wenn sie es von
vorneherein im Sinne haben, wie Mar, dann geschieht dies, ohne
zu verstehen, daß das mittlere Element, das die Paare verbindet, eben gerade die Eigenschaft hat, zwischen den äußeren
Elementen zu liegen. Aber sie gelangen dazu, ohne daß wir mit
Fragen helfen, und dieser Fortschritt in der Reihenbildung der
Ereignisse und die Einschachtelung der Zeitstrecken geht Hand
in Hand mit der Bildung der Begriffe, da ja. eben diese Vpn.

213

dieselben sind, die durch die empirische Methode eine genügend strukturierte Zeit erreichen, um die synchronen Zeitstrecken gleichzusetzen (z. B. hat sich dies im Fall Mar, Kap. V, gezeigt).

Andererseits, eben weil der Erfolg bei der Reihenbildung der drei Elemente empirisch bleibt und durch Probieren und nicht durch die Methode des Mittelgliedes mit Zwischenwert zustande kommt, bringt es das Kind nicht zur Verallgemeinerung seiner Entdeckung auf vier oder n Elemente: wenn es ihm manchmal gelingt, ein viertes Glied in eine schon konstruierte Reihe einzuschieben (cf. Mar), so ist es verloren, sobald es vier ungeordnete Elemente ordnen soll:

Pie (8; 5) probiert bei E, F, H, J sofort H mit J, sagt dann: *«Ich mache diese beiden* (E mit F)» und stellt auf: F < E < H < J. Danach vergleicht er E und H und stellt auf: F < H < J < E, probiert F und J und stellt endgültig auf: E < H < F < J. — Um G einzuschieben, probiert er G und J, woraus sich ergibt E < G < H < F < J, dann vergleicht er G und H und folgert: E < G < H < F < J.

Lis (8; 6) vergleicht H und J und stellt auf: H < J, vergleicht dann E und F und stellt auf: E < F, probiert noch E und J und folgert F < E < J < H: «Welche braucht am meisten Zeit?» — (H) — «Sicher?» — *«Ich erinnere mich nicht mehr ganz genau.»* (Vergleicht darauf E und J, dann E und F und stellt auf: E < F < J < H, probiert dann noch H und J, woraus sich ergibt F < E < H < J. — Bei A, B, C, D probiert er A und C, dann B und D und endlich A und D, woraus sich ergibt B < A < D < C. «Sicher?» — *«Ja.»* — «Da ist noch ein Fehler.» — *«Ich will ausprobieren»* (B und C, dann B und D). So ergibt sich: B < A < D < C. Probiert noch A < D und sagt: *«Es stimmt ganz genau.»*

Diese Versuche bestätigen gut den anschaulichen und empirischen Charakter der für Stadium II B bezeichnenden Methode: entweder bleibt die Vp. bei vier Elementen auf dem Niveau der unkoordinierten Paare, das sie bei drei Elementen schon überschritten hat, oder sie gelangt schließlich doch zum Ziele, indem sie immer wieder dieselben Messungen ausführt, als ob man nichts daraus ableiten könne. In beiden Fällen ist also das Ordnen von vier Elementen viel schwieriger als das von dreien, wenn die Vpn. nach anschaulichen Verhältnissen vorgehen, während bei der operativen Methode des Heraussuchens des mittleren Elementes, wie wir jetzt sehen werden, eine schnelle Verallgemeinerung von drei Elementen auf vier Elemente stattfinden kann.

4

Drittes Stadium:

Operatives Anordnen und Einschachteln

Wir werden operativ diejenigen Ordnungsweisen und Einschachtelungen nennen, die sich auf die Transitivität der Ungleichheitsrelationen oder der Einschließungen stützen und die also die Bestimmung eines mittleren Elementes B zwischen A und C erreichen, so daß B $>$ A und B $<$ C. Hier einige Beispiele:

Jac (8; 3) sagt beim Ordnen von D, E und F: *«Ich kann das nicht vorher wissen»*, probiert D mit E und sagt dann: *«Ich muß noch das suchen* (F und E)». Er stellt also auf: D $<$ E $<$ F. «Kann man jetzt sicher sein? Du hast nicht (D) mit (F) ausprobiert!» — *«Aber* (D) *ist vor (E), weil* (D) *mit* (E) *gefüllt wurde, und* (E) *mit* (F) ..., *ich weiß nicht recht, wie ich das ausdrücken soll.»*

Bei A, C, D und E setzt er nach Augenmaß C $<$ A $<$ E $<$ D, probiert dann C mit, dann C mit D und E mit D, woraus folgt A $<$ C $<$ D $<$ E.

Rit (8; 9) probiert es bei D, E, F mit D und E, setzt D $<$ F, dann D und E und setzt extra E, probiert dann E mit F und folgert D $<$ E $<$ F.

Bei E, F, H, J probiert er H mit J, stellt J an ein Ende und H ans andere, dann E mit J und stellt E nach H, dann F und J und setzt F vor E, dann E mit F und folgert H $<$ E $<$ F $<$ J. «Bist du sicher?» — *«Nein»* (er probiert E und H und stellt auf E $<$ H $<$ F $<$ J, vergleicht dann F und H und folgert E $<$ F $<$ H $<$ J). — «Füge jetzt die noch ein (G).» — (Er probiert G mit J und mit H.) *«Die füllt sich schneller als die beiden. Ich will mit der* (F) *probieren. So. Die* (E) *haben wir schon angesehen»* (er folgert E $<$ F $<$ G $<$ H $<$ J).

215

Ren (9 J.) probiert bei D, E, F, er sucht D mit F, dann stellt er auf: D < F < E und sagt: «*Ich glaube,* (E) *ist die letzte, aber man muß ausprobieren.*» Er tut es, dann stellt er auf: D < E < F, setzt aber hinzu: «*Die beiden muß man noch ausprobieren* (D und E).»

Bei A, C, D, E probiert er D mit E und sagt: «*Ich stelle* (D) *nicht an den Anfang, weil man mit den andern ausprobieren muß.*» So findet er, daß A an die oberste Stelle kommt, macht dann das gleiche mit B, dann mit C und folgert daraus die richtige Reihe.

Zuerst erkennt man den formellen Fortschritt gegenüber Teilstadium II B in bezug auf das Anordnen von drei Elementen: entweder stößt das Kind nämlich sofort ganz zufällig auf das mittlere Glied (E zwischen D und F) wie Jac, und dann findet es unnötig, die beiden äußeren zu vergleichen, was eine Bestätigung für das Gefühl der Transitivität ist (von dem Jac so hübsch sagt, «ich weiß nicht recht, wie ich das ausdrücken soll»); oder die Vp. fängt zufällig mit einem der äußeren Elemente an, wie Rit und Ren, weiß dann aber, daß ihm eine Relation zum Schließen fehlt. In beiden Fällen ist also die Transitivität erreicht.

Außerdem führt sie, wenn sie für drei Elemente erreicht ist, auch sehr schnell oder sogar unmittelbar — und das ist das Zeichen für einen operativen Mechanismus — zu einer Verallgemeinerung auf vier oder selbst fünf Elemente. Nun, es sind dies dieselben Vpn., die ohne Zögern die Gleichsetzung der synchronen Zeiten erreichen (Kap. V), und es ist klar, daß dieses Zusammentreffen nicht zufällig ist, da es sich jetzt darum handelt, die Zeitstrecken in ein einziges System einzuschachteln und die Synchronisierung einen Sonderfall dieser Einschachtelungsoperationen darstellt: in beiden Fällen wird die Zeit als Gesamtablauf aufgefaßt, in dem alle Phänomene inbegriffen sind, derart, daß die Zeitstrecken unter sich durch Relationen von Teil zu Ganzem oder der Gleichwertigkeit verbunden sind. Eben weil sie diesen ganzen Ablauf schon im Geist haben, sehen sie von vornherein, wenn sie mehrere Elemente zum Ordnen vor sich haben, daß dieses Ordnen möglich ist, und finden ohne Schwierigkeit die mittleren Glieder, um die Reihe herzustellen.

Aber könnte man die Dinge nicht anders deuten und den Fortschritt dieser Reihenbildungen in denen des Teilstadiums II B als Folge der Entwicklung der Fähigkeiten zum Ordnen im allgemeinen ansehen, d. h. als Entwicklung der formellen und operativen Fähigkeiten, die sich auf alle Begriffe anwenden lassen und konstant den Übergang von der wahrnehmungsmäßigen Anschauung zum verstandesmäßigen Denken anzeigen? Es wäre dann einfach diese Fähigkeit des Ordnens auf die Zeit angewandt, die den Vpn. erlaubt, die Idee eines Gesamtablaufs zu bilden und folglich die Probleme der Synchronisierung oder der Einschachtelung zu lösen. Die Erfahrung jedoch zeigt, daß die «Form» des Denkens sich erst durchschnittlich nach dem 11. Jahr von seinen Inhalten löst und sich ohne Unterschied auf alles anwenden läßt: bis dahin sind Form und Inhalt unlöslich in einer Gesamtorganisation der anschaulichen Verhältnisse verknüpft, bis zu dem Augenblick, da sie umkehrbar, folglich operativ geworden sind und darum ihre «Gruppierung» die deduktive Komposition und zugleich eine adäquate Definition der Begriffe ermöglicht. Das soeben aufgeworfene Problem ist also schlecht gestellt.

Dies werden wir jetzt kontrollieren können, wenn wir die Art der Überlegung selbst, auf welche die Ordnungen und Einschachtelungen ständig implizit zurückgreifen, in expliziter Form analysieren, nämlich die Transitivität der Relationen, die im Laufe dieser Entwicklung fortschreitend konstruiert werden.

Abschnitt II

DIE TRANSITIVITÄT DER RELATIONEN DER UNGLEICHHEIT DER EINGESCHACHTELTEN ZEITSTRECKEN UND DER RELATIONEN DER GLEICHHEIT DURCH SYNCHRONISMUS

Wir haben am Ende des Kap. V festgestellt, daß zwischen der Fähigkeit zur Gleichsetzung der synchronen Zeitstrecken und der Schlußfolgerung, daß, bei Gleichheit von α und β einerseits und β und γ andererseits, α und γ notwendigerweise auch gleich sind, eine bemerkenswerte Korrelation besteht. Jetzt ist es also wichtig zu untersuchen, ob der Fähigkeit, ungleiche Zeitstrecken ineinanderzuschachteln, auch die Fähigkeit entspricht, die Transitivität dieser Ungleichheitsrelationen zu erfassen, und zu begreifen, in welchen Beziehungen diese Transitivität mit der der Gleichheiten steht.

5

Erstes Stadium:

Keine Transitivität

Es ist klar, daß alle bisher im ersten Stadium beobachteten Eigentümlichkeiten die Transitivität ausschließen. Aber es muß dies noch kontrolliert werden, um zu beweisen, daß, wie wir vermutet haben, vor der Strukturierung der Begriffe selbst eine formelle Logik nicht möglich ist. Hier also Beispiele dafür:

Wen (6; 8) meint, daß, von A und B, A *«schneller voll ist»* und *«mehr Zeit»* nimmt zum Füllen. «In welchem ist mehr Wasser?» — (A) — «Warum?» — *«Weil sie schneller voll ist.»* — «Und da?» (B und C verglichen unter den Ausläufen). — «(B) *hat mehr Wasser.»* — «Welche ist schneller voll?» — (B). — «Und bei dem und dem?» (A und C, ohne den Versuch durchzuführen). — *«Die* (C) *wird schneller voll sein.»* — «Und wo wird mehr Wasser drin sein?» — (A).

Clau (; 10) meint ebenfalls, beim Ablaufen, (A) sei schneller voll als (B) und nehme also *«mehr Zeit».* Bei (B) und (C) ist andererseits (B) die, die *«schneller geht»* (nach Versuch). Wenn es aber darum geht, den Vergleich zwischen (A) und (C) vorauszusehen, meint er «(C) *wird schneller voll sein».* — «Warum?» — *«Weil das Wasser schneller geht.»* Bei den andern verglichenen Zusammenstellungen fällt Clau natürlich manchmal auf die richtige Voraussage ebenso wie auf die falsche, aber nur aus Zufall (da für beide Fälle 50 % Wahrscheinlichkeit bestehen) oder auf Grund der perzeptiven Eigentümlichkeiten der beiden äußeren Elemente.

Es bedarf keiner langen Kommentare, um die Gründe dieser Unfähigkeit zu Schlußfolgerungen in diesem Stadium zu begreifen, da die eben beachteten Reaktionen die genaue Übertragung von denen sind, die in Kap. VI/1 das Fehlen des Ordnens oder der Einschachtelung bei denselben Vpn. zum Ausdruck brachten. In der Tat, noch keiner der Begriffe, die diese Kinder auf dem Gebiet der Zeit oder Geschwindigkeit anwenden, hat einen eindeutigen Sinn: daher ist angesichts des Fehlens begrifflicher Invarianten keine Schlußfolgerung möglich. Muß man also die Zusammenhanglosigkeit dieser Begriffe der formalen Unfähigkeit, Schlüsse zu ziehen, zuschreiben, oder umgekehrt? Es springt in die Augen, daß diese beiden Erscheinungen nur eine einzige bilden, da die formelle Schlußfolgerung nur die Erklärung und die Gruppierung der Relationen ist, aus denen diese Begriffe bestehen, und diese letzteren sich ohne eine Gesamtgruppierung nicht zusammenhängend organisieren können.

6

Zweites Stadium:

Nicht-Transitivität (Teilstadium A),
dann empirische Entdeckung der Transitivität (Teilstadium B)

Trotz der Stabilisierung der Begriffe der Gleichzeitigkeit und der umgekehrten Beziehungen zwischen Zeit und Geschwindigkeit bezeugen die Vpn. des zweiten Stadiums zuerst dieselbe Intransitivität wie im Stadium I:

Stuz (6; 10). A und B_1: (Welche wird mehr Zeit brauchen, bis sie voll ist?» — *«Die* (B_1), *weil sie dicker ist»* (Versuch: richtig). «Und da, sieh mal!» (B_1 und B_2: Versuch). — *«Zu gleicher Zeit.»* — «Wenn man die versucht?» (B_2 und C: Versuch). — *«*(B_2) *weniger Zeit, weil sie kleiner ist.»* — «Gut». (Man ordnet A $<$ B_1 = B_2 $<$ C). «Und da B_1 und B_2)?» — *«Dasselbe.»* — «Und da (B_1 und C)?» — *«Weiß nicht.»* — «Kann man es nach dem sagen, was man vorher gesehen hat?» — *«Man muß probieren, man kann es nicht sagen.»* — «Und da (A_1 und B_1)? — *«Dasselbe.»* — «Und da (A und B_1)?« — («B_1 *mehr Zeit.»* — «Und da (B_1 und C: Versuch)?» — «(C) *mehr Zeit.»* — «Und da (A und C)? — «Ich weiß nicht.» — (Versuch). — «(C) *mehr Zeit.»* — «Konnte man das wissen?» — *«Nein.»*

Béa (6; 11). Es wird festgestellt, daß A < B, C < D und B < C ist: «Behältst du das alles?» — (Er wiederholt richtig, indem er auf jedes zeigt). — «So, ordne mir das: hierher, die, die am meisten Zeit braucht, usw.» (Ordnen). (Er bildet B < A < D < C). — «Weißt du noch, was wir gesagt haben?» (Er zeigt wieder paarweise). «Kann man jetzt wissen, welche am meisten Zeit gebraucht hat?» — *Man kann das nicht wissen.* — «Und von denen (A und B)?» — «(B).» — «Und von denen (B und C)?» — «(C)». — «Und von denen (A und C)?» — *Weiß nicht.* — «Aber kann man wissen, ob (A < B und B < C) ist?» — *Man muß ausprobieren.*

Cat (7 J.). A und B₁ (Versuch): «(A) *geht schneller.*» — «Welche braucht mehr Zeit?» — «(B₁).» — «Und da (B₁ und B₂: Versuch)?» — *Das ist zusammen voll.*» — «Und (A und B₂)?» — «(B₂) ... *oder* (A).» — «Kann man das wissen?» — *Man kann das nicht wissen.* — «Aber du erinnerst dich noch an (A und B₁)?» — *Ja,* (A) *geht schneller, weil sie kleiner ist.*» — «Und (B₁ und B₂)?» — *Dasselbe.* — «Und (A und B₂)?» — «(B₂) *vielleicht schneller.*»

«Und da (A und B₁)?» — «(A) *schneller.*» — «Und B₁ und C: Versuch)?» — (B₁) *schneller voll*» — «Und da (A und C)?» — *Das muß* (C) *sein.* — «Warum?» — *Sie ist kleiner.*

Flei (7 J.): Bei A und B (Versuch) braucht B *«mehr Zeit».* — «Und da (B und C: Versuch)?» — «(C) *nimmt mehr Zeit.*» — «Und da (A und C)?» — »(C) *wird mehr Zeit nehmen, nein,* (A), *nein doch* (C).» — «Was meinst du?» — *«(A) ist dicker.*» — «Aber was ist sicher?» — *Man kann vor dem Probieren nicht wissen.*

Marg (8 J.): A < B₁; B₁ = B₂, aber A und B₂: *«ungefähr zur gleichen Zeit.*»

Und jetzt Beispiele für das Teilstadium II B, die ebenso wie die vorhergehenden Vpn. anfangen, um dann aber die Transitivität zu entdecken:

Gail (7; 10)) sieht für A und B voraus, daß *«(A) mehr Zeit brauchen wird, bis sie voll wird, weil sie größer ist.*» (Versuch). *«Ach nein, die (B).»* — «Warum mehr Zeit?» — *«Sie hat ein größeres Loch.»* — «Wenn man (A) in (B) gießt?» — *Dann geht es weiter als bis zum Rand.* (Versuch). *«Ach nein.»* — «Und da (B und C), welche braucht mehr Zeit?» — «(B).» (Versuch). «Stimmt das?» — *Nein* (C)» — «Und bei denen da (A und C), welche braucht mehr Zeit.» — «(A), *weil sie größer ist.*» — «Erinnerst du dich da (A und B)?» — «(B).» — «Und bei denen (B und C)?» — «(C).» — «Und jetzt bei dem und dem (A und C)?» — *Jaja, dann braucht* (C) *mehr Zeit als* (A).» — «Und

wenn man (A) und (C) gießt?» — «*Das würde über den Rand gehen.
Aha! Nein, das ging* (in B).»

Pit (7; 11) stellt fest, daß A < B und B < C: «Und bei denen
(A und C)?» — Er sieht aufmerksam hin und sagt: «*Die* (C) *mehr
Zeit.*» — «Warum?» — «*Sie ist größer.*» — «Und wenn (A < B und
B < C) ist, ist man dann sicher, daß (C) mehr Zeit braucht als (A)?» —
«*Man ist nicht sicher, wenn man nicht versucht hat.*» — «Aber (A)
ist (< B)?» — «*Ja.*» — «Und (B < C)?» — «*Ja.*» — «Also (A und
C)?» — «(C) *mehr Zeit.*» — «Ist das im voraus ganz sicher?» —
«*Nicht ganz.*»

«Und da (B = B$_2$: Versuch)?» — «*Dieselbe Zeit.*» — «Und da
(A und B$_1$)?» — «(B$_1$) *mehr Zeit, das haben wir schon gesehen.*» —
«Und da (A und B$_2$)?» «(B$_2$) *vielleicht auch mehr Zeit.*» — «Ist das
sicher, ohne daß man probiert?» — «*Besser, wenn man probiert.*» —
(Versuch). — «*Es war richtig*» (ohne Erstaunen).

Es ist interessant zu beobachten, wie sehr diese verschiedenen Reaktionen — diejenigen, bei denen die Bildung einer
Transitivität endgültig mißlingt, oder diejenigen, die allmählich, aber nur empirisch und nach sukzessiven Korrekturen der
Anfangsanschauungen gelingen — an die Reihenbildungen und
Einschachtelungen bei den entsprechenden Stufen II A und II B
erinnern.

Ebenso wie die Vpn. der Stufe II A nicht drei Elemente
zu ordnen verstehen, weil sie nicht die zusammengesetzten
Paare durch verschiedene Kompositionen der A, B und C koordinieren können, und dies wiederum nicht, weil sie nicht ein
mittleres Glied B so bestimmen können, daß zu gleicher Zeit
B > A und B < C ist, ebenso verstehen sie nicht, wenn man
ihnen A < B und B < C zeigt, daß daraus A < C folgert.
Nun, wenn dieser Gedankengang in den Reihenbildungen und
Einschachtelungen logisch eine Rolle spielt und diese umgekehrt die Voraussetzung für jene sind, da sie nur die «Gruppierung» der asymmetrischen Relationen oder Einschließungen
(inclusions) bilden, bei denen die Überlegungen (A < B) +
(B < C) = (A < C) die Transitivität ausdrücken, dann könnte
man sich fragen, ob die beiden Operationsarten auch psychologisch identisch sind. Vom Standpunkt einer nicht operativen
Psychologie scheint das Reihenbilden in der Tat eine viel kon-

kretere, also leichtere Konstruktion darzustellen als die deduktive Überlegung, die zwei gegebene Relationen, auch wenn sie konkret sind, betrifft und die aus ihnen eine dritte, nicht wahrnehmbare, abzuleiten sucht. Nun, die offensichtliche Übereinstimmung der Antworten im Stadium II A hinsichtlich der beiden Arten Fragen zeigt genügend, daß es sich auch psychologisch um ein und dasselbe Problem handelt.

Bei den Vpn. des Teilstadiums II B läßt sich außerdem die interessante Feststellung machen, daß die Art und Weise, in der sie die Transitivität empirisch entdecken, stark an die erinnert, mit der sie die Reihenbildungen und Einschachtelungen nach vielem Probieren auf dem Boden der Anschauung herstellen. In beiden Fällen ordnen sie zuerst nach Augenmaß oder beurteilen die Relation zwischen A und C nach Augenmaß, ohne die Relationen A < B und B < C zu beachten. Ist aber die Reihe einmal aufgestellt, sei es tatsächlich auf dem Tisch oder geistig in der Schlußfolgerung, dann löst sie die Folgerungen aus, die in Teilstadium II A nicht bemerkt wurden und die, einmal überprüft, selbst sukzessive Korrekturen hervorrufen bis zu dem richtigen Ergebnis. Aber ebenso wie die derart gebildete Reihe erst angenommen wird nach Überprüfung aller Relationen, einschließlich derer, die sich logisch aus andern ergeben, ebenso überzeugen die so durch Transitivität in der Überlegung entstehenden Schlüsse nur ein Gefühl der halben Gewißheit, das Pit mit den Worten ausdrückt: «Man ist nicht sicher, wenn man nicht versucht hat.»

Wir sehen jetzt, wie weitgehend diese Nicht-Transitivität der Stadien I und II A und diese progressive Konstruktion der Transitivität in Teilstadium II A mit der Erklärung übereinstimmt, die wir am Ende von Kap. IV für den Übergang von der wahrnehmungsgebundenen Intuition zur Operation zu geben versucht haben, indem wir erst perzeptive, dann vorstellungsmäßige Dezentrierungen annahmen. Es ist nämlich ganz klar, daß der Fortschritt der Transitivität, angefangen bei den sukzessiven zentrierten anschaulichen Verhältnissen, mit einer allmählichen Dezentrierung zusammenhängt, und wenn die Tran-

222

sitivität wirklich den Nerv des Ordnens und Einschachtelns bildet, haben wir da für die Strukturierung der Zeitstrecken ein Erklärungsmittel ganz entsprechend dem, das wir bei den Folgen angewendet haben. Dies werden wir gleich sehen, wenn wir die Reaktionen des Stadiums III untersucht haben.

7

Drittes Stadium:

*Richtige, auf die Transitivität der Relationen
gegründete Deduktion;
Schlußfolgerungen: Die Transitivität der Zeitrelationen und
die Dezentrierung der Anschauung*

Von 7 Jahren an und normalerweise bei den Achtjährigen findet man immer mehr Vpn., die fähig sind, die vorhergehenden Probleme zu lösen, und es sind dies eben gerade die, bei denen die Reihenbildungen und Einschachtelungen von vorneherein systematisch und richtig sind:

Mos (7; 6). A und C: «(A) *wird weniger Zeit brauchen, weil* (C) *dicker ist.*» (Versuch). «*Ja, weil* (A) *schneller voll geworden ist.*» — «Und da» (A und B: Versuch)?» — «*Wieder ist* (A) *die erste*» (er ordnet sie A < B < C). — «Warum stellst du (B) in die Mitte?» — «*Weil sie weniger Zeit nimmt als* (A) *und kleiner ist als* (C), *darum nimmt* (B) *weniger Zeit als* (C).» — «Welche von diesen (A und B) nimmt mehr Zeit?» — «(B)». — «Welche schneller?» — «(A)». — «Welche mehr Wasser?» — «(B).» — (C und D werden verglichen.) — «(D) *nimmt mehr Zeit, weil sie größer ist*» (die läßt sich äußerlich nicht sehen). — «Und von (D) und (B) und (A)?» — «(A) *und* (B) *schneller als* (D).» — «Warum?» — «*Weil wir gesehen haben, daß* (D) *mehr Zeit nimmt als* (C) *und* (C) *mehr Zeit als* (B) *und* (A), *also werden* (A) *und* (B) *schneller voll als* (D).» — «Wo ist mehr Wasser drin?» — «*Da* (D).»

Bur (8; 6). B$_1$ und B$_2$ (Voraussehen): «(B$_1$) *wird schneller gehen, weil* (B$_2$) *mehr Zeit brauchen wird, sie hat mehr Wasser drin.*» (Versuch). «*Ah, zu gleicher Zeit.*» — «Wie lange?» — «*Eine Minute und eine Minute.*» — «In welcher ist mehr Wasser?» — «*Gleich viel.*»

223

(B_1 und C: Versuch). «(C) *mehr Zeit, weil* (B_1) *dünner ist als* (C).» —
«Und das Wasser?» — *«Mehr* in (C), *weniger* in (B_1).» — «Und
(B_2 mit C: Voraussehen)?» — *«Mehr Zeit in* (C).» — «Warum?» —
«Weil (B_1) *und* (B_2) *dasselbe ist.»* — «Und das Wasser?» — *In* (C)
mehr.» — «Und (C und A)?» — *«*(C) *braucht länger.»* — «Welche
wird schneller voll sein?» — «(A).»

Bon (8; 6). A $<$ B (Versuch): B braucht *«mehr Zeit»*, aber (A)
voll und B $^2/_3$ *voll nehmen «die gleiche Zeit»*, und wenn man $^2/_3$ B in A
hineingießt, *«wird es bis zum Rand gehen, es wird gerade voll wer-*
den.» Es wird dann festgestellt, daß B $<$ C: «Und (A und C)?» —
«In (C) *wird es mehr Zeit nehmen, weil* (A) (B) *ersetzt.»*

Man sieht, daß Bon in der deduktiven Überlegung die Einsetzung
anwendet.

Also wieder läßt sich die vollständige Parallele feststellen
zwischen dem Denkprozeß, der sich auf die Transitivität der
Relationen der Einschachtelung oder des Synchronismus gründet, und der Möglichkeit, operative Reihen mit drei oder vier
Gliedern herzustellen.

Versuchen wir jetzt, ausgehend von dieser bemerkenswert
einfachen und klaren Entwicklung der Transitivität selbst, uns
ein Gesamtbild von dieser Entwicklung der Stadien I bis II zu
machen.

Zuerst einmal: warum wird der Ausgangspunkt (Stadien I
und II A) durch eine fast vollständige Intransitivität charakterisiert, und zwar derart, daß die Vp. von einem Augenblick
zum andern die Relationen, die sie eben noch ausdrücklich
festgestellt hat, zu vergessen scheint? Es ist klar, daß dieses Phänomen, das für das anschauliche und egozentrische Denken
charakteristisch ist, im Gegensatz zu dem operativen Denken nur eine ganz natürliche Verlängerung dessen ist, was sich
bei den Wahrnehmungen und den sensu-motorischen Handlungen abspielt: ebenso wie jede Wahrnehmung die vorhergehenden vertreibt und das aktuelle Wahrnehmungsfeld ganz aus-
füllt, so drängt jede anschauliche Beziehung (A $<$ B oder
B $<$ C usw.), die die Vp. sukzessive ins Auge faßt, die vorhergehenden aus dem Aufmerksamkeitsfeld zurück; und ebenso wie in einem komplexen Sehfeld die mit dem Blick zen-

trierte Figur im Verhältnis zu der Peripherie überschätzt wird und bei dieser die Dimensionen unterschätzt werden, so wird, wenn die Vp. alle Elemente vor Augen hat, nur die im Augenblick ins Auge gefaßte Beziehung von dieser Zentrierung des anschaulichen Denkens der «monoïdeischen» Aufmerksamkeit beleuchtet, während eben dadurch die anderen Beziehungen in den Schatten gestellt werden. Die Nicht-Transitivität ist also das Primat der sukzessiven Zentrierungen der Anschauung ohne jegliche Verbindung von einer zur anderen (außer vielleicht gewissen unbewußten Übertragungen): wenn die Vp. z. B. das Verhältnis $A < C$ betrachtet, vergißt sie völlig, daß sie schon A mit B und C mit B in Beziehung gesetzt hat, als ob jedes Paar AB, BC und AC je eine neue Wahrnehmungsstruktur für sich bilde und *ipso facto* die vorhergehenden zerstöre (außer wenn $A < B$ unbewußt auf AC in dem Sinn $A < C$ einwirkt oder wenn $C > B$ in dem Sinn $A > C$ usw. Einfluß hat).

Mit dem Teilstadium II B sieht man ein In-Beziehungsetzen der sukzessiven Verhältnisse in Erscheinung treten, das aber noch nicht vollständig ist und darum seinerseits einem Wahrnehmungsphänomen — aber dem der Dezentrierung — vergleichbar ist. Auf dieser Stufe kann nämlich von eigentlichen Operationen noch keine Rede sein, da die Transitivität sich der Vp. keineswegs als innere Notwendigkeit aufdrängt, sondern nur als mögliches oder wahrscheinliches Ergebnis. Also wenn das Kind an das Verhältnis zwischen A und C denkt, erinnert es sich nur an die Verhältnisse $A < B$ und $B < C$, aber nicht um sie untereinander zu koordinieren, sondern so, als ob sie durch bloßes Reproduzieren für A einen kleineren ($<$) Wert und für C einen größeren Wert ($>$) ansetzten, wonach $A < C$ plausibel würde. Anders gesagt, ebenso wie die sukzessiven Wahrnehmungen am Ende dazu führen, in der Zeit und im Raum aufeinander einzuwirken, und diese «Dezentrierung» wie eine Regulierung im Sinn der Abnahme der Überschätzungen wirkt, besonders dann, wenn eine gegenseitige «Transposition» der sukzessiv wahrgenommenen Verhältnisse möglich ist (mit der geistigen Entwicklung nimmt gerade diese

Dezentrierung zu) [4], so beeinflussen sich schließlich die sukzessiv durch die Anschauung zentrierten Verhältnisse durch eine Art Transposition, und diese anschauungsmäßige Dezentrierung führt zu einer Korrektur, aber nur regulierender und noch nicht eigentlich logischer Art.

Im Stadium III endlich erreichen die regulierenden Dezentrierungen und Transpositionen die vollständige Reversibilität, d. h. wenn die Vp. an A und C denkt, kann sie die Verhältnisse $A < B$ und $B < C$ mit der gleichen Beweglichkeit finden, wie wenn sie noch aktuell wären: die Relationen $A < B$ und $B < C$ können dann beliebig durch ihre Vereinigung zu $(A < B) + (B < C) = (A < C)$ zusammengesetzt oder von diesem neuen Ganzen aus in $(A < C) - (B < C) = (A < B)$ oder $(A < C) - (A < B) = (B < C)$ umgestellt werden. Diese absolute, weil vollständig umkehrbare Dezentrierung hört also auf, in einer bloßen Regulierung zu bestehen von dem Grenzpunkt an, der durch diese Umkehrbarkeit selbst definiert wird: sie bildet jetzt vielmehr eine Operation. Die Transitivität, d. h. die umkehrbare Zusammensetzung, welche die letztere charakterisiert, ist also nichts anderes als das freie Übergehen von einem Verhältnis zu einem anderen, das durch eine vollkommen gewordene Dezentrierung gesichert wird: sie löst den Geist aus den anschauungsmäßigen Zentrierungen zugunsten der vollständigen Beweglichkeit der möglichen Transpositionen und setzt damit an die Stelle des statischen und begrenzten Gleichgewichts der Anschauung das bewegliche und unbegrenzte Gleichgewicht der deduktiven Intelligenz.

Nun, wenn dieses die Erklärung der Transitivität ist, versteht man ohne weiteres die Konstruktion der Reihenbildungen und Einschachtelungen, die wir in Kap. VI/1 bis 4 untersucht haben. Die isolierten Abschätzungen der Dauer oder der Geschwindigkeit, die dem Stadium I eigentümlich sind, zeigen das Primat der primitiven Zentrierungen. Die Bildung von Paaren, die aber noch untereinander unkoordiniert bleiben, in Stadium II A, weist einen Fortschritt im Sinne der Dezentrierung auf (man

[4] Vgl. den zitierten Artikel, *Arch. Psychol.*, Bd. XXIX (1942).

könnte sie den «wahrnehmungsmäßigen Vergleichen» annähern, die wir anderweitig mit Marc Lambercier untersucht haben und die in der Tat immer eine gewisse Form von Dezentrierung zusammen mit Vorgängen des «Transports» und der «Transposition» voraussetzen) [5]. Mit der empirischen Entdeckung des «mittleren Gliedes» in Teilstadium II B und seiner methodischen Verwendung in Stadium III verstärkt sich die Dezentrierung bis zu ihrem Endstadium, der Operation, und dank dieser wachsenden Transitivität wird die Konstruktion der Reihen möglich. Man könnte hierzu bemerken, daß die Anwendung des Denkens auf die verschiedenen Elemente, die geordnet werden sollen, eine Form der Aufmerksamkeit voraussetzt, die man «synthetisch» genannt hat, im Gegensatz zu dem «Monoïdismus», mit dem Ribot die elementare Aufmerksamkeit definierte: wenn nämlich diese letztere gut die anschauliche Zentrierung charakterisiert, die alles außer acht läßt, was sie im Augenblick selbst nicht erfaßt, fällt die erstere mit der Bemühung um die Komposition zusammen, die in dem dezentrierten Denken eine Rolle spielt. Was die in Stadium III erreichte Gleichgewichtsstruktur anbetrifft, so kann sie nur eine «Gruppierung» der Operationen sein, da eine vollendete Dezentrierung nur bedeuten kann, daß die Relationen, die bis dahin sukzessiv und isoliert betrachtet wurden, nun koordiniert werden.

Allgemein gesprochen, folgt die Organisation der Zeitstrekken also einem Prozeß, der genau parallel zu dem verläuft, der bei der Konstruktion der Reihenfolge eine Rolle spielt. Die Dauer, die sich zuerst wegen der Zentrierung auf die Endpunkte mit dem durchlaufenen Raum vermischt, wird später in Form von Synchronisationen, die mit der Dezentrierung der Gleichzeitigkeiten Hand in Hand gehen, und in Form einer Einschachtelung in Teilsynchronisierungen strukturiert; diese letztere ergibt sich aus der operativen Transitivität, welche ihrerseits aus einer Dezentrierung hervorgeht — analog derjenigen, die die Gruppierung der Sukzession gestattet.

[5] Arch. Psychol., Bd. XXIX, 1942, S. 173—253.

Kapitel VII

Additivität und Assoziativität der Zeitstrecken

Der Begriff des Synchronismus, dessen Konstruktion, wie wir in Kap. V gesehen haben, den Übergang von der anschaulichen Zeitauffassung zu der homogenen Zeit operativer Art markiert, hat uns in Kap. VI zu der Frage der Zeitschätzung im allgemeinen geführt. Diese Schätzung beruht in der Tat immer, direkt oder indirekt, auf der Idee des Synchronismus: zwei Zeitstrecken vergleichen, bedeutet, sie als gleich oder ungleich beurteilen, sei es auf Grund ihrer synchronen Teile, sei es auf Grund einer dritten Dauer, die ihnen als Maß dient, weil sie, wenn man so sagen darf, nacheinander synchron zu der einen, dann zu der anderen verläuft. In dem ersteren der beiden Fälle begnügt man sich mit einer qualitativen Einschachtelung, die den Vergleich der Teilzeiten mit den Gesamtzeiten verschiedener Ordnung möglich macht: $A < B$; $B < C$ usw.; Im zweiten Fall bringt man die metrische Zeit herein. Die Genese dieser letzteren werden wir im folgenden Kapitel untersuchen. Was die qualitativen Einschachtelungen anbetrifft, so haben wir mit der Beschreibung der einfachen Einschließungen des Typus $A < B < C \ldots$ usw., die im vorigen Kapitel betrachtet wurden, die elementare Analyse noch nicht abgeschlossen.

Wenn derartige Einschachtelungen wirklich, wie wir es in Kap. II vorausgesetzt haben, den Gesetzen der «Gruppierung» gehorchen sollen, müssen noch wenigstens zwei Bedingungen erfüllt sein: 1. es bedarf erstens eines Prinzips der Addierbarkeit, das wir in Kap. VI implizit angenommen haben, das wir aber jetzt klar herausstellen müssen: wenn das Kind fähig wird, die Zeitstrecken in einer Reihe so einzuschachteln, daß sich ergibt $A < B < C \ldots$ usw., dann muß es zwei Teilzeiten A und A' in ein Ganzes $A + A' = B$ vereinen können, so daß $B > A$ und $B > A'$; dann B und B' in ein Ganzes $B + B' = C$ ver-

228

einen, so, daß $C > B$ und $C > B'$ usw. Kurz, es muß verstehen, daß die Addition zweier Zeitstrecken auch wieder eine Zeitstrecke bildet und daß diese eindeutig bestimmt ist. 2. Es bedarf weiterhin — und dies ist, wenn man von «Gruppierung» sprechen will, wesentlich — eines Prinzips der «Assoziativität», das die Erhaltung des Ganzen unabhängig von der Zusammenstellung der Teile gewährleistet: es handelt sich also darum, $(A + A') + B' = A + (A' + B')$ gleichsetzen zu können und so in beiden Fällen das gleiche Ganze $A + A' + B' = C$ zu erhalten, unabhängig von dem Gang $(A + A') + B'$ oder $A + (A' + B')$, den die Operationen zu dieser Bildung nehmen.

Wie aber die Bildung dieser beiden Merkmale der Zeiteinschachtelung, der Additivität und der Assoziativität, psychologisch untersuchen? Nichts ist einfacher als das, trotz des abschreckenden Eindrucks, den ihre symbolischen Formeln machen, und das Ergebnis dieser doppelten Analyse wollen wir in vorliegendem Kapitel kurz zur Darstellung bringen.

1

Versuchsmethode und allgemeine Ergebnisse

Man teilt dem Kind mit, daß man zwei kleine Männer in Etappen laufen lassen wird — aber verschieden schnell: einen großen I, der schnell geht, und einen kleinen II, der langsamer geht (man kann bei den Kleinen von 4 bis 6 Jahren die Geschwindigkeiten umkehren, zur Freude der Kinder über den Sieg des kleinen II). Man richtet die Laufstrecken so ein, daß sie geradlinig sind und von ihrem gemeinsamen Ausgangspunkt aus einen Winkel von 90° bilden. Das Männchen II läuft also von C los und legt die Strecke von 10 cm in einer gegebenen Zeit (A_1) zurück, während das Männchen II eine Strecke von etwa 5 cm in der gleichen Zeit ($A_2 = A_1$) zurücklegt. Darauf laufen beide Männchen wieder los, und I macht etwa 20 cm in einer Zeit (A'_1), während II 10 cm in einer gleichen Zeit ($A'_2 = A'_1$) macht. Endlich machen beide Männchen einen letzten Lauf, z. B. I 8 cm in einer Zeit (B'_1) und II einen kleineren Weg in der gleichen Zeit ($B'_2 = B'_1$). Es wird dafür gesorgt, daß die Grenzen der einzelnen Wege durch gut sichtbare Markierungspunkte festgehalten werden: z. B. durch blaue Spielmarken für I bei 10, 30, und 38 cm und durch gelbe Marken für II bei 5, 15 und 19 cm, vom Nullpunkt gerechnet, der auf dem Tisch oder dem Papier angezeichnet ist. Es ist manchmal zweckmäßig, die rechtwinkligen Strecken im voraus zu ziehen.

Die Fragen während dieses ersten Versuchsabschnittes sind folgende: 1. Ist die Vp. der Ansicht, daß die synchronen Zeitstrecken $A_1 = A_2$ gleich sind? Ist sie nicht dieser Ansicht, dann ist es zwecklos fortzufahren, außer wenn sie durch irgendeine Suggestion darauf gebracht wird, doch in diesem Fall kann man nur sehr selten die Addierbarkeit erwarten. 2. Ist die Vp. ebenso der Ansicht, daß die Zeitstrecken $A'_1 = A'_2$ und $B'_1 = B'_2$? Diese Fragen werden natürlich im Augenblick des zweiten Laufs von I und II (Zeit A') gestellt, indem man fragt, ob sie jetzt in der gleichen Zeit gegangen sind, dann noch einmal im Augenblick der dritten Laufstrecken (Zeit B') mit der gleichen Frage. 3. Wenn die Vp. die drei entsprechenden Gleichheiten $A_1 = A_2$, $A'_1 = A'_2$ und $B'_1 = B'_2$ verstanden hat (und nach Beendigung der Läufe bestimmt man es noch genauer), dann stellt man die Frage der Zeitaddition: hat Männchen I von 0 bis zum Ende seines Weges die gleiche Zeit (oder mehr oder weniger) gebraucht wie Männchen II für seinen Weg? Wenn das Kind dies verneint, erinnert man es, aber ohne Suggestion, so als ob man eine andere Frage stelle, an den Synchronismus der einzelnen Zeitstrecken, dann stellt man wieder die Frage nach der Gleichheit der Gesamtzeiten [1]: $A_1 + A'_1 + A'_2 = A_2 + A'_2 + B'_2$.

Hat die Vp. diese Gleichheit der Gesamtzeiten, deren einzelne Zeiten, je zwei und zwei, gleich sind, anerkannt oder ver-

---

[1] Wir werden dieses Total $C_1 = C_2$ schreiben unter Verwendung des Gruppierungssymbolismus $A + A' = B$ und $B + B' = C$.

neint, dann geht man zu dem Problem der Assoziativität über, und zwar in folgender Weise: Man sagt dem Kind, daß die zwei Männchen wieder vom Ausgangspunkt 0 losgehen werden, diesmal aber ohne gleichzeitig stehen zu bleiben. Man hebt deutlich hervor — und das ist natürlich wesentlich —, daß beide mit genau der gleichen Geschwindigkeit gehen werden wie vorher, der große I schneller (oder langsamer) als der kleine II. Man läßt dann I und II von Punkt 0 losgehen, aber während II an seinem ersten Markierungspunkt (5 cm) in dem Moment stehen bleibt, in dem I seinen ersten (10 cm) passiert, setzt dieses Männchen I seinen Weg (ohne bei 10 cm anzuhalten) bis zu seinem zweiten Markierungspunkt (30 cm) fort. Anders ausgedrückt: II bleibt nach einer Zeit A_2 stehen, während I während einer Zeit $B_1 = A_1 + A'_1$ (oder $A_1 = A_2$) geht. Dann fragt man, welcher länger gegangen ist, um sicher zu sein, daß die Gegebenheiten verstanden worden sind. Schließlich gehen I und II wieder gleichzeitig los, aber I bleibt am Ende seines Weges stehen (und er kommt da an, während II noch geht). und II setzt dann seinen Weg (ohne Anhalten) bis zu seinem Ende fort. Anders ausgedrückt: in diesem zweiten Teil der Reise geht I während einer Zeit B'_1, während II während einer Zeit (A'_2 + B'_2) geht. Dann wird wie vorher gefragt, welcher länger gegangen ist. Sind diese Gegebenheiten gut verstanden, stellt man die Frage der Assoziativität: wird die Gesamtzeit $[A_1 + (A'_1 + B'_1)]$ der Reise von I gleich der Gesamtzeit der Reise von II $[A_2 + (A'_2 + B'_2)]$ sein oder nicht, anders gesagt: wird noch die Gleichung bestehen: $(C_1 = C_2)$?

Man kann natürlich die Dinge dadurch erleichtern, daß man die Einzelwege bei I und bei II jeweilig gleich wählt, woraus sich die allgemeine Gleichheit der Zeitstrecken ($A_1 = A'_1 = B'_1$ $= A_2 = A'_2 = B'_2$) ergibt, unter Beibehalten — oder nicht — der Ungleichheit der Geschwindigkeit, also der Wege zwischen I und II. Andererseits kann man das Problem dadurch komplizieren, daß man die Männchen bei der Frage der Assoziativität Wege beschreiben läßt, deren Haltepunkte nicht mit den anfänglichen Markierungspunkten zusammenfallen, wobei selbstverständlich die gleichen Gesamtstrecken beibehalten werden müssen.

Man könnte einer solchen Methode entgegenhalten, daß das Kind, wenn es während des ersten Teils des Versuchs die Gleichheit der Zeiten ($C_1 = C_2$) zugegeben hat, sich vielleicht damit begnügt, nur in Worten zu wiederholen, daß die Gesamtzeiten die gleichen sind ($C_1 = C_2$), ohne sich die Mühe zu geben, über die Zusammensetzungen $(A_1 + A'_1) + B'_1 = A_2 + (A'_2 + B'_2)$ nachzudenken. Doch der Versuch zeigt eben gerade, wie wenig stichhaltig dieser Einwand ist, da er nur für die Vpn. gilt, die schon lange den voll entwickelten Zeitbegriff haben, aber nicht zutrifft im Augenblick seiner Bildung (gegen 8 bis 9 Jahre). Die beiden Hauptschwierigkeiten nämlich, denen die Kinder von 4 bis 8 Jahren begegnen, sind einerseits bei Ungleichheit der Geschwindigkeiten die Umsetzung der Strecken in Zeiten und andererseits die Vereinigung der Teilzeiten in eine Totalzeit. Wenn das Kind darum mit Mühe (wegen der ersten dieser Schwierigkeiten) die Gleichheit der Teilzeiten $A_1 = A_2$, $A'_1 = A'_2$ und $B'_1 = B'_2$ zugegeben hat, findet es die der Gesamtzeiten $C_1 = C_2$ keineswegs natürlich und bedarf einer regelrechten Überlegung, um dies einzusehen. Wenn es darauf die ungleichen Zeiten B_1 und A_2, dann B'_1 und $(A'_2 + B'_2)$ vergleicht, zeigt der Versuch, daß es eine neue Überlegung machen muß, um $C_1 = C_2$ wiederzufinden, und sich keineswegs damit begnügen kann, sich auf die Assoziativität der räumlichen Strecken (viel einfacher als die der Zeiten) zu berufen. Übrigens haben uns andere Untersuchungen selbst für die Assoziativität nicht-zeitlicher Gegebenheiten (Längen, Gewichte, Inhalte) zur Genüge die systematische Schwierigkeit bewiesen, die sich zeigt, wenn die Kleinen die Erhaltung eines Ganzen unabhängig von der Anordnung der Teile begreifen sollen [2]. Man kann also sagen, daß die Additivität und die Assoziativität zwei psychologisch wohl unterschiedene Probleme darstellen, selbst wenn ihre Lösungen, wie wir jetzt sehen werden, bemerkenswerter-

[2] Vgl. PIAGET und INHELDER, *Le Développement des Quantités* chez l'Enfant, Kap. I—VI.

weise zusammenfallen. Es hat sich in der Tat gezeigt, daß die Ergebnisse sehr bedeutungsvoll sind vom Gesichtspunkt der Struktur der «Gruppierung», welche die Zeitschätzung aufweist. Statt daß die Assoziativität hinter der Additivität zurückbleibt, was sich wegen der größeren Schwierigkeiten der Anschauung bei der eben beschriebenen zweiten experimentellen Situation sehr wohl hätte ergeben können, haben wir im Gegenteil zwischen den beiden Konstruktionen eine vollständige Parallele vorgefunden. Während einer ersten Etappe, die den Stadien I und II A entspricht, besteht noch keine Synchronisierung der Einzelstrecken $A_1 = A_2$, $A'_1 = A'_2$ und $B'_1 = B'_2$. Infolgedessen fehlt ebenso die Synchronisierung der Ganzheiten $C_1 = C_2$ wie die Assoziativität. Während einer zweiten Etappe, die dem Teilstadium II B entspricht, gelangt das Kind zur Gleichsetzung der synchronen Teilzeiten der Ordnung A, A' und B', lehnt es aber ab, die Gesamtzeiten C_1 und C_2 gleichzusetzen, worin sich der im Kap. V gestreifte Unterschied zwischen der anschaulichen Synchronisierung und der operativen Synchronisierung bestätigt findet. Andererseits versagt es auch bei der Assoziativität. Im Laufe einer dritten Etappe (= Stadium III) zeigt sich beides zugleich: Additivität und Assoziativität.

Unter mehr als 30 geprüften Vpn. haben wir so nur Beispiele für das Zusammengehen von Additivität und Assoziativität gefunden, mit Ausnahme einer Vp., welche die erstere ohne Zögern annahm, die zweite aber bestritt.

2

Die Stadien I und II A:

Keine Synchronisierung der Einzelheiten und keine Additivität noch Assoziativität

Für Stadium I, in dem sich das Kind durch keine Suggestionen dazu bringen läßt, die Gleichheit der Einzelzeiten anzunehmen, es folglich unmöglich ist, die Befragung sinnvoll weiterzuführen, werden wir nur ein Beispiel anführen:

Pasc (6; 8). (A₁ und A₂): «Sind die beiden Männer zu gleicher Zeit losgegangen?» — «*Ja.*» — Sind sie zu gleicher Zeit stehen geblieben?» — «*Nein, einer ist zuerst stehen geblieben.*» — «Aber er ist nicht vorher vor dem andern stehen geblieben?» — «*Nein, aber er hat gewonnen* (!)». — «Haben sie gleich viel Zeit gebraucht?» — «*Nein.*» — «Aber, wenn sie zusammen losgehen und zusammen stehen bleiben, brauchen sie dann nicht die gleiche Zeit für diese Wege?» — «*Nein.*» — Die Befragung wird trotzdem weitergeführt, aber Pasc leugnet die Gleichheit der Gesamtzeiten, ebenso wie die Assoziativität. Er hat sie nicht einmal für die Wegstrecken und leugnet bei einer einzelnen Linie, daß die Teile x, y und z ergeben: $x + (y + z) = (x + y) + z$.

Dagegen dürfte es interessant sein, die Reaktionen der Vpn. des Stadiums II A zu analysieren, denn diese verneinen zwar im Anfang den Synchronismus der Einzelzeiten, lassen ihn sich jedoch später suggerieren. Wenn sie dann aber schließlich diesen Synchronismus Glied für Glied zugeben, so leugnen sie doch energisch den der Gesamtzeiten ebenso wie die Assoziativität:

Guil (7; 11). Erste Strecke I (A₁ und II (A₂): «Sind sie zu gleicher Zeit losgegangen?» — «*Ja.*» — «Und stehen geblieben?» — «*Ja.*» — Gleiche Zeit gegangen?» — «*Einer hat länger gebraucht* (II). *Er hat verloren, weil er nicht so weit gewesen ist.*» — «Aber sie sind gleich lange Zeit gegangen?» — «*Nein.*» — (Man fängt von vorne an.) «Sieh einmal auf die Uhr? (Stoppuhr). Wieviel braucht der erste?» — «*Fünf Minuten, nein, nicht ganz:* $4^{1}/_{2}$.» — Und der andere?» — «*Auch* $4^{1}/_{2}$.» — «Sind sie die gleiche Zeit gegangen?» — «*Ja, aber einer hat ein bißchen getrödelt.*» — «Und jetzt (zweite Strecke)?» — «*Immer der gleiche geht weniger schnell.*» — «Aber in derselben Zeit? (mit der Uhr)?» — «*Ja.*» — Dritte Strecke: idem.

«Jetzt höre gut zu. Das, das und das (C₁), das dauerte eine Weile. Wir wollen an die Zeit denken, welche dies alles (C₁) nahm: (man deutet die Bewegung mit einer Geste an) und für dies alles (C₂: andere Geste). Gibt das dieselbe Zeit oder nicht?» — «*Der* (II) *hat mehr Zeit gebraucht, und der* (I) *weniger.*» — «Warum.» — «*Der* (II) *hat verloren, und der andere hat gewonnen.*»

«Und jetzt (I macht B₁ und II macht A₂)?» — «*Der* (I) *ist länger gegangen*» (richtig). — «Und da (I macht B₁ und II macht A'₂ + B'₂)?» — «*Der* (II) *länger*» (richtig). — «Und das alles zusammen?» (Man zeichnet noch einmal auf B₁ + B₂ und A₂ + [A'₂ + B'₂].) — «*Der* (I) *hat mehr Zeit gebraucht, weil es ein größeres Stück Weg ist.*»

Fla (7; 11) sagt sofort bei dem ersten Wegstück: *«Einer ist länger gegangen.»* — «Zu gleicher Zeit stehen geblieben?» — *«Ja, aber der erste ist gelaufen.»* — «Aber läuft er in mehr Zeit (länger) oder in der gleichen Zeit (ebenso lang) wie der andere?» — *«Aha, sie sind in der gleichen Zeit gelaufen.»* — «Schön. Und jetzt (zweites Stück)? Zusammen fortgegangen?» — *«Ja.»* — «Und stehen geblieben?» — *«Ja.»* — «Gleich viel Zeit gegangen?» — *«Nein.»* — «Denke an das, was du vorhin gesagt hast!» — *«Ach ja, die gleiche Zeit.»* — (Drittes Stück: idem.)

«Schön, also sieh mal her. Nahm es für diese ganze Reise (man macht für die drei Strecken von I drei Bewegungen) und für diese ganze Reise (idem für II) die gleiche Zeit?» — *«Nein, hier* (I) *nahm es mehr Zeit, weil es ein längerer Weg ist.»*

«Sieh gut hin» (B_1 und A_2). — *«Der* (I) *hat mehr Zeit gebraucht, weil er weiter gewesen ist»* (richtig). — «Und da ($B'_1 + A'_2 + B'_2$)?» — *«Der* (II) *mehr Zeit»* (richtig). — «Und diese beiden Reisen zusammen? (B_1, B'_1) und ($A_2 + [A'_2 + B'_2]$)?» — *«Nein, auf dieser Seite* (I) *hat es mehr Zeit gebraucht, weil er weiter war.»*

Dis (7; 10). Die gleichen Reaktionen. Wir wollen nur bemerken, daß wir ihm noch am Ende der Befragung, da er vom Synchronismus der einzelnen Zeitstrecken schon fest überzeugt ist, die Addierbarkeit für nur zwei Zeitstrecken begreiflich zu machen suchen: «A_1 und A_2?» — *«Gleiche Zeit.»* — «Und da (A'_1 und A'_2)?» — *«Auch gleich viel Zeit.»* — «Und beide zusammen (B_1) und da auch beide zusammen (B_2)?» — *«Hier* (II) *brauchte es weniger Zeit als da* (I).» — «Aber da (A_1 und A_2)?» — *«Die gleiche.»* — «Und da (A'_1 und A'_2)?» — *«Auch.»* — «Also beide zusammen (B_1 und B_2)?» — *«Nein, da* (I) *macht er einen viel längeren Weg: das nimmt mehr Zeit.»*

Diese Reaktionen des Teilstadiums II A sind in verschiedener Hinsicht von Interesse. Zuerst findet man wieder, daß die einzelnen synchronen Zeitstrecken nicht als gleich erkannt werden, auch bei Vpn., welche die entsprechenden Gleichzeitigkeiten der Ausgangs- und Ankunftmomente zugeben. Um sie von dieser Gleichheit zu überzeugen, muß man die Uhr oder akustische Signale anwenden, die den gemeinsamen Start markieren (manchmal mit einiger Überzeugungskraft in der Stimme!). Bei der Mühe, mit der sie zu der Synchronisierung der einzelnen Zeitstrecken gelangen, ist es natürlich, daß sie die der Gesamtzeiten abstreiten. Im Gegensatz zu den Vpn. des Teilstadiums II B, deren Antworten wir gleich sehen werden, sind also die Gründe ihrer Nicht-Additivität sehr verständlich: da sie schon nahe daran sind, den Synchronismus der einzelnen Wegstrecken zu leugnen, weil die Zeitstrecken ungleichen Laufstrecken entsprechen, fällt ihnen bei den Gesamtzeiten ($C_1 = C_2$) diese Ungleichheit einfach vielmehr auf, da sie hier beträchtlich zunimmt (siehe die Schlußantwort von Dis). Fehlt ihnen die Fähigkeit der Additivität, so ist es natürlich, daß sie die Assoziativität nicht erreichen können, und dies wieder aus denselben Gründen. Halten wir indessen fest, daß die Ungleichheit, die im Falle der Additivität herangezogen wird, nicht ohne weiteres dieselbe ist wie die bei der Assoziativität, was deutlich zeigt, daß das Kind hierbei zwei unterschiedliche Überlegungen macht: so nimmt Gull in dem ersten Fall an, daß II mehr Zeit brauche, weil er weniger schnell gehe, und in dem zweiten, daß I mehr Zeit brauche, weil er eine größere Entfernung durchlaufe.

3

Teilstadium II B:

Synchronisierung der Einzelzeiten, aber weder Additivität noch Assoziativität

Die Vpn., deren Antworten wir jetzt untersuchen wollen, sind viel merkwürdiger hinsichtlich der Zeitschätzung: sie sind von vorneherein von der Gleichheit der Dauer bei den einzelnen synchronen Strecken überzeugt, weigern sich jedoch, die ihrer Vereinigung (C_1 und C_2) ebenso wie ihre Assoziativität anzuerkennen:

Col (7; 1). Um die Dinge leichter zu machen, läßt man das Kind zuerst an Strecken, die bei I und bei II jeweils gleich sind, bei I und bei II (5 cm pro Einzelstrecke auf beiden Seiten) die Ueberlegungen anstellen. Col gibt natürlich den Synchronismus der Teilzeiten zu: «Und jetzt, brauchte es bei all diesem (Gesamtweg von I) und all diesem (Gesamtweg von II) die gleiche Zeit?» — «*Ja, weil es auf beiden Seiten die gleiche Länge ist.*» — Und bei der Assoziativität: «*Das ist alles das Gleiche, weil es die gleichen Längen sind.*»

236

Aber geht man mit ungleichen Entfernungen vor, dann findet man wie vorher, folgendes: Erste Wegstrecken: gleiche Zeit. Zweite Wegstrecken: idem. Dritte Wegstrecken: *«Ja, das ist auch die gleiche Zeit.»* —«Jetzt sieh einmal: alles das zusammen (C_1) und alles das zusammen (C_2) ist das die gleiche Zeit?» — *«Nein, hier (I) hat es mehr Zeit gebraucht, weil es länger ist.»*

«Und da (B_1 und A_2)?» — *«Das (I) mehr Zeit»* (richtig). — «Und da ($B'_1 + A'_2 + B'_2$)?» — *«Jetzt ist es der»* (II: richtig). — «Und alles das zusammen ($B_1 + B'_1$) und alles das (A_2) $+ A'_2 + B'_2$)?» — *«Hier (I) nahm es mehr Zeit.»*

Chat (7; 3) antwortet richtig, solange es sich um unter sich ganz gleiche Strecken handelt (3 cm etwa). Geht man hingegen zu den ungleichen Strecken über, dann gibt er wohl die Gleichheit der Zeiten bei den Einzelwegen zu ($A_1 = A_2$; $A'_1 = A'_2$; usw.), verneint aber die der Gesamtzeiten: «Ist es für alle diese Wege zusammen (die drei Strecken von I) und für alle diese zusammen (II) die gleiche Zeit oder nicht?» *«Nicht die gleiche Zeit.»* — «Warum?» — *«Dieser Weg ist länger.»* — «Sieh mal. Wir wollen noch einmal anfangen, und du wirst dabei zählen.» (Man setzt I und II in Bewegung und klopft bei jeder Etappe. Bei der ersten fragt man:) «Ist das dieselbe Zeit?» — *«Ja»* (man setzt fort). — (Während dieser Zeit hat er gezählt:) «1, 2, 3... usw.« — «Also waren es dieselben Zeiten (bei C_1 und C_2)?» — *«Nein.»* — «Wieviel Zeit bei dem (I)?» — «7.» — «Und bei dem (II)?» — *«Den habe ich nicht gezählt.»*

Assoziativität: gleiche Reaktion.

Derartige Fälle sind sehr lehrreich in bezug auf den Unterschied zwischen anschaulichem und operativem Synchronismus, da die Synchronisierung der Teilzeiten erreicht ist, ohne daß es die der Gesamtzeiten sei.

Halten wir zuerst dies fest, um nicht mehr darauf zurückzukommen, daß die Additivität und die Assoziativität bei Einzelstrecken, die unter sich in Entfernung, Geschwindigkeit und Zeit alle gleich sind, darum leichter sind, weil dann die Zeitschätzung mit der Raumschätzung zusammenfällt und anschaulicher Art bleiben kann. Daher trifft man bei dieser Methode schon von Stadium II A an richtige Antworten; wir haben aber die Beispiele dieser Antwortarten für dies Stadium II B vorbehalten, um sie mit den Reaktionen bei ungleicher Geschwindigkeit zu konfrontieren.

Wenn dagegen zwischen den Geschwindigkeiten von I und II Ungleichheit besteht (Ungleichheit der sukzessiven Strecken beider), dann muß die Schätzung der Zeitstrecken für sich allein durchgeführt werden. Warum erkennt also das Kind in diesem Falle den Synchronismus der einzelnen Zeiten, die an die Einzelstrecken gebunden sind, und lehnt es ihn ab, sobald es die Zeiten in zwei Gesamtheiten vereinigt, die es dann für ungleich hält? So stellt sich das eigentliche Problem der Additivität der Zeitstrecken, also der operativen Zeit, im Gegensatz zu dem Fall der Anschaulichkeit gleicher Strecken, wo die zeitliche Additivität nur scheinbar ist, da die Gesamtstrecken unter sich räumlich gleich sind.

Die Antwort läßt sich mühelos finden. Wenn der Synchronismus für die Einzelheiten erkannt wird, ohne dann verallgemeinert zu werden, so darum, weil er noch halb anschaulich ist. In Kap. V haben wir gesehen, wie im Stadium II B der Synchronismus zu einer nur auf die Gleichzeitigkeiten gegründeten empirischen Entdeckung führte, im Gegensatz zu der operativen und quantifizierenden Deduktion in Stadium III. Hier verhält es sich ebenso. Das Kind dieser Stufe ist zwischen zwei Ideen geteilt: einerseits neigt es dazu, wegen der Geschwindigkeitsunterschiede jede Synchronisierung zu leugnen, andererseits sie wegen der Gleichzeitigkeiten anzunehmen; darum läßt es sich bei Gleichzeitigkeit des Starts und Gleichzeitigkeit der Ankunft zweier bewegter Körper leicht durch die Wahrnehmungssituation beeinflussen, und seine anschauungsmäßigen Urteile führen dann, sobald die äußeren Gegebenheiten ihren Wert ändern, zu «Gleichgewichtsverschiebungen» (mit Regulierungen innerhalb gewisser Grenzen), genau so, wie es auf dem Gebiete der geometrischen Illusionen der Fall ist. Für eine sehr kurze Strecke (einige Zentimeter) gibt es also den Synchronismus zu, da dann der Unterschied zwischen den durchlaufenen Strecken relativ gering ist. Aber es ist dies eine Entscheidung nur anschaulicher Art, die sich auf eine quasi — wahrnehmungsmäßige Regulierung stützt; sobald es sich darum handelt, die drei Strecken auf einmal zu vergleichen, ist dann der

Unterschied zu groß, und die Regulierung ist zur Erhaltung dieser Anschauung ungenügend: auf Grund der Veränderung der äußeren Gegebenheiten entsteht also eine «Verschiebung des Anschauungsgleichgewichts», und der Synchronismus wird verneint! Es handelt sich also bei diesen Reaktionen um ein Zwischenstadium gleich denen, die wir in zahlreichen Beispielen bei der Erhaltung der Mengen, des Stoffes, des Gewichts und des Inhalts gefunden haben[3]: bei kleinen Formänderungen wird die Erhaltung angenommen, und bei größeren wird sie verneint. Es ist klar, daß in solchen Fällen jede additive Komposition und jede Assoziativität noch unmöglich sind, da der Geist noch mit anschaulichen Kompositionen vorgeht, d. h. solchen, die auf halbem Wege stehen zwischen den Gesetzen des Wahrnehmungsgleichgewichts statischer und irreversibler Art und denen der notwendigen und reversiblen operativen Komposition. Nur ist es wieder sehr interessant, daß auch hier die Additivität und die Assoziativität einmal mehr Hand in Hand gehen: alle beide werden von den Vpn. aus dem gleichen Grunde ausgeschlossen: wegen der Ungleichheit zwischen dem Ganzen und der Summe der Teile. In diesem grundlegenden Unterschied bestätigt sich das Charakteristische des anschaulichen Denkens, das zwischen dem Gebiet der Wahrnehmung und dem des Operativen liegt.

Die Korrelation zwischen der Additivität und der Assoziativität wird sich jetzt bei den ein wenig fortgeschritteneren Vpn. wiederfinden, die den Übergang bilden zwischen Teilstadium II B und Stadium III, weil sie nach einigem Zögern bei der Frage des Synchronismus diesen schließlich additiv und assoziativ annehmen:

Dza (8; 6). Strecke I: «Zu gleicher Zeit losgegangen?» — *«Ja.»* — «Stehen geblieben?» — *«Ja.»* — «Die gleiche Zeit gegangen?» — *«Nein, weil der* (I) *schneller geht. Ah nein, ich habe mich geirrt: es ist dieselbe Zeit, weil sie gleichzeitig stehen geblieben sind.»* — *«(2. und 3. Strecke)* — *«Die gleiche Zeit.»* — «Jetzt sieh mal her. Für diese drei Stücke ... usw. Gleiche Zeiten?» — *«Nein. Hier* (Gesamtweg von I) *ist es mehr Zeit, weil es weiter ist. Er ist schneller gegangen.»* — «Aber sind sie jedesmal zu gleicher Zeit stehen geblieben?» —

---

[3] Le Développement des Quantités chez l'Enfant, Kap. I—III.

«Ja.» — «Geben die drei Wege I und die drei Wege II nicht die gleiche Zeit?» — *«Nein.»*

(Mit der Stoppuhr) B_1 und A_2: *«Die Zeiten sind nicht gleich. Der (I) hat ein größeres Stück gemacht»* (richtig. — B'_1 und $A'_1 + B'_2$)? — *«Jetzt ist dieser länger gegangen»* (richtig). — «Und diese beiden Wege ($B_1 + B'_1$) und die da ($A_2 + [A'_2 + B'_2]$)?» — *«Der große (I) ist länger gegangen.»*

Es wird wieder mit der Untersuchung der Additivität begonnen, und zwar wieder unter Verwendung der Stoppuhr für die Einzelzeiten. Diese werden ohne weiteres Zögern als synchron erkannt. Betreffs der drei Strecken von I und II zusammen genommen: *«Das sind nicht die gleichen Zeiten. Der (I) hat größere Stücke gemacht. Ach ja, die Zeiten sind gleich! Diese Zeit (C_1) (Er zeigt auf die ganze Strecke von I) und diese Zeit (C_2 von II), das gibt daselbe!»* Endlich wird wieder die Assoziativität aufgenommen: «Und beide zusammen ($B_1 + B_2$ usw.)?» — *«Das ist nicht dieselbe Zeit. Ah! Ja doch, das ist dieselbe Zeit: einmal ist der Kleine zuerst stehen geblieben, und der andere ist weitergegangen, und das andere Mal ist der Große stehen geblieben, und der Kleine ist weitergegangen; das gibt die gleiche Zeit.»*

Saim (8; 4) zögert zuerst auch bei dem Synchronismus der sich entsprechenden Einzelstrecken, dann erkennt er ihn spontan. «Und bei allen dreien auf einmal?» — *«Dies Männchen (II) hat mehr Zeit genommen, weil es weniger weit war.»* — «Warum?» — *Ah nein, das ist dieselbe Zeit, weil sie alle zu gleicher Zeit losgegangen sind und jedes Mal zu gleicher Zeit stehen geblieben sind.»*

Assoziativität: *«Der (Gesamtweg von I) hat mehr Zeit gebraucht, weil es ein längerer Weg ist ... ah nein, der (II) weil er langsamer gegangen ist ... ah nein, sie haben die gleiche Zeit gebraucht, weil einer auf einer Seite nicht stehen geblieben ist, und nachher auf der andern Seite dasselbe.»*

Man sieht, wie diese Vpn. nach einer gewissen Zahl charakteristischer Schwankungen der «Gleichgewichtsverschiebungen», von denen wir eben sprachen, schließlich, wenn ihre Regulierungen die operative Reversibilität in bezug auf die betreffenden Relationen erreicht haben, die Gesamtzeiten gleichsetzen. Die Beweisführung, die zur Rechtfertigung der Assoziativität verwendet wird, ist von diesem letzten Gesichtspunkt aus sehr bezeichnend und wird im dritten Stadium konstant werden: es besteht eine Kompensation, weil das eine Männchen bei dem ersten Weg als erster stehen blieb und das andere beim zweiten. Diese Kompensation ist nun nicht das Ergebnis des Synchronismus der Einzelzeiten, da er in diesem Fall nicht mehr existiert: sie beruht also auf einer Verschmelzung zweier Teilungleichheiten zu einer Gesamtgleichheit, worin das Wesen eines operativen Kalküls liegt, das ja endgültig über die Stufe der Anschauungsregulierungen hinausgeht zugunsten einer richtigen Umkehrbarkeit der unter sich zusammengesetzten Relationen. Einfacher gesagt: die Assoziativität erscheint hier als die nötige Ergänzung der Additivität, und alle beide bilden sich, sobald das Kind, statt über die Teilzeiten einerseits und die Gesamtzeiten andererseits, beide für sich, Überlegungen anstellen, diese letzteren als die genaue Resultante der ersteren auffaßt. Wie ist diese additive Komposition möglich geworden? Dies wollen wir im Lichte des dritten und letzten Stadiums untersuchen.

4

Drittes Stadium:

Sofortige Additivität und Assoziativität

Es folgen jetzt Beispiele für richtige Reaktionen, von denen der erste ein Fall fast sofortiger Komposition ist und die beiden nächsten typische Fälle für dieses Stadium II sind:

Gui (8; 3). Einzelstrecken: *«Es ist dieselbe Zeit, weil sie zu gleicher Zeit losgegangen und zu gleicher Zeit angekommen sind.»* — «Und die drei zusammen (I) und die (II)?» — *«Der (I) hat mehr Zeit gebraucht, weil er weiter . . . Ah nein, sie sind zusammen losgegangen und zusammen stehengeblieben, das ist dieselbe Zeit.»*
Assoziativität: «Die beiden zusammen ($B_1 + B'_1$ usw.)?» — *«Das ist gleich.»* — «Warum?» — *«Weil zuerst der eine mehr gemacht hat und nachher der andere.»*

Jag (8; 11). Einzelzeiten. *«Das ist dieselbe Zeit.»* — «Und die drei hier zusammen (I) und hier die (II)?» — *«Auch dieselbe!»* — «Aber warum?» — *«Weil das (A_1) und das (A_2) dieselbe Zeit usw.»*

Assoziativität: «Und die beiden zusammen?» — *Das ist dasselbe.* — «Warum?» — *Weil der* (I) *das erste Mal länger gegangen ist und das zweite Mal, der.* — «Wieviel würde das z. B. machen, wenn man auf eine Uhr sehen würde (B'₁)?» — *Zwei Minuten.* — «Und das (A₂)?» — *Eine Minute.* — «Und das (B'₁)?» — *Eine Minute.* — «Und da (A'₂ + B'₂)?» — *Zwei Minuten.*

Die assoziative Komposition ist also richtig.

Stoh (9; 4). Einzelheiten: *Dasselbe.* — «Und die drei zusammen?» — *Im ganzen ist das dieselbe Zeit, weil der eine langsamer als der andere gegangen ist, aber sie sind jedesmal zu gleicher Zeit losgegangen und gleicher Zeit stehengeblieben.*

Assoziativität: *Das ist dasselbe, weil sie ganz gleich gegangen sind wie das erste Mal, aber zuerst ist einer stehen geblieben und nachher der andere.*

Man sieht, worin sich diese Reaktionen von denen der vorhergehenden Stadien unterscheiden. Erstens gelangt die Vp. zu der additiven Komposition auf Grund einer Überlegung, die angesichts aller Komplikationen der vorausgehenden Entwicklung verwundert: die Gesamtzeiten sind gleich, weil aus unter sich gleichen Teilen zusammengesetzt (siehe Jag)! Und woher weiß man das? Weil, wie Gui und Stoh sagen, die Männchen «jedesmal zu gleicher Zeit losgegangen und zu gleicher Zeit stehen geblieben sind».

Nun, diese Gleichheit der Teilzeiten wurde schon in Teilstadium II B spontan erkannt. Wie kommt es also, daß sie die Gleichheit ihrer Summen nicht nach sich zog, während sie in der Auffassung dieses Stadiums III die letztere durch eine notwendige Verknüpfung mit einschließt? Die ganze Frage des Unterschieds und des Übergangs zwischen den Wahrnehmungskompositionen und den operativen Kompositionen liegt in diesem einfachen Tatbestand. Auf dem Gebiet des anschaulichen Denkens wie auf dem der Wahrnehmungen ist das Ganze nicht die Summe der Teile, weil die Transformationen da nicht reversibel sind und sich bei jeder Veränderung der äußeren Sinnesgegebenheiten «Gleichgewichtsverschiebungen» ergeben, d. h. daß «nicht kompensierte Transformationen» auftreten oder solche, die durch die Dezentrierungen oder Regulierungen nicht ganz kompensiert werden. Somit läßt sich das Gleichgewicht der Wahrnehmung und, in geringerem Grade, das der Anschauung mit einem statistischen System vergleichen, in dem die zufälligen Kombinationen (im besonderen Fall: die Wirklichkeitsaspekte, die sich der Wahrnehmungs- oder Anschauungszentrierung gerade bieten) in jedem Augenblick die Gesamtheit verändern, ohne daß diese sich so aus einer additiven Komposition ergeben könnte. Im Gegenteil: sobald die regulierenden Dezentrierungen die vollständige Kompensation erreichen, zieht die Reversibilität, die sich daraus ergibt, die Additivität nach sich, d. h. erklärt, daß es in dem Ganzen nichts mehr gibt als die Summe der unter sich zusammengesetzten Teile. Aber diese additive Komposition schließt keineswegs, wie es die Gestaltpsychologie wohl annehmen würde, die Organisation aus, sondern bildet wieder eine Organisation, und zwar eine vollständigere als die vorhergehenden, da sie in «Gruppierungen» besteht, die die unendliche Deduktion möglich machen.

Der Beweis dafür, daß dem wirklich so ist, liegt darin, daß, sobald die synchronen Teilzeiten in ihrerseits synchrone Gesamtzeiten additiv zusammengesetzt werden können, die Assoziativität nicht nur möglich, sondern sogar notwendig wird. Was ist denn eigentlich diese Assoziativität? Es ist dies einfach die Eigenschaft jeder additiven Gesamtheit, unabhängig von der Anordnung ihrer Teile immer die gleiche zu bleiben, und darum zieht die Entdeckung, daß die Augenblicke zu Gesamtzeiten addierbar sind, die der Assoziativität nach sich, da diese Ganzheiten ohne Assoziativität nicht stabil sein würden, also keine additiven Ganzheiten blieben.

Man kann übrigens in der Assoziativität und in der additiven Komposition selbst zwei Fälle unterscheiden. Im ersten ist das Ganze unabhängig von der Reihenfolge der Teile (Vertauschbarkeit). Zum Beispiel wird eine Tonkugel aus einer gewissen Stoffmenge gebildet usw., ohne daß einer ihrer Teile als früher als die andern betrachtet werden könnte. Die Assoziativität ist also in dem, was wir die Probleme der «Erhaltung»

243

in einer früheren Arbeit [4] genannt haben, eingeschlossen. Aber es kann auch sein, wie im Falle der Zeit, daß das Ganze in einer Verbindung sukzessiver Teile besteht. Dies bedeutet nicht, daß die Addition der Zeiten als solcher nicht kommulativ sei, aber sie abstrahiert notwendigerweise von der Reihenfolge der Geschehnisse. Wenn man die Zeiten nicht von der Aufeinanderfolge der Geschehnisse abstrahiert, bewahrt das Ganze seine Reihenfolge. In diesem Falle besteht die Assoziativität darin, daß das gleiche Ganze durch zwei verschiedene Kompositionen, unter Beibehaltung der Reihenfolge, erreicht wird. Darum schien es uns, daß sich in diesem Fall der Zeitstrecken die Analyse der Assoziativität gesondert aufdrängt, als Bestätigung der Tatsache, daß die additive Komposition die Erhaltung der Ganzheiten nach sich zieht.

[4] *Le Développement des Quantités chez l'Enfant.*

Kapitel VIII

Zeitmessung und Isochronismus der sukzessiven Zeitstrecken[1]

Wir haben bis jetzt nur die qualitative physikalische Zeit untersucht, deren fortschreitende Strukturierung in «Gruppierungen» der Reihenfolge (Aneinanderreihung der Vorgänge) und der Einschachtelung (Synchronisierung und Addition der Zeitstrecken) die unerläßliche Grundlage für die Konstruktion der metrischen Zeit bildet. Worin besteht eigentlich diese letztere? Sie wird allmählich herausgearbeitet, in genauer Parallele zu dem, was wir bei der Entwicklung der Zahl, angefangen von den qualitativen Gruppierungen der Klasseneinschachtelung und der logischen Reihenbildung[2], erkennen konnten, mit dem einzigen Unterschied, daß es sich hier um infra-logische Operationen handelt: in ihnen ersetzt die Einschachtelung der Zeitstrecken, die eine Addition der Teile eines einzigen Gesamtgegenstandes ist, die der Klassen (oder Gruppen von Gegenständen); die Umstellung von Zeitstrecken, die eine Umstellungsoperation der zeitbildenden Bewegungen ist, ersetzt die logische Reihenbildung (unabhängig von der zeitlich-räumlichen Reihenfolge), und schließlich ist bei ihnen die operative Synthese der partitiven Addition und der Umstellung ein Maß oder ein Maßsystem und nicht mehr ein System abstrakter Zahlen.

Der Leser wird sich erinnern, wie sich die Zahl bildet. Wenn das Kind einmal soweit ist, daß es die Dinge in ein System von eingeschachtelten Klassen, die stabil bleiben, einschließen oder sie in eine geordnete Reihenfolge stellen kann, braucht es nur die Eigenschaften dieser Objekte zu abstrahieren, um aus jeder von ihnen *ipso facto* eine innerhalb dieser Klassen und Reihen beliebig austauschbare Einheit zu machen, wobei die Klassen sich

---

[1] In Zusammenarbeit mit Frl. Edith Meyer.
[2] Vgl. *La Genèse du Nombre chez l'Enfant*.

in Kardinal- und die Reihen in Ordinalzahlen verwandeln, alle beide aber unlöslich sind, da Klassifizieren und Aneinanderreihen zu einer einzigen Einheit verschmelzen, sobald alles Qualitative eliminiert ist.

Nun, ganz ebenso verhält es sich bei der metrischen Zeit. Ist die qualitative Einschachtelung der Zeitstrecken erst einmal vollendet, bildet sie ein wohl bestimmtes System, in dem aber jede Zeitdauer, die qualitativ durch die ausfüllenden Geschehnisse charakterisiert wird, nur auf ihrem Platz bleiben kann und durch keine andere ersetzt werden kann: nur der Geist kann seine Beweglichkeit in ein solches System hereintragen und die Augenblicke aus- und einschachteln, wie es ihm beliebt, und darin besteht die Umkehrbarkeit des Systems; die Augenblicke jedoch, die es zusammensetzen, können unter sich nicht vertauscht werden. Andererseits bildet die Aneinanderreihung der Geschehnisse ihrerseits ein System von nicht ersetzbaren «Umstellungen», denen der Geist nach beiden Richtungen nachgehen kann (operative Reversibilität), die aber nicht vertauscht werden können. Die beiden «Gruppierungen» der Einschachtelung und der Reihenfolge bleiben zusammenhängend, verschmelzen aber nicht, solange sie qualitativer Natur bleiben: die Zeitstrecken sind nichts anderes als die Intervalle zwischen den Geschehensmomenten oder zeitlichen Punkten; also kann man die Zeiteinschachtelungen von der Reihenfolge der Geschehnisse abziehen und umgekehrt, aber die Addition zweier Intervalle läßt sich vertauschen $(A + A' = A' + A = B)$, die der Relationen der Reihenfolge dagegen nicht, was deutlich den grundlegenden Unterschied zwischen den beiden Gruppierungen zeigt. Dieser Unterschied hat folgende Bedeutung: wir können sagen, daß die Intervalle A und A' beide zu B gehören (sie sind also qualitativ gleichwertig, insofern sie B angehören) — aber dann sehen wir ab von ihrer Eigenschaft, sukzessiv zu sein; oder daß ihre Grenzgeschehnisse aufeinander folgen, aber dann zählen wir bei ihrem Aneinanderreihen nicht mehr die Intervalle, sondern die Sukzessionen selbst. Daraus ergibt sich, daß dieses doppelte qualitative System hauptsächlich dadurch begrenzt ist, daß es den Vergleich zweier Zeitstrecken, wenn die eine nicht vollständig mit einem Teil oder dem Ganzen der anderen synchron läuft, d. h. wenn bei ihnen nicht untereinander einseitige Relationen von Teil zu Ganzem bestehen, unmöglich macht: wir können immer sagen: wenn man zwei Zeitstrecken A und A' hat, derart, daß $A + A' = B$, dann ist die Gesamtdauer B länger als jeder der in ihr eingeschachtelten Teile A und A', und andererseits können wir immer zwei synchrone Zeitstrecken A_1 und A_2 unter sich als gleich betrachten, aber wir wissen nichts von den quantitativen Verhältnissen zwischen den Teilzeiten A und A', wenn sie sukzessiv und nicht synchron sind. Ob man $A > A'$ hat oder $A < A'$ oder $A = A'$, die qualitative Einschachtelung $A + A' = B$ bleibt immer die gleiche. Nun, eben um den Vergleich sukzessiver Zeitstrecken möglich zu machen, wird die metrische Zeit gebildet, und, wie wir sehen werden, erwächst sie aus der operativen Synthese der zwei vorhergehenden quantitativen Gruppierungen, die aber noch dank der Eliminierung der betreffenden Qualitäten verallgemeinert werden.

Nehmen wir zuerst an, man ziehe von einer Dauer A ihre qualitativen Merkmale ab, wie wenn man sagt «ein Augenblick», ohne einen bestimmten anzugeben. Wie kann man diese Dauer A in eine «Einheit» der Zeit umwandeln, so daß sie den ihr folgenden Zeitstrecken (A', B' usw.) gleich wäre in der Form $A = A' = B' = \ldots$, und so das Maßsystem $A = 1$, $B = A + A = 2$, $C = A + A + A = 3$ usw. bilden? Wenn man die sukzessiven Zeiten A und A' ... usw. gleichsetzen will, um $B = 2A$ usw. zu haben, dann handelt es sich natürlich darum, die Dauer A aus ihrem festen Rahmen zu verschieben, d. h. sie aus ihrer Einschachtelung herauszunehmen, um sie sukzessiv mit A', B' usw. zu synchronisieren. Es handelt sich also darum, eine bewegliche Einheit zu schaffen, die sich beliebig wiederholen (Iteration) und durch irgendeine andere innerhalb der Einschachtelungen ersetzen läßt. Wie ist dies nun möglich?

Immer wieder haben unsere Untersuchungen uns dazu geführt, die Zeit als System von gleichzeitigen Umstellungen anzusehen. Eine Dauer A entspricht also den Teilbewegungen a_1; a_2 usw., eine Dauer A' den folgenden Teilbewegungen a_1'; a_2' usw.; die Gesamtdauer B ihrer Vereinigungen β_1; β_2 usw., die folgende Dauer B' den folgenden Bewegungen β_1'; β_2' usw. Diese koordinierten Bewegungen sind es, die die Synchronisierung und Einschachtelungen der Dauer oder die Reihenfolgen und Aneinanderreihung hervorbringen. Eine Dauer A verschieben, um sie den folgenden Zeitstrecken A', B' usw. gleich zu machen, wird also nur heißen, die Bewegungen a_1 (oder a_2 usw.) wiederholen und sie sukzessiv mit a_1'; β_1' usw., synchronisieren so, wie wenn man die Bewegung eines Uhrzeigers oder das Ablaufen einer Sanduhr, die sich beliebig reproduzieren, als Zeitmesser nimmt.

In diesem Falle erhält man eine bewegliche und iterierbare Dauer A wie B = 2 A, C = 3 A usw. Indem sie innerhalb aller Einschachtelungen ersetzbar ist, verliert sie ihre qualitativen Merkmale. Um aber zwei beliebige A (z. B. zwei verschiedene Stunden) zu unterscheiden, muß man gerade wieder ihre Sukzessionen in Form der Reihenfolge, in der dieselbe Bewegung a wiederholt wird, einführen. Die metrische Addition zweier gleicher Zeitstrecken 1 A + 1 A = 2 A ist also immer vertauschbar (da man die Reihenfolge der Addenten ändern kann) und aneinanderreihbar (weil man mit der Änderung der Bewegungsreihenfolge notwendigerweise ein erstes A und ein zweites wiederfindet). Dadurch, daß die Einheiten ersetzt werden können, wird die Operation der Einschachtelung verallgemeinert, und dadurch, daß sie verschoben werden können, wird die Operation der «Stellung» oder Reihenbildung verallgemeinert. Eben durch die Tatsache dieser Verallgemeinerungen verschmelzen diese beiden Operationen zu einem einzigen Ganzen in der Arithmetisierung der Zeit oder dem «Maß» der Zeitstrecken. In diesem Sinne vereinigt die metrische Zeit die im Qualitativen unterschiedlichen Gruppierungen zu einer einzigen Synthese.

Aber wenn auch ein solcher operativer Mechanismus in seinem formalen Ablauf sehr klar ist, muß man sich doch fragen, wie er in Wirklichkeit im Psychologischen entsteht. Wir haben ein erstes Beispiel dieser Konstruktion in Kap. II untersucht: als das Kind in Stadium III dazu gelangte, die Niveauflächen des abgelaufenen Wassers zu ordnen und die Intervallzeiten einzuschachteln, verstand es sofort, daß jedem der gleichen Niveauunterschiede eine Zeiteinheit entspricht, und ging somit spontan von der qualitativen Einschachtelung $A = A' = B$ zu der metrischen Addition $A + A' = 2 A$ über. Wenn dieser erste Fall einen allgemeinen Prozeß charakterisiert, könnte man schließen, daß es für die metrische Zeit nicht ein besonderes Stadium (oder Stadium IV) gäbe, das auf das Stadium der vollendeten qualitativen Zeit folgen würde (Stadium III), sondern daß die metrische Zeit sich nur aus dem fertigen Zeitbegriff heraus entwickle dank einer Organisierung der betreffenden Operationen: sind die qualitativen Gruppierungen einmal konstruiert, würden sie unmittelbar in eine quantitative Gruppe verschmelzen können.

Natürlich muß diese Frage noch einmal aufgenommen werden. Aber da sich spontane Zeitmessungen schwierig provozieren lassen und wir uns in dieser Hinsicht mit dem Beispiel des Kap. II begnügen können, haben wir uns das Problem in einer andern Form gestellt, die sich als sehr lehrreich erwiesen hat und durch die sich unsere Ergebnisse ganz unerwartet der Wirklichkeit des täglichen Lebens und auch der Schule anschließen lassen: wie und in welchem Stadium wird das Kind fähig, eine Uhr oder eine Sanduhr als Zeitmesser zu benutzen? Nun, es hat sich herausgestellt, daß das Kind in den Stadien I und II, in denen die qualitative Zeit noch unzusammenhängend ist, mit Uhren und Sanduhren nichts anzufangen weiß, zuerst (Stadium I) darum nicht, weil es meint, ihre Geschwindigkeiten wechseln je nach den Bewegungen und Handlungen, deren Dauer zu messen sind, und dann (Stadium II), weil es selbst bei Annahme konstanter Geschwindigkeiten ihre Bewegungen nicht mit den zu vergleichenden koordinieren kann! In Stadium II dagegen wird die Metrik auf Grund der erworbenen qualitativen Operationen verstanden.

249

Man stößt hier also, wie man sieht, auf die wesentlichen Probleme der Zeitmessung, angefangen bei dem des Isochronismus selbst. Das Grundpostulat nämlich, auf dem das Messen der Zeit beruht, ist dies, daß es Bewegungen gibt, die bei ihrer Wiederholung unter den gleichen Bedingungen die gleiche Zeit beanspruchen. Dieser Isochronismus der Wiederholungen beruht natürlich auf einem Zirkelschluß [3], da man, um sich über den Isochronismus der gegebenen Bewegungen zu vergewissern, die Dauer dieser letzteren mittels anderer Bewegungen messen muß, deren Isochronismus wiederum von Messungen abhängt, die ihn anderweitig postulieren. Aber der Zirkelschluß wird berechtigt in dem Maße, in dem die Kohärenz der erhaltenen Ergebnisse und die Verschiedenartigkeit derselben anwachsen, weil sich dann das Postulat des Isochronismus schließlich als Prinzip der Erhaltung gewisser Geschwindigkeiten bildet und sich somit auf die Grundlage der Induktion selbst stützt: die Beständigkeit der Naturgesetze, die sich an der Möglichkeit, «Gruppen» der Umformung zu konstruieren, erkennen läßt.

Unter diesen Umständen ist es vollkommen normal, daß das kleine Kind, dessen Inkohärenz der Zeitbegriffe, wie wir gesehen haben, an die Schwierigkeiten der Quantifikation des physikalischen Weltalls im allgemeinen geknüpft ist, im Anfang keine Erhaltung der Geschwindigkeiten annimmt und nichts von dem Isochronismus der Uhren oder der Sanduhren begreift. Welches sind die genauen psychologischen Gründe dieser im wesentlichen irrationalen Haltung, und wie geschieht es, daß sie überwunden wird? Dies ist das erste Problem, das wir zu diskutieren haben.

---

[3] Betreffs dieses Zirkelschlusses bei der physikalischen Zeitmessung, sieh G. JUVET *La structure des nouvelles théories physiques*. Paris (Alcan) 1935

1

Isochronismus und Erhaltung der Geschwindigkeit der Uhren

Fangen wir also mit den einfachsten Relationen an, die das Messen der Zeit vom Gesichtspunkt der Erhaltung der Geschwindigkeit des Messenden mit sich bringt: die Relationen zwischen den messenden Bewegungen und der gemessenen Bewegung.

Zuerst wollen wir eine große, 45 cm hohe Sanduhr verwenden, deren Dimensionen ein bequemes Ablesen der sukzessiven Höhen des Sandes gestatten. Der untere Teil der Sanduhr (der, in dem sich der Sand ansammelt) bleibt verdeckt, um jedes Mißverständnis auszuschalten. Der obere Teil weist drei Graduierungen auf: eine weiße Linie ($^3/_4$ der Höhe), eine grüne ($^1/_2$) und eine blaue ($^1/_4$), die gleichen sukzessiven Bewegungen entsprechen. Wir klären die Vp. zuerst über das Prinzip der Zeit messung auf, indem wir sie die Etappen ihrer eigenen Arbeit (z. B. Übertragung kleiner Kugeln von einer Schachtel in eine andere) mit dem Eintreffen des Sandes bei der weißen, der grünen und der blauen Linie vergleichen lassen. Danach müssen verschieden schnell ausgeführte Arbeiten oder verschieden schnelle Bewegungen dem Ablaufen des Sandes gegenübergestellt werden.

In Stadium I haben diese Vergleiche folgendes wichtige Phänomen herausgestellt: der Sand scheint mehr oder weniger schnell abzulaufen, also auch verschiedene Zeiten zu bezeichnen je nach der Geschwindigkeiten der Arbeit oder der Bewegung, deren Dauer gemessen werden soll! Diese Feststellung führte uns natürlich dazu, nachzuprüfen, ob bei der Uhr die gleiche Täuschung existiert. Zu diesem Zwecke zeigten wir ein Laboratoriumshandchronoskop mit Stoppuhr, dessen Zeiger ein großes Zifferblatt in einer Minute durchläuft, und stellten die gleichen Fragen.

Reaktionen dieses Stadiums I:

Fran (5 J.) bringt seine Kugeln herüber bis zum blauen, dann bis zum grünen Strich: «Wann war es länger, bis zum blauen oder bis

251

zum grünen?» — *«Bis zum blauen.»* *(richtig).* — «Und jetzt noch einmal bis zum blauen, aber arbeite langsam» (Er führt es aus). — «Wie lief der Sand?» — *«Ganz sachte.»* — «Und jetzt wieder bis zum blauen, aber arbeite sehr schnell.» (Er macht ein wenig schneller) Und wie ist der Sand gelaufen?» — *«Schnell.»* — «Läuft er nicht gleich, ob du schnell oder langsam arbeitest?. — *«Nein.»*

«Jetzt geh rund um den Tisch herum, bis der Sand ganz unten ist.» (Er tut es und blickt dabei ständig auf den Sand, um das Niveau zu beurteilen) «Und jetzt daselbe, aber schnell.» (Er tut es) «Wie ist dieser Sand gelaufen?» — *«Ganz sachte.»* — «Und vorher?» — *«Auch sachte.»* — «Diesmal ist es also das gleiche?» — *«Nein, ein bißchen langsamer.»* — «Wann?» — *«Als ich langsamer ging.* — «Aber lief der Sand nicht gleich stark beide Male?» — *«Nein.»* — «Wie denn? Einmal bist du schnell gegangen und einmal langsam. Und der Sand, ging beide Male gleich oder nicht? — *«Nicht gleich.»*

«Und jetzt bewege langsam das Bein, bis der Sand unten ist.» (Er tut es) «Nun aber schnell.» (Er tut es) «Lief er immer gleich stark?» — *«Nein.»* — «Wie ging er, als du langsam machtest?» — *«Schwach.»* — «Und als du schnell machtest?» — *«Schnell.»*

«Geh wieder um den Tisch herum und sieh gut hin.» (Er macht es) «Und jetzt sehr schnell.» (Er macht es) «Wie ist der Sand gelaufen?» — *«Schwach.»* — «Immer gleich schnell?» — *«Ja, es ist immer gleich.* (er überlegt) *Nein, vorher ein bißchen langsamer.»* — «Aber vorhin hast du gesagt, er ginge immer gleich?» — *«Vorher ging er gleich und dann schneller.»*

Zwei kleine Autos werden in Bewegung gesetzt, das eine sehr schnell, das andere langsam. «Und wie ist jetzt der Sand gegangen?» — *«Er ging schnell und der andere langsam.»* — «Und bei dem anderen Auto?» — *«Der Sand ist langsam gegangen und das Auto schnell.»* «Aber geht der Sand gleich schnell?» — *«Nein, einmal schnell und einmal langsam.»* — «Und wenn ein Auto auf der Straße einmal schnell geht und einmal langsam?» — *«Der Sand geht langsam und dann schnell.»* Im Falle der Autos wird also das Verhältnis umgekehrt.

Geo (5 J.) klopft auf den Tisch, bis der Sand ganz abgelaufen ist: «Mach es noch einmal, aber schnell.» (Er macht es bis zum vollständigen Durchlaufen) «Wie geht der Sand, wenn du langsam klopfst?» *«Er geht weniger schnell.»* — «Und wenn du schnell klopfst?» — *«Geht er schneller.»* — «Braucht er gleich lange, bis er ganz unten ist?» — *«Manchmal lange, manchmal weniger lange.»*

Mit der Stoppuhr: «Klopfe langsam bis hierher (¼ des Zifferblattes) Und jetzt klopfe schnell (id.) Ist der Zeiger gleich lange oder weniger lange oder länger gegangen?» — *«Weniger lange, wie ich schnell geklopft habe.»* — «Und gleich schnell?» — *«Er ging schnel-*

252

ler.» — «Oder gleich?» — *«Nicht gleich.»* — «Wir wollen noch einmal hinsehen. Weißt du, einer von deinen Kameraden hat gefunden, es ginge gleich schnell.» (Der Versuch wird wiederholt) — *«Schneller, wie ich schneller geklopft habe.»*

Jea (6 J.): «Und jetzt klopfe schnell, bis die Uhr wieder am gleichen Ort ist, und sieh gut hin, ob der Zeiger gleich geht. (er macht es) Gleich lange?» — *«Nein.»* — «Wie du schnell geklopft hast?» — *«Da hat er länger gemacht.»* — «Und wie du langsam geklopft hast?» *«Länger.»* — «Aber er ist gleich schnell gegangen?» — *«Nein.»* — — «Wie ging er, wie du schnell geklopft hast?» — *«Schneller.»* — «Bist du sicher? Wir wollen noch einmal sehen. (Er klopft langsam, dann schnell und blickt dabei auf den Zeiger.) Geht er gleich schnell?» — *Nein.»* — «Wenn du schnell gehst?» — *«Geht er weniger schnell.»* — «Und wenn du langsam gehst?» — *«Schneller.»* — Jea endet also bei einer Kontrasttäuschung.

Mara (5½): «Du hast den Sand gesehen. Ist er gleich lange gelaufen?» — *«Nein, länger, wie ich schnell geklopft habe.»* — «Und rann gleich schnell?»» — *«Er rann langsam, als ich langsam ging.»* — «Wir werden es noch einmal machen, und du wirst gut hinsehen, wie es geht.» (Versuch) «Ging er gleich schnell?» — *«Nein, ganz sachte, wie ich stark schlug.»* Also am Schluß Kontrasttäuschung.

Gref (6; 11). «Lege deine Kugeln hierher, eine nach der andern, bis der Zeiger hier ist. (Versuch) Noch einmal, aber schnell, und sieh gut auf den Zeiger. (Id.) Ist der Zeiger gleich lange gegangen?» — *«Nein, vorher langsamer und jetzt schneller.»* (Weiterer Versuch mit Metronom — zuerst langsam, dann schnell schlagend.) «Ist der Zeiger (der Uhr) gleich schnell gegangen?» — *«Nein, schneller, wie es schnell ging, und dann wenn es langsam geht, geht er langsamer.»* Bei der Sanduhr rinnt der Sand *«einmal langsamer und einmal schneller.»*[1]

Jetzt einige Beispiele für Stadium II, die den Isochronismus und die Erhaltung der Uhrgeschwindigkeit zeigen:

Map (6½): «Ist der Sand gleich schnell oder mehr oder weniger schnell geronnen?» — *«Schneller ... nein, gleich ... Nein.»* — «Gleich

---

[1] Für die Besprechung dieser Ergebnisse mag es von Interesse sein, sie mit den Befunden zu vergleichen, die wir bei einer Untersuchung über die Geschwindigkeiten erhalten haben, bei welcher Fragen über die Zeit gestellt wurden. Z. B. *Syl* (6; 9) vergleicht die Läufe eines schnellen Autos und eines Radfahres, dessen Geschwindigkeit halb so klein ist: «Wann sind sie losgegangen?» — *«Um sechs Uhr morgens.»* — «Und wann angekommen?» — *«Um sechs Uhr abends.»* — «Wie lange ist das Auto gegangen?» — *«Zwölf Stunden.»* — «Und das Männchen?» — *«Zehn Stunden.»* — «Aber sie sind

oder schneller?» — «*Gleich.*» — «Warum hast du gemeint, schneller?» — «*Man könnte es nur meinen, aber das kommt, weil man schneller geht!*» Und bei der Uhr: «*Immer das Gleiche.*»

«Braucht sie die gleiche Zeit, wenn du schnell gehst, wie wenn du langsam gehst?» — «*Die gleiche Zeit.*»

Rob (7; 2): «(Der Sand) *immer gleich schnell.*» — «Warum?» — «*Weil es nichts macht, ob man schnell oder langsam geht.*» — «Und bei der Uhr: *Immer die gleiche Zeit.*» — «Warum.» — «*Sie geht mit gleicher Schnelligkeit.*»

Nach diesen Antworten scheint also für das Kind des ersten Stadiums die Geschwindigkeit der Bewegung, die zur Zeitmessung dient, nicht einförmig zu sein, sondern von den Bewegungen abzuhängen, deren Dauer geschätzt werden soll. Aber es muß noch verstanden werden, auf welcher Art Irrtum diese Einstellung beruht: auf sprachlichem Perseverieren, einer Wahrnehmungstäuschung oder auf einem Irrtum des Urteils selbst?

Zuerst ließe sich an eine bloß sprachliche Beeinflussung denken. Wenn das Kind selbst Arbeiten verschiedener Geschwindigkeit ausführt oder kleine Autos mehr oder weniger schnell herumfahren sieht, würde es vor allem an diese Geschwindigkeiten denken und sich nur auf sein inneres Gefühl der erlebten Dauer verlassen, folglich die Zeiten, die zur Verrichtung bestimmter Handlungen oder Bewegungen von verschiedener Geschwindigkeit nötig sind, als verschieden betrachten. Wenn es dann erst an das Ablaufen des Sandes oder den Weg der Uhr denkt, würde es sich damit begnügen, sprachlich das Urteil zu wiederholen, das es eben in bezug auf das Gemessene gefällt hatte, und ohne eigentliche Anpassung auf den Zeitmesser anwenden. Nur läßt sich sagen, wenn der erste Teil dieser Deutung richtig ist, d. h. wenn die Vp. anfangs wirklich die Ge-

zusammen losgegangen?» — «*Ja.*» — «Und beide zusammen um sechs Uhr angekommen?» — «*Ja.*» — «Also sind sie beide die gleiche Zeit gegangen?» — «*Nein, nicht gleich, einer ist zehn Stunden gegangen, und der andere elf.*» Ebenso *Glau* (7; 11): Das Männchen ist zehn Stunden gegangen und das Auto «*elf Stunden, weil es weiter vorne ist*». — «Aber beide gehen um sechs Uhr morgens fort?» — «*Ja.*» — «Und beide bleiben um wieviel Uhr stehen?» — «*Um 6 Uhr abends.*» — Wie du willst. Also wieviel Stunden ist der Mann gegangen?» — «*Elf Stunden, nein zwölf Stunden.*» — «Schön. Und das Auto?» — «*Auch zwölf Stunden, nein, dreizehn Stunden, weil es voraus ist.*»

schwindigkeit und die Dauer des Gemessenen anschauungsmäßig abschätzt (nach der geleisteten Arbeit, dem Endpunkt
und vor allem dem Gefühl der Anstrengung und der Beschleunigung), so besteht kein Grund zu zweifeln, daß es sich beim
Zeitmesser ebenso verhält, denn wenn das Kind fähig wäre, die
Dauer und die Geschwindigkeit der Uhr oder der Sanduhr
operativ zu schätzen, würde es davon gerade Gebrauch machen,
um diese Urteile auf das Gemessene anzuwenden! Andererseits
hat die Vp. während des ganzen Versuchs die Augen auf die
Sanduhr oder die Uhr fixiert und versteht sehr gut, daß die
Aufgabe ist, die Geschwindigkeit der Uhr oder ihre Zeiten zu
schätzen und nicht die des Gemessenen. Vor allem aber zeigt
sich — bei manchen Vpn. sofort, bei anderen, und diese sind
viel häufiger, nach einigen Antworten — eine Umkehrung der
Verhältnisse, als ob der Sand oder der Zeiger langsamer gingen,
wenn die Bewegung, deren Dauer zu messen ist, schneller geht,
und umgekehrt: diese Kontrasttäuschung (siehe Fran, Jea und
Mara), die ganz sicher zur Wahrnehmung gehört, beweist also
genügend, daß die Urteile dieser Vpn. nicht einfach sprach-
licher Ordnung sind.

   Dies führt uns zu einer zweiten Erklärung: die von den
Vpn. des ersten Stadiums geäußerten Urteile wären demnach
nichts anderes als das Ergebnis von Täuschungen der Wahrnehmung, insofern die Bewegungen des Sands oder des Zeigers ihnen
tatsächlich mehr oder weniger schnell und auch mehr oder weniger lang vorkommen, je nach dem, mit welchen sie in Beziehung gesetzt werden. Halten wir zuerst einmal fest, daß auch
bei uns Erwachsenen sehr leicht solche Eindrücke vorkommen:
beim Beobachten einer Sanduhr neben dem Telephon während
eines Ferngesprächs und bei der Zeitmessung eines interessanten Laufes oder der Reaktion einer Vp., die auf ihre Antwort
warten läßt, können auch wir sehr wohl die Wahrnehmungstäuschung eines Geschwindigkeitswechsels des Sands oder des
Uhrzeigers haben und, je nach dem Fall, einer positiven Täuschung oder einer Kontrasttäuschung unterliegen. Nur legen wir
dem Wahrnehmungsbild bei solchem Ablesen der Zeit keine Be-

deutung bei, da wir wohl wissen, daß diese Bewegungen konstant sind, und lachen höchstens über den anscheinenden Widerstand oder die kalte Ironie dieser unseren Wünschen feindlichen Mechanismen. Daß das Kind ebenso wie wir und noch mehr die gleichen Täuschungen erlebt, ist also nur sehr natürlich, und es wäre zweifellos sehr leicht, statistisch zu bestimmen, welches die Differentialwerte der Geschwindigkeiten der Gemessenen und der Messenden sind, die die positiven Täuschungen (direktes Verhältnis), die negativen (Kontrast) oder keine Täuschungen hervorrufen. Aber nicht dies ist hier für unser Problem von Interesse: man kann feststellen, daß das Kind in Stadium I seinen subjektiven Eindruck nicht im geringsten für eine Wahrnehmungstäuschung hält und ihn nicht zugunsten der Urteile über den Isochronismus und die Erhaltung der Geschwindigkeiten zurückstellt, sondern ihn sofort und ohne weiteres als objektiv ansieht, und hierin liegt das Problem, das uns jetzt beschäftigt. Zwei Bemerkungen drängen sich in dieser Hinsicht auf.

Die erste ist die, daß die Reaktionen des ersten Stadiums wirklich einen Urteilsfehler und nicht nur einen Wahrnehmungsfehler darstellen; aber es ist dies ein Urteilsfehler, der sich einem Wahrnehmungsfehler sozusagen aufpropft und sich auf ihn stützt: der Fehler besteht nicht darin, daß die Wahrnehmung einer Täuschung unterliegt, was in allen Stadien mehr oder weniger stark vorkommen kann, sondern darin, daß die Wahrnehmung ohne weiteres für wahr gehalten wird, statt durch das Denken korrigiert zu werden. Nun, darin besteht gerade die egozentrische Anschauung, und dieses Beispiel ist von Wert, weil es uns ihr wahres Wesen verständlich macht. Das anschauliche Denken oder die perzeptive Anschauung deckt sich nicht mit der Wahrnehmung, denn bei identischen, allen Stadien gemeinsamen Wahrnehmungsgegebenheiten können Urteil oder Überlegung sehr verschieden reagieren je nachdem, ob sie operativ sind oder anschaulich bleiben: im Gegensatz zu dem operativen Denken, das die Gegebenheiten korrigiert, indem es sie logisch untereinander koordiniert, beschränkt sich die perzeptive Anschauung darauf, sie kritiklos anzunehmen und sie gewissermaßen durch ein falsches Existenzurteil oder durch ein Patent auf die objektive Wahrheit zu verdoppeln [4]. Nun, dadurch, daß das anschauliche Denken die Wahrnehmungsgegebenheiten annimmt, statt sie zu korrigieren, ist es notwendigerweise egozentrisch: es ordnet die Realitätsurteile der subjektiven Schätzung unter, statt sie zugunsten eines Koordinationsprozesses zu dezentrieren, von dem aus die bloßen Erscheinungen der Wahrnehmungen sich in ihr Verhältnis zu einem objektiven Weltall bringen lassen.

Zweitens ermöglicht diese Haltung des Stadiums I, die genaue Rolle der Anschauungszentrierung zu erfasssen, die (wie wir in den Kap. IV und VI gesehen haben) eine Fortsetzung der Wahrnehmungszentrierung bildet und den Egozentrismus des prälogischen Denkens bedeutet. Beim Durchsehen der Antworten dieses Stadiums kann man manchmal den Eindruck haben, die Vp. denke an die relativen und nicht an die absoluten Geschwindigkeiten des Sandes und des Uhrzeigers, als ob sie die Bewegungen des Messenden im Verhältnis zu denen des Gemessenen und nicht unabhängig von ihnen beurteile. Selbstverständlich wäre diese Erklärung unwahrscheinlich, denn wenn das Kind zu dieser Subtilität fähig wäre, würde es die Fragen unterscheiden können und würde auch die Unveränderlichkeit der absoluten Bewegungen behaupten. Aber es gibt eben zwei Arten von Relativität: die «Relativität» der Wahrnehmungen, die einem Sinneseindruck z. B. die Eigenschaft des Bitteren oder Süßen, des Kalten oder Warmen usw. verleiht, je nachdem, welche Eigenschaft ihm vorausgegangen ist oder ihn bedingt (Mechanismus der Täuschungen und Webersches Gesetz); und die Relativität des Urteils, das Begriffe wie links und rechts, oben und unten usw. als Beziehungen und nicht als absolute

---

[4] So kann man im Fall der Tonkugeln (*Le Développement des Quantités chez l'Enfant, Kap. I—III*) in jedem Alter den Eindruck haben, daß das Gewicht mit der Form wechselt, aber die verstandesmäßige Überlegung läßt dieses Urteil nicht zu, während das anschauliche Denken sich ohne weiteres mit ihm abfindet.

Prädikate auffaßt. Während nun die erstere jede Objektivität unmöglich macht («alles ist relativ»), bildet die zweite ihre notwendige Bedingung. Worin besteht also der Unterschied zwischen beiden, Unterschied, der eben auch den Gegensatz zwischen der egozentrischen Anschauung und dem operativen Denken charakterisiert? Die Relativität der Wahrnehmung oder der Anschauung bedeutet ein gegenseitiges Deformieren der in Beziehung gesetzten Glieder, während die operative Relativität den absoluten Wert der miteinander in Beziehung gebrachten Elemente bewahrt. Und diese der ersteren Relativität innewohnende Deformierung ist nichts anderes als der Ausdruck der Zentrierung: in der Anschauung genügt es, daß der Blick sich auf die zu messende Bewegung zentriert, damit die des Sandes oder des Zeigers verschieden erscheint, und umgekehrt, und es genügt, daß die beiden Zentrierungen in der Zeit oder im Raum einander zu nahe sind, damit sie notwendigerweise interferieren und nicht mehr dezentriert werden können[5]. Operativ dagegen kann die Bewegung der Geschwindigkeit x mit y in der Form x/y verglichen werden, ohne daß die Werte x und y dadurch verändert würden. Es ist also kein Paradox, wenn man das anschauliche oder egozentrische Denken durch die Deformierungen der ersteren Relativität (Wirkung der Zentrierungen) und zugleich durch die Unfähigkeit, die zweite zu erfassen (Fürwahrhalten der falschen absoluten Werte mangels operativer In-Beziehungsetzung) charakterisiert: im Grunde sagte man damit nur ein und dasselbe.

Es bliebe noch die Frage, warum die Vpn. des Stadiums I den Isochronismus und die Erhaltung der Geschwindigkeiten intellektuell nicht verstehen und wie die des Stadiums II dazu gelangen. Von 32 Vpn. zwischen 5 und 7 Jahren haben 25 Vpn. bei den eben beschriebenen Aufgaben versagt, und 18 von 25 Vpn. zwischen 7 und 9 Jahren haben sie gelöst. Es müssen also ungefähr im 7. Lebensjahr solche Bedingungen der operativen Gruppierung und Quantifizierung bestehen, daß die Erhaltung

[5] Siehe unseren Artikel über die *Interprétation probabiliste de la loi de Weber et de celle des centrations relatives*, Arch. Psychol. vol. XXX, 1944.

der Geschwindigkeit möglich wird. Aber dies ist eine Frage, die über das Gebiet der Zeit als solcher hinausgeht und das Problem der Bewegung im allgemeinen betrifft, wie wir es in einem späteren Werk wieder aufgenommen haben [6]. In bezug auf die Zeit selbst wollen wir nur feststellen, daß, wenn das Kind die Idee der Erhaltung einer Bewegung von gegebener Geschwindigkeit im zweiten Stadium einmal errungen hat, es auch zwei sukzessive Zeitstrecken gleichsetzen kann, welche gleichen Bahnen eines sukzessive fortbewegten Körpers entsprechen. Aber wenn dieser elementare Isochronismus auch eine für die Zeitmessung notwendige Bedingung darstellt, so ist er doch keineswegs ausreichend und muß noch mit dem Synchronismus und mit der Transitivität verknüpft werden, wie wir es jetzt sehen werden.

2

Isochronismus und Synchronismus

Versuchen wir erst einmal den vorhergehenden Versuch zu schematisieren, um die Notwendigkeit der folgenden besser zu begreifen. Wir wollen die Dauer einer Bewegung der Uhr (Sand- oder Taschenuhr) A und die ihr isochrone folgende Bewegung A′ nennen; B sei die Dauer der während der Dauer A verrichteten Arbeit und B′ die Dauer einer Arbeit von anderer Geschwindigkeit, die aber während einer gleichen Zeit ausgeführt wird. Der Versuch in Kap. VIII/1 beruht also auf folgenden Gleichheiten (wobei das Zeichen = die Gleichheit der sukzessiven Zeitstrecken oder Isochronismus bezeichnet und das Zeichen $<=>$ die der synchronen Zeitstrecken):

$$A <=> B; A = A'; A' <=> B'; B = B'$$

Aber um das Versuchsgespräch nicht zu komplizieren und um das Schwergewicht auf das Problem des Isochronismus der Uhr selbst zu legen, haben wir uns darauf beschränkt, das Kind

[6] Les Notions du Mouvement et de Vitesse chez l'Enfant.

über die Gleichheit A = A' zu befragen unter Vernachlässigung von A $<=>$ B und A' $<=>$ B' sowie B = B'. Indessen ist es selbstverständlich, daß die Vp., um die Zeit messen zu können, auch fähig sein muß, die anderen Gleichheiten zu erfassen, also den Isochronismus mit dem Synchronismus zusammenzusetzen und vor allem von den drei andern vorangehenden Gleichheiten B = B' abzuleiten, sie also transitiv zusammenzusetzen. Wir werden nun feststellen, und dies ganz übereinstimmend mit Kap. V, daß, wenn die Erhaltung der Uhrengeschwindigkeit in Stadium II einmal zugegeben wird, man noch bis Stadium III warten muß, bis dieser elementare Isochronismus sich mit dem Synchronismus kombinieren kann, da der Synchronismus sich im allgemeinen nicht vor dem dritten Stadium bildet. Wenn der Isochronismus der sukzessiven Bewegungen eines einzelnen bewegten Körpers (z. B. der Sanduhr oder des Uhrzeigers) allein noch kein Zeitmaß darstellt (da Zeitmessen heißt: wenigstens zwei Bewegungen vergleichen), so ist es natürlich, daß dieses Messen sich nicht vor Stadium III bilden kann.

Um aber die Gleichheiten A $<=>$ B; A' $<=>$ B' und B = B' zu untersuchen, werden wir nicht mehr die Geschwindigkeit der von der Vp. verrichteten Arbeit variieren — denn der Isochronismus B = B' wäre dann schwerlich auf anderem Wege als über die Überlegung selbst zu kontrollieren —, sondern werden folgendermaßen vorgehen. Gegeben ist eine Sanduhr, die während der Dauer A_1 abläuft. Während dieser Zeit A_1 lassen wir von der Vp. eine ganz geregelte Arbeit ausführen: man läßt zu jedem Schlag eines Metronoms einen Strich machen; diese Striche stehen in gerader Linie nebeneinander, jeder Strich steht in einem Quadrat eines karierten Papiers; in A_1 hat die Vp. 30 Striche gemacht. (Man hat also $A_1 <=> B$.) Danach führt man eine Stoppuhr ein, deren Bewegung die der Sanduhr in 30″ mißt, und macht das Kind auf die Gleichzeitigkeit des Losgehens und des Anhaltens beider Bewegungen aufmerksam; zur Vereinfachung behauptet man sogar den Synchronismus zwischen A_1 und dieser Dauer der Stoppuhr, die wir A_2 nennen werden. (Man hat also $A_1 = A_2$.) Schließlich nimmt man wieder das karierte Papier vor, läßt nur die Stoppuhr laufen und fragt das Kind, welche Reihe es unter den gleichen Bedingungen wie vorher zeichnen könne (ein Strich pro Quadrat bei jedem Metronomschlag), während der Zeiger der Stoppuhr von 0 bis 30″ geht. Man erhält somit:

$A_1 <=> B$; $A_1 <=> A_2$; ($A'_1 = A'_1$ und $A_2 = A'_2$), also $A'_2 = B$ (wobei A'_1 und A'_2 die Zeitstrecken der wiederholten Bewegungen der Sanduhr und der Stoppuhr sind).

Man sieht, daß in diesem neuen Test die Isochronismen ($A_1 = A'_1$ und $A_2 = A'_2$) implizit angenommen werden, ohne zu speziellen Fragen Anlaß zu geben, da die Fragen nur die Transitivität der sukzessiven Synchronismen betreffen: 1. für den Ablauf der Sanduhr benötigte Zeit (A_1) = Reihe von 30 Strichen (B); 2. für den Ablauf der Sanduhr benötigte Zeit (A_1) = 30″ der Stoppuhr (A_2); 3. also 30″ der Stoppuhr (A_2) = Reihe von 30 Strichen (B).

Nun, interessanterweise hat sich diese Zusammensetzung des Synchronismus mit dem Isochronismus vor dem dritten Stadium als unausführbar erwiesen, denn die Vpn. in Stadium II, die schon den Begriff der Erhaltung der Geschwindigkeit haben, wenden ihn nur auf einen einzelnen Gegenstand an, ohne den Isochronismus verallgemeinern zu können, da ihnen die Synchronisierung fehlt. Es hat keinen Sinn, Beispiele von Stadium I zu zitieren, da ihre Reaktionen, die wir in Kap. VIII/1 untersucht haben, das Verständnis für das vorliegende Problem unmöglich machen. Dagegen lassen sich in Stadium II folgende Tatsachen beobachten:

Ein erster Reaktionstyp besteht darin, sich nicht zu äußern und zu behaupten, daß man nichts voraussehen könne:

Pak (8; 8): «Bis wohin würde nun deine Reihe gehen, wenn du mit der Uhr statt mit der Sanduhr arbeiten würdest?» — *«Das kann man nicht wissen.»* — «Warum?» — *«Man muß probieren.»* — «Aber bis wohin ist es mit der Sanduhr gegangen?» — *«Da.»* — «Und die Sanduhr und das (30″) auf der Uhr, ist das gleich?» — *«Ja.»* — «Also wie weit würde die Uhr gehen, wenn du mit gleicher Geschwindigkeit mit dem Metronom arbeiten würdest?» — *«Das kann man nicht wissen.»*

Pic (9; 6): «Bis wohin würde deine Reihe gehen ... ?» — *«Viel-leicht länger ... Man kann das nicht wissen, man müßte probieren.»* Man macht den Versuch: *«Gleich!»* — «Warum?» — *«Ich weiß nicht. Man konnte es nicht vorher wissen.»*

Eine zweite Reaktionsform besteht darin, vorauszusehen, daß die Arbeit (Reihe Striche) länger sein wird, weil der Uhr-zeiger schneller geht:

Ric (8; 3): *«Die Reihe wird weiter gehen.»* — «Warum?» — *«Weil die Uhr schneller geht.»* — «Na und?» — *«Dann ist es weiter.»* Nach dem Versuch: *«Es ist gleich, weil die Uhr ebenso schnell geht wie die Sanduhr: sie gehen beide gleich schnell.»*

Marg (9; 10): *«Es wird weiter gehen, weil die Uhr schneller geht als der Sand.»*

An diese Reaktion läßt sich ein Typ IIbis anschließen:

Bat (8; 4): *«Weniger weit.»* — «Warum?» — *«Weil der Uhrzeiger weniger schnell geht als der Sand.»*

Ein dritter Reaktionstyp besteht darin, sich die Reihe län-ger vorzustellen, weil die Uhr langsamer geht und so mehr Zeit zum Zeichnen läßt. Das erste der folgenden Beispiele ist eine Vp., die zwischen dieser Lösung und der vorigen schwankt:

Mon (8; 7): «Bis wohin würde die Reihe gehen, wenn du solange arbeiten müßtest, bis der Zeiger bis hierher gekommen ist?» — *«Weiter.»* — «Warum?» — *«Weil der Zeiger nicht sehr schnell geht.»* — «Aber warum kannst du mit der Uhr mehr schaffen?» — *«Weil die Uhr schneller geht als der Sand (Typ II!).»* Nach dem Versuch ver-wundert er sich, aber sagt dann wieder voraus, daß es *«weiter»* gehen werde. — «Willst du, daß wir noch einmal versuchen?» — *«Ja.»* — (Man macht es ein zweites Mal.) «Hattest du recht?» — *«Nein.»* — «Wie kommt das also?» — *«Weil ebensovielmal mit dem Metronom geklopft wurde.»*

Nanc (8; 3): *«Es wird weiter gehen, weil die Uhr weniger schnell geht als der Sand.»*

Iso (8 J.): *«Die Reihe wird ein bißchen weiter gehen.»* — «Warum?» — *«Weil es mit der Uhr länger geht.»* — «Warum?» — *«Sie geht langsamer als der Sand.»* — Man macht den Versuch, aber das nächste Mal macht sie wieder die Voraussage, daß *«die Reihe ein ganz kleines bißchen länger sein wird, aber nicht viel.»* — «Warum?»

— *«Weil der Sand schneller rinnt als die Uhr geht.»* — «Na und?» —
«Ich habe dann mehr Zeit.»

Daraus ergibt sich Typ III, der sich auf das gleiche Verhältnis, aber im Negativen, stützt.

Jac (9; 10): *«Das gibt weniger Striche.»* — «Warum?» — *«Weil
die Uhr schneller geht als der Sand»*, was *«weniger Zeit»* läßt.

Ein vierter Reaktionstyp schließlich besteht darin, auf die
Länge des Weges, den der Uhrzeiger macht, im Vergleich mit
der Sanduhr zurückzugehen:

Dub (8; 11): *«Mehr Striche.»* — «Warum?» — *Weil der Uhrzeiger weiter geht als der Sand.»*

Und umgekehrt: (IVbis):

Mad (9; 6): *«Die Strichreihe wird ,weniger weit' gehen.»* —
«Warum» — *«Weil die Uhr weniger weit geht als der Sand.»*
Sud (9; 9): *«Das gibt die Hälfte der Reihe.»* — «Warum?» —
«Weil die Uhr nur bis zur Hälfte geht.» — «Und wenn dieselbe Reihe
mit der Sanduhr macht?» — *«Die Uhr muß zweimal die Hälfte
machen.»*

Man sieht, diese Zeitmessungen haben bei Vpn. von 8 bis
$9^{1}/_{2}$ Jahren, die doch alle Tage Gelegenheit haben, eine Taschen-
oder Zimmeruhr zu sehen, etwas Verblüffendes. Nach ihren Aussagen wird eine Arbeit, deren Dauer durch die Zeit A_1 einer
Sanduhr gemessen ist, nicht mehr dieselbe Zeit B dauern, wenn
man sie durch die Zeit 30″ (A_2) der Uhr mißt, obwohl sie eben
gesehen haben, daß diese Zeiten A_2 und A_1 gleich sind! In dem
Alter, in dem das Kind den Begriff der Gleichförmigkeit der
Bewegung einer Uhr und des Isochronismus ihrer sukzessiven
Perioden eben gerade errungen hat, ist es also nicht imstande,
die Gleichheit der Zeiten zweier verschiedener Uhren zu erfassen, auch wenn es gerade festgestellt hat, daß die Sanduhr und
die Stoppuhr gleichzeitig losgehen und gleichzeitig anhalten und
es also die Gleichheit in Worten ausdrückt.

Eine solche Unlogik — oder eine solche Prälogik — wäre
uns unverständlich, wenn wir nicht in Kap. V erfahren hätten, daß das Kind bei der Beobachtung des gleichzeitig in zwei

Flaschen ablaufenden Wassers erst im selben Alter, also von 8 bis 9 Jahren, die Gleichheit dieser synchronen Zeitstrecken annimmt. Nun, da liegt genau das gleiche Phänomen vor wie hier, außer daß es sich hier um Sanduhren und Taschenuhren handelt an Stelle von Flaschen, und daß der Synchronismus mit dem Isochronismus der sukzessiven Zeiten zusammengesetzt werden muß, statt für sich betrachtet zu werden. Die Zeit der Sanduhr hat mit der der Taschenuhr nichts gemeinsam, und zwar deswegen, weil es sich um zwei heterogene und verschieden schnelle Bewegungen handelt: dies ist also der eigentliche Grund für die Schwierigkeiten in diesem Stadium.

Damit werden auch gleich die vier beobachteten Reaktionstypen verständlich. Der erste («man kann das nicht wissen») drückt einfach die Abwesenheit einer der Sanduhr und der Taschenuhr gemeinsamen Zeit aus. Der zweite Typ besteht darin, aus Mangel an einer gemeinsamen Zeit zu den jeweiligen Geschwindigkeiten des Zeigers und des Sandes zu greifen, als ob die größere oder kleinere Geschwindigkeit des ersteren einer größeren oder kleineren Arbeit der Vp. entspreche (die Reihe Striche). Es besteht da eine Reaktion, die an die direkte Proportion der Kleinen zwischen Zeit und Geschwindigkeit erinnert, aber es ist wahrscheinlich, daß diese Vpn. nicht an die Zeit denken und sich damit begnügen, die Geschwindigkeit und den durchlaufenen Weg oder die verrichtete Arbeit in Beziehung zu setzen. Der dritte Typ dagegen läßt ausdrücklich die Zeit hereinspielen, aber natürlich ohne Synchronisierung: der Uhrzeiger geht langsamer (oder schneller) als der Sand, und darum läßt er der Vp. mehr (oder weniger) Zeit für die Ausführung der Striche. Was den vierten Typ anbetrifft, der weniger häufig ist, so beruft sich der nur auf die von der Uhr und den Strichen durchlaufene Strecke auf Grund einer Überlegung, die ganz der des Typ II entspricht. Das allen vier Reaktionsformen gemeinsame Element ist also die Verneinung des Synchronismus, wodurch der Isochronismus jedes einzelnen Messenden für sich für das Messen einer anderen Zeit als der eigenen unbenutzbar wird!

Wir haben uns gefragt, ob die Reaktionen dieselben sind, wenn man nicht zwei heterogene, sondern homogene Zeitmesser darbieten würde, die sich nur in der Geschwindigkeit ihrer Bewegungen unterscheiden würden: die vorige Stoppuhr und eine schnellere, die auf einem größeren Zifferblatt eine ganze Runde durchläuft, während die erste die Hälfte erreicht. Nun, die Reaktionen sind die gleichen.

Typ I. *Nad* (9 J.): *«Ich weiß nicht. Man kann das nicht wissen.»*

Typ II. *El* (9 J.): *«Das gibt mehr Stäbe, weil der Zeiger (2) schneller geht.»* — «Warum mehr Stäbe?» — *«Weil er weiter geht»* (Übergang zu Typ IV). — *«Was macht das aber, wenn er schneller geht?»* — *«Oh, dann kann ich viel mehr Striche machen.»*

Typ III. *Jen* (8; 8): *«Weniger weit, weil der andere Zeiger schneller geht.»* — «Warum?» — *Man kann weniger arbeiten, wenn das schneller geht, dann hat man weniger Zeit.»*

Typ IV. *Pil* (7; 10): *«Weiter, weil die (2) mehr Runden macht, sie geht weiter.»*

Es besteht also kein merklicher Unterschied zu dem vorigen Versuch.

Prüfen wir jetzt die Antworten von Stadium III bei diesem letzten Versuch und auch bei dem mit der Sanduhr und der Taschenuhr:

Ani (8; 2): *«Das gibt dieselbe Reihe.»* — «Warum?» — *«Weil der Sand bis unten geht, während die Uhr bis da geht.»* Und mit den beiden Stoppuhren: *«ebenso weit, weil dieser Zeiger schneller geht als der andere, aber das ist doch dasselbe.»*

Pers (8; 10): *«Dasselbe, weil der Sand und die Uhr zusammen stehen geblieben sind.»*

Ir (9; 2): *«Dasselbe, weil der Zeiger dieser Uhr hier ist, wenn der andere da ist.»*

Kurz, bei diesen Vpn. besteht ein Verständnis der für die Zeitmessung notwendigen Bedingungen, weil mit der Annahme des Synchronismus (siehe Pers) der Isochronismus der Meßmittel es gestattet, die sukzessiv Gemessenen unter sich zu vergleichen.

3

Der Isochronismus und die Bildung zeitlicher Einheiten

Wir haben bis jetzt die beiden ersten Bedingungen der Zeitmessung analysiert: den Begriff der konstanten Geschwindigkeit, durch den der Isochronismus der messenden Bewegungen gesichert wird und die Anwendung dieser Messenden an Gemessene durch den Synchronismus verschiedener Bewegungen. Jetzt bleibt uns noch die Untersuchung der dritten Bedingung: die Dauer in Zeiteinheiten aufzuteilen, die wiederholt werden können (eben dank des Isochronismus, wenn man sich so ausdrücken darf) und die sich auf beliebige Gemessene anwenden lassen (dank des Synchronismus). Konkret gesprochen, heißt das: um die Zeit messen zu können, muß man verstehen, 1. daß die Uhr nicht in ihrer Geschwindigkeit wechselt und darum gleiche sukzessive Zeiten angeben kann; 2. daß die Uhrzeit den zu messenden Bewegungen oder Handlungen gleich ist; 3. daß der durch den Sand oder den Zeiger usw. durchlaufene Weg in Einheiten aufgeteilt werden kann und daß diese im Verhältnis zu der Uhrgeschwindigkeit Zeiteinheiten bilden, welche in ihrer Aufeinanderfolge untereinander gleich sind (auf Grund von 1) und sich auf die Dauer der anderen Bewegung anwenden lassen (auf Grund von 2).

Aber um sicher festzustellen, in welchem Stadium das Kind fähig wird, dieses dritte Problem hinsichtlich der Zeiteinheiten zu lösen, ist eine gewisse Vorsicht nötig. In Kap. II haben wir bereits gesehen, daß die Vpn. des zweiten Stadiums durchaus imstande sind zu begreifen, daß zwei sukzessive gleiche Teilabschnitte auf dem zylindrischen Gefäß zwei gleichen Ablaufszeiten entsprechen (Isochronismus), aber um aus diesen Bewegungseinheiten durch Synchronisierung mit den Höhen des nicht-zylindrischen Gefäßes eigentliche Zeiteinheiten zu machen, muß das Stadium III erreicht werden: man kann nämlich erst von dem Moment an von Zeiteinheiten sprechen, wo sich die Einheiten auf Doppel-Umstellungen anwenden lassen im Gegensatz zu einer einzelnen Bewegung. Ebenso verstehen die Vpn. von Stadium II bei den Uhren sehr wohl, daß die gleichen Teile des Zifferblattes isochronen Zeiten entsprechen (wir haben gesehen, warum), aber diese Einheiten werden erst mit der Anwendung der Uhr auf Bewegungen verschiedener Geschwindigkeiten und der Trennung von Zeit und Geschwindigkeit wirklich zeitlich.

Zur Klärung dieses Punktes geben wir zuerst eine Frage, die trotz allen Anscheins nicht genügt, um die Zeiteinheiten klar herauszustellen: man läßt das Kind (mit dem Metronom) zählen, bis die Stoppuhr A_1 bei 15″ ist, dann fragt man es nur, wo der Zeiger der Stoppuhr A_2 sein werde, der, wie es weiß, zweimal so schnell geht. Die Antworten in Stadium I sind wegen der fehlenden Erhaltung der Geschwindigkeiten ganz willkürlich, und es hat keinen Sinn, hier weiter zu gehen. Dagegen können die Vpn. des Stadiums II sehr wohl darauf antworten:

Bel (7; 3): «Er wird hier ankommen» (30″). — «Warum?» — «Er geht viel schneller.»

Dan (8; 2): «Hier» (30″). — «Warum?» — «Weil die Uhr langsamer geht.»

Jag (8; 11): «Hier (30″), weil er zweimal schneller geht.»

Aeb (9 J.): «Da (30″), weil er schnell geht: das gibt ein Viertel mehr.»

Aber in Wirklichkeit handelt es sich hier nur um ein einfaches Verhältnis zwischen den durchlaufenen Strecken und den Geschwindigkeiten, wobei der Zeitbegriff nicht als Dauer, sondern nur in Form einer Gleichzeitigkeit zwischen der Zahl 15, dem Punkt 15″ auf A_1 und dem Punkt 30″ auf A_2 auftritt. Die Längen der Zifferblätter von A_1 und A_2 sind also für die Vpn. keine zeitlichen Einheiten, sondern nur Maße für die Geschwindigkeit der bewegten Körper (Zeiger).

Wir wollen aber jetzt diesen selben Kindern eine Frage stellen, die der vorigen ganz analog zu sein scheint, da sie formell auf den gleichen, aber anders zusammengesetzten Verhältnissen beruht. Man läßt das Kind wieder bis 15 zählen, eine Zahl pro Metronomschlag, und dabei den Zeiger einer Stoppuhr ansehen, der während dieser Zeit von 0 bis 15″ geht. Danach verdecken wir die Stoppuhr und lassen die Vp. wieder bis 15, aber «schneller» zählen (wobei das Metronom auf eine beliebig schnellere Geschwindigkeit eingestellt wird) oder «zweimal so schnell» (unter Beibehaltung der ursprünglichen Geschwindigkeit des Metronoms, aber mit der Instruktion, zwei Zahlen pro Schlag zu zählen bis zum 8. Schlag). Das Problem besteht dann nur darin, daß vorausgesehen werden muß, bis wohin der Zeiger der Stoppuhr während dieser schnelleren Handlung gekommen ist: wieder bis 15″, weiter oder weniger weit, und um wieviel?

Interessanterweise versagen die Kinder des Stadiums II, die die vorige Frage ohne Schwierigkeiten lösten, hier nun aus folgendem Grund: bei der ersten Frage bleibt die Zeit konstant und werden die Verhältnisse zwischen den Geschwindigkeiten und den durchlaufenen Strecken der Zeitmesser betroffen, während bei dem zweiten Problem die gemessene Arbeit konstant bleibt und dafür ihre Geschwindigkeit und Dauer variieren, so daß die von dem Zeitmesser durchlaufene Strecke nur von dieser Dauer aus abgeleitet werden muß. Daraus ergeben sich im Laufe von Stadium II zwei Arten Fehler: da das Kind die Dauer der verrichteten Arbeit (die 15 Zahlen) nicht mit der des Zeigers synchronisieren kann, setzt es entweder nur die Geschwindigkeit oder nur die Arbeiten (gezählte Zahlen und durchlaufene Strecke) in Beziehung.

Hier einige Beispiele für den ersten Reaktionstyp:

Bel (7; 3) zeigt auf 25″: *«Er kommt bis hierher, weil ich schnell gehe.»*[5]

Dun (8; 2): *«Bis hierher»* (25″). — «Warum?» — *«Weil ich schnell gezählt habe.»* — «Nimmt es also, wenn man schnell zählt, mehr oder weniger Zeit als wenn man langsam macht?» — *«Mehr Zeit ... ach nein, weniger.»* — «Also?» — *«Vielleicht bis hierher (20″).»*

Jagt (8; 11): «Bis wohin hat der Zeiger gehen können?» — *«Hierher* (ungefähr 25″).» — «Warum?» — *«Weil ich schneller zähle.»* — «Na und was macht das?» — *«Dadurch geht der Zeiger schneller.»* — «Geht die Uhr einmal schnell und einmal langsam?» — *«Nein, immer*

---

[5] Es sei bemerkt, daß vorliegende Frage fast immer vor der im Anfang des Paragraphen beschriebenen gestellt wurde.

gleich schnell.» — «Geht sie, wenn du langsam zählst ebenso schnell, wie wenn du schnell zählst?» — *Ja.*» — «Was wolltest du also damit sagen, sie gehe schneller?» — *Sie geht weiter.*»

Man macht den Versuch: «Ah, sie geht weniger weit.» *Weil ich schneller mache, macht sie langsamer als ich.*»

Aeb (9 J.): *Hierher (30").*» — «Warum?» — *Weil das Metronom zweimal so schnell ging.*» — «Was macht das?» — *Ich zähle schneller, dann geht es bis hierher.*»

Pil (8; 8): *Bis hierher (30"), weil die Uhr langsamer geht* [als ich], *wenn ich schnell zähle.*» Pil versteht wie Jagt die Konstanz der Geschwindigkeit.

Ter (8; 2): *Bis hierher (30").*» — «Was braucht mehr Zeit, schnell zählen oder langsam zählen?» — *Langsam.*» — «Die Uhr geht also bis wohin, wenn du schnell zählst?» — *Bis hierher (30").*»

Wir haben die Sache außerdem mit der Sanduhr nachgeprüft:

Mor (8; 6): «Zähle langsam. Bis wohin ist der Sand gekommen?» — *Da ($^1/_2$).*» — «Zähle schnell. Wo ist der Sand? Rate!» — *Es wird mehr gefallen sein, weil ich schneller gezählt habe.*» — «Geht der Sand immer mit der gleichen Geschwindigkeit oder nicht?» — *Ja.*» — «Sicher?» — *Nicht ganz.*»

Dés (8; 7): *Bis dahin ($^3/_4$).*» — «Warum?» — *Der Sand läuft mehr, wenn ich schnell zähle.*» — «Sinkt er immer gleich schnell?» — *Ja.*» Der Versuch wird durchgeführt, aber Dés gibt nicht nach, sondern hält lieber an der Verschiedenheit der Bewegung fest: *Ich glaube, der Sand wird langsamer. Er geht nicht mehr gleich.*» Also momentane Regression unter der Wirkung der Schwierigkeit des Problems!

Und jetzt Beispiele für den zweiten Reaktionstyp, von denen das erste eine Vp. betrifft, die im Laufe der Befragung vom ersten zum zweiten übergeht:

Schne (9; 4): *Bis hierher (30").*» — «Warum?» — *Weil die Uhr langsamer geht als die Maschine* (Metronom).» — «Geht die Uhr einmal schnell und einmal langsam?» — *Nein, immer gleich?*» — «Was braucht mehr Zeit, schnell zählen oder langsam? — *Langsam.*» — «Und wo war die Uhr, wie du schnell gezählt hast?» — *Hier (30").*» — «Warum?» — *Weil das Metronom schnell geht, dann bleibt die Uhr zurück.*» — «Geht sie dann weiter?» — *Ach nein, ich weiß nicht.*» — «Bis wohin geht also der Zeiger, wenn man schnell zählt?» — *Auch bis hierher (15").*» — «Warum?» — *Weil die Maschine schneller geht und die Uhr weniger schnell, sie kann sie dann nicht einholen.»* — «Aber warum hierher (15″)?» — *«Weil die Uhr gleich viel Zeit nimmt, wie wenn die Maschine langsamer geht.»*

Goy (8; 5): *«Bis hierher (15″) ebenso weit.»* — Warum?» — *«Weil ich bis 15 gezählt habe ebenso wie vorher.»* — «Aber vorher war es langsam und jetzt schnell, ändert das nichts?» — *«Nein, das ändert nichts.»* — «Warum?» — *«Das ist dasselbe, dieselbe Zeit.»*

Roul (8; 5): *«Hierher (15″), weil die Uhr gleich schnell geht.»* — «Und du?» — *«Schneller.»* — «Na also?» — *«Die Uhr kann hierher gehen* (15″), *während ich zähle. Vorhin habe ich langsamer gezählt als die Uhr, und jetzt schneller als die Uhr, aber die Uhr geht gleich schnell.»*

Diese beiden Reaktionsarten sind von höchstem Interesse und zeigen, eine ebenso wie die andere, daß, wenn die Kinder noch nicht die leiseste Idee davon haben, was eine wirkliche Zeiteinheit ist, dies tatsächlich Sache der fehlenden Synchronisierung ist (und zwar in voller Übereinstimmung mit Kap. V und Abschn. 2 des vorliegenden Kapitels): um die Zeit auf dem Zifferblatt an der durchlaufenen Strecke zu messen, beschränken sie sich nämlich darauf, entweder die größere Geschwindigkeit der verrichteten Arbeit (bis 15 zählen) durch einen größeren Vorsprung des Zeigers auszudrücken oder letzteren am gleichen Punkt zu lassen, weil die verrichtete Arbeit die gleiche ist, ohne weder in dem einen Falle noch in dem anderen die Dauer als solche zu beachten! Nun, wenn sie diese nicht beachten können, so darum, weil es; wie wir aus allem, was vorausgeht, wissen, in Stadium II noch keine einzige Zeit oder noch keine gemeinsame Dauer für verschieden schnelle Bewegungen gibt.

Im ersten Moment könnte man meinen, die Schwierigkeit bei diesen Kindern rühre daher, daß sie den Begriff des Isochronismus und das umgekehrte Verhältnis von Zeit und Geschwindigkeit noch nicht erreicht haben. Gewiß, diese beiden Begriffe sind in ihrem Denken noch sehr unsicher, da eben erst errungen. So sind Mor und besonders Dés bereit, die Konstanz der Geschwindigkeit aufzugeben, sobald die Dinge komplizierter werden, und Dés sagt zuerst, bevor er sich verbessert, «schneller» mache «mehr Zeit». Aber im allgemeinen konnte man sehen, daß diese Kinder den Isochronismus und das betreffende umgekehrte Verhältnis bejahen, und tatsächlich haben sie in unseren anderen Prüfungen (Kap. III bis IV und Abschnitt 1 dieses Kapitels) hierüber keinerlei Zweifel mehr. Man muß sich nämlich gerade bei dem Verhältnis zwischen Zeit und Geschwindigkeit darüber klar sein, daß es etwas anderes ist, ob man vor den sichtbaren Bewegungen behauptet, die schnellere brauche weniger Zeit, oder ob man wie hier den Schluß zieht, die Bewegungsdauer des Zeigers müsse kürzer sein, weil sie synchron ist mit einer schnelleren, außerhalb von ihr liegenden Handlung (schneller zählen). Der ganze Unterschied ist der, daß im zweiten Fall eben eine Synchronisierung mehr hereinspielt.

Die Behauptungen dieser Kinder lassen sich viel leichter erklären, als es scheint. Da das Kind die schnelle Handlung des Zählens nicht mit der unsichtbaren Bewegung der Zeiger oder des Sandes synchronisieren kann (weil es die Gleichzeitigkeit der Haltpunkte nicht wahrnimmt), läßt es einfach die Dauer außerhalb seiner Betrachtungen. Darum meint es ohne weiteres, wenn es schneller zähle, gehe der Zeiger weiter, weil «schneller = weiter» (siehe z. B. Jagt), oder aber wenn es wieder bis 15 zähle, sei es «gleich = die gleiche Zeit» (Goy). Das läuft darauf hinaus, daß im ersten Falle die Dauer nach der durchlaufenen Strecke, im zweiten nach der verrichteten Arbeit gemessen wird, was durchaus den beiden konstanten Kriterien dieses Stadiums entspricht.

Aber man kann sich fragen, ob eine derartige Verallgemeinerung gestattet ist und ob diese Schwierigkeiten nicht mit der besonderen für den Versuch gewählten Situation, und im besonderen mit den fertig eingerichteten Teilungen der Uhr zusammenhängen. Wir haben darum zur Kontrolle versucht, eine andere Probe zu analysieren, deren Ergebnisse wir kurz im folgenden anführen. Vier kleine Autos haben derartige Geschwindigkeiten, daß sie in der gleichen Zeit Strecken in der ungefähren Proportion 1:2:3:4 durchlaufen. Wir lassen die Autos nacheinander auf dem Fußboden fahren und sagen dem Kind, es soll, ohne auf die Sanduhr zu sehen, den Punkt angeben, den der Sand im Augenblick, wo die Autos anhalten, erreicht hat (die Sanduhr von Kap. VIII/1 ist in Viertel eingeteilt). Es hat sich nun gezeigt, daß die Ergebnisse ganz die gleichen sind. In Stadium I haben die Antworten keinen Sinn, da das Kind, selbst wenn es gleichzeitig Auto und Sand sieht, dem letzteren keine konstante Bewegung zuschreibt (siehe Kap. VIII/1, Fall Fran). In Stadium II findet man bei dem größten Teil der Vpn. den eben beschriebenen ersten Reaktionstyp wieder: danach ist der Sand umso schneller durchgelaufen als das Auto schneller gefahren ist, obwohl die Geschwindigkeit des ersteren konstant bleibt:

Ken (7; 1): «Bis wohin wird der Sand fallen, wenn das Auto (das schnellste) am Ende des Weges angekommen ist?» — *«Hier ($^3/_4$).»* — «Und wann wird dieses (langsame) am Ende des Weges angekommen sein?» — *«Hier ($^1/_4$).»* — «Sieh hin.» — *«Aha, das ist falsch.»* — «Kannst du mir das erklären?» — ... — «Wir fangen noch mal an. Wo war der Sand bei dem (mittleren)?» — *«In der Mitte.»* — «Und wann kommt dies (langsamste) am Ende des Weges an?» — *«Da ($^1/_4$).»* — «Und dies (schnellste)?» — *«Bis unten* (vollständiges Ablaufen).» — «Sieh hin.» — *«Aha nein, hier ($^1/_4$).»* — «Warum?» — ...

Arm (8; 1): «Jetzt ist das braune (schnelle) am Ende des Weges angekommen. Rate, wo der Sand ist.» — *«Hier ($^3/_4$).«* — «Und bei dem gelben (mittleren), wo wird da der Sand sein?» — *«Da ($^1/_2$).»* — «Welches geht schneller?» — *«Das braune.»* — «Wo wird also der Sand bei dem gelben sein?» — *«Da ($^1/_2$) und bei dem braunen, da ($^3/_4$).»* «Und jetzt das ganz langsame?» — *«Hier ($^1/_4$).»*

Andererseits findet man auch den zweiten Reaktionstyp wieder, der behauptet, der Sand halte immer am gleichen Punkte an, ganz gleich, wie die Geschwindigkeiten der Autos sind, da der Weg, den sie durchfahren, der gleiche ist:

Alb (8; 10): «Wo wird der Sand sein, wenn das braune (schnelle) am Ende des Weges ist?» — *«Hier ($^1/_2$).»* — «Und wie geht dies (gelbe)?» — *«Langsamer.»* — «Wo ist der Sand angekomen?» — *«Auch da ($^1/_2$).»* — «Und bei dem (langsamstes)?» — *«Auch da ($^1/_2$).»* «Immer gleich?» — *«Ja.»* — «Warum?» — *«Das weiß ich nicht.»* — «Warum glaubst du, daß es dasselbe ist?» — *«Weil sie alle da ankommen.»*

Was die richtigen Antworten anbetrifft, die man von 7 Jahren an, aber im Durchschnitt nach 8 Jahren, findet, so entspre-

chen bei ihnen den durchlaufenen Wegen Grade von ¼, ½,
¾ und ⁴/₄, aber in der umgekehrten Reihenfolge zu den Geschwindigkeiten:

Ald (7; 6): «Wo wird der Sand bei dem roten Auto (langsam)
sein?» — *«Hier* (³/₄).» — «Warum?» — *«Weil es langsam geht.»* —
«Und bei dem (schnellen)?» — *«Hier* (¹/₂)?» — «Und bei diesem, das
sehr schnell fährt?» — *«Hier* (¹/₄).» — «Und dem, das sehr langsam
fährt?» — *«Ganz am Ende.»* — «Warum?» — *«Der Sand hat Zeit,
während der Zeit zu rinnen.»*

Man versteht so, warum in Stadium II die räumlichen Einheiten des Zifferblattes oder der Sanduhr noch weit entfernt
davon sind, Maßeinheiten der Zeit selbst zu bilden. Sobald dagegen die Synchronisierung möglich wird (Stadium III), ergibt
sich aus der Synthese des Synchronismus und des Isochronismus die operative Verschmelzung zwischen der partitiven Addition der Zeiten und der zeitlichen Verschiebung der Bewegungen, die die Zeit erzeugen, und diese Verschmelzung definiert
die zeitliche Metrik. Nehmen wir diese Analyse für den Fall der
Uhr noch einmal auf:

Blau (8; 10). Bei einer beliebig schnelleren Bewegung des Metronoms und der Handlung des Zählens: *«Der Zeiger wird hierher
gehen* (10″).» — «Warum?» — *«Weil das Metronom schneller gegangen
ist.»* — «Na und dann?» — *«Der Zeiger hat weniger Zeit.»* — Man
sieht hier die Synchronisierung. «Und wenn du zweimal so schnell
zählst (Versuch)?» — *«Er wird dahin gehen* (zeigt auf 1″ und 8″).»

Ric (8; 3): *«Bis hierher* (10″).» — «Warum?» — *«Weil es schneller
gewesen ist, und weil die Uhr langsamer geht, wird sie nur bis hierher
gewesen sein.»* — «Warum langsamer?» — *«Sie geht wie vorher* (Isochronismus) *aber ich habe schneller gezählt»* (Synchronismus). — «Und
wenn du zweimal so schnell zählst wie vorher?» — *«Dann geht sie
dahin* (¹/₂ von 15″).»

Mon (8; 7): *«Hierher* (10″), *weil das Metronom schnell ging, da
hätte der Zeiger nicht bis dahin* (15″) *gehen können während dieser
Zeit»* (Synchronismus). — «Warum?» — *«Er geht immer gleich
schnell»* (Isochronismus). — «Und wenn du zweimal so schnell
zählst?» — *«Dann geht er bis dahin* (¹/₂ von 15″)?» — «Und zweimal
so langsam?» — *«Dahin* (15″).» — «Nein, zweimal so langsam wie das
erste Mal?» — *«Dahin* (30″).»

273

Der Unterschied zwischen diesen Reaktionen und denen des vorhergehenden Stadiums ist völlig klar: da sie den Isochronismus mit der Synchronisierung vereinigen, gelangen sie zu der Umwandlung der räumlichen Einheiten des Zifferblattes in eigentlich zeitliche Einheiten, die für das Gemessene wie das Messende gelten. Der Isochronismus wurde, wie man sehen konnte (Kap. VIII/1 und 2), schon in Stadium II anerkannt, aber da er wegen Fehlens der Synchronisierung niemals mehr als nur eine Bewegung auf einmal betraf, bildete er höchstens, im Fortschritt gegenüber Stadium I, eine homogene Zeit (homogen hinsichtlich der Aufeinanderfolge) für jeden bewegten Körper, bei dem eine gleichförmige Bewegung möglich ist: er erreichte aber nicht den Rang der einzigen homogenen, allen Bewegungen gemeinsamen Zeit. Zusammengesetzt mit dem Synchronismus dagegen, gestattet der Isochronismus die Konstruktion einer Zeit, die die Homogenität mit der Einzigkeit verbindet: so werden die Einheiten der durchlaufenen Strecke, bezogen auf eine konstante Geschwindigkeit, zu zeitlichen Einheiten. Die Zeitmessung erscheint also wirklich als operative Synthese zwischen der Einschachtelung von Zeitstrecken (die den Synchronismus sichert) und der Gleichsetzung der sukzessiven Zeitstrecken (die den Isochronismus sichert).

Dritter Teil

Die erlebte Zeit

In den beiden ersten Teilen dieses Werkes haben wir zu verstehen versucht, wie das Kind die Zeit des es umgebenden Weltalls organisiert: zuerst anschaulich, dann mittels einer Gesamtheit von qualitativen oder metrischen Operationen. Die Ergebnisse dieser Untersuchung lassen sich zusammenfassen, indem man sagt: auf der Stufe der Anschauung beurteilt das Kind die physikalische Zeit gemäß den allgemeinen Gesetzen des intellektuellen Egozentrismus, als ob es sich um eine interne Zeitstrecke handeln würde, die sich je nach den Inhalten der Handlung zusammenziehen und ausdehnen läßt; und nur dank der logischen Konstruktion von Operationen, die sich in einem kohärenten Gesamtsystem gruppieren, gelangt es dann zu dem Begriff einer homogenen allen Erscheinungen gemeinsamen Zeit. Hat man dann die Ursprünge der Zeit in dem Innenleben der Vp. zu suchen, wie eine berühmte Philosophie es uns lehrt, und zu meinen, jeder zeitliche Begriff bilde sich aus diesem anschaulichen Prototyp heraus? Sollte somit die erlebte, die sogenannte «reine» Dauer — «rein», weil losgelöst von der äußeren Zeit — die wirkliche Zeit darstellen, während die physikalische Zeit als Ergebnis einer Spezialisierung und vor allem als Abstraktion und Verarmung erscheinen würde? Wir werden in diesem dritten Teil feststellen, daß nichts täuschender wäre, als zu meinen, diese Bergsonsche Metaphysik entspräche der wirklichen psychologischen Entwicklung der zeitlichen Verhältnisse.

Eigentlich hat Bergson nur die äußersten Konsequenzen aus einer Tendenz gezogen, für welche die alte introspektive Psychologie verantwortlich ist: die Introspektion des Erwachsenen scheint nämlich, die erlebte Zeit an sich erfassen zu können, und

275

man stellt sich daher vor, nur die äußere Zeit bedürfe einer Konstruktion. Aber in diesem Punkt wie in allen anderen liefert die Introspektion, die ein abgeleitetes und erlerntes Verhalten ist, kaum mehr als unvollständige und enttäuschende Erkenntnisse: sie gibt uns nämlich nur Auskunft (dies ist ihre Funktion, die sehr nützlich ist) über das *Ergebnis* unserer geistigen Operationen, und nicht über ihren *Mechanismus*. Nun, je nach ihrer Stufe ergibt sich die psychologische Zeit ebenso wie die physikalische Zeit aus eigentlichen Operationen (aus qualitativen Operationen wie Vergleichen, Reihenbildungen und Einschachtelungen oder aus metrischen Operationen so wie die, aus denen die Zeit der Musik mit ihrem Takt und die der Dichtkunst mit ihrem «Versmaß» hervorgehen), oder sie entspringt wie die ursprüngliche physikalische Zeit nur anschaulichen Regulierungen. In diesem letzteren Fall — eben wenn das Gefühl der Dauer «unmittelbar» erscheint — bewahrt die psychologische Zeit des Erwachsenen ohne weiteres die Struktur der kindlichen Zeitbegriffe im Gegensatz zu den moralischen und ästhetischen Handlungen und Gefühlen, die nach intellektuellen Normen geregelt sind. Aber bevor man daraus eine Metaphysik der geistigen Dauer und eine Rechtfertigung der inneren Anschauung ziehen darf, muß man erst festellen, ob diese wirklich primitiven, da kindlichen, Begriffe auch inneren Ursprungs sind und ob sie tatsächlich einen Bewußtseinsstrom widerspiegeln, der nicht von äußeren Einflüssen herrührt.

Nun, im Gegensatz zu einem weit verbreiteten doppelten Irrtum besteht keinerlei Grund anzunehmen, daß die ursprüngliche Zeit aus einer rein inneren Quelle stamme, und nicht einmal, daß sie unabhängig von den Gegenständen ihrer Handlung konstruiert werde oder, *a fortiori*, daß sie «gegeben» sei.

Betreffs des ersten Punktes haben wir allerdings festgestellt, daß die physikalische Zeit des kleinen Kindes zuerst nur eine subjektive, in die Dinge projizierte Zeit, eine «egozentrische» Zeit, ist. Dies aber bedeutet keineswegs, daß es zuerst eine innere Zeit gibt und daß sie durch eine Art «Induktion» (analog derjenigen die Maine de Biran annahm, um den Übergang von der ursprünglichen für intern gehaltenen Kausalität zu der äußeren physikalischen Kausalität zu erklären) den Dingen zugeschrieben wird. Wenn wir immer den Ausdruck «egozentrisch» und nicht «subjektiv» angewandt haben, um das wesentliche Merkmal des kindlichen Zeitbegriffs (wie aller kindlichen Kategorien) zu bezeichnen, so eben darum, weil wir den Unterschied zwischen einer unbewußten Assimilation der Dinge an die eigene Handlung und einem bloßen Ablesen der inneren fertigen Gegebenheiten festhalten wollten. Das Charakteristische des Egozentrismus ist nämlich eine Undifferenziertheit zwischen Subjekt und Außenwelt und nicht eine genaue Kenntnis des Subjekts von sich selbst: weit davon entfernt, zu einem Bestreben nach Introspektion oder einem Nachdenken über das Ich zu führen, bedeutet der kindliche Egozentrismus vielmehr ebensosehr Unkenntnis des Innenlebens und Deformierung des Ichs wie Unkenntnis der objektiven Verhältnisse und Deformierung der Dinge. Ebenso wie das Kind den Dingen eine Reihe von Eigenschaften, die dem eigenen Handeln entnommen sind, zuschreibt (Animismus, Artifizialismus, Finalismus usw.), ebenso oder, besser gesagt, eben dadurch materialisiert es sein Ich und begreift seine eigene Aktivität nur auf Grund dieser physikalischen und räumlichen Gegebenheiten, die es niemals von ihr trennt [1]. Wenn es daher im Gebiet der Zeit die physikalische Zeit in Form einer auf das ganze Weltall verallgemeinerten psychologischen Zeit auffaßt, so muß man sich hüten, daraus zu schließen, es besitze einen unabhängigen und ursprünglichen Begriff der inneren Zeit; ganz im Gegenteil: um die verschiedenen Beziehungen herzustellen, welche die innere Dauer und die Zeit der eigenen Handlung in einem dichten Gewebe miteinander verknüpfen, muß es sich von denselben undifferenzierten Anschauungen freimachen und dieselben qualitativen (und zum Teil metrischen) Operationen herausarbeiten wie bei der Kontruktion der physikalischen Zeit.

[1] Vgl. *La Représentation du Monde chez l'Enfant,* Paris (Alcan) 1926, *a Causalité physique chez l'Enfant,* Paris (Alcan) 1927, und *La Construction u Réel chez l'Enfant* (Delachaux & Niestlé), 1937.

Daraus ergibt sich der zweite Punkt: wenn die ursprüngliche Zeit nicht innerlich und nicht einmal rein endogen ist, sondern sich aus der Undifferenziertheit zwischen der Zeit der Dinge und der des Subjekts ergibt, dann kann sich die Dauer des letzteren wiederum nur durch ein ständiges Bezugnehmen auf die Dinge selbst bilden. Wie wir sehen werden, stützt sich die psychologische Zeit in allen Stadien auf die physikalische Zeit ebenso wie umgekehrt. Auf der Anschauungsstufe handelt es sich nur um eine Undifferenziertheit, die auch die beiden undifferenzierten Glieder deformiert. Aber auf der operativen Stufe ergibt sich die Differenzierung der beiden zeitlichen Systeme aus ihrer gegenseitigen Organisation, und diese Organisation, die den ursprünglichen Egozentrismus durch die Wechselbeziehung der beiden betreffenden Glieder ersetzt, führt nur zu ihrer Trennung, um sie besser miteinander zu verknüpfen. Die innere Dauer ist nämlich nur die Zeit der eigenen Handlung: nun, wer Handlung sagt, sagt: Beziehung zwischen dem Subjekt und den Dingen, auf die sein Handeln einwirkt. Von der sensu-motorischen Zeit an, dessen Genese sich im ersten Jahr beobachten läßt, bilden die erstrebten Gegenstände und das Handeln selbst eine einzige Totalität der Aufeinanderfolge und der Dauer. Wenn die Undifferenziertheit der ersten Anfänge egozentrisch ist und im Gegensatz zu diesem Egozentrismus von einer «Objektivierung» der physikalischen Zeit gesprochen werden kann (wir haben seinerzeit diese ersten sensu-motorischen Äußerungen beschrieben [2] und die Fortschritte im Begrifflichen in den beiden ersten Teilen der vorliegenden Arbeit verfolgt), so muß man verstehen, daß es in genauer Korrelation mit dieser Objektivierung auch eine «Subjektivierung» der psychologischen Zeit gibt, und zwar im Sinne der inneren vorstellungsmäßigen Koordination der vergangenen, gegenwärtigen und zukünftigen Handlungen des Subjektes: diese Objektivierung und diese Subjektivierung bleiben keineswegs unabhängig voneinander, sondern entsprechen einander in beständigem Austausch, da das Ich Handeln ist und, wir wiederholen es

[2] Vgl. *La Construction du Réel chez l'Enfant.*

Handeln nur unter der Bedingung schöpferisch ist, daß es auf Gegenstände Bezug nimmt. So wäre die «reine Dauer» entweder nur ein Mythos oder aber das Ergebnis dieser konstruktiven Intelligenz, die ebenso für die Organisation des eigenen Ichs im täglichen Handeln wie für das Herausarbeiten des Universums am andern Pol derselben ungeteilten und zusammenhängenden Aktivität, notwendig ist.

Aber wie läßt sich die operative Intelligenz bei ihrem Strukturieren der psychologischen Zeit erfassen? Wir haben an zweierlei Situationen gedacht, in denen es vielleicht möglich sein würde, zwischen der Hypothese einer unmittelbaren Anschauung der Zeit — einer Anschauung, die richtig wäre, soweit sie das Erlebte erfaßt — und der Hypothese einer psychologischen Zeit, die genau so wie die physikalische konstruiert würde, die Entscheidung zu treffen. Erstens kann man die Zeit der eigenen Handlung analysieren und sich fragen, ob die während einer Handlung erlebte Dauer auf Grund peripherer Faktoren (Anstrengungen, Geschwindigkeiten und selbst materieller Ergebnisse der Handlung usw.) oder zentraler Faktoren (reines Bewußtsein der Zeit) geschätzt wird. Dies werden wir in Kap. X untersuchen. Man kann aber auch eine Analyse des Begriffes «Alter» versuchen, der sowohl zu den Vorstellungen über das biologische Wachstum wie zu der von einem Individuum registrierten Gesamtzeit gehört. Mit diesem zweiten Problem wollen wir anfangen, um so von der Untersuchung der physikalischen Zeit zu der der psychologischen überzugehen.

Kapitel IX

Der Begriff des Lebensalters[1]

Die Analyse der Ideen, die sich das Kind von dem Alter der Menschen macht, bringt manche wichtige Frage zur Diskussion: stellt sich das Kind von vorneherein das Älterwerden als ständiges Vorwärtsgehen in der Zeit vor? Ist diese Zeit allen Individuen gemeinsam? Anders ausgedrückt: bleiben die Altersunterschiede notwendigerweise erhalten, oder kann ein jüngeres Individuum mit der Zeit ein älteres einholen? Und vor allem: entsprechen die Altersunterschiede mit Notwendigkeit der Reihenfolge der Geburten? Wir werden diese Probleme in Kap. IX/3 bei der Besprechung des Alters der Tiere und Pflanzen wiederfinden. In Kap. IX/4 lassen wir das Kind zwei Bäume vergleichen, deren Alter sich an den gleichen Kennzeichen erkennen läßt (Zahl der Früchte) und die sich in Alter und Wachstumsgeschwindigkeit unterscheiden. In Kap. IX/5 endlich nehmen wir die gleiche Frage wieder auf, lassen aber dann den Unterschied in den Wachstumsgeschwindigkeiten aus.

Mit dem Begriff des Lebensalters befaßte sich übrigens schon O. Decroly in einer sehr anregenden Untersuchung[2]. Zuerst beobachtete Decroly in den spontanen Reaktionen seiner Tochter S. im Alter von 4 Jahren, was wir in den Tatsachen, die wir darlegen werden, systematisch wiederfinden werden, nämlich daß ursprünglich Alter und Körpergröße miteinander verwechselt werden, so als ob die erlebte Zeit sich am Wachstum messen lasse. Dann legte er mehreren Gruppen Kindern eine gewisse Anzahl Fragen vor, z. B. wie alt sie im Jahr vorher waren, wie alt sie im Jahr darauf würden, und wie alt sie bei ihrer Geburt waren. Diese Fragen nun scheinen von 75 % der Vpn. unter 7 Jahren, die dritte oft noch viel später, nicht gelöst zu

---

[1] In Zusammenarbeit mit Frl. Myriam van Remoortel.
[2] O. DECROLY. *Etudes de psychogenèse,* Brüssel (Lamartin) 1932, Kap. V.

werden, weil sie die Ausgangspunkte 0 und 1 verwechseln, was eigentlich nur die Metrik und nicht den qualitativen Begriff des Alters betrifft. Schon in den paar von Decroly zitierten Antworten bemerkt man deutlich, daß den Kleinen die Relationen zwischen dem Alter als gelebter Dauer und der Reihenfolge der Geburten fehlen. Die typischsten der Reaktionen in dieser Hinsicht sind die von Claire, 4 Jahre, die «sich nicht an das Alter erinnert», das sie bei ihrer Geburt hatte: «es ist zu lange her!»; und die von Jacqueline (5; 6): «ich kann mich nicht mehr erinnern ... Ach ja, ich war zwei Monate alt!» Ohne die gleichen Fragen zu stellen, werden auch wir immer wieder dieses ursprüngliche Fehlen einer Koordination zwischen Dauer und Reihenfolge wiederfinden.

1

Das Alter der Personen
I. Erstes Stadium

Alles, was wir bei der Entwicklung des physikalischen Zeitbegriffs feststellen konnten, hat uns gezeigt, wie lange diese Form der Zeit heterogen bleibt, so als ob die Dauer je nach dem Weg, auf dem die Körper sich bewegen und je nach ihrer Geschwindigkeit wechsle. Man kann sich also in bezug auf das Lebensalter fragen, ob das Kind verstehen wird, daß der Jüngere immer der Jüngere bleibt, oder ob die zeitlichen Laufbahnen sich unterwegs auf Grund der Wachstumsgeschwindigkeiten schneiden können. Man findet also hier in der Sprache der erlebten Zeit das Problem der Zeitstrecken wieder, die den von gleich schnellen Körpern zurückgelegten Wegen entsprechen. Das zweite Problem ist das der Übereinstimmung von Alter und Reihenfolge der Geburten, das sich, wie man sieht, mit der bei der physikalischen Zeit so oft untersuchten Frage der Verhältnisse zwischen Dauer und Sukzession berührt.

Wenn wir auch im wesentlichen die vorher aufgeworfenen Probleme wiederfinden, so erhebt sich doch unglücklicherweise bei dem Begriff des Alters ein Hindernis, das uns bisher nur wenig gestört hat, aber dessen Bedeutung in diesem Kapitel nicht unbeachtet bleiben kann: der Begriff des Alters gehört zu den Zeitbegriffen, die am meisten zu Gesprächen mit der Umgebung und zu erworbenen Kenntnissen Anlaß geben, so daß wir nur ganz wenige Vpn. angetroffen haben, die nicht im voraus in dieser Frage beeinflußt gewesen wären. Darum werden wir in den folgenden Paragraphen das Alter von Pflanzen und Tieren hinzuziehen zur unentbehrlichen Ergänzung der Untersuchung. Nichtsdestoweniger ist es immer möglich, auf die Verhältnisse zwischen dem Alter der Vp. und dem ihrer Umgebung einzugehen und gewisse systematische Schwierigkeiten aufzudecken, wobei sich eine interessante Übereinstimmung zwischen den Ergebnissen in diesem neuen Gebiet und den vorhergehenden feststellen läßt.

Etwas fällt sofort besonders auf: der im Wesentlichen statische und fast zusammenhanglose Charakter des Begriffs, den sich das Kind vom Alter macht. Die erlebte Zeit ist nicht ein ständiger und zusammenhängender Strom: sie ist eine Veränderung, die auf gewisse Zustände hinstrebt, und sie fließt nicht mehr, wenn diese erreicht sind. So ist für die Kleinen Älterwerden gleichbedeutend mit Größerwerden: dieser Begriff erinnert in mancher Hinsicht an den, den die Griechen sich vom Werden machten, und diese Analogie zeigt in dieselbe Richtung wie alle die, die das Denken des Kindes dem antiken Denken mit seinen statischen Begriffen annähert, die weniger operativ sind als die unsrigen [3].

Wir unterscheiden in der Entwicklung des Altersbegriffs drei Stadien. Im ersten sind die Lebensalter unabhängig von der Reihenfolge der Geburten, und die Altersunterschiede können sich mit der Zeit ändern, da diese nicht homogen ist. Während eines zweiten Stadiums hängen die Lebensalter von der Reihenfolge der Geburten ab, aber die Altersunterschiede bleiben im Laufe

---

[3] Wir haben die Verwandtschaft der kindlichen Begriffe der Bewegung mit der Kinematik des Aristoteles schon in *La causalité physique chez l'Enfant* unterstrichen.

des Lebens nicht bestehen, oder aber die Unterschiede bleiben erhalten, aber dann hängen sie nicht von der Reihenfolge der Geburten ab. Im dritten Stadium dagegen sind die Zeitstrecken mit den Sukzessionen koordiniert, und ihre Beziehungen bleiben dank eben dieser Koordination erhalten.

Hier ein paar Beispiele für das erste Stadium:

Rom (4; 6) weiß nicht, wann sie Geburtstag hat. Sie hat eine kleine Schwester Erika: «Wie alt ist sie?» — *«Ich weiß nicht.»* — «Ist es ein kleines Baby?» — *«Nein, sie kann schon gehen.»* — «Wer von euch beiden ist älter?» — *«Ich.»* — «Warum?» — *«Ich bin größer.»* — «Und wenn sie einmal zur Schule geht, wer von euch ist dann älter?» — *«Ich weiß nicht.»* — «Und wenn ihr Fräulein geworden seid, wird dann eine älter sein als die andere?» — *«Ja.»* — «Welche?» — *«Ich weiß nicht.»* — «Ist deine Mama älter als du?» — *«Ja.»* — «Ist deine Großmama älter als deine Mama?» — *«Nein.»* — «Sind sie sie gleich alt?» — *«Ich glaube, ja.»* — «Sie ist nicht älter als deine Mama?» — *«Oh nein.»* — «Wird deine Großmama jedes Jahr älter?» — *«Sie bleibt gleich.»* — «Und deine Mama.» — *«Die bleibt auch gleich.»* — «Und du?» — *«Nein, ich werde älter.»* — «Und deine kleine Schwester?» — *«Ja»* (Kategorisch).

«Wer wurde zuerst geboren, Erika oder du?» — *«Ich weiß nicht.»* — «Kann man das wissen?» — *«Nein.»* — «Wer ist jünger?» — *«Erika.»* — «Wer wurde also zuerst geboren?» — *«Ich weiß nicht.»* — «Wieviel Jahre bist du älter als sie?» — ... — «Ein Jahr?» — *«Nein.»* — «Zwei Jahre?» — *«Mehr!»* — «Drei Jahre?» — *«Ja.»* — «Und wirst du noch drei Jahre älter sein als sie, wenn du eine Dame bist?» — *«Ich glaube nicht.»* — «Hast du schon gelebt, wie deine kleine Schwester gekommen ist?» — *«Ja.»* — Und wer ist vorher geboren, deine Mama oder du?» — *«Mama.»* — «Deine Großmama oder deine Mama?» — *«Ich weiß nicht.»* — «Dein Papa oder deine kleine Schwester?» — *«Ich weiß nicht.»* — «Dein Papa oder du?» — *«Das weiß man nicht.»*

Jear (4; 9): «Hast du Brüder?» — *«Ja, Charley und Erich.»* — «Sind sie älter oder jünger als du?» — *«Sie sind jung»* (1 und 3 Jahre). — «Und du, bist du vor oder nach Erich (1 Jahr) geboren?» — *«Wir sind alle zur selben Zeit geboren. Wir sind alle drei vor der ,Escalade'* (Genfer Nationalfeiertag) *geboren.»* — «Sind sie gleich alt?» — *«Nein?»* — «Und gleich alt wie du?» — *«Nein.»* — «Welcher von euch dreien ist der. älteste?» — ... — «Und der jüngste?» — *«Erich.»* — «Und ist deine Mama älter als du? — *«Sie ist jung.»* — «Aber wirst du jedes Jahr ein bißchen älter?» — *«Nein, ich bleibe jung.»* — «Wirst du nächstes Jahr gleich alt sein?» — *«Nein. Dann habe ich Geburtstag und bekomme Schlittschuhe. Ich bin dann 5¹/₂.»* — «Hast du eine Großmama?» — *«Ja, die ist älter als Mama.»* — «Ist sie vorher oder nachher geboren?» — *Ich weiß nicht.»* — «Was meinst du?» — *«Ich weiß nicht.»* — «Und ist dein Großvater älter als Papa?» — *«Oh ja.»* — «Warum?» — *«Mein Papa ist jünger.»* — «Wer ist zuerst geboren?» — *«Ich weiß nicht. Er war sofort alt, mein Großpapa.»*

«Bist du größer als Erich?» — *«Oh ja.»* — «Und als Charley?» — *«Ja.»* — «Wer ist der älteste?» — *«Ich bleibe jung, und sie auch.»* — «Wer ist zuerst in die Schule gegangen?» — *«Ich.»* — «Und wer wird zuerst ein Herr sein?» — *Ich weiß nicht.»*

Bor (4; 9): *«Ich habe zwei Brüder, Philipp und Robert.»* — «Älter als du oder jünger?» — *Älter als ich.»* — «Viel?» — *«Ja.»* — «Wie alt?» — *«Ich weiß nicht.»* — «Gehen sie in die große Schule?» — *«Ja, beide.»* — «Ist der eine älter als der andere?» — *«Nein, beide gleich alt* (falsch).» — «Sind sie am gleichen Tag geboren?» — *«Ja* (falsch).» — «Sind sie Zwillinge?» — *«Nein.»* — «Sind sie genau gleich alt?» — *«Ja, gleich alt wie ich.»* — «Wer ist zuerst, früher geboren?» — *«Philipp, dann Robert* (richtig).» — «Wer ist zuerst geboren, Philipp oder du?» — *«Ich* (falsch).» — «Wer ist also der älteste von euch dreien?» — *«Keiner.»* — «Wenn du sagst, du bist vor Philipp geboren, dann warst du doch da, als Philipp geboren wurde?» — *«Jaja, ich war da!»* (das scheint ihm sogar selbstverständlich zu sein). — «Wer von der ganzen Familie ist zuerst geboren?» — «Niemand. *Der zweite ist Philipp, dann Robert, dann ich der vierte, weil ich vier Jahre bin.»*

Pti (4; 9): «Wie alt bist du?» — *«4¹/₂.»* — «Ist dein Geburtstag schon lange her?» — *«Er ist noch nicht vorbei: im Juni.»* — «Wie alt bist du dann?» — *«8 Jahre.»* — »So?» — *«Nein, 5 Jahre.»* — «Hast du Geschwister?» — *«Einen großen Bruder. Er geht in die Schule Sécheron»* (die «große» Schule). — «Ist er vor dir oder nach dir geboren?» — *«Vorher.»* — «Wer ist älter?» — *«Mein Bruder, weil er größer geboren wurde.»* — «Wieviel Jahre war dein Bruder älter als du, wie er kleiner war?» — *«Zwei Jahre.»* — «Und jetzt?» — *«Vier Jahre.»* — Kann der Unterschied sich ändern?» — *«Nein ... Doch, wenn ich viel Suppe esse, überhole ich ihn.»* — «Woher weiß man, ob jemand älter ist?» — *«Weil man größer ist.»* — «Weißt du bei deinem Papa und deinem Großpapa, wer älter ist?» — *«Beide gleich.»* — «Warum?» — *«Weil sie gleich groß sind.»*

«Peter und Paul sind zwei Brüder. Peter ist vorher geboren. Weiß man, welcher älter ist?» — *«Peter.»* — «Aber jetzt ist Peter weniger gewachsen, weil er kleiner war.» — *«Dann ist Paul der ältere, der ältere stirbt zuerst.»*

Myr (5 Jahre): *«Ich habe eine Schwester.»* — Älter oder jünger?» — *«Älter.»* — «Und wird sie auch älter sein als du, wenn du schon eine Dame bist, oder nicht?» — *«Ich weiß nicht. Sie ist dann ein Fräulein.»* — «Kann man das wissen, ob deine Schwester immer älter bleiben wird als du?» — *«Ja, das kann man wissen, aber ich weiß nicht.»* — «Wer ist die ältere von euch, Mama oder du?» — *«Ich weiß nicht, weil wir beide jung sind.»* — «Ist deine Mama vor dir geboren oder nach dir?» — *«Ich kann mich nicht mehr erinnern.»* — «Wer ist der älteste von der Familie?» — *«Papa, weil er braun im Gesicht ist und gut arbeiten kann.»* — «Wer ist der jüngste?» — *«Ich weiß nicht.»* — «Aber ist deine Schwester älter?» — *«Ich weiß nicht, ob wir gleich alt sind, weil sie erst in die Schule Sécheron* (Primarschule) *geht.»*

Aud (6 J.) hat einen Freund: «Jünger oder älter als du?» — *«Größer.»* — Ist er nach oder vor dir geboren?» — *«Nach mir.»* — «Ist dein Papa älter oder jünger als du?» — *«Älter.»* — «Ist er nach dir oder vor dir geboren?» — *«Ich weiß nicht.»* — «Wer ist zuerst gekommen, er oder du?» — *«Ich.»* — «Bleibst du immer gleich alt, oder wirst du älter?» — *«Ich werde alt.»* — «Und dein Papa?» — *«Immer gleich alt.»* — «Und wird deine Mama älter?» — *«Nein.»* — «Warum?» — *«Weil sie schon alt ist.»*

Die Reaktionen dieses ersten Stadiums zeigen eine bemerkenswerte Übereinstimmung mit denen des entsprechenden Stadiums bei der physikalischen Zeit: kein operatives Verstehen der Reihenfolge, kein operatives Verstehen der Dauer und Fehlen der Koordination zwischen den präoperativen Anschauungen der Reihenfolge und der Dauer.

Fangen wir mit der Sukzession an: es ist nicht nur überraschend, daß die Kinder nicht angeben können, daß sie nach ihren älteren Geschwistern geboren sind, sondern auch, daß sie häufig in bezug auf die Geburt ihrer eigenen Eltern erklären, früher da gewesen zu sein — man möchte fast sagen, daß sie sich den Vorrang geben, mit der Nuance des Werturteils, der in diesem Ausdruck liegt. Die vorsichtigeren, wie Rom und Myr, geben ihr Nichtwissen zu («das kann man wissen, aber ich weiß nicht»), während die kühneren frisch drauflosgehen wie jene Aud, die mit Seelenruhe behauptet, sie sei vor ihrem Vater auf die Welt gekommen. Derartige Antworten wären unverständlich oder, genauer gesagt, schienen keiner Untersuchung wert, wenn wir aus den in den Kap. III und IV beschriebenen Reaktionen nicht wüßten, daß die zeitliche Aufeinanderfolge, wenn Anfangs- und Endpunkte nicht zusammenfallen, für das Kind keine Bedeutung hat. Daher sprechen die Kinder, die auf die Frage der Aufeinanderfolge der Geburten antworten «Ich weiß nicht», wirklich etwas Wahres aus: das Problem kann für sie keinen Sinn haben. Diejenigen, die meinen, sie seien früher da gewesen, geben einer anderen Wahrheit Ausdruck: die Zeit beginnt von ihrem Standpunkt erst mit ihrer eigenen Erinnerung, und vor ihrer Geburt existierten weder ältere Geschwister noch Eltern. Wenn Myr z. B. bei der Frage nach der Reihenfolge der Geburt ihrer Mutter und der ihrigen antwortet «ich kann mich nicht mehr erinnern», so drückt sie damit sehr gut den Gedanken aus, daß die Zeit der Lebensalter für sie ausschließlich in Erinnerung besteht: und wenn Bor bei der Frage nach der Geburt seines älteren Bruders erklärt «ja, ja, ich war da!», so behauptet er damit nur, daß er, so weit seine Erinnerungen an diesen älteren Bruder zurückgehen, selbst da war, um sie sich zu merken! Es besteht da ein Egozentrismus der Zeit, der das im wesentlichen Unkoordinierbare (Nicht-Gruppierung) der anschaulichen und präoperativen Sukzession ohne weiteres zum Ausdruck bringt.

Nun, der beste Beweis dafür, daß dieser Egozentrismus der Anschauungszeit in diesem Anfangsstadium keineswegs die Vorherrschaft des Innenlebens über die Organisation der räumlichen Gegenstände ausübt, daß er vielmehr in einer Undifferenziertheit zwischen Subjekt und Objekt besteht, liegt darin, daß bei diesen Kindern die Begriffe der Dauer (das Lebensalter selbst) nur auf eine Verwechslung von Zeit und physikalischen oder räumlichen Gegebenheiten, die ihr als Inhalt dienen, hinauslaufen: Alter ist Körpergröße, älter werden ist wachsen, und so ist es möglich, durch schnelleres Wachsen einen Altersunterschied wett zu machen oder sogar umzukehren. So meint Rom, daß ihre Mama das gleiche Alter habe wie ihre Großmama, und daß sie nicht mehr wüchsen, weil sie «gleich bleiben». Dagegen wird sie selbst ebenso wie ihre Schwester immer älter, aber verschieden schnell, wenn sie jetzt einen Altersunterschied von drei Jahren haben, so bleibt dieser später nicht unbedingt bestehen. Jear bleibt immer jung, während sein Großvater «sofort alt» geboren wurde; er weiß von sich, daß er älter ist als seine jüngeren Geschwister, aber ist nicht sicher, ob er vor ihnen ein Herr sein wird (hier gesellt sich der Egozentrismus zu affektiver Unsicherheit oder Minderwertigkeitsgefühlen, was ja nichts Widerspruchsvolles an sich hat, da er seinem Wesen nach intellektuelle und nicht moralische Undifferenziertheit bedeutet). Pti glaubt, sein älterer Bruder sei früher zwei Jahre jünger gewesen, jetzt sei er vier Jahre älter als er, aber er werde ihn schon an Alter überholen, wenn er «viel Suppe esse». Myr die jünger als ihre Schwester ist, weiß nicht, ob sie es bleiben wird, usw. usw.

Kurz, egozentrische und präoperative Anschauung der Reihenfolge und der Dauer: dies ist das Charakteristische des ersten Stadiums. Es ist also ganz natürlich, daß sich die Folge bei diesen Vpn. nicht von der Dauer ableiten läßt, und umgekehrt. Niemals nämlich kommt das Kind auf dieser Stufe soweit, daß es sagen kann: «A ist vor B geboren, da er älter ist», oder «A ist älter als B, da er vor ihm geboren ist». Es besteht also eine vollständige Parallele zwischen diesem ersten Stadium und dem Stadium der Kap. III und IV.

2

Das Alter der Personen
II. Zweites und drittes Stadium

Die Parallele zwischen der Entwicklung der Altersbegriffe und der physikalischen Zeit ist noch auffallender im zweiten Stadium. Wie erinnerlich, liegt das Charakteristische des zweiten Stadiums in gewissen gegliederten Anschauungen entweder der Reihenfolge (das zeitliche Vor wird von dem räumlichen Vor getrennt) oder der Dauer (schneller = weniger Zeit), die aber noch nicht miteinander koordiniert werden. Nun, auch auf dem Gebiet des Alters findet man, daß einmal die richtige Folge vor dem Verstehen der Zeitstrecken (Typ I), ein ander Mal die richtige Dauer vor der Reihenfolge (Typ II) auftritt. Im ersten Falle wird das Kind die Geburten richtig ordnen können, aber nicht daraus den Schluß ziehen, daß die Altersunterschiede bestehen bleiben, und im zweiten Fall entdeckt es, daß diese Unterschiede bestehen bleiben, aber es erschließt daraus nicht die richtige Reihenfolge der Geburten.

Es folgen Beispiele für den Typ I dieses Stadiums II:

Filk (4; 11) fortgeschritten, hat eine ältere Schwester: «Bist du gleich alt?» — *«Nein, weil ich nicht zur gleichen Zeit geboren bin wie sie.»* — «Wer ist zuerst geboren?» — *«Sie.»* — «Wirst du einmal ebenso alt sein wie sie, oder werdet ihr nie gleich alt sein?» — *«Dann werde ich größer sein als sie, weil die Männer größer sind als die Frauen. Dann werde ich älter sein.»*

Er (5; 8) meint, sein Papa sei älter als seine Mama, *«weil er zuerst und Mama zuletzt geboren»* seien. Aber weder seine Mama noch seine Großmama werden älter. Was seinen Papa anbetrifft: *«jedes Jahr wird er älter, aber manchmal bleibt er ein bißchen wie immer.»*

Bal (6; 9) hat einen um 6 Jahre jüngeren Bruder: «Wer ist der ältere?» — *«Ich.»* — «Wer ist vorher geboren?» — *«Ich.»* — «Wie alt wird dein Bruder sein, wenn du ein Fräulein bist?» — *«Wie ich.»* — «Ebenso alt?» — *«Ja.»* — «Eher älter oder jünger?» — *«Ein bißchen älter.»* — «Ist deine Mama jünger oder älter als du?» — *«Älter.»* — «Ist sie vor dir geboren?» — *«Ja.»* — «Oder du vor ihr?» — *«Nein.»* — «Ist dein Papa jünger oder älter als deine Mama.» — *«Älter.»* — «Hat dir das jemand gesagt?» — *«Nein, ich habe es gesehen.»* — «Ist er vor oder nach ihr geboren?» — *«Vorher.»* — «Wird dein Papa nächstes Jahr älter geworden sein?» — *«Ja.»* — «Und deine Mama?» — *«Ja.»* — «Und du?» — *«Ja.»* — «Und dein kleiner Bruder?» — *«Ja.»* — «Wer wird der jüngere sein, er oder du?» — *«André.»* — «Wer wird der ältere sein, wenn ihr alt geworden seid?» — *«Wir werden gleich alt sein.»* — «Sind dein Großvater und deine Großmutter gleich alt?» — *«Ja, ungefähr.»* — «Wer ist vorher geboren.» — *«Meine Großmutter.»*

Mon (7; 10) hat eine Freundin, Eliane: «Wie alt ist sie?» — *«9¹/₂.»* — «Und du?» — *«7¹/₂.»* — «Wer ist älter?» — *«Eliane.»* — «Um wieviel?» — *«Zwei Jahre.»* — «Ist sie vor dir oder nach dir geboren?» — *«Vor mir.»* — «Wieviele Jahre vor dir?» — . . . — «Wie alt vor dir?» — *«Ich weiß nicht.»* — «Kann man das wissen?» —

288

«Nein.» — «Auch zwei Jahre vorher?» — *«Nein, nicht zwei Jahre.»* — «Wird Eliane älter oder jünger sein als du, wenn du eine Dame geworden bist?» — *«Älter.»* — «Wieviel?» — *«Ich weiß nicht.»* — «Zwei Jahre wie jetzt?» — *«Mehr.»*

Vet (7; 10): *«Ich habe eine kleine Schwester, Liliane, und einen kleinen Bruder von 9 Monaten, Florian.»* — «Seid ihr gleich alt?» — *«Nein. Zuerst mein Bruder, dann meine Schwester, dann ich, dann Mama und dann Papa.»* — «Wer ist zuerst geboren?» — *«Ich, dann meine Schwester, dann mein Bruder.»* — «Wird Florian immer noch jünger als du sein, wenn du alt bist?» — *«Nicht immer.»* — «Wird dein Papa jedes Jahr älter?» — *«Nein, er bleibt immer gleich.»* — «Und du?» — *«Ich, ich werde größer.»* — «Wie wird man älter, wenn man ein Mann ist?» — *«Man wächst, dann bleibt man lange Zeit gleich, dann wird man plötzlich alt.»*

Hier noch der Fall eines Kindes, das fast bis zur Koordinierung der Geburt und des Alters kommt, aber trotzdem an dem Begriff des Alters, bestimmt durch die Größe, kleben bleibt:

«Clau (7; 10): «Wie alt bist du?» — *«7 Jahre, ich bin groß: man könnte meinen, ich sei 8.»* — «Hast du eine Schwester?» — *«Ja, sie ist 6.»* — «Bist du vor oder nach ihr geboren?» — *«Oh, vor ihr!»* — «Werdet ihr gleich alt sein, wenn du ein junger Mann bist?» — *«Nein, wenn ich 9 bin, ist sie 8, wenn ich 10 bin, ist sie 9, wenn ich 18 bin, ist sie 17, es wird immer einen Unterschied geben. Meine Schwester reicht mir bis da* (zum Kinn). *Ich, ich werde immer größer. Wenn sie mir bis dahin* (Stirn) *kommt, dann gehe ich bis da* (höher als sein Kopf), *und dann da und da, usw.»* — «Wer ist jünger, dein Papa oder deine Mama?» — *«Mein Papa ist jünger* (falsch).» — «Ist er vor oder nach deiner Mama geboren?» — *«Nach* (falsch).» — «Also warum ist er jünger?» — *«Meine Mama ist die größte der Familie.»* Trotz seines glänzenden Beginns bleibt Clau doch bei der Verwechslung von Alter und Größe.

Man sieht, daß jedes dieser Kinder bei dem Aneinanderreihen der Geburten richtig antwortet. Die Reihenfolge dieser Geburten scheint also für sie dem Alter der Familienmitglieder zu entsprechen, wobei «älter» bedeutet «vorher geboren» und «jünger»: «nachher geboren». Aber merkwürdigerweise beschränkt sich das Verstehen dieser Zuordnung auf das *gegenwärtige* Alter der Personen, und die Tatsache, daß diese jetzigen Lebensalter der Reihenfolge der Geburten entsprechen, schließt für die Vp. dieses Typus durchaus nicht mit ein, daß sich diese Zuordnung in der Zukunft erhält: es ist also klar, daß diese Zuordnung noch nicht operativ ist und noch nichts anderes als eine gegliederte Anschauung darstellt [4]. Was nämlich das zukünftige Alter derselben Familienmitglieder anbetrifft, deren Geburtenfolge die Vpn. mühelos bestimmen, so bleiben, ihrer Meinung nach, die Altersunterschiede nicht bestehen, was bedeutet, daß sich die Übereinstimmung zwischen Geburtenordnung und Alter auch nicht erhält. Bal z. B. geht sogar so weit, anzunehmen, daß ihr um 6 Jahre jüngerer Bruder, wenn sie erwachsen sein werden, sie ein wenig überholen werde. Vet, der fast 8 Jahre alt ist, meint, sein kleiner Bruder (9 Monate alt) werde «nicht immer» der jüngere bleiben, usw. Der Grund nun für diese merkwürdigen Ansichten ist sehr einfach: wenn diese Vpn. auch immer die Reihenfolge der Geburten erfassen können, so stellen sie sich doch immer die Dauer als physikalischen oder räumlichen Ablauf vor und verwechseln dadurch Alter und Größe. Daraus ergibt sich, daß die gelebte Dauer oder das Alter diskontinuierlich sind: wie Vet es so überzeugend ausdrückt «man wächst, dann bleibt man lange gleich, dann wird man plötzlich alt».

Im Gegensatz zu den vorigen Vpn. stellt sich bei denen des zweiten Typus die Situation so dar (vom operativen Gesichtspunkt aus wäre sie ungewöhnlich, aber sie wird leicht verständlich durch den noch anschaulichen Charakter der Begriffe): die Erhaltung der Altersunterschiede, also der Aspekt «Dauer» des Älterwerdens, wird verstanden, ohne aber daß daraus der Schluß auf eine richtige Reihenfolge der Geburten gezogen wird.

Beispiele für Typ II, Stadium II:

Dour (7; 5): «Wie alt bist du?» — *«7¹/₂.»* — «Hast du Geschwister?» — *«Nein.»* — «Einen Freund?» — *«Ja, Gerald.»* — «Ist er jünger oder älter als du?» — *«Ein klein bißchen älter, er ist 12.»* — «Wieviele Jahre älter als du?» — *«Fünf Jahre.»* — «Ist er vor dir oder

[4] Vgl. die visuellen Zuordnungen ohne dauerhafte Gleichwertigkeit bei den entsprechenden Kollektionen, die das zweite Stadium charakterisieren in « La Genèse du Nombre chez l'Enfant », Kap. III und IV.

nach dir geboren?» — *«Ich weiß nicht.»* — «Überleg einmal, du hast
mir doch schon gesagt, wie alt er ist. Ist er vor dir oder nach dir geboren?» — *«Ich könnte ihn ja fragen gehen.»* — «Aber gerade jetzt
kannst du das nicht wissen?» — *«Nein.»* — «Wird Gerald jünger oder
älter sein als du, wenn er einmal Papa ist?» — *«Älter.»* — «Wieviel?» — *«Fünf Jahre.»* — «Werdet ihr gleich schnell alt?» — *«Ja.»* —
«Wie wird er sein, wenn du einmal ein alter Herr geworden bist?» —
«Ein Großvater.» — «Wird er gleich alt sein wie du?» — *«Nein, ich
werde 5 Jahre jünger sein.»* — «Und wenn ihr sehr, sehr alt geworden
seid, wird dann immer noch derselbe Unterschied bestehen?» — *«Ja,
immer noch.»*

  Gist (9 Jahre) hat eine Schwester. Sie ist *«jünger. Sie ist am
8. Januar 7 geworden.»* — «Wieviel Jahre jünger als du?» — *«Zwei
Jahre.»* — «Wird sie ebenso alt sein wie du, wenn du eine große Dame
geworden bist?» —- *«Nein, sie wird kleiner sein als ich.»* — «Wieviel?» — *«Zwei Jahre.»* — «Bist du ganz sicher?» — *«21 Monate*
(richtig).» —« Warum?» — *«Weil es wie heute sein wird.»* — «Und
wenn ihr sehr alt seid?» — *«Immer gleich.»* — «Dann sag mir einmal,
wer von euch beiden ist vor der anderen geboren, deine Schwester oder
du?» — *«Ich weiß nicht.»* — «Aber wer ist zuerst geboren?» — *«Ich
weiß nicht.»*

Man sieht das Paradoxe in diesen Fällen, die übrigens seltener sind als die des ersten Typus (wie das Verstehen der Gleichheit der synchronen Zeiten auch in Kap. IV selten dem der
Gleichzeitigkeit vorausgeht), aber darum umso lehrreicher.
Dour bestätigt immer wieder, daß er von dem Weiterbestehen
des Altersunterschieds zwischen sich und seinem Freund überzeugt ist, und trotzdem sieht er nicht, wie man es wissen könnte,
welcher von ihnen zuerst geboren ist, ohne ihn zu fragen! Und
Gist gibt genau an, daß 21 Monate zwischen ihrem Alter und
dem ihrer Schwester liegen, ohne aber daraus ableiten zu können, daß diese nach ihr geboren ist.

Hier gründet sich also die Erhaltung der Altersunterschiede
auf eine gegliederte Anschauung (die Jahre sind den Personen,
die verglichen werden, gemeinsam und werden von ihrem physischen Wachsen, d. h. den sich mehr oder weniger ändernden
Größen, getrennt), während die Reihenfolge Gegenstand einer
einfachen Anschauung bleibt, so daß diese zwei Arten Gegebenheiten sich nicht koordinieren können.

Es läßt sich außerdem am Ende von Stadium II ein Teil-stadium II B unterscheiden, das durch Übergangsreaktionen zwischen den Stadien II (Typen I und II) und III gekennzeichnet ist. Es handelt sich also um Reaktionen, die den vorigen zuerst identisch sind, dann durch fortschreitendes Tasten zu der richtigen Antwort führen:

Phi (7; 8): «Hast du einen Bruder?» — *«Nein, aber ich werde einen im Februar bekommen.»* — «Wer wird älter sein?» — *«Ich, weil ich zuerst geboren bin.»* — «Wie weit seid ihr auseinander?» — *«Sieben Jahre.»* — «Und wie weit werdet ihr auseinander sein, wenn du einmal Papa bist?» — *«Ich weiß nicht.»* — «Ebenso wie jetzt?» — *«Oh ja.»* — «Warum?» — ... — «Und ist deine Mama älter als du?» — *«Ja.»* — «Werdet ihr gleich weit auseinander sein, wenn du ein alter Herr geworden bist?» — *«Ja ... nein, nicht so weit ... nein, ebenso wie jetzt.»* — «Ist dein Papa älter als deine Mama?» — *«Ja, um ein Jahr.»* — «Und waren sie gleich weit auseinander, wie du geboren wurdest?» — *«Mama war jünger.»* — «Aber war der Unterschied gleich?» — *«Nein, ja, das ist gleich.»*

Wie man sieht, setzt sich also die Erhaltung der Altersunterschiede, noch bevor sie unbedingt bejaht wird, allmählich als immer wahrscheinlichere Schlußfolgerung durch.

Jetzt noch Antworten aus Stadium III, das dadurch charakterisiert ist, daß die Koordinierung der Reihenfolge der Geburten mit der Einschachtelung der Alter als notwendig verstanden wird und die Unterschiede konstant bleiben.

Gilb (7; 9) ist einziges Kind: «Hast du einen kleinen Freund?» — *«Ja, er ist 7 Jahre alt.»* — «Ist er älter oder jünger als du?» — *«Wie ich, er ist im selben Jahr geboren, wir sind also gleich alt.»* — «Hast du einen andern Freund?» — *«Rémy. Er ist 15.»* — «Ist er älter als du?» — *«Ja, viel.»* — «Wieviel?» — *«Acht Jahre.»* — «Ist er vor dir oder nach dir geboren?» — *Vor mir.»* — «Wie lange vorher?» (Kurzes Zögern) — *«Also acht Jahre.»* — «Werdet ihr gleich alt sein, wenn ihr einmal Herren seid?» — *«Er wird älter sein, da er doch vorher geboren ist.»* — «Und du und deine Mama?» — *«Sie ist älter.»* — «Wenn du ein Herr bist?» — *«Immer gleich auseinander.»* — «Warum?» — *«Das ändert nie.»* — «Sind nicht alle alten Herren gleich alt?» — *«Es kommt darauf an, wann sie geboren sind: es gibt 50jährige, 60jährige usw.»*

292

Pol (8; 3) *«Ich habe einen kleinen Bruder und einen noch kleineren, Charly und Jean.»* — «Wer ist zuerst geboren?» — *«Ich, dann Charly, dann Jean.»* — «Wie alt werdet ihr sein, wenn ihr groß seid?» — *«Ich der älteste, dann Charly, dann Jean.»* — «Wirst du viel älter sein?» — *«Eben wie jetzt.»* — «Warum?» — *«Man bleibt immer gleich auseinander, es kommt darauf an, wann man geboren ist.»*

Man sieht, daß die Reihenfolge (Aneinanderreihung der Geburten) und die Zeitstrecken (die Lebensalter selbst) von diesen Vpn. durch eine logisch notwendige Relation miteinander verbunden werden, ebenso wie die Erhaltung der Altersunterschiede nicht mehr nur behauptet, sondern aus der Geburtenordnung selbst abgeleitet wird.

Im ganzen erlauben also alle diese in dem Kap. IX/1 und 2 beschriebenen Tatsachen einmal mehr, den Entwicklungsprozeß wiederzufinden, der uns schon vertraut geworden ist. Im Anfang, in Stadium I, führen die Reihenfolge und die Dauer, jede für sich, ohne gegenseitige Beziehung zu egozentrischen und deformierenden Anschauungen, die zugleich von dem eigenen Standpunkt und dem räumlichen und physikalischen Phänomenismus bestimmt werden, von denen die Zeit sich nicht differenzieren kann. Im zweiten Stadium bilden sich dank des Fortschritts der Anschauungsregulierungen entweder eine gegliederte Anschauung der Geburtenordnung (entsprechend dem gegenwärtigen Alter), aber ohne Erhaltung der Zuordnung im zukünftigen Alter, oder eine gegliederte Anschauung der Altersunterschiede (aber ohne Beziehung zu den Geburten). Im dritten Stadium endlich sind diese gegliederten Anschauungen gleichzeitig vorhanden und ermöglichen den Regulierungen, denen sie entsprungen sind, eigentliche Operationen zu bilden, deren Gruppierung alsdann die Reihenfolge und die Dauer in einem einzigen deduktiven und kohärenten System vereinigen.

So kommt man zu der frappierenden Feststellung, daß die Begriffe in bezug auf das Alter trotz ihres sprachlichen Charakters und der Rolle der erworbenen Kenntnisse sich genau so entwickeln wie die Begriffe in bezug auf die in Kap. III und IV beschriebene physikalische Zeit. Das Problem ist übrigens das gleiche, und in beiden Fällen besteht die Konstruktion der Zeit in dem Koordinieren der Bewegungen mit den Geschwindigkeiten: in der Tat entspricht das Wachsen den räumlichen Laufbahnen, mit denen wir bei unserer Analyse der physikalischen Zeit zu tun hatten, und die größere oder kleinere Geschwindigkeit dieses Wachsens entspricht den Geschwindigkeitsunterschieden zwischen den beiden Läufern. Auf beiden Gebieten nun werden Dauer und durchlaufener Weg zuerst verwechselt, da alle Kinder des ersten Stadiums das Alter nach der Größe bestimmen. Auch wird in beiden Fällen dadurch, daß die zeitliche Sukzession von der räumlichen (die vom Standpunkt des Betrachters selbst relativ ist) nicht unterschieden wird, die Reihenfolge der Ereignisse zuerst nicht verstanden: das räumliche «Vor» in bezug auf die Laufrichtung (Kap. III und IV) findet sich in der Tat hier wieder in Form des egozentrischen «Vor», d. h. der Umkehrung des zeitlichen Sinnes durch die Vorherrschaft des eigenen Gesichtspunktes. Dann ergibt sich in Stadium II bei dem Altersbegriff wie bei der physikalischen Zeit aus der teilweisen Korrektur der primitiven Anschauungen, also aus einer Regulierung und nicht gleich aus reversiblen Operationen, die Bildung der gegliederten Anschauungen. Das dritte Stadium endlich ist ebenfalls in beiden Fällen durch eine Koordination operativer Natur charakterisiert: dank der Gruppierung der betreffenden Verhältnisse gelangt die Vp. dazu, ebensogut die Lebensalter von der Geburtenordnung wie diese Ordnung von der Einschachtelung der Alter selbst abzuleiten.

Aber wenn somit der Ausgangspunkt der Schwierigkeiten, denen das Kind begegnet, in der Vermischung von Alter und Größe liegt und diese Schwierigkeiten durch die Gruppierung der zeitlichen Relationen überwunden werden, dann müssen wir in unserer Untersuchung weiter analysieren, wie sich die Trennung dieser beiden Begriffe vollzieht.

3

*Das Alter der Tiere und der Pflanzen, Trennung von Alter
und Körpergröße*

Um diese Hypothesen zu kontrollieren, müssen wir erfassen,
durch welchen Mechanismus sich das Alter von der Körpergröße
ablöst. Dazu wollen wir mit dem Vergleich des Alters zweier
Bäume von verschiedener Art und Größe anfangen, und zwar
so, daß man sieht, wie die Vp. zu der Entdeckung gelangt. daß
diese Alter ausschließlich von dem Datum abhängen, an dem
sie gepflanzt wurden und nicht von ihrer jetzigen Größe.

Vorerst aber wollen wir noch kurz nachweisen, daß das
Kind gegen 7 bis 8 Jahren auch das Älterwerden der Tiere,
der Pflanzen und selbst der Mineralien mit ihrem Wachsen verwechselt, daß also dies Älterwerden in dem Moment aufhört,
wo die maximale Größe erreicht ist:

Pau (4; 9): «Werden die jungen Hunde älter?» — *«Ich weiß
nicht. Ich habe keinen. Nein, ich glaube, sie bleiben immer gleich
groß.»* — «Und die Blumen?» — *«Die verwelken, wenn man ihnen
kein Wasser gibt.»* — «Und die Steine?» — *«Nein, die bleiben gleich.
Wenn man einen mit der Säge teilt, dann ja.»* — «Und du, wirst du
älter.» — *«Wenn ich größer werde, ja.»*

Ker (4; 6) denkt, die Vögel werden älter. «Und die Pflanzen?»
— *«Nein, das bleibt immer gleich.»* — «Und die Steine?» — *«Ja, weil
ich einen gesehen habe, der größer geworden ist.»*

Er (5; 8): «Werden die Pflanzen älter?» — *«Ja, weil sie verwelken.»* — «Und die Pferde?» — *«Die werden älter, weil es große und
kleine gibt.»* — «Und die Steine?» —*«Es gibt ältere und jüngere, weil
es große gibt und kleine.»*

Dor (6; 9) meint, alle Pferde, die man auf der Straße sieht, seien
gleich alt, weil sie gleich groß sind.

Gis (6; 11) sagt, die Hunde werden älter, *«weil sie größer werden»*, die Steine dagegen nicht, *«weil das immer bleibt, wie es ist.»*

Fin (7; 9) meint, älter werden *«das ist älter sein.»* — «Die jungen
Hunde?» — *«Die werden älter.»* — «Und sind die Bäume jedes Jahr
älter?» — *«Oh nein, die haben kein Alter.»* — «Warum» — *»Das
wird nicht größer.»*

295

Dagegen beginnt gegen 7 bis 8 Jahre der Begriff des Älterwerdens sich von dem des räumlichen Wachsens oder der Größenzunahme zu trennen und auf Grund der Zeit selbst aufgefaßt zu werden:

Dour (7; 5) meint, die Pflanzen, die Hunde, die Pferde und er selbst, alle werden sie älter, und von einem Frühjahr zum andern werden sie *«ein Jahr älter»* sein.

Dorb (7; 6) die Hunde und Pferde *«das wird immer älter.»* — *«Und die Bäume?»* — *«Ja, weil zuerst Winter ist, dann kommen die Blätter wieder.»*

Gil (7; 9): *«Alles wird älter.»* — *«Und die Steine, sind die immer gleich alt?»* —*«Auch nicht.»*

Im Bestreben, diese Fragen genauer zu untersuchen, kamen wir auf den Gedanken, den Vpn. das Problem des Alters von zwei auf Zeichnungen dargestellten Bäumen vorzulegen. Auf zwei Kartons gleicher Dimension sind die Bilder einer 9 cm hohen Pappel mit breitem, dickem Stamm, und eines andern Baumes von 6,5 cm Höhe mit dünnem, gewundenem Stamm und kugelförmiger Krone aufgeklebt. Die Farben sind von gleichem Ton: braune Stämme und dunkelgrünes Laub.

Man sagt dem Kind: «Eines Tages machte ich einen Spaziergang, da sah ich diese zwei Bäume. Ich bekam Lust, sie zu zeichnen gerade so, wie sie waren. Sind sie gleicher Art? (Das Kind sagt natürlich «nein», und man fordert es auf, die Unterschiede genau anzugeben.) Du hast recht, es sind verschiedene Arten: die eine Art wächst in die Höhe, die andere in die Breite, die eine hat einen geraden Stamm, die andere einen dünnen und krummen. Das ist wie bei den Menschen: sie sind sich nicht alle gleich. Und wie bei den Hunden: es gibt Bulldoggen, Dackel, Bernhardiner usw. Die Bäume sind auch nicht alle von der gleichen Art: sie wachsen nicht gleich.» Nach dieser Einleitung stellt man dann die Frage: «Jetzt möchte ich, daß du mir sagst: Kann man nur nach diesen Bildern schon wissen, welcher von beiden Bäumen der ältere ist, und kann man das sicher sagen, oder kann man das nicht wissen?» Wenn das Kind nach der Höhe der Bäume urteilt, was bei den Kleinen natürlich der

Fall ist, diskutiert man und dringt mit den Einwendungen so tief wie möglich: «Aber gibt es nicht alte, kleine Leute? Ist denn ein großer Herr immer älter als ein kleiner, usw.?»

Nun, von etwa vierzig Kindern zwischen 4 und 10 Jahren, die wir geprüft haben, haben alle von 9 Jahren ab richtig geantwortet und alle von 4 bis 6 Jahren, einschließlich, versagt. Dazwischen finden sich variable Proportionen, davon ungefähr $1/3$ bei 7 Jahren und $2/3$ bei 8 Jahren. Die erhaltenen Reaktionen lassen sich folgendermaßen ordnen. Am Ausgangspunkt (Stadium I) beobachtet man eine vollständige Undifferenziertheit zwischen den Begriffen des Alters und der Größe: die Vpn. beugen sich vor keinem Argument. Am Endpunkt (Stadium III) besteht eine völlige Trennung zwischen den beiden Begriffen: die Vpn. weigern sich angesichts der Bäume, das jeweilige Alter zu raten, oder machen allerlei Hypothesen, sind sich aber alle darin einig, daß nur auf Grund der Kenntnis des Datums, an dem die Bäume gepflanzt wurden, die Frage sicher beantwortet werden könne. Dazwischen (Stadium II) beobachtet man eine fortschreitende Differenzierung:

Hier einige Beispiele für Stadium I:

Roh (4; 6): *«Ist einer der beiden älter?»* — *«Oh ja, der lange.»* —*«Warum?»* — *«Weil er lang ist.»* — «Ich aber sage, es ist vielleicht der andere?» — *«Ich weiß nicht, aber ich sage, es ist der lange.»* — «Kann ein kleiner Baum nicht älter sein als ein großer?» — *«Oh nein, nein, nein, nein!»* (als wollte er sagen: Sie brauchen mich nicht zum Narren zu halten!).

Zur (4; 9): *«Der ist $5^1/_2$ und der $4^1/_2$.»* — «Warum?» — *«Weil er größer ist.»* — «Kann man nicht älter sein als jemand anders und doch kleiner?» — *«Ja.»* — «Also wäre es möglich, daß der große Baum jünger wäre alt der andere?» — *«Nein.»*

Jea (4; 6): *«Der runde ist 1 Jahr und der lange 2 Jahre.»* — «Ganz sicher?» — *«Ja.»* — «Kann man größer sein und doch jünger als jemand anders?» — *«Das kommt niemals vor.»*

Claude (5; 5): *«Der größere.»* — «Kann man dessen sicher sein?» *«Ganz sicher.»* — «Welcher ist zuerst geboren?» — *«Der andere.»* — «Warum?» —*«Weil er kleiner ist.»* — «Heißt zuerst geboren, daß man älter ist oder daß man jünger ist?» — *«Jünger.»*

Bob (5; 6): *«Der größere.»* — «Könnte der andere nicht doch älter sein?» — *«Nein.»* — «Sicher?» — *«Ganz sicher.»* — «Aber

Erich ist doch größer als du. Ist er älter oder jünger?» — *«Jünger.»*
«Aber er ist größer?» — *«Ja schon, aber nur ein klein bißchen.»* —
«Aber du siehst, man kann doch älter und kleiner sein, nicht?» — *«Ja.»*
— «Kann man also wissen, welcher der beiden Bäume da der ältere
ist?» — *«Ja, der große.»*

Ode (6; 8): *«Der lange ist älter.»* — «Warum?» — *«Weil er größer
ist.»* — «Sicher.» — *«Ja.»* — «Könnte der runde nicht älter sein?» —
«Ja, der runde könnte größer sein (= werden? oder hätte sein können?) *als der lange.»*

Arl (7; 10): *«Der lange.»* — «Woher weißt du das?» — *«Weil er
größer ist.»* — «Aber sie sind nicht von der gleichen Art, nicht?» —
«Nein.» — «Sie wachsen nicht gleich. Ist man dann wirklich sicher?»
— *«Oh ja, weil er größer ist.»*

Dar (7; 10): *«Der lange ist älter.»* — «Warum?» — *«Der lange
wächst schneller* (I), *und der, weniger schnell.»* — «Welcher ist also
der ältere?» — *«Der lange.»* — «Sind sie am gleichen Tag geboren?»
— *«Zuerst der lange.»* — «Ist eine Zwergin vom Zirkus vor oder nach
dir geboren?» — *«Vor, aber sie ist nicht gewachsen.»* — «Jünger oder
älter als du?» — *«Älter.»* — «Kommt es also bei einem Baum nicht
auch vor, daß er vorher gepflanzt wurde und klein bleibt?» —
«Manchmal kommt das vor.» — «Würdest du also deine Hand ins
Feuer stecken, daß der große älter ist?» — *«Ja, er ist älter.»*

Die Anfangsreaktion des Kindes ist also: das Alter ist proportional zu der Größe. Daß diese Undifferenziertheit besteht,
haben wir schon bei dem Alter der Personen festgestellt, aber
diese ergänzenden Tatsachen zeigen das ganze Ausmaß ihrer
Widerstandsfähigkeit und Festigkeit. Es erscheint da auf dem
Gebiet der Zeit ein Phänomen, das sich ganz mit dem vergleichen
läßt, was auf dem Gebiet der stofflichen Mengen die Untrenn-
barkeit des Gewichts und der Dicke ist [5]. Wie diese letztere
scheint die Undifferenziertheit des Alters und der Größe allen
Argumenten zu widerstehen. Sie hält sich sogar noch bei manchen Vpn., die die Reihenfolge der Geburten teilweise verstanden haben. In dieser Hinsicht verdienen die unkoordinierten
Antworten von Dar hervorgehoben zu werden: diese Vp. meint,
derjenige der beiden Bäume, der «schneller» gewachsen ist,
müsse eben dadurch der ältere und vor dem anderen geboren

[5] Vgl. PIAGET & INHELDER, *Le Developpement des quantités chez
l'Enfant,* Kap. VII und IX.

sein. Ein anderer auffallender Punkt ist die logische Inkohärenz dieser Kinder: mehrere von ihnen geben zu, daß man kleiner und älter zugleich sein kann, aber statt daraus die Konsequenz zu ziehen, daß man das Alter der Bäume nicht bestimmen könne, schließen sie im Gegenteil, daß die Größe das Alter angeben müsse. Die Ausnahme stellt sich also bei ihnen nicht in Gegensatz zu der Regel. Sie ist gewissermaßen nur ein moralischer Widerstand gegen ein Gesetz, das allgemein sein sollte. Genauer gesagt, diese Gedankengänge bleiben transduktiv und wissen nichts von dem logischen «Alle», das der operativen Allgemeinheit eigen ist. In dieser Beziehung ist der Fall von Rob frappierend: man kann kleiner und «doch» älter sein, gibt das Kind zu, und trotzdem ist es sicher, daß der große Baum der ältere ist [6].

Zwischen diesen Anfangsreaktionen und den richtigen Antworten findet sich ein Zwischenstadium, von dem wir einige Fälle zitieren wollen, da ihr lehrreiches Zögern und die schrittweise Differenzierung interessant sein dürften.

Hier einige Beispiele für Stadium II:

Gros (5; 11): *«Einer ist älter; der lange.»* — «Woher weißt du das?» — *«Weil der vorher gepflanzt worden war.»* — «Aber woher weißt du, daß er vorher gepflanzt worden war?» — *«Weil er größer ist.»* — «Du denkst aber doch daran, daß es nicht die gleiche Art ist. Sie wachsen nicht gleich. Also?» — *«Man müßte wissen, wie alt sie sind. Der lange ist es, weil er vorher gepflanzt wurde.»* — «Könnte der runde älter sein?» — *«Ja, weil er nicht gewachsen ist.»*

Vet (7; 10) ist sicher, daß diese beiden Bäume nicht gleich alt sind, *«weil sie nicht gleich sind. Der lange wächst mehr, der andere, das sind gebogene Bäume»*, aber er urteilt trotzdem nach der Größe. — «Könnte es umgekehrt sein?» — *«Ja, dèr lange könnte kleiner werden und der runde größer.»*

Mar (5; 2 fortgeschritten) meint dagegen, *«sie sind vielleicht gleich alt, weil der lange wächst und der runde wächst.»* — «Kann man also wissen, welcher der ältere ist?» — *«Ja, vielleicht der lange, weil er lang wächst.»* — «Kann man da sicher sein?» — *«Der lange müßte rund sein»* (= er müßte auch «rund wachsen», damit man vergleichen

---

[6] Man beachte die Verständnislosigkeit gegenüber den Verhältnissen der Nichtübereinstimmung auf der prälogischen Stufe: «obwohl» wird als «weil» verstanden, usw. Vgl. *Le Jugement et le Raisonnement chez l'Enfant*, Kap. I.

kann) — «Was glaubst du?» — *Der lange ist älter.*» — «Sicher?» —
Nicht ganz, weil der vielleicht vorher gepflanzt worden ist.»

Der Mechanismus dieser Antworten ist verständlich. Einerseits zeugen sie von dem Anfangen einer Relativität, durch die
Alter und Wachstumsgeschwindigkeit unterschieden und infolgedessen Alter und Größe differenziert werden können: so
beruft Gros sich auf die Möglichkeit, daß der kleine Baum
vielleicht nicht gewachsen ist, Vet, daß er «gebogen» gewachsen
ist, usw. Mar schließt, was für sein Alter sehr bemerkenswert
ist, daß man zum Vergleich der Alter das Wachsen beider auf
eine gemeinsame Form reduzieren müßte: «der lange müßte
rund sein». Nichtsdestoweniger bleibt jede dieser Vpn. noch an
der Hypothese einer Proportionalität zwischen Größe und Alter
haften: unter gleichen Bedingungen, scheinen sie zu denken,
würde man wohl sehen, daß der lange der ältere ist. Alles in
allem besteht also noch keine vollständige Trennung zwischen
Zeit und durchlaufenem Raum, also zwischen Alter und Größe,
obwohl die Elemente für diese Differenzierung schon angedeu-
tet sind.

Jetzt noch Beispiele für Stadium III mit vollendeter Trennung:

Gil (7; 5): *«Der muß älter sein, weil er breiter ist.»* — «Woher
weißt du das?» — *«Nach seiner Größe, aber man kann sich irren, weil
es große und jüngere Bäume gibt: sie wachsen nicht auf dieselbe Art.»*
— «Könnten sie gleich alt sein?» — *«Ja, das könnte sein. Der eine
wächst in die Länge und der andere ins Runde, aber man kann nichts
wissen, weil da mehrere Sachen* (in Betracht zu ziehen) *sind. Es gibt
mehrere Sorten Bäume. Das weiß man nicht.»* — «Wer weiß das?» —
«Der, der sie gepflanzt hat.»

Dor (7; 6): *«Sie können gleich alt sein, weil einer rund ist und
der andere lang.»* — «Was meist du?» — *«Vielleicht ist der lange älter,
aber das ist nicht sicher; man muß sehen, wann man sie gepflanzt hat.»*

Gil (8 J.): *«Der lange ist vielleicht älter, aber das ist nicht sicher,
weil es größere und jüngere gibt.»* — «Na und?» — *«Man muß wissen,
wann sie gepflanzt worden sind.»*

Ed (9 J.): *«Das kann man nicht wissen, weil die Weiden sehr
langsam wachsen und die Linden sehr schnell. Das sind zwei Sorten
Bäume, die nicht dieselben sind.»*

Es darf also angenommen werden, daß das Alter sich endgültig von der Größe differenziert dank der expliziten (Gil und Ed) oder impliziten (Dor und Gil) Einbeziehung des Begriffs der Wachstumsgeschwindigkeit. Es wäre dies ein Prozeß, der sich ganz mit dem vergleichen ließe, den wir in diesem dritten Stadium bei der Entwicklung der physikalischen Zeit immer wieder beobachtet haben: Dauer und durchlaufener Raum werden getrennt dank der Einbeziehung der operativ erfaßten Geschwindigkeitsunterschiede. Es ist außerdem bemerkenswert, daß sich nun, dem zweiten allgemeinen Kennzeichen dieses Stadiums entsprechend, die von dem Raum abgelöste Dauer mit Notwendigkeit auf die Reihenfolge stützt (und umgekehrt!): jedes einzelne dieser Kinder zieht nämlich sofort und spontan, eben durch den Verzicht auf das Kriterium der Größe, den Zeitpunkt heran, wo die Bäume gepflanzt worden sind, als einzige sichere Bestimmung ihres Alters.

Angesichts dieser engen Parallele, die zwischen der Entwicklung des Altersbegriffs und der der charakteristischen Begriffe der physikalischen Zeit spürbar ist, scheint es uns lohnend, die betreffenden operativen Mechanismen noch eingehender zu prüfen. Der Altersbegriff steht nämlich zwischen der physikalischen Zeit und der inneren Zeit, so daß die Kinder das Alter der Personen ebenso gut nach ihrem geistigen Wachsen wie nach ihrer Größe hätten beurteilen können: nach der Klugheit, dem Wissen usw. Warum also bleibt in dem kindlichen Begriff des Alters nur die Statur zurück, und dies nur um den Preis ständiger Widersprüche, obwohl man ja doch auch «en stature et grâce» wachsen könnte? Ohne Zweifel, wie wir bei der psychologischen Zeit sehen werden, darum, weil das Bewußtsein den Weg vom Äußeren zum Inneren nimmt und die innere Zeitkonstruktion eine fortschreitende und nicht fertig vorgegebene «Subjektivierung» zur Voraussetzung hat. Aber bevor wir den Mechanismus derselben analysieren wollen, bleibt uns noch die Aufgabe, herauszufinden, durch welche Operationen das Denken im Falle des Altersbegriffes dazu kommt, die Dauer (das Alter selbst) von dem durchlaufenen Weg oder der verrichteten materiellen Arbeit (der Größe oder dem physischen Wachsen) loszulösen. Wie eben festgestellt, geschieht es dank der Einbeziehung der Wachstumsgeschwindigkeit (genau so, wie sich bei der physikalischen Zeit die Dauer von dem Weg ablöst, wenn die Geschwindigkeitsunterschiede untereinander koordiniert werden). Aber wie bildet sich eigentlich diese neue Form des Geschwindigkeitsbegriffs? Und auf Grund welches operativen Prozesses wirkt er im einzelnen auf die zeitlichen Verhältnisse? Dies bleibt uns noch näher zu untersuchen.

4

Die Zuordnung der Lebensalter mit ungleicher Wachstumsgeschwindigkeit

In den beiden ersten Paragraphen dieses Kapitels haben wir festgestellt, wie sehr sich der Begriff des Alters der Personen trotz seines Charakters des «Gelebten» nach einem Schema ganz analog zu dem der physikalischen Zeit entwickelt: zuerst deformierende Anschauungen der Folge und der Dauer, dann gegliederte Anschauungen der einen von beiden ohne unmittelbare Beeinflussung der anderen und endlich operative Koordination beider Begriffe. Der Grund nun für diese vollständige Analogie zwischen der Entwicklung der physikalischen Zeit und der der biologischen Zeit schien uns darin zu liegen, daß in beiden Fällen die Zeit eine Koordination der Bewegungen und ihrer Geschwindigkeiten ist. Daher wird die Dauer, bevor eine Koordinierung möglich ist, mit dem durchlaufenen Weg oder der geleisteten Arbeit verwechselt, was die Undifferenziertheit von Alter und Größe erklärt. Umgekehrt erklärt sich die Scheidung von Alter und Größe (wie bei der physikalischen Zeit, die Differenzierung von Dauer und durchlaufener Strecke) eben durch diese Koordinierung, d. h. gemäß unserer Hypothese, die wir diesbezüglich in Kap. IX/3 gemacht haben, durch die Einbeziehung der Begriffe der Wachstumsgeschwindigkeit und vor allem der Unterschiede in den Wachstumsgeschwindigkeiten.

Diese Hypothese soll jetzt nachgewiesen und entwickelt werden. Wenn die vorausgehenden Auffassungen richtig sind, dann beurteilt das Kind das Wachsen zuerst nach seinem materiellen Resultat: der erreichten Größe selbst. Daher der Gedanke, einem höheren Wuchs entspreche notwendigerweise ein höheres Alter, als ob die Geschwindigkeiten bedeutungslos wären oder richtiger, als ob alles mit der gleichen Geschwindigkeit wachse. Sobald dagegen der Begriff der verschiedenen Wachstumsgeschwindigkeiten hereinkommt, wird das Alter nicht mehr proportional zu der Größe allein aufgefaßt, sondern zu der Größe in bezug auf die Geschwindigkeit, die sie zu erreichen erlaubte. Anders ausgedrückt: ebenso wie die physikalische Zeit $t = s/v$ ist, ebenso ist das Alter $=$ Größe/Wachstumsgeschwindigkeit.

Zuerst haben wir versucht, die Sache mit Zeichnungen von Personen in verschiedenen Lebensepochen zu kontrollieren, wobei die einzelnen Gestalten zur Berechnung des Alters synchronisiert werden sollten: aber es treten dabei soviel Zwischenfälle auf, daß man mit den jüngsten Vpn. keine Unterhaltung ohne zu viel Gerede führen kann. Darum haben wir zu folgendem Verfahren gegriffen, das sich als wirksam genug erwiesen hat.

Man zeigt dem Kind auf Kartons von 10 × 15 cm Format elf Zeichnungen, die Äpfel- und Birnbäume darstellen. Diese Bäume sind schematisiert (eine starke Schematisierung hat sich als unerläßlich erwiesen, damit das Kind nicht an unbedeutenden Kleinigkeiten hängen bleibt) in Form von Kreisen verschiedener Größe auf geradem Stamm mit kleinen, runden, roten Äpfeln, die weit auseinanderstehen, beziehungsweise kleinen, länglichen, ebenfalls auseinanderstehenden gelben Birnen. Die Zahl der Früchte ist proportional zu der Größe der Kreise. Es sind zehn Apfelbäume, die wir folgendermaßen bezeichnen wollen: P_1 (13 mm Durchmesser und 4 Äpfel), P_2 (30 mm und 7 Äpfel), P_3 (40 mm und 13 Äpfel), P_4 (60 mm und 27 Äpfel), P_5 (70 mm und 36 Äpfel) und P_6 (80 mm und 44 Äpfel). Ihre Höhe vom Fuß ab beträgt: 1,5, 4,5, 6, 9, 10,5 und 12 cm. Die Zahl der Birnbäume ist fünf, wir wollen sie nennen: R_1 (12 mm Durchmesser und 4 Birnen), R_2 (28 mm und 7 Birnen) R_3

(60 mm und 27 Birnen), R_4 (87 mm und 46 Birnen) und R_5 (99 mm und 74 Birnen) von 1,5, 4, 9, 13 und 15 cm Höhe.

Man legt diese Bilder hin und läßt die Apfelbäume nach dem Alter ordnen, indem man erklärt, es handle sich immer um den gleichen Baum, den man jedes Jahr an demselben Datum photographiert: P_1 am Tage, an dem er gepflanzt wurde (die Kinder haben diese maximale Jugend als «ein Jahr alt sein» bezeichnet, und wir haben diesen Brauch angenommen), P_2, das Jahr nach seinem Geburtstag, also 2 Jahre, P_3, das Jahr danach, auch an seinem Geburtstag, also 3 Jahre, usw. Alle Kinder (von 5 Jahren an) lösten diese Aufgabe des Ordnens ohne Mühe, da sie ganz anschaulicher Art ist.

Ist das Ordnen der Apfelbäume auf dem Tisch vollbracht, erzählt man, daß man einen kleinen Birnbaum von einem Jahr gepflanzt hat, als der Apfelbaum 2 Jahre alt war (dabei wird R_1 über R_2 gelegt). Dann legt man die Birnbäume R_2 bis R_6 ungeordnet auf den Tisch und erzählt wieder, daß es sich um ein und denselben Baum handle, der jedes Jahr am gleichen Geburtstag photographiert worden sei.. Dann läßt man die vier Birnbäume ordnen und fordert jedesmal: «Zeige mir die Photographie vom Birnbaum, die man das Jahr darauf gemacht hat», und läßt R_2 auf P_3, R_3 auf P_4, R_4 auf P_5 und R_5 auf P_6 legen.

Die räumliche Anordnung der Karten schließt also von vornherein die Gleichzeitigkeit von R_1 und P_2, von R_2 und P_3 usw. ein, ohne daß wir die Fragen in der Form stellen müßten: «Welches Photo wurde von dem Birnbaum an dem Tage gemacht, wo es von dem Apfelbaum gemacht wurde?» und umgekehrt. Dies Problem der Zuordnung wird im Anschluß an eine einfachere Probe in dem folgenden Paragraphen untersucht werden. In der jetzigen Probe haben wir die ganze Aufmerksamkeit des Kindes auf die Frage des Unterschiedes in den Wachstumsgeschwindigkeiten konzentriert. Diese Unterschiede beruhen, wie man sieht, auf den folgenden Größenungleichheiten: $R_1 < P_2$; $R_2 < P_3$; $R_3 = P_4$; $R_4 > P_5$ und $R_5 > P_6$. Von $R_3 = P_4$ findet also ein Überholen statt, was das schnellere Wachsen des Birnbaums genügend zeigt.

Das Problem ist also einfach dies, wann und wie das Kind dazu kommt, das Alter von der Größe abzulösen und zu verstehen, daß die Dauer (das Alter) einzig und allein durch das Datum, an dem der Baum gepflanzt worden ist, bestimmt wird, unabhängig von der Wachstumsgeschwindigkeit. Aber im Gegensatz zu den in Kap. IX/3 verwendeten Bildern muß das Kind diesmal eben durch vorausgehende doppelte Aneinanderreihung den Wachstumsgeschwindigkeiten Rechnung tragen: entweder beurteilt es das Alter nur nach dem Resultat (Größe), oder es vergleicht diese Geschwindigkeiten durch eine Koordination der Anfangs- und Endpunkte und kann damit sowohl die Zeit in ihren Beziehungen zu der Geschwindigkeit und der verrichteten Arbeit erfassen als auch, unabhängig von diesen letzteren Gliedern, die Zeit selbst erreichen.

Wir beschränken uns hierbei auf folgende zwei Fragen: 1. Welcher Baum ist dieses Jahr der ältere: P_2 oder R_1, P_3 oder R_2 usw.; 2. wieviel Jahre (oder «wieviel») ist P (oder R) älter? Bis zu $P_4 = R_3$ bieten diese Fragen keine Schwierigkeiten, da dann die Größe proportional zu dem Alter ist. Aber es ist gerade interessant, schon da zu beginnen: das Problem spitzt sich dann nur umso mehr für die drei letzten Paare zu. Es ist übrigens selbstverständlich, daß außer diesen beiden zentralen Fragen je nach dem Verlauf der Unterhaltung alle Fragen bezüglich des Wachsens usw. gestellt werden.

Nun, die beobachteten Reaktionen waren vollständig regelmäßig und entsprachen den vorhin dargelegten Hypothesen. Die richtige Antwort (Stadium III) setzt das operative Koordinieren der Wachstumsgeschwindigkeiten voraus und läßt sich nur etwa in der Hälfte der Fälle zwischen 6; 6 und 7; 6 und bei mehr als Dreiviertel der Fälle zwischen 7; 6 und 9 Jahren beobachten. Stadium I ist durch die vollständige Undifferenziertheit der Größe und des Alters ohne Berücksichtigung der Geschwindigkeiten als solchen charakterisiert, und Stadium II durch eine wachsende Differenzierung, die mit gegliederten Anschauungen oder anschaulichen Regulierungen ohne eigentliche Gruppierungen vor sich geht:

Beispiele für das erste Stadium:

Joc (5; 6) ordnet die Apfelbäume richtig und sagt: «*Ein Jahr, zwei Jahre, drei Jahre,* usw.» — «Sieh mal, wenn der Apfelbaum drei Jahre alt ist, pflanzt man diesen Birnbaum. Welcher ist der ältere?» — «*Der Apfelbaum.*» — «Und das Jahr darauf?» — «*Wieder der Apfelbaum.*» — «Und das Jahr danach, hat man diese Photo am gleichen Tage gemacht ($P_4 = R_3$). Welches ist der ältere?» — «*Der Birnbaum.*» — «Warum?» — «*Weil er mehr Birnen hat*» (falsch, da auf beiden 27 Früchte sind). — «Und hier (P_5 und R_4)?» — «*Der Birnbaum.*» — «Wie alt ist er?» — (Joc zähl auf) «*4 Jahre.*» — «Und der Apfelbaum?» — (Zählt mit dem Finger) «*5 Jahre.*» — «Welcher von beiden ist der ältere?» — «*Der Birnbaum.*» — «Warum?» — «*Weil er 4 Jahre alt ist.* »— «Ist man älter mit 4 oder mit 5 Jahren?» — «*Wenn man 5 ist.*» — «Also welches ist der ältere?» — «*Ich weiß nicht . . . der Birnbaum, weil er mehr Birnen hat.*»

Mic (5; 7) ordnet zögernd, antwortet bis P_3, der Apfelbaum sei älter, sagt dann bei P_4 und R_3: «*Einen Moment* (er hält die beiden Zeichnungen näher aneinander). *Sie sind gleich alt.*» — «Aber du weißt noch, wann sie gepflanzt wurden, nicht?» — «*Ja*» (er zeigt auf R_1 und P_2). — «Also?» — «*Sie sind gleich alt.*» — «Und das (P_5 und R_4)?» — «*Der Birnbaum ist der ältere.*» — «Und in zwanzig Jahren?» — «Dann sind sie beide die älteren.»

Gil (6; 1) ordnet richtig die beiden Reihen nach einem spontan verbesserten Fehler «(P_3 und R_2)?» — «*Der Apfelbaum.*» — «Und (P_5 und R_4)?» — «*Der Birnbaum.*» — «Warum?» — «*Weil er größer geworden ist, er ist stärker gewachsen.*» — «Aber kann man ein Jahr der ältere sein und das Jahr darauf der jüngere?» — «*Ja?*» — «Wäre es möglich, daß (P_5) älter als (R_4) wäre?» — «*Nein.*» — «Aber welcher ist zuerst geboren?» — «*Der Apfelbaum.*» — «Und das macht nichts für sein Alter aus, daß er vor dem anderen geboren ist?» — «*Nein.*» — «Wie alt ist (R_5)?» — «*5 Jahre.*» — «Und (P_6)?» — «*5, nein 6 Jahre.*» — «Also welcher ist älter?» — «*Der Birnbaum.*» — «Wann ist man älter, wenn man 5 ist, oder wenn wenn man 6 ist?» — «*6.*» — «Welcher ist der ältere (R_5 oder P_6)?» — «*Der Birnbaum.*»

Ode (6; 8) ordnet das Ganze richtig und erklärt, R_1 sei «*ein Jahr*» jünger als P_2. Aber R_4 «*ist älter*» (als P_5). — «Sicher?» — «*Ja, weil er größer ist.*» — «Aber welcher ist älter (P_3 oder R_2)?» — «*Der Apfelbaum, weil er größer ist.*« — «Und wenn die beiden Bäume sehr alt sein werden?» — «*Dann ist der Birnbaum der ältere, weil er schon hier etwas älter ist (R_5) und der Apfelbaum schon etwas jünger (P_6).*» — «Macht es nichts, daß der Apfelbaum ein Jahr vor dem Birnbaum geboren ist?» — «*Doch, zuerst ist der Apfelbaum älter.*» — «Und wenn sie sehr alt sein werden?» — «*Dann ist der Birnbaum älter.*»

Phi (6; 8): «*Der Birnbaum wächst schneller: er ist jetzt ebenso alt.*»

Jen (7; 2): «*Zuerst ist der Apfelbaum älter und dann der Birnbaum.*» — «Wieviel Zeit nach dem Apfelbaum ist der Birnbaum geboren?» — «*Ein Jahr.*» — «Und während der Jahre, in denen ich die Photos aufgenommen habe?» — «*Der Apfelbaum ist jünger, weil er weniger groß ist.*»

Diese Ergebnisse sind vollständig klar: auch wenn das Kind die «Photos» selbst ordnet und sehr gut den Unterschied zwischen den Geburten versteht, auch wenn es imstande ist, sprachlich das jeweilige Alter jedes der Bäume an jedem ihrer «Geburtstage» anzugeben, es kann dennoch nicht das richtige Alter (im Gegensatz zu dem nominalen Alter) von der Größe trennen. Einerseits kümmert sich die Vp. nicht um die Reihenfolge der Geburten, als ob diese gar nicht das Alter beeinflusse: siehe Mic, Gis, Jen usw. Ode und Jen gehen so weit, zu behaupten, «zuerst ist der Apfelbaum alt, und dann der Birnbaum». Sie machen sich nicht einmal Gedanken über das Alter, das sie dem Namen nach angeben (z. B. Joc). Andererseits, und dies ist die Hauptsache, wird in ihrer Auffassung, durch das schnellere Wachsen des Birnbaumes die Altersordnung umgekehrt, also so, als habe er eine Zeit oder Dauer, die von der des Apfelbaums verschieden sei: «er ist stärker gewachsen», sagt Gis ausdrücklich vom Birnbaum, und dann ist er von dem Moment an älter, wo er den Apfelbaum überholt hat; und Phil: «der Birnbaum wächst schneller, er ist jetzt (R_3) ebenso alt». Daher die Umkehrung des Alters: «Dann ist der Birnbaum der ältere (am Ende des Lebens), weil er schon hier etwas älter ist (R_5) und der Apfelbaum schon etwas jünger (P_6)» (Ode).

Kurz, diese Antworten drücken explizit die Uneinheitlichkeit der einzelnen Zeiten und die Unabhängigkeit der Dauer von der Reihenfolge, die wir schon, allerdings implizit, in allen vorher dargelegten Tatsachen des ersten Stadiums am Werke gesehen haben.

In Stadium II wird sich das Kind dieser Schwierigkeiten bewußt und schwankt zwischen dem undifferenzierten Begriff der Zeit und der homogenen, von der räumlichen Ordnung losgelösten Zeit:

Mig (5; 11) zögert bei R_5 und P_6 und sagt schließlich, der Apfelbaum sei älter, *«weil er 6 Jahre alt ist und der 5»*, aber setzt als Beweis hinzu: *«Der Apfelbaum wächst stärker, weil er vorher gepflanzt wurde»*, als ob älter sein allen Tatsachen zum Trotz mitinbegriffe, daß man «stärker wächst.»

Pig (6; 8): R_4 ist *«älter als* (P_5). *Ach nein, der Apfelbaum, weil er 5 Jahre ist und der Birnbaum 4.»* — «Und in diesem Jahr (R_5 und P_6)?» — *«Der Birnbaum ist älter, weil er mehr Früchte hat.»* — «Ist das wahr?» — *«Ach nein, der Apfelbaum, weil er 6 ist und der Birnbaum 5.»*

Ser (7; 5): (P_3 und R_2?» — *«Der Apfelbaum ist der ältere, weil er 3 Jahre alt ist und der Birnbaum 2.»* — «Und (R_4 und P_5)?» — *«Der Birnbaum ist der ältere.»* — «Warum?» — *«Weil er 4 Jahre alt ist und der Apfelbaum 5. Ah nein, der Apfelbaum ist älter. Nein, der Birnbaum ist älter, weil er dicker ist.»* — «Und welches wird der ältere sein, wenn sie sehr, sehr alte Bäume geworden sind?» — *«Der Birnbaum.»* — «Sieh noch einmal hin. Sag mir, welches der ältere ist (P_2 und R_1)?» — (P_2). — «Und (P_3 und R_2)?» — (P_3). — «Und (P_4 und R_3)?» — (P_4). «Und (P_5 und R_4)?» — (P_5). — «Warum hattest du dich vorher versehen?» — *Weil ich dachte, der Apfelbaum wäre* (= müßte sein) *dicker als der Birnbaum.»* — «Und kann man wissen, welcher in ein paar Jahren der ältere sein wird?» — *«Nein, weil der Birnbaum in der Größe mehr ist und im Alter weniger.»* — «Aber welcher, glaubst du, ist dann der ältere?» — *«Doch der Apfelbaum.*

Ulr (7; 10): (P_4 und R_3). — *«Der Apfelbaum ist der ältere.»* — «Und (P_5 und R_4)?» — *«Der Apfelbaum, weil er vorher geboren ist. Ah! Das stimmt aber nicht, der Birnbaum ist ja größer.»* — «Überlege einmal!» — *«Der Apfelbaum, weil er früher gekommen ist.»* — «Und (P_6 und R_5)?» — *«Der Birnbaum, weil er dicker ist.»* — «Könnte der Apfelbaum nicht in dem Jahre der ältere sein?» — *«Nein.»* — «Sage mir doch noch einmal, ohne auf die Photos zu sehen, welches der ältere war, ich habe es vergessen.» — *«Der Apfelbaum, weil er früher gekommen ist.»* — «Und werden sie gleich alt sein, oder wird einer immer älter sein, wenn sie sehr alt geworden sind?» — *«Einer wird immer älter sein: der Birnbaum. Ah nein, der Apfelbaum: der wird ein Jahr älter sein.»*

Zuerst einmal läßt sich feststellen, daß im Anfang Alter und Größe undifferenziert sind: «Der Apfelbaum wächst stärker, weil er vorher gepflanzt wurde» (Mig), und «ich dachte, der Apfelbaum wäre dicker als der Birnbaum» (Ser). Dann sieht man bei Pig, Ser und Ulr die Differenzierung am Werke, aber in sehr interessanter Form, nämlich in bloß anschaulicher Regulierung und noch gar nicht in operativer Synthese: je nachdem, ob sich die Aufmerksamkeit auf die Reihenfolge der Geburten oder auf den Wuchs des Baumes zentriert, ist der Birnbaum jünger oder älter, ohne daß sich eins mit dem andern versöhnen ließe. So lehnt Ser es ab, das zukünftige Alter des Baumes vorauszubestimmen, «weil der Birnbaum in der Größe mehr ist und weniger im Alter», bis zu dem Augenblick, da das Kriterium der Reihenfolge der Geburten und des sprachlich formulierten Alters überwiegt, ohne sich aber an den Begriff der Wachstumsschnelligkeit als Verhältnis zwischen durchlaufener Strecke (Größe) und verwendeter Zeit (Alter selbst) anzuschließen.

Mit dem dritten Stadium hingegen wird diese Synthese möglich, und aller Widerspruch hebt sich auf durch die Gruppierung der Relationen der Sukzession und der Dauer einerseits, dem Raum und der Geschwindigkeit andererseits (zwei Synthesen, die in Wirklichkeit nur eine sind, da die Zeit die Koordination der Bewegungen ist):

Pau (7; 2): «(P_5 und R_4).» — *«Der Apfelbaum ist älter, weil er vorher gepflanzt wurde.»* — «Und (P_6 und R_5)?» — *«Auch. Das macht nichts, wenn er größer ist: ich habe einen Freund, der ist größer als ich und ist 6.»* — «Und wenn sie sehr alt geworden sind?» — *«Der Apfelbaum wird immer ein Jahr älter sein.»*

Gil (7; 9): *«Der Apfelbaum ist immer älter, weil er vorher angefangen wurde. Der Birnbaum ist stärker gewachsen, aber der Apfelbaum ist älter.»*

Gist (9 J.): *«Der Birnbaum ist stark gewachsen, aber man kann älter und kleiner sein und jünger und größer.»*

Noch klarer als auf anderen Gebieten wird also bei dem Altersbegriff die Zeit intuitiv von den Bewegungen aus, d. h. zuerst nur nach ihren Endpunkten (im besonderen Fall: der

Körpergröße) erfaßt. Nach einer Phase der Differenzierung, im Laufe derselben die Geschwindigkeiten nicht mehr nur an die Anschauung vom Überholen gebunden sind, sondern ein fortschreitendes In-Beziehungsetzen von Zeit und durchlaufener Strecke verlangen, trennt sich die Zeit von dem Raum und erwirbt im dritten Stadium eine eigene Struktur auf Grund der Einschachtelung der Zeitstrecken (Alter) und der Reihenfolge der Zustände (Geburten und Geburtstage), die beide in einem einzigen System koordiniert werden. Darum ziehen die Kinder dieses dritten Stadiums die Wachstumsgeschwindigkeiten in einem ganz anderen Sinn heran als im Anfangsstadium. Im ersten Stadium wird das Alter durch die im Wachsen erreichte Größe bestimmt, weil die Geschwindigkeit ebenso wie die Zeit nur auf Grund des räumlichen Endpunktes beurteilt wird, ohne Berücksichtigung der Ausgangspunkte. Im letzten Stadium dagegen ist die Geschwindigkeit nur mehr ein Verhältnis, und eben durch dies Verhältnis ist es möglich, die Geschwindigkeiten untereinander zu koordinieren und infolgedessen auch die Zeitstrecken und das Alter von Raum und Größe unabhängig zu machen.

5

Die Zuordnung der Lebensalter bei gleicher
Wachstumsgeschwindigkeit

Auf die Gefahr hin, die Geduld des Lesers auf die Probe zu stellen (nichts verpflichtet ihn im übrigen, diesen Schlußparagraphen zu lesen), haben wir Wert darauf gelegt, nachzuprüfen, was passiert, wenn man in dem vorhergehenden Versuch die Unterschiede in der Wachstumsgeschwindigkeit ausschaltet, dabei aber natürlich beibehält, daß die Daten, an denen die Bäume gepflanzt worden sind, um ein Jahr auseinander sind.

Um Komplikationen in bezug auf das Messen der Höhen zu vermeiden, haben wir das Alter der beiden Bäume visuell durch ein vereinbartes Symbol gekennzeichnet, dem aber alle

Vpn. sofort zugestimmt haben: es wurde verabredet, daß die beiden gewählten Bäume, ein Orangenbaum und ein Pflaumenbaum, jedes Jahr eine Frucht mehr haben würden. So brauchten die Zeichnungen beim Orangenbaum nur durch einen Ast mit 1, dann 2 . . . 5 Orangen (wir werden schreiben Or_1, Or_2 . . . Or_5) dargestellt zu werden — entsprechend den 1, 2 . . . 5 Jahren, und beim Pflaumenbaum, durch einen Ast mit ebenfalls 1 . . . 5 Pflaumen (wir schreiben Pf_1 . . . Pf_5). Aber der Pflaumenbaum Pf_1 wurde gepflanzt, als der Orangenbaum (Or_2) zwei Jahre alt war.

Das Problem ist also nur dies, zu bestimmen, welches Alter der Pflaumenbaum bei jedem Alter des Orangenbaums hat. Die Ergebnisse sind die folgenden. Von 4 bis $5^{1}/_2$ Jahren haben wir fast keine richtigen Lösungen gefunden; von $5^{1}/_2$ bis $6^{1}/_2$ antworteten 50 % der Vpn. richtig und von $6^{1}/_2$ bis $7^{1}/_2$ mehr als 80 %. Dieser Versuch liefert also charakteristische Ergebnisse zur Differentialdiagnose zwischen den bisher unterschiedenen Stadien I und II: auf Stufe I, wo die zeitliche Folge mit der räumlichen noch vermischt ist, wird das Problem nicht gelöst (es handelt sich in dem besonderen Falle darum, die Reihenfolge der Geburten oder der Pflanzungsdaten von der Zahl der Früchte auseinanderzuhalten), von der Stufe der gegliederten Anschauung ab aber gelingt es, da die Geburtenordnung nicht durch die Unterschiede in den Wachstumsgeschwindigkeiten kompliziert wird. Diese Probe hat also kein Interesse für Stadium III, auf dem die richtigen Antworten *a fortiori* das übliche sind.

Außerdem ist zu bemerken, daß hinsichtlich der doppelten Reihenbildung der Zeichnungen zweierlei Faktoren zu unterscheiden sind. Zuerst einmal gibt es die Reihenbildung der Kardinalzahlen als solche, 1, 2 . . . 5, ob es sich um die Orangen oder die Pflaumen handle. Diese einfache Reihenbildung nun ist von allen normalen Kindern von 5 Jahren ab und oft schon vorher gelöst worden. Nur einige vierjährige Vpn. finden hier einige Schwierigkeiten, sei es, weil sie nicht bis 5 zählen können, sei es, weil sie auf phantastische Art und Weise das persönliche Alter hereinbringen. Danach aber handelt es sich um die Zuordnung von Gliedern mit einem Grad Abstand: O, Or$_2$ und Pf$_1$, Or$_3$ und Pf$_2$ ... Or$_5$ und Pf$_4$ und schließlich O und Pf$_5$. Dieses Zuordnen mit Abstand bietet selbstverständlich in Stadium I alle Arten Schwierigkeiten, aber sie sind als solche interessant, da sie eben mit dem Verstehen der betreffenden zeitlichen Beziehungen zusammenhängen. Es läßt sich in dieser Hinsicht mit den in Kap. I untersuchten Zuordnungen vergleichen.

Hier zwei Beispiele für Stadium I:

Ed (4; 9) ordnet die Orangenbäume richtig. Danach wird ihm erklärt, daß der Pflaumenbaum «ein Jahr später geboren ist. Er wurde gepflanzt, als der Orangenbaum schon zwei Jahre alt war, und man legt Pf$_1$ auf Or$_2$. «Welcher ist also älter?» — *«Der Pflaumenbaum.»* — «Warum?» — *«Weil er dunkel ist.»* — «Aber wenn er ein Jahr später geboren ist?» — ... — «Bist du vor deinem kleinen Bruder geboren?» — *«Ja.»* — Welcher ist also der ältere? — *«Ich»* — «Welcher von diesen beiden ist also der ältere?» — *«Der Orangenbaum.»* — «Gut. Jedes Jahr nun wird ein Photo von dem Orangenbaum und ein Photo von dem Pflaumenbaum gemacht. Suche das Photo heraus, das zur selben Zeit gemacht wurde wie (Or$_3$; Or$_4$; Or$_5$).» (Er legt wieder Pf$_1$ bis Pf$_5$ über Or bis Or$_5$, ohne daß die 5 Glieder einander entsprechen außer den letzten.) — «Stimmt das?» Wann ist der Pflaumenbaum geboren?» — *«Ein Jahr später»* (er legt dann Pf$_3$ auf Or$_3$; Pf$_4$ auf Or$_4$ und Pf$_5$ auf Or$_5$. Pf$_2$ legt er zwischen Pf$_1$, das auf Or$_2$ liegt, und Pf$_3$.). — Man ordnet richtig mit erneuter Erklärung. «Wie alt sind Pf$_1$ und Or$_2$?» — *«Ein Jahr und zwei Jahre.»* — «Und (Pf$_4$ und Or$_5$)?» — *«Der Orangenbaum ist älter.»* — «Wieviel?» — *«Ich weiß nicht.»* — «Und (Pf$_3$ und Or$_4$)?» — *«Der Pflaumenbaum.»* — «Welcher ist zuerst geboren?» — *«Der Orangenbaum.»* — «Und wenn sie sehr alt geworden sind, wird dann immer noch einer älter sein als der andere?» — *«Gleich alt.»*

Joc (5; 6). Gleicher Anfang. Pf$_1$ ist älter als Or$_2$, *«weil er lila ist»*. Zu Or$_3$ will Joc Pf$_3$ legen. Erneute Erklärung. Schließlich gelangt er zu der Zuordnung: Pf$_1$ zu Or$_2$; Pf$_2$ zu Or$_3$; Pf$_4$ zu Or$_4$ und Pf$_5$ zu Or$_5$. Der restliche Pflaumenbaum Pf$_3$ wird dann über Or$_1$ gelegt. Man verbessert. «Welcher ist da (Pf$_1$ und Or$_2$) der ältere?» — *«Der Orangenbaum.»* — «Warum?» — «Er ist zwei Jahre alt.» — «Wird er immer ein Jahr älter sein als der Pflaumenbaum, wenn sie alt geworden sind?» — *«Ich weiß nicht.»* — «Kann man es wissen?» — *«Nein.»*

Unnötig, bei den Mißerfolgen des Anfangsstadiums, die alle ähnlich sind, stehen zu bleiben. Stellen wir zuerst wieder fest, daß die Tatsache, später geboren zu sein, nicht ohne weiteres die Eigenschaft «jünger» nach sich zieht, da auf diesem Stadium das Alter mit der Reihenfolge der Geburten nichts gemeinsames hat: Pf_1 ist älter als Or_2, obwohl er nach ihm gepflanzt wurde, «weil er dunkler» oder «lila» usw. ist. Weiterhin ist die fast totale Verständnislosigkeit für die Zuordnung bei einem Jahr Abstand festzuhalten. Auch wenn man immer wieder auf die Ausgangspunkte hinweist, die Vp. kann sie, selbst wenn sie sie einmal verstanden hat, in der Folge doch nicht berücksichtigen. Nun, der Grund ist sehr einfach (wir kennen ihn ebenfalls): die Altersunterschiede sind in dieser Auffassung noch nicht mit dem Wachsen beständig. Endlich wollen wir noch hervorheben (eine Tatsache, die *nicht* deutlich beim Lesen der Protokollauszüge herauskommt, aber immer wieder im Versuch selbst in die Augen springt), daß die Vpn. dieses Stadiums eine sehr deutliche Neigung haben, sobald die Fragen sich für sie komplizieren, die Identität der gleichen Bäume von einem Bild zum andern sozusagen abzuschwächen. Genauer gesagt: ohne zu behaupten, daß es sich um einen neuen Baum handle (z. B. beim Übergang von Pf_1 zu Pf_2), machen sie Überlegungen, als ob es nicht mehr derselbe wäre. Nun, im Anschluß an eine Untersuchung von Luquet, welche die Schwierigkeit der Kinder unter 6 bis 7 Jahren bei der Erfassung einer graphischen Erzählung in einer Bilderreihe (Verfahren der «Epinalbilder») aufzeigt, haben wir seinerzeit auf diese selbe Erscheinung des «Nicht-Identifizierens» von mehrmals hintereinander auf verschiedenen Bildern dargestellten Personen hingewiesen [7] und haben sie schon damals auf die Schwierigkeiten zurückgeführt, die im zeitlichen Ordnen der Geschehnisse einer Erzählung liegen. Die vorliegenden Beobachtungen bestätigen diese Auffassung: die Kinder dieses

[7] Vgl. MARGAIRAZ et PIAGET, *La structure des récits,* Arch. Psychol. XIX, S. 232, und KRAFFT et PIAGET, *l'ordre des événements* Ibid, XIX, S. 332. Betreffend der nach dem Alter geordneten Ergebnisse, s. Kap. X, § 4, des vorliegenden Bandes.

Stadiums verstehen das Vorher und Nachher schlecht, weil die Geburten um ein Jahr auseinanderliegen, und darum ziehen sie es vor, die Bäume in ebensoviel Individuen, wie Bilder da sind, aufzuteilen, genau so, wie das Kind bei den seinerzeit untersuchten Bilderreihen es vorzieht, die Personen nicht zu identifizieren, obwohl es sie wahrnehmungsmäßig sehr gut erkennt, weil die Geschehnisse der Erzählung für das Einordnen in ein einziges System zu kompliziert sind. Übrigens wechselt das Datum, an dem sich diese Erscheinung zeigt, selbstverständlich mit dem Inhalt der betrachteten Bilder. Bei den Zeichnungen des Apfel- und Birnbaumes z. B. verschwindet sie früher (ungefähr von 5 Jahren an) als bei dem Orangen- und dem Pflaumenbaum.

Zwischen den eigentlichen Stadien I und II finden wir nun Zwischenstadien, bei denen das Charakteristische das ist, daß die Antworten richtig sind bezüglich des gegenwärtigen Alters beider Bäume, aber noch nicht bezüglich des zukünftigen Alters: der Unterschied von einem Jahr wird in der Gegenwart begriffen, weil keine Unterschiede in der Wachstumsgeschwindigkeit da sind und die Zahl der Früchte ohne weiteres die der Jahre angibt, aber der Altersunterschied wird noch nicht als beständig über die gegebenen Zeichnungen hinaus angesehen, da die gegliederte Anschauung fehlt:

Gri (6; 6). Richtiges Ordnen mit Verschiebung um ein Glied beim Pflaumenbaum. «Welcher Baum ist der ältere (Or_3 oder Pf_2)?» — *«Der Orangenbaum, weil er mehr Früchte hat.»* — «Wie alt wäre der Orangenbaum, wenn hier (unter Pf_5) ein Photo von ihm wäre?» — *«6 Jahre und 6 Früchte.»* — «Und wie alt werden sie sein, wenn sie sehr alt geworden sind — gleich alt oder einer älter als der andere?» — *«Gleich alt.»*

Cet (5; 11): «Welcher der ältere (Or_3 oder Pf_2)?» — *«Der Orangenbaum, weil er 3 Jahre ist und der Pflaumenbaum 2.»* (Nachdem er die Photos im Anfang der Befragung richtig geordnet hat, werden sie vermischt.) — «Suche mir das Photo vom Pflaumenbaum heraus, das gemacht wurde, als der Orangenbaum 4 Jahre alt war.» — (Wählt Pf_4, verbessert sich dann sofort: Pf_3.) Aber wenn sie ganz alt geworden sind, werden sie gleichwohl dasselbe Alter haben.

Zum Schluß noch Beispiele für Stadium II, in dem die Vpn. diese Probe, im Gegensatz zu der in Kap. IX/4, richtig lösen:

Ete (6; 8) ordnet richtig unter sofortiger Beachtung des einen Jahres, um das beide auseinander sind: «Welcher Baum ist dieses Jahr (Or₄ und Pf₃) älter?» — *«Der Orangenbaum, weil er ein Jahr früher gekommen ist.»* — «Dann werden sie sehr große Bäume. Ist dann einer von beiden älter als der andere, oder sind dann beide gleich alt?» — *«Der Orangenbaum wird immer älter sein, weil er ein Jahr vor dem Pflaumenbaum gepflanzt wurde.»*

Marl (6; 11) ordnet auch richtig mit dem Altersunterschied: «(Pf₄ und Or₅)?» — *«Der Orangenbaum ist älter, weil er ein Jahr älter ist.»* — «Wird der Pflaumenbaum den Orangenbaum im Alter einmal einholen?» — *«Nein, sie werden beide gleich größer.»* — «Aber wenn sie einmal sehr alte Bäume geworden sind?» — *«Der Orangenbaum wird immer gleich viel älter sein.»*

Wie man sieht, unterscheiden sich also diese Vpn. von den vorhergehenden in zwei korrelativen Merkmalen: sie begründen das höhere Alter des Orangenbaumes mit dem Umstand, daß er ein Jahr vorher gepflanzt wurde, und nicht mehr nur mit der Zahl der Früchte oder mit der Kardinalzahl der Jahre, und sie sind der Meinung, daß das eine Jahr Unterschied bis zum Ende ihrer Tage dauern wird.

Vergleicht man nun diese beiden Reaktionen mit den in den vorhergehenden Paragraphen beschriebenen Reaktionen des zweiten Stadiums, kann man feststellen, daß man gewöhnlich nur die erste (Begründung der Alter nach der Reihenfolge der Geburten) auf dieser Stufe antrifft (wenigstens bei einem Typ von zwei möglichen), während die zweite (Erhaltung der Altersunterschiede) sich in Stadium II nur bei Fehlen der ersten beobachten läßt (Typ II). Normalerweise finden sie sich alle beide erst vom dritten Stadium an vor. Wie soll man diese Ausnahme von der Regel erklären? Eben darum, weil die Wachstumsgeschwindigkeiten in dem besonderen Falle unter sich gleich sind, so daß die Frage der Erhaltung der Altersunterschiede hier keinerlei Problem einer Koordination von verschiedenen Geschwindigkeiten stellt, nur das der Erhaltung dieser gemeinsamen Geschwindigkeit. Wie Marl es sehr schön sagt: der Orangenbaum wird immer älter sein als der Pflaumenbaum, weil «sie beide gleich größer werden». Also auch wenn die Reaktionen dieser Vpn. ganz richtig sind, so übersteigen sie deswegen doch nicht vom Gesichtspunkt der Dauer die Stufe der Anschauung: sie gehen ohne weiteres auf die Anschauung der gleichen Geschwindigkeiten zurück. Es hat sich also gelohnt, die Nachprüfung mit diesem letzten Versuch vorzunehmen: er ergibt im Vergleich mit dem Versuch von Kap. IX/4, der schwieriger ist, weil dort verschiedene Wachstumsgeschwindigkeiten hereinspielen, eine Bestätigung im Negativ für die Rolle der Koordination der Geschwindigkeiten.

6

Schluß: Der Begriff des Alters

Wenn wir jetzt am Ende dieser Untersuchung über den Begriff des Alters die beiden Hauptergebnisse ansehen, die einen sehr nützlichen Übergang von den Analysen der Entwicklung der physikalischen Zeit zu denen der psychologischen oder inneren Zeit ermöglichen, so müssen wir sagen, daß sie frappierend sind.

Als erster Ergebnis stellen wir fest, daß das Kind, weit entfernt davon, einen subjektiven Altersbegriff als Ausgangspunkt zu nehmen, mit dem äußerlichsten und materiellsten Begriff, den es zur Verfügung hat, anfängt: der Struktur oder der Körpergröße. Man wird erwidern, das sei ganz natürlich, und *a posteriori* kann man es tatsächlich sagen. Indessen hätte man, wenn es sich um das Alter von Personen und im besonderen um das eigene Alter und das der engeren Familie handelt, gut an andere Möglichkeiten denken können. Erstens fühlt man sich im Vergleich mit andern älter oder jünger in einer Art globalem Eindruck, der selbstverständlich täuschen kann, den aber das Kind mit weniger Kritik als wir hätte benutzen können. Weiterhin hätte es sich auf das geistige und moralische Wachsen berufen können: die älteren wissen mehr als die jüngeren, sie sind weniger «Baby», sie spielen andere Spiele, erscheinen artiger usw. Schließlich hätten sich vom Gedächtnis her interessante Konstruktionen ergeben können: die älteren erinnern sich an gewisse Geschehnisse, die die jüngeren nicht gekannt haben usw. Nun, weit davon entfernt, von innen nach außen vorzugehen, fängt also das Kind bei der äußeren Analyse an, um dann dies falsche Kriterium der äußeren Gestalt allmählich zugunsten einer eigentlich zeitlichen Verarbeitung zu korrigieren.

Aber worin besteht diese Verarbeitung? Dieses zweite Ergebnis unserer Beobachtungen erscheint uns besonders lehrreich: die Konstruktion des Altersbegriffs spielt sich absolut parallel zu der der physikalischen Zeitbegriffe ab und ist außerdem mit ihr vollständig synchron in bezug auf die durchlaufenen Stadien. Die Analyse der physikalischen Zeit hat uns gelehrt, daß die Begriffe der Folge und der Dauer zuerst zu unrichtigen Anschauungen führen, die untereinander, von einem dieser Gebiete zum anderen, keine Beziehungen haben. Auf dem Boden des Alters nun hätte man erwarten können, daß die Anschauung der Reihenfolge der Geburten von vornherein der des Alters selbst entsprechen würde, daß also der Ausdruck «7 Jahre alt sein» in sich schließe, sowohl älter als 6 Jahre als auch ein Jahr vorher geboren sein. Nun, der Versuch hat gezeigt, daß dem nicht so ist, und daß die beiden Anfangsanschauungen auf diesem vertrauten Boden der biologischen Zeit oder der Zeit des eigenen Lebens ebenso fälschend und unzusammenhängend sind wie bei der physikalischen Zeit. Andererseits geschieht die fortschreitende Koordinierung dieser beiden Anschauungen zuerst durch gegliederte Anschauungen oder Anschauungsregulierungen, dann durch unter sich gruppierte Operationen, und zwar nach einem Prinzip, das im Falle der physikalischen Zeit ganz klar ist: die Koordination der Bewegungen verschiedener Geschwindigkeit führt zu der Scheidung zwischen der zeitlichen Aufeinanderfolge und Dauer von der räumlichen Aufeinanderfolge und Entfernung. Nun, auch hier wieder im Falle des Alters haben wir denselben Prozeß wiedergefunden: die Koordination der Wachstumsgeschwindigkeiten erlaubt dem Kind, Alter und Wuchs zu scheiden und die biologische Zeit als eigene Dauer, unabhängig von den räumlichen Merkmalen, zu bilden. Werden solche Analogien auf dem Gebiete der psychologischen Zeit ihren Sinn bewahren? Dies wollen wir jetzt einer Prüfung unterziehen.

Kapitel X

Die Zeit der eigenen Handlung und die innere Dauer

Die im vorhergehenden Kapitel beschriebenen Ergebnisse
haben uns gelehrt, daß der Altersbegriff bei dem Kinde nicht
das Ergebnis einer direkten Anschauung der inneren indivi-
duellen Zeit ist, wie es der Fall wäre (und wie es der Fall
sein wird — besonders beim Menschen reiferen Alters und beim
Greis), wenn das Gedächtnis die Ereignisse des eigenen Lebens
und des äußeren Milieux chronologisch aufbewahrt und geordnet hätte, um daraus ein System eingeschachtelter Zeitstrecken
zu bilden: im Anfang ist das Alter ganz einfach die Größe, d. h.
das räumlichste und äußerlichste Merkmal des physischen
Wachstums, das sich nach dieser Auffassung in gleichförmigem
Rhythmus abrollt. Daher diese abwegigen Antworten, nach
denen das Alter der Angehörigen unabhängig von der Reihenfolge der Geburten beurteilt wird, und die Altersunterschiede
sich kreuzen können, je nachdem, ob die Individuen unterwegs
durch unvorhergesehene Beschleunigungen «den Vorsprung auf-
holen» können. Es gibt nur einen Fall, in dem man an eine
auf die innere Zeit des Gedächtnisses gegründete Zeit denken
könnte: in dem Fall, wo das Kind meint, es sei vor seinem Vater
und seiner Mutter geboren, weil es keine Erinnerung hat von
dem, was sie vor seinem eigenen Leben waren. Aber jedermann
wird zugeben, daß das Gedächtnis in diesem Fall eine im wesentlichen negative Rolle spielt und daß der primäre Faktor bei
einer solchen Auffassung der sozusagen erkenntnistheoretische
Egozentrismus des eigenen Gesichtspunktes ist.

Der Augenblick ist also gekommen, wo wir das entschei-
dende Problem der psychologischen Zeit prüfen müssen. Wir
werden die Frage in folgender Weise stellen: versagt das Kind
vor dem dritten Stadium bei der Konstruktion einer zusammenhängenden physikalischen Zeit, weil es sich damit begnügt, eine
schon organisierte — aber ganz spezifisch und rein psycho-

319

logisch organisierte — Zeit in das Weltall zu projizieren, oder vielmehr verfügt es im Anfang ebenso wenig über ein inneres zeitliches System wie über ein äußeres und bildet es seine eigene Zeit nach und nach in Anlehnung an die äußere Zeit unter Verwendung der gleichen Mechanismen und nach den gleichen Irrwegen?

Nun, alles was man von dem kindlichen Gedächtnis weiß, besonders nach den schönen Arbeiten von Stern, spricht für die zweite dieser beiden Lösungen: das Kind behält eine Menge Eindrücke und Erinnerungen mit einer Lebhaftigkeit, die oftmals verwirrend erscheint (denn sie können ebenso gut unrichtig wie richtig sein), aber es ordnet sie nicht in zusammenhängende Reihen und macht beim Beurteilen oder Einschachteln der Zeitstrecken die schwersten Verwechslungen. Dies versteht sich übrigens von selbst, wenn man das Gedächtnis im Gegensatz zu dem «reinen Gedächtnis» der Bergsonschen Philosophie und des ersten orthodoxen Freudismus als «erarbeitendes Gedächtnis» auffaßt, d. h. als Gedächtnis, das die Vergangenheit durch eine ständige Konstruktion oder Rekonstruktion wiederherstellt und letztlich ein «Rezitieren» ist, um den glücklichen Ausdruck von Pierre Janet zu gebrauchen. In jedem Fall, und auch wenn man diese Funktionen des intellektuellen Rekonstituierens nur zum Teil anerkennt und die Hypothese der mnemischen Spuren und eines mnemischen Inhalts psycho-physiologischer Natur, welches das aktive Gedächtnis immer wieder umorganisieren müßte, beibehalten will, selbst dann versteht es sich von selbst, daß bei der inneren Zeit dieselben Vergleiche, d. h. dieselben Reihenbildungen sukzessiver Zustände und dieselben Zeiteinschachtelungen, auftreten werden wie bei der physikalischen Zeit als solcher. Mehr als das: beim Ordnen ihrer Erinnerungen wird sich die Vp. auf das äußere Ergebnis ihrer Handlungen, d. h. auf die physikalische Zeit selbst, stützen müssen, ebenso wie sie sich beim Ordnen einer Reihe physikalischer Geschehnisse notwendigerweise auf ihr Gedächtnis stützen muß.

Aber wie soll man die Operationen erfassen, die zu dieser Organisation der psychologischen Zeit gehören? Wir können nicht daran denken, diesem ohnehin schon zu umfangreichen Band noch eine systematische Untersuchung des Gedächtnisses oder der Struktur der Erzählung beim Kinde einzuverleiben. In diesem Punkt beschränken wir uns darauf, auf die zwei früheren Studien hinzuweisen: «La structure des récits et l'interprétation des images de David chez l'Enfant» und «La notion de l'ordre des événements et les tests des images en désordre» [1]. Andererseits stößt der Versuch, die «reine Dauer» experimentell in einer provozierten Introspektion zu erfassen, auf die grundlegende Schwierigkeit, daß diese «Reinheit» nicht im entferntesten eine «unmittelbare Gegebenheit des Bewußtseins» ist, in dem Sinne, wie z. B. eine Wahrnehmung, die sich direkt untersuchen ließe, sondern das Ergebnis einer sehr subtilen und sehr intellektualisierten Abstraktion. Die unmittelbare psychologische Zeit ist also, wenn man die intellektuellen Rekonstituierungen ausschaltet, nur die Zeit der gerade stattfindenden Handlung. Es ist also nicht die Zeit des Traumes, der Träumerei oder der spontanen Reproduktion der Erinnerungen, in der das Ich, weit weg von der Welt, sich in sich selbst zurückzieht, um Zustände zu erleben, die in Wirklichkeit abgeleitet und sekundär sind und sogar ins Pathologische gehen, sobald das Individuum ihrer nicht mehr Herr ist (siehe, was aus der Bergsonschen Dauer in den Analysen Charles Blondels geworden ist!), es ist vielmehr die Zeit der stattfindenden Handlung, in der das Ich sich selbst schon allein dadurch konstruiert, daß es den Dingen und den andern Personen eine Form gibt.

Unter Ausschaltung der Frage der Reihenfolge, die ja schon in den früher zitierten Artikeln diskutiert wurden, haben wir uns hier auf die Dauer beschränkt und unsere Vpn. gewisse ganz gewöhnliche Aufgaben ausführen lassen, indem wir sie aufforderten, die Zeitstrecken zu vergleichen, denen sie entsprechen (erste Methode), oder dieselben Aufgaben schneller (oder langsamer), aber während der gleichen Zeit auszuführen (zweite

[1] Arch. Psychol. XIX (1925—1926).

Methode) [2]. Diese paar anspruchslosen Versuche nun haben uns von vornherein vor eine Tatsache gestellt, die uns einer Analyse wert schien: wenn die laufende Handlung eine Arbeit ist und nicht eine passive Betrachtung, schätzen die jüngsten Vpn. die Zeit der eigenen Handlung nicht in Ausdrücken der Bewußtseinszustände, d. h. nicht durch die direkte Introspektion, sondern in objektiven oder vielmehr «realistischen» Ausdrücken, indem sie von den Ergebnissen der Handlung oder von ihrer Geschwindigkeit ausgehen und sich also auf die genau entsprechenden Merkmale berufen, die sie bei der Schätzung der physikalischen Zeit brauchen. Die Großen dagegen drücken in ihren Überlegungen die Bewußtseinszustände aus, aber dann ist es klar, daß diese interne Dauer sich durch fortschreitende Verinnerlichung der früheren Begriffe bildet, indem letztere nur auf die eigene Handlung angewendet und verfeinert oder verbessert werden, entsprechend dem Fortschritt der zeitlichen Operationen.

1

Die Reaktionen auf die Geschwindigkeit der Handlung

Um uns klar darüber zu sein, ob wir uns mit der Vp. in bezug auf die sprachliche Bezeichnung der Zeitstrecken verstehen, schlagen wir am Anfang zweimal auf den Tisch, zuerst mit einer kurzen und dann mit einer längeren Pause: wenn das Kind erklärt hat, der zweite Moment sei «länger» oder «größer» als der erste, oder zwischen den beiden letzten Schlägen sei es «längere Zeit» als zwischen den beiden ersten, schreiten wir zu der eigentlichen Befragung. Wir fordern es auf, auf einem Papier möglichst sorgfältig schöne Striche zu zeichnen. Wir halten es nach 15″ an und fordern es auf, dieselben Striche, diesmal aber so schnell wie möglich, zu zeichnen. Wir halten es

[2] Wir fangen bald mit der, bald mit der anderen Methode an, um die systematischen Einflüsse zu vermeiden, die sich ohne diese Vorsichtsmaßnahme einstellen würden.

wieder nach 15″ an und fragen, ob einer der Momente länger gewesen sei als der andere, und welcher. An diese Methode muß sich die Methode des Reproduzierens anschließen (II): die Vp. soll so schnell wie möglich Striche zeichnen, und wenn sie meint, der gleiche Moment sei verstrichen wie vorher, von selbst anhalten. Unglücklicherweise ist diese Methode II bei den Vierjährigen und oft auch noch den Fünfjährigen fast unbrauchbar, weil diese Kinder nicht imstande sind, die Zeit während ihres Arbeitens zu beurteilen; aber diese Tatsache gerade, die vom Gesichtspunkt der statischen Vergleiche stört, ist vom Gesichtspunkt der Analyse sehr lehrreich, und wir werden auf sie zurückkommen.

Es kann keine Rede davon sein, auf diesem Gebiet der psychologischen Zeit so sauber bestimmte Stadien wie bei der physikalischen Zeit zu errichten. Die Reaktionen der Kleinen und die der Großen zeigen nämlich eine viel stärkere Kontinuität, und die Täuschungen, die sich bei der Schätzung der Zeitstrecken einstellen, nehmen beim Kinde die gleichen quantitativen Formen wie beim Erwachsenen an. In dieser Hinsicht müssen an dem Problem drei Elemente unterschieden werden. Zunächst einmal haben wir die Täuschung als solche, d. h. den systematischen Fehler, mit dem eine erlebte Zeit lang oder kurz, je nach gewissen Faktoren der Tätigkeit oder inneren Spannung beurteilt wird; fernerhin besteht die Reaktion auf diese Täuschung in dem Sinne einer präkritischen Annahme der Wahrnehmungsgegebenheit oder, im Gegenteil, einer fortschreitenden Korrektur, die sich zuerst durch einen Mechanismus von Regulierungen und schließlich durch operatives Vergleichen vollzieht; und drittens — und dies ist wesentlich — haben wir den Unterschied zwischen dem erlebten Eindruck im Augenblick der Handlung selbst und der nachträglichen Schätzung der Dauer durch die mnemische Rekonstruktion mit allen Denkvorgängen, die dabei eine Rolle spielen. Ein jeder weiß ja, daß eine Dauer, die im erlebten Augenblick sehr kurz scheint, sich in der Erinnerung beträchtlich verlängert, weil die Geschwindigkeiten, die während der Handlung im Spiele sind, diese kurz erscheinen lassen, während die Zahl der vorgekommenen Ereignisse sie nach der Handlung umso mehr ausdehnen. Dagegen erscheint eine leere Zeit mit verlangsamter Geschwindigkeit während der Handlung lang, während sie in der Erinnerung kurz scheint, und zwar eben wegen ihrer Leere. Daher ist es selbstverständlich, daß die Fähigkeit zur Introspektion bei der Schätzung der erlebten Zeit eine große Rolle spielen wird: wenn die Kleinen, wie wir es eben vorausgesagt haben, wegen Fehlens der Introspektion Fehler machen und sich auf eine Rückschau, also ein Rekonstituieren, beschränken, kehren sie die Richtung der Schätzungen, die die Großen machen, um. Dazu kommt noch folgendes: da sie die Zeit nachträglich nach der Zahl der Ereignisse, die sie ausgefüllt haben, beurteilen, entnehmen sie im Anfang ihre Begründung aus den äußeren Ergebnissen der Handlung, und ihr psychologischer Zeitbegriff muß sich so, wie vorausgesehen, mit ihrer physikalischen Zeit vermischen (und man versteht jetzt, warum). Die Großen dagegen gehen auf dem Wege der direkten Introspektion vor: nur werden dazwischen alle möglichen Übergänge bestehen, da die Introspektion in Wirklichkeit ein System von Vorstellungen ist, das wie jedes andere konstruiert wird, nur daß es sich hier um die Innen- und nicht um die Außenwelt handelt. Auf Grund dieser drei Faktoren-Gruppen werden wir also die Reaktionen der Großen denen der Kleinen gegenüberstellen können, ohne daß sich aber von eigentlichen Stadien sprechen ließe. So wollen wir die Reaktionen für jedes Alter prüfen und einfach suchen, die fortschreitenden Unterschiede festzuhalten.

Die Kinder von 4 bis 5; 10 Jahren urteilen fast einstimmig, daß das schnelle Zeichnen der Striche mehr Zeit nehme als das langsame Zeichnen, und zwar, weil sie sich natürlich mehr auf das Ergebnis der Handlung als auf das innere Gefühl der Dauer stützen. Keines von ihnen, außer einer besonders intelligenten Vp., scheint sich in der Tat der im Augenblick der Arbeit erlebten Zeit bewußt geworden zu sein:

Ed (4; 6) stellt die niedrigste Stufe dar, auf der schon der Vergleich als solcher unmöglich ist: «Du weißt, was das ist, ein kurzer

Moment?» — *«Nein.»* — Und ein langer Augenblick?» — *«Nein.»* — «Ist das ein langer Moment, wenn du von zu Hause nach der Schule gehst oder ein kurzer?» — *«Ein langer Moment.»* — (Die beiden Schläge mit verschieden langen Pausen.) «Wann war es der längere Moment, das erste Mal oder jetzt?» — ... — «Nun sieh mal, du sollst da Striche machen, so schön wie du kannst.» (Er arbeitet 15″ lang.) «Hast du einen kleinen Moment lang gearbeitet?» — *«Ja.»* — «Jetzt wirst du sehr schnell, sehr, sehr schnell machen (Anhalten nach 15″). Hast du einen kurzen oder einen langen Moment gearbeitet?» — *«Einen kurzen Moment.»* — «Hast du jetzt oder vorher länger gearbeitet?» — ...

Bos (4; 7) unterscheidet 20 und 25″ beim Klopfen. Man läßt ihn die Striche zuerst langsam, dann schnell machen (jedes Mal 25″). «Hast du während der gleichen Zeit gearbeitet?» — *«Nein.»* — «Wann war es länger?» — *«Da.»* (Schnelle.) — «Warum?» — *«Ich weiß nicht.»* — «Wann war es ein kurzer Moment?» — *«Bei denen.»* (Langsame.)

Mit (4 ;11): «Hast du denselben kleinen Moment gearbeitet?» — *«Nein.»* — «Wann hast du längere Zeit gearbeitet?» — *«Wie ich schnell machte.»*

Mir (5 J.). Der Versuchsleiter klopft zweimal auf den Tisch mit einer Pause von 20″: «Ist das ein kurzer Moment oder ein langer?» — *«Ein kurzer Moment.»* — (Idem mit 25″) «War das dasselbe?» — *«Nein, das war länger.»* — (Striche.) «Du wirst sie da hübsch hinzeichnen (20″). Kurzer oder langer Moment?» — *«Das war ein kurzer Moment.»* — «Und jetzt ganz schnell (auch 20″). War das ein kurzer oder ein langer Moment?» — *«Ein kurzer Moment, aber es war ein längerer Moment als vorher.»* — «Warum?» — *«Weil es länger war.»* Man fängt noch einmal an, aber in der umgekehrten Reihenfolge, um den eventuellen Einfluß des ersten Vergleichs zu vermeiden: gleiches Ergebnis.

Es sieht also ganz so aus, als ob diese Vpn. die Zeit einfach nach dem Ergebnis der Handlung beurteilen: da mehr Striche gezeichnet wurden, als die Handlung schnell war, wird diese Handlung als länger beurteilt. Man wird vielleicht einwenden, daß das Kind an der gestellten Frage vorbeispricht: da es nicht versteht, daß es die Dauer, die es bei der Handlung selbst erlebt hat, abschätzen soll, beurteilt es die physikalische Zeit, die zum Zeichnen von 10 bis 12 Strichen statt von 5 oder 6 nötig ist, und hält sie für länger, ohne die Geschwindigkeit zu beachten. Nur stellt sich das Problem, ob diese Vpn. überhaupt fähig sind, eine solche Unterscheidung zu machen und ob das Bewußtsein der Zeit der eigenen Handlung nicht zuerst peripher ist, um erst später zentral zu werden. Das Bewußtsein wäre somit zentripetal: das Gefühl der Dauer der Handlung würde mit dem Bewußtsein des erhaltenen Ergebnisses beginnen. Wir müssen also sehen, welche dieser beiden Hypothesen am besten begründet scheint.

Bevor wir es der weiteren Entwicklung überlassen, zwischen beiden zu entscheiden, wollen wir zuerst folgendes festhalten. Der beste Beweis dafür, daß unsere Fragen in ihrer Form verständlich sind und nicht zu einem Mißverständnis über ihre sprachliche Bedeutung geführt haben, ist die Tatsache, daß eine unserer vierjährigen Vpn. schon die Unterscheidung zwischen der im Moment der Handlung erlebten Zeit und der nach Beendigung der Handlung geschätzten Zeit machen konnte und dabei im übrigen — halten wir dies gut fest — der letzteren den Vorrang gab. Wenn die andern Vpn. dieselbe Unterscheidung nicht machten, so zweifellos darum, weil sie dazu intellektuell nicht fähig waren. Es folgt der Fall dieser fortgeschrittenen Vp.:

Pau (4; 9) unterscheidet 20 und 25″ beim Klopfen. Er zeichnet die Striche zuerst langsam, dann schnell. «Hast du hier und da während eines gleich langen Momentes gearbeitet?» — *«Nein, hier* (schnelle), *einen längeren Moment.»* — «Warum?» — *«Es ist schneller vorbei gegangen, wie ich schnell machte.»* — «Welcher Moment war also länger?» — *«Der* (schnelle), *der ist länger.»* — «Warum aber?» — «Weil es länger ist.»

Die Vp. Pau handhabt die Introspektion also schon so weit, daß sie bemerkt, es sei «schneller vorbeigegangen, wie ich schnell machte», und trotzdem schließt sie, daß diese Zeit der schnellen Handlung «länger ist». Im Gegensatz zu den vorhergehenden Fällen unterscheidet Pau also die während der Handlung erlebte Zeit und die Zeit der Rückschau, wobei er schon beide nach dem doppelten systematischen Fehler beurteilt (kürzer während und länger nach), der noch bei dem Erwachsenen anhält. Warum hat also das rückschauende Urteil für ihn mehr

Wert, womit er die Gültigkeit der Antworten der vorhergehenden Vpn. bestätigt? Vielleicht ist er noch nicht genügend an die Introspektion gewöhnt, um sie dem nachträglich gebildeten Urteil vorzuziehen. Vor allem aber kann sich dieses an die Ergebnisse der Handlung anlehnen: es sind mehr Striche gezeichnet worden, also ist die Zeit länger. Trotz seines Vorsprungs gegenüber seinen Altersgenossen bleibt die Vp. Pau also realistisch: die Anfangsreaktion des Kindes wird also von diesem Vorrang des Realismus im Verhältnis zu der Introspektion bestimmt (— Vorrang, der bei den meisten Kindern nicht überlegt und bei Pau überlegt ist —), wie es der allgemeinen Regel des Egozentrismus entspricht.

Nebenbei wollen wir noch bemerken, wie gut diese Anfangsreaktion das übliche Urteil der Kleinen auf dem Gebiete der physikalischen Zeit erklärt: «schneller = mehr Zeit». Wenn nämlich die einer schnelleren Bewegung entsprechende psychologische Zeit introspektiv nicht kürzer, sondern retrospektiv länger geschätzt wird, die Aufmerksamkeit sich also mehr auf das Ergebnis der Handlung als auf den Ablauf als solchem zentriert, dann wird es bei der physikalischen Zeit, die außerhalb der eigenen Handlung steht, *a fortiori* der Fall sein.

Diese Schwierigkeit der Introspektion, die den realistischen und zugleich egozentrischen Zeitbegriff widerspiegelt, erklärt natürlich, warum die Methode II auf dieser Stufe nicht anwendbar ist. Wir werden sehen, was sie noch im folgenden Jahr ergibt.

Zwischen 5; 1 und 6; 0 findet man 90 % der Antworten, in denen die schnellere Arbeit immer länger als die langsame Arbeit eingeschätzt wird:

Pie (5; 6). Es wird mit Pausen von 20″ und 25″ geklopft. «Wann war der längere Moment?» — *«Das zweite Mal* (richtig).» — «Und jetzt?» — *«Das erste Mal* (richtig).» — «Jetzt wollen wir Striche machen. Mach die ersten so schön wie möglich. Gut. Und jetzt mache sie so schnell wie möglich. Gut (20″ beide Male und 7 Striche mehr das zweite Mal). War ein Moment länger?» — *«Ja, der zweite.»* — «Schien dir das länger beim Zeichnen?» — *«Ja.»* — «Warum?» — ...

Jap (5; 7): *«Einen kleinen Moment»* bei der langsamen Arbeit, dann bei der schnellen Arbeit: *«Einen langen Moment.»* — «War einer der Momente länger als der andere?» — *«Ja, da* (schnellen).» — «Warum?» — *«Weil es länger ist.»*

Fred (5; 11). Der gleiche Anfang: *«Das zweite Mal habe ich länger gebraucht.»* — «Warum?» — *«Weil es mehr sind.»*

Chel (5; 10): 15" und 15": *«Das zweite Mal mehr Zeit.»* — «Warum?» — *«Weil es mehr Striche sind.»* — «Aber ist es dir das erste Mal länger und weniger lang vorgekommen?» — *«Weniger lang.»*

Gis (6; 0). Man beginnt mit den schnellen Strichen, um zu prüfen, ob nicht nur die zweite Arbeit als solche länger erscheint. «Du sollst mir da Striche machen, aber sehr schnell (25"). War das ein langer oder ein kurzer Moment?» — *«Ein langer Moment.»* — «Und jetzt mache sie sehr sorgfältig, ohne dich zu beeilen (ebenfalls 25"). Ein langer oder ein kurzer Moment?» — *«Ein kurzer Moment.»* — «Wann hast du länger gearbeitet?» — *«Da* (schnelle).» — «Warum?» — *«Da ist es ein langer Moment, weil es mehr waren.»*

Und jetzt Beispiele für Methode II neben Methode I:

Jan (5; 9). 20" langsame: *«Ein kurzer Moment.»* — (20" schnellere.) *«Jetzt habe ich länger gearbeitet.»* — «Warum meinst du, daß es lang ist? — *«Weil ich sehe, daß ich mehr Linien gemacht habe.»*

Methode II. Er wird nach 12" bei der langsamen Arbeit angehalten. «Jetzt sollst du sie so schnell wie möglich machen und anhalten, wenn der Moment ebenso lang ist wie vorher.» — (Er hält nicht an.) — «Beginnen wir noch einmal. Du hast nicht im richtigen Moment aufgehört.» — (Er hält auch jetzt nicht an.) — «Noch einmal (man hält ihn nach 10" statt 12" an). Ist es jetzt länger oder weniger lange?» — *«Es ist schon länger . . . »*

Lil (6; 0). Langsames Arbeiten (20"): *«Das ist ein kurzer Moment?»* — Jetzt sollst du wieder einen ebenso langen Moment arbeiten, aber so schnell wie möglich. (Lil macht nun ebenso viel Striche und hält bei 13" an.) Ist das ein ebenso langer Moment?» — *«Ja.»* — Die erste Zeichnung wird natürlich verdeckt, während das Kind die gleiche Zeitlänge zu reproduzieren versucht: wie man sieht, hat sich Lil trotzdem darauf beschränkt, die gleiche Anzahl Striche zu machen.

Jetzt noch zum Schluß ein Beispiel für den Fall, wo das Kind zwischen der auf dieser Stufe üblichen Schätzung und der entgegengesetzten schwankt:

Clau (5; 8). Langsame Striche (25"): «Langer oder kurzer Moment?» — *«Ein langer Moment.»* — «Und jetzt sehr schnell (25"). Ist das der gleiche Moment?» — *Vorher länger.»* — «War einer der beiden Momente länger?» — *«Ja, einer länger.»* — «Welcher?» — *«Der erste.* — «Warum?» — *«Weil ich mehr gearbeitet habe.»* — «Wo hast du mehr gearbeitet?» — *«Aha jetzt! Jetzt ist es ein längerer Moment, weil ich mehr gearbeitet habe.»*

Diese Fälle von 5 bis 6 Jahren sind wegen der größeren Geschwindigkeit ihrer Beweisführung interessant. Wie man sieht, stimmen alle ungefähr darin überein, daß sie der schnelleren Arbeit den längeren Moment zuschreiben, «weil es länger ist», sagen die Kleinsten ganz einfach, und «weil es mehr Striche sind» setzen die ausführlicheren hinzu, d. h., daß in beiden Fällen die geleistete Arbeit größer gewesen ist. In dieser Hinsicht ist die zögernde Haltung Claus sehr bezeichnend; diese Vp. weiß nur eines sicher: daß die Zeit länger war, als er mehr arbeitete. Aber hat er mehr gemacht, als er sich um die Qualität (langsames Arbeiten) oder als er sich um die Quantität (Schnelligkeit) bemühte? Es scheint, daß er in einem Anflug von Introspektion die Zeit in der ersten Situation als länger empfindet, aber das Kriterium der geleisteten Arbeit bestimmt ihn doch, wie es dem üblichen Urteil auf dieser Stufe entspricht, sich für die zweite zu entscheiden.

Was die Methode II anbetrifft, so sieht man, daß Jan die Dauer nicht versteht, da ihm während der Arbeit die Introspektion fehlt, und daß Lil, der so tut, als schätze er die Zeit als solche, sie in Wirklichkeit an der Zahl der gezeichneten Striche mißt, ohne sich um die Geschwindigkeit zu kümmern.

Zwischen 6; 1 und 7; 0 findet man noch 70 % Fälle, die die schnellere Arbeit länger einschätzen:

Rot (6; 4). Man beginnt mit den schnelleren Zeichnungen (20"): Ist das ein langer oder ein kurzer Moment?» — *«Ein langer Moment.»* — «Ist die Zeit schnell oder langsam vergangen?» — *«Das ging schnell.»* — «Und jetzt (langsames Arbeiten: auch 20")?» — *«Das war länger als vorher.»* — «Warum?» — *«Weil jetzt weniger Striche sind und vorher mehr.*

Jac (6; 7): «Versuche, sie schön zu machen» (15"). — *«Ein kurzer Moment.»* — «Mache sie jetzt sehr schnell (15"). Ist das ein kleiner Moment?» — *«Ja.»* — «Ist einer der Momente länger gewesen?» —

«Der zweite.» — *«*Warum kam es dir länger vor?*»* — *«Weil man daran länger macht* (die schnellen).*»*

Jos (6; 9): *«Es war länger, als ich die Striche schnell machte.»*

Syl (6; 8): «5 langsame Striche und 15 schnelle Striche, beide in 20".») — *«Da* (schnelle), *das war kürzer, aber ich habe länger gearbeitet.»* (Siehe den Fall Paul, 4; 9.)

Und jetzt Beispiele für Methode II:

Kat (6; 10). Langsame Striche: 20". Reproduzieren 15". *«Das ist dasselbe.»* Schätzt also 15" schneller Arbeit gleich 20" langsamer Arbeit, wobei die Anzahl gezeichneter Striche dies Mal sehr verschieden ist.

Cha (6; 11). Langsame 20", Schnelle: hält wieder bei 20" an, glaubt aber, sie habe sich geirrt: *«Das war länger, weil da mehr Striche sind, und dann war ich schneller.»*

Und jetzt ein Beispiel für eine mittlere Reaktion zwischen den vorigen und den höheren und ein Beispiel (der erste ausgesprochene Fall) für die letzteren:

An (6; 3): *«Das war länger bei denen* (langsamen).*»* — «Hast du das eine Mal länger gearbeitet?» — *«Ja.»* — «Wann?» — *«Bei denen* (langsamen).*»* — Wie lange Zeit könnte man hier zählen (langsame)?» — *«Bis drei.»* — «Und da schnelle)?» — *«Bis sechs.»* An bleibt also an dem Gedanken hängen, daß die Zeit der schnellen Striche länger sei.

Dor (6; 9) setzt bei Methode II 20" der schnellen Arbeit mit 15" langsamer Arbeit gleich. Die erste scheint ihm also kürzer.

Man sieht also, daß die Schätzung die gleiche bleibt. Nur Dor macht eine deutliche Ausnahme. Man beachte die Reaktionen von Rot und Syl, die wie Pau 4; 9 den Eindruck des «Kurzen» bei der im Moment der Arbeit selbst erlebten Zeit unterscheiden und sie doch nachträglich länger schätzen. Bemerkenswert auch der charakteristische Ausdruck Jacs, der von den schnell gezeichneten Strichen sagt: «weil man daran länger machte», was gut zeigt, wie wenig Introspektion gewöhnlich in diesem Alter zu finden ist.

Von 7 bis 8 Jahren dagegen schätzen nur 50 % der Vpn. die Zeit wie die Kleinen ein, und 50 % stützen sich dabei schon auf die Introspektion der erlebten Dauer. Hier Beispiele für den ersten Fall (primitivere Reaktion):

Phil (7; 2). Langsam (20″). «Und jetzt ganz schnell.» — *«Damit man sieht, wieviel Minuten das geht?»* — «Ja, fang an (20″).» — *«Das* (langsam) *war ein kurzer Moment, und das* (schnelle) *war länger.»* — «Warum?» — *«Weil es mehr sind.»*

Fra (7; 6) ebenso: *«Ein längerer Moment, weil ich größere Striche gemacht habe.»*

Und mit Methode II:

Sel (7; 3). Langsam: *«Ein kurzer Moment (17″).»* — «Zeichne jetzt so schnell wie möglich aber den gleichen Moment lang.» (14″) — *«Das ist ebenso lange.»*

Dagegen ein paar Beispiele für die höhere Reaktion:

Aul (7; 4). 20″ langsam und schnell (Methode I): *«Die beiden Momente waren gleich.»* — «Warum kam dir das so vor?» — *«Weil da* (schnelle) *mehr sind und da* (langsame) *weniger, aber das ging auch lange.»*

Ul (7; 8). Meth. I (20″): «Wann hast du länger gearbeitet?» — *«Bei dem ersten.»* — «Warum?» — *«Weil es langsam gemacht wurde.»* — «Wie weit hättest du zählen können?» — *«Eine Minute.»* — «Und das andere Mal?» — *«Auch eine Minute.»* — «Ist es also gleich?» — *«Ja.»* — «Wann ist es schneller vorbeigegangen?» — *«Das zweite Mal* (schnelle).»

Ky (7; 3). Meth. II. Identifiziert 15″ und 15″: «Ist das gleich?» — *«Ja, da bin ich nur schneller gegangen, aber es ist dieselbe Zeit.»*

Man sieht deutlich, daß diese drei letzteren Fälle im Gegensatz zu den drei ersteren eine höhere Etappe kennzeichnen: alle drei identifizieren die gleichen Zeiten und, mehr als das, betonen, daß ihnen die Zeit der langsamen Handlung psychologisch länger erscheint als die andere.

Von einigen Vpn. im Alter von 10 bis 13 Jahren endlich, die wir zur Kontrolle geprüft haben, hat nur ein Drittel wie die Kleinen reagiert, während zwei Drittel die Reaktion zeigen, von denen wir eben die ersten Beispiele gesehen haben. Hier zwei Fälle von primitiverer Reaktion (wenig entwickelte Kinder):

Mar (10; 11). *«Hier* (langsame) *weniger Zeit, weil ich langsamer machte.»* — Und bei Methode II, scheinen ihm 11" schnellen Arbeitens gleich 13" langsamen Arbeitens.

Al (13; 1). *«Bei dem* (langsamen) *war es kürzer, weil es langsamer ging.»* Meth. II: 10" schnellen Arbeitens erscheinen ihm *«ungefähr gleich»* wie 20" langsamer Arbeit.

Und jetzt Beispiele für höhere Reaktionen:

Sim (10; 8). Meth. I (20" langsame). *«Ziemlich lang.»* — «Und jetzt (20" schnelle)?» — *«Ungefähr gleich.»* — «Kam dir das eine Mal länger vor?» — *«Das erste Mal vielleicht ein bißchen länger.»*

Od (12; 8). Meth. I 20": *«Nicht sehr lang* (langsame).» — «Und das (schnelle)?» — *«Ungefähr gleich.»* — «Kam es dir einmal länger vor?» — *«Nein, fast gleich.»*

Meth. II: 20" schneller Arbeit = 21" langsamer Arbeit. Praktisch also richtig.

Cec (12; 2). Meth. I (20" schnelle). — *«Das ging schnell.»* — «Und jetzt (langsame 20")?» — *«Das ist dasselbe. Ich war langsamer, aber es scheint mir, es war derselbe Moment.»*

Wenn man diese Reaktionen der Großen (einschließlich derer von 7 bis 8 Jahren mit höheren Antworten) mit denen der Kleinen vergleicht, fällt einem dreierlei auf. Das erste ist, daß die Großen die Zeit der eigenen Handlung fast ausschließlich auf Grund des Bewußtseins der im Laufe der Handlung selbst erlebten Zeit schätzen und nicht nach den äußeren Ergebnissen derselben. In dieser Hinsicht ist nicht nur der Inhalt ihrer Bemerkungen bezeichnend, sondern auch die Form selbst: Ausdrücke wie «ungefähr», «es scheint mir» usw. zeigen genügend, daß sie diesmal vom Standpunkt der Introspektion ausgehen und nicht mehr von dem der leicht schätzbaren materiellen Befunde.

Zweitens bemerkt man die Fortschritte in der Schätzung selbst. Nicht nur nämlich wird der systematische Fehler der Kleinen umgekehrt, in dem Sinne, daß diesmal die langsamere Arbeit für länger gehalten wird, sondern bei den meisten «höheren Reaktionen» findet man zuguterletzt das Urteil, praktisch seien beide Momente gleich. Zweifellos erfolgt am Ausgangspunkt dieser Korrektur der Täuschung eine einfache Regulierung. Und da die Wahrnehmungsregulierungen mit dem Alter genauer werden [3], ist es normal, daß es bei der Wahrnehmung der inneren Zeit ebenso ist. Aber zweifellos ist das nicht alles: wie wir es gleich herausstellen werden, scheinen eigentliche Operationen mithereinzuspielen.

Drittens, und dies ganz allgemein: wenn man diese erwachende psychologische Zeit mit der physikalischen Zeit der Kleinen und selbst mit der qualitativen, aber operativen, physikalischen Zeit, deren Bildung im dritten Stadium sich in immer neuer Form in jedem Kapitel dieses Werkes wiederfindet, vergleicht, dann scheint es klar, daß die erstere eine nach innen gerichtete Differenzierung der zweiten darstellt, und zwar in doppelter Form: 1. Die Täuschungen bei der Schätzung der erlebten Dauer sind nur die Verlängerungen der systematischen Fehler, die für die anschauliche und egozentrische Zeit des Beginns charakteristisch sind (physikalische und psychologische Zeit in einem, d. h. Zeit der wahrgenommenen Bewegungen, aber im Anschluß an die eigene Handlung). So sagen die Kleinen z. B. «ein längerer Moment, weil ich mehr Striche gemacht habe», in enger Verbindung mit dem Irrtum, dem wir immer wieder im ersten Stadium der physikalischen Zeit begegnet sind, «mehr Geschwindigkeit = mehr Zeit = mehr durchlaufener Weg oder verrichtete Arbeit». Umgekehrt ist die Täuschung, auf Grund der die langsame Bewegung mehr Zeit nimmt, nur die Anwendung — mit unzulässiger Verallgemeinerung — der richtigen physikalischen Beziehung «schneller = weniger Zeit», das im zweiten Stadium entdeckt wird. 2. Und vor allem: wenn die systematischen Fehler bei den Schätzungen der psychologischen Zeit nur die innere Wiedergabe der Fehler der Anschauungszeit im allgemeinen, der physikalischen sowohl wie der psychologischen, sind, dann kann man umgekehrt unter Anführung derselben Gründe sagen, daß die Korrektur dieser Fehler, d. h. die Konstruktion eines genaueren Begriffes der inneren Dauer, das Ergebnis derselben qualitativen Operationen ist, welche zu der objektiven und logischen physikalischen Zeit füh-

[3] Vgl. den zitierten Artikel *Arch. Psychol.*, XXXIX 1—107 (1942).

ren. In der Tat, wenn Aul (7; 4) sagt: «Da (weniger Striche), aber das ging auch lange», also waren «die beiden Momente gleich», wenn Ky (7; 3) sagt, «da bin ich nur schneller gegangen, aber es ist dieselbe Zeit», wenn Cec (12; 2) sagt: «Ich war langsamer, aber es scheint mir, es war derselbe Moment» usw. usw., unterwerfen sie in Wirklichkeit ihre eigenen Handlungen einer Reihe operativer Urteile, d. h. zusammenhängender logischer Relationen, entsprechend denen, die im Physikalischen Zeit, Geschwindigkeit und durchlaufene Strecke verbinden. In dem Maße, in dem die eigene Handlung durchdacht und nicht nur in der Anschauung erlebt wird, in dem Maße könnte man fast sagen, in dem eine reflektierte Analyse da ist und nicht nur Introspektion, ordnen sich die Ergebnisse dieser Handlung, ihre Geschwindigkeit oder ihr Rhythmus und die verschiedenen Ereignisse, die sie bilden, in einen Gesamtzusammenhang ein, in der die Reihenfolge einerseits und die Einschachtelung der Zeitstrecken andererseits sich gegenseitig stützen genau wie bei der Konstruktion der physikalischen Zeit. Besser gesagt: zum Ordnen ihrer eigenen Zeit benutzt die Vp. die physikalische Zeit, in welche sie ihre Handlungen einreiht, ebenso wie sie zum Ordnen der physikalischen Zeit ihr Gedächtnis benutzt sowie ihre Tätigkeit als Organismus, der als Element unter anderen Elementen — an den Veränderungen der Umwelt teilnimmt. Weit mehr als das: wenn die zeitlichen Täuschungen, wie wir gesehen haben, allmählich durch ein System fortschreitender Korrekturen vermindert werden, ist es klar, daß es einen stetigen Übergang gibt zwischen den qualitativen Operationen, die an der Quelle der logischen (inneren wie äußeren) Zeitkonstruktion stehen, und den Anschauungsregulierungen, schließlich auch den Wahrnehmungsregulierungen, in deren nah aufeinanderfolgenden Kompensierungen sich von Anfang an die operative Reversibilität ankündet.

Kurz, die Entwicklung der *psychologischen* Zeit, deren Ergebnisse schon in diesem ersten Paragraphen sich in großen Umrissen erkennen lassen, ist das innere Gegenstück zu der vorerst anschaulichen und dann operativen physikalischen Zeit, und zugleich ihre Erklärung: sie ist ihr Gegenstück, weil dieselbe anschauungsgebundene Auffassung zu denselben Fehlern führt und dieselben Operationen dieselbe Kohärenz zur Folge haben; sie gibt aber auch ihre Erklärung: denn solange die Vp. nicht imstande ist, ihre eigenen Tätigkeiten von deren Ergebnissen und von den äußeren Bedingungen zu unterscheiden, ist sie noch in der Anschauung verhaftet, während die zweifache operative Konstruktion der physikalischen und der psychologischen Zeit durch das Reflektieren sowohl über die eigene Handlung wie über die Dinge zustande kommt.

1bis

Appendix: Nachkontrolle mit Metronom

Wir haben versucht zu kontrollieren, ob das in § 1 beobachtete direkte Verhältnis von Zeit und Geschwindigkeit bei den Kleinen und das umgekehrte Verhältnis bei den Großen auch dann bestehen bleibt, wenn das Kind statt aktiv eine Arbeit zu verrichten, sich darauf beschränkt, Töne mit langsamem oder schnellem Rhythmus anzuhören. Hierzu haben wir vor den Vpn. 15″ lang ein Metronom langsam oder schneller schlagen lassen, und zu diesem Versuch die vorher beschriebenen Methoden I und II angewandt.

Nun, von etwa 30 Kindern zwischen 4 und 8 Jahren hielten ²/₃ der Fälle das schnelle Metronom für das länger gehende.

Pau (4; 8): «*Das zweite Mal brauchte es mehr Zeit, weil es schneller ging.*»

Mil (5;0): «*Ein langer Moment. Es geht lange, weil es schnell gegangen ist.*»

Phi (7; 0): «*Länger, weil es schneller ging.*»

Bei Methode II setzt *Jan* (5; 9) 10″ schneller Bewegung mit 20″ langsamer Bewegung gleich und *Rob* (5; 9), 20″ der ersten mit 50″ der zweiten! *Kat* (6; 10) geht so weit, 20″ schnell mit 75″ zu identifizieren. Man gibt ihm dann 10″ langsamer Bewegung, die er mit 6″ schneller gleich setzt. Man gibt wieder 15″ langsam, und er hält die schnelle Bewegung bei 7″ an!

335

Von dem übrigen Drittel schätzen ungefähr $2/3$, also $2/9$ der Vpn., das langsam schlagende Metronom gehe länger.

Fred (5; 11): «Wie es schnell ging, kam es mir kürzer vor.»
Pau (7; 8): *«Mehr Zeit, wie es langsam war, weil es einen längeren Moment dauerte.»*
Methode II: 18″ schnellere Bewegung = 10″ langsamere Bewegung. Und $1/9$ der Gesamtgruppe neigt zur Gleichheit:
Gis (6; 0): *«Beide Male ein kleiner Moment.»*

Dagegen finden wir bei den Vpn. von 10 bis 12 Jahren die Hälfte, die sich für die Gleichheit ausspricht, z. B.:

Methode II: 18″ langsamer Bewegung = 22″ schneller Bewegung.
Oda (12; 8: *«Ungefähr dasselbe.»* Meth. II: 20″ langsamer Bewegung scheinen gleich 19″ schneller Bewegung.

Die andere Hälfte teilt sich auf in $2/3$, die finden, daß das langsame Metronom länger gegangen sei (z. B. 20″ langsam = 25″ schnell oder 20″ schnelle = 13″ langsam usw.), und $1/3$, d. h. $1/6$ der Gesamtgruppe, die einen Überrest der Reaktion der Kleinen aufweist (aber bei Methode II sind die Unterschiede weniger groß).

Abschließend läßt sich feststellen, daß die Reaktionen genau denen bei dem Versuch des Strichezeichnens entsprechen: einerseits kehrt sich mit dem Alter das Verhältnis von Zeit und Geschwindigkeit um, und andererseits wird der absolute Wert der Täuschungen kleiner.

2

Verhältnis zwischen der Zeitschätzung und der Schwierigkeit der Handlung

Die Stichprobe, die wir in Kap. X/1 von der Rolle der Handlungsgeschwindigkeit gemacht haben, ist natürlich nur ein Muster von den Analysen, die man über dies Thema und über jeden der anderen Faktoren, die die Zeit beeinflussen, vornehmen könnte. Ohne irgendwelchen Anspruch auf Vollständigkeit zu erheben, wollen wir doch in diesem Kapitel, das nur die Analogie zwischen den psychologischen Intuitionen und Operationen der Zeit und entsprechenden physikalischen herausstellen soll, zwei weitere Stichproben machen. In den im folgenden beschriebenen Versuchen haben wir zuerst dem Faktor der Schwierigkeit der Handlung den Faktor der Geschwindigkeit gegenübergestellt.

Bei praktisch gleichen Schwierigkeiten (Striche langsam oder schnell zeichnen) erscheint also die Zeit bei den Kleinen proportional zu der Schnelligkeit, und bei den Großen zu der Langsamkeit, wobei aber die Korrekturen die Täuschung allmählich verringern. Wie wird es nun sein, wenn man die Dauer zweier kleiner Arbeiten von verschiedener Schwierigkeit miteinander vergleichen läßt? Wir zeigen den Kindern z. B. eine Schachtel, in die eine bestimmte Zahl rechteckiger Bleiplättchen, resp. dreieckiger Holzplättchen regelmäßig gelegt werden soll, und zwar indem man sie, ohne sie mit den Händen zu berühren, mittels einer kleinen Zange aufnimmt und einordnet. Da das Blei schwerer und zugleich mit der Pinzette weniger handlich ist, macht es den Eindruck von «mehr Arbeit»: wird dieser Eindruck zu einer Überschätzung der benötigten Zeit führen, oder wird im Gegenteil die größere Zahl der in der gleichen Zeit geordneten Holzplättchen, folglich die größere Geschwindigkeit dieser letzteren Bewegungen, die Waagschale zu ihren Gunsten neigen?

Um auf diese Fragen zu antworten, wollen wir wie vorher, da sich keine deutlichen Stadien bilden lassen, die Reaktionen der Kinder Alter für Alter analysieren, aber, um abzukürzen, immer zwei Jahre auf einmal nehmen.

Von 4 bis 6 Jahren findet man folgende Reaktionen. Zuerst gibt es die zwischen 4 und 4; 6, die noch unfähig sind, die zwei Zeiten zu vergleichen und in der Frage nach der längeren oder kürzeren Dauer keinen Sinn sehen:

Ed (4; 6) reagiert wie bei den Strichzeichnungen.
Ros (4; 7), die im Fall der Striche die Zeiten vergleichen konnte, findet im Fall der Plättchen die Momente nicht sehr lang, kann sie

aber nicht miteinander vergleichen. (Nach dem Versuch): «War ein Moment länger als der andere?» — *«Nein, gar nicht.»* — «War ein Moment kürzer als der andere?» — *«Ja, bestimmt.»* — «Hast du einen längeren Moment gebraucht, um die eisernen hereinzulegen oder die hölzernen?» — *«Hm ... hm ... einen kleinen Moment.»*

Andererseits meint eine kleine Minderheit, das Übertragen der Holzstücke daure länger als das der Bleistücke:

Pau (4; 11) fängt mit dem Blei an und sagt: *«Das geht einen langen Moment.»* — (Holz) «Länger oder weniger lang?» — *«Etwas länger bei denen aus Holz, weil ich von denen mehr hereingelegt habe* (übrigens irrt er sich da: er hat bei beiden 13 in je 20 Zügen gelegt).»

Es ist dies also die Reaktion, an die wir schon von dem vorigen Paragraphen her gewöhnt sind, wo es sich um Arbeiten von gleicher Schwierigkeit handelt (was also durchaus bei Pau der Fall ist). Dagegen glaubt die Mehrheit der Fälle (zwischen $^2/_3$ und $^3/_4$), daß das Herüberlegen der Bleistücke länger daure:

Jea (5; 6) arbeitet fleißig bei dem Blei: *«Bei dem Blei einen längeren Moment.»* — «Warum?» — *«Weil es größer ist.»* (20″ und 20″.)

Clau (5; 8). 45″ bei beiden: *«Einen längeren Moment bei dem Blei.»* — Warum?» — *«Weil da mehr waren»* (stimmt nicht). — «Sieh mal hin, was du hingelegt hast.» — *«Aha, nein.»* — «Meinst du wirklich, eine der Zeiten war länger als die andere?» — *«Ja, beim Blei länger.»*

Rob (5; 9) findet auch das Blei länger. Bei der Methode II fängt er mit dem Holz an (37″), bei dem Blei hält er dann bei 17″ an, als wäre es die gleiche Zeit. Er sagt sogar: *«Bei den Bleistücken war es ein längerer Moment.»* — «Warum?» — *«Eins hat sich festgehakt.«* Es wird noch einmal begonnen. Dieselbe Schätzung.

Gis (6; 0: Länger *«bei dem Blei: es sind mehr* (Irrtum).»

Fred (5; 11): «Holzplättchen legen war kürzer.» — «Warum?» — *«Die sind nicht so schwer.»*

Lil (6; 0): *«Bei dem Blei ist es länger, das ist schwerer.»* — Bei Methode II kommt diese Vp. indesen zu der Gleichsetzung von 33″ (Blei) mit 34″ (Holz).

Man sieht, daß diese Kinder trotz der Spärlichkeit der introspektiven Antworten übereinstimmend die Arbeit mit dem Blei länger finden, weil sie mühseliger oder heikler ist: «das ist größer», «eins hat sich festgehackt», «das ist schwerer», usw., und

vor allem haben einige Vpn. den Eindruck, mehr Blei- als Holz-
elemente herübergelegt zu haben, was immer eine Täuschung ist.
Aber eben dieser Irrtum (vgl. Clau und Lil) ist bezeichnend für
die Tendenz der Kleinen, zwischen gebrauchter Zeit, Geschwindigkeit und verrichteter Arbeit eine einfache Proportion aufzu-
stellen. Hierzu sei bemerkt, daß die einzige Vp., der die Gleichsetzung der beiden objektiv gleichen Zeiten gelungen ist, ihr Urteil auf die Zahl der herübergelegten Stücke gründet, wobei sie
sich übrigens noch beim Zählen irrt:

Jan (5; 6): «*Das ist dieselbe Zeit.*» — «Warum?» — «*Weil ich dasselbe hingelegt habe.*» — «Hast du sie gezählt?» — «*Ja. Es sind 15.*»
(In Wirklichkeit: 15 aus Blei und 17 aus Holz.)

Alles in allem kann man also den Schluß ziehen, daß die
Zeit auch in dieser Probe zuerst von der verrichteten Arbeit aus
geschätzt wird. Diese wird gewöhnlich nur danach beurteilt, ob
sie mehr oder weniger mühsam ist oder mehr oder weniger Anstrengung benötigt — häufiger als nach der Zahl der versetzten
Stücke. Aber dieses letztere Kriterium wird nichtsdestoweniger
manchmal mitherangezogen, und zwar unberechtigterweise.
Was das Kriterium der Schwierigkeit anbetrifft, das hier also die
entgegengesetzte Rolle spielt wie die Geschwindigkeit, die von
den Kleinen in Kap. X/1 herangezogen wurde, so ist zu bemerken, daß keine Vp. die Gleichwertigkeit aufstellt: «mühsamer
= langsamer = länger». Ihre Ausdrücke betreffen vielmehr
äußerliche, objektive (realistische) Tatbestände, als ob das Gewicht des Bleis, seine Größe usw. diejenigen Widerstände bildeten, die unabhängig von der Langsamkeit der Handlung eine
größere Arbeitsdauer bewirkten. Jede dieser Vpn. ging in der Tat
bei dem Versuch in Kap. X/1 von der Hypothese aus: «schneller
= mehr Zeit» (außer Clau, der an der Grenze steht, aber doch
einen Teil dieser Idee beibehält). Es ist also natürlich, daß sie
hier nun keineswegs die Langsamkeit der Bewegungen beim
Herüberlegen des Bleis, sondern sein Gewicht heranziehen, d. h.
die Widerstände, die eine größere Arbeitsleistung erfordern. Der
Nenner nämlich, der allen diesen Reaktionen gemeinsam ist, ist

die verrichtete Arbeit: im Fall der Geschwindigkeit drückt sie sich in Termen des durchlaufenen Raumes (oder der Zahl der gezeichneten Striche usw.) aus, und im Fall der Langsamkeit, in Termen des Gewichts, der Größe usw.

Zwischen 6; 1 und 8 Jahren findet man noch einige Vpn., die das Herüberlegen des Holzes wegen der Zahl der versetzten Stücke für länger halten. Etwas mehr als ein Drittel meint immer noch, das Blei gäbe mehr Arbeit, ohne sich auf die Langsamkeit zu berufen, unter alleiniger Beachtung der richtigen oder falschen objektiven Kriterien:

Jos (6; 9): «*Ein längerer Moment, wie ich die Bleiplatten gelegt habe.*» — «*Warum?*» — «*Es waren viel.*»

Ul (7;8): «*Länger, wie ich die aus Blei gelegt habe, weil die schwerer sind.*» Und bei Meth. II werden 13" beim Blei gleich 15" beim Holz gesetzt.

Etwas mehr als ein Drittel schließlich neigt zur Gleichheit, und dies sind interessanterweise im allgemeinen die, welche zum ersten Mal auf die größere Langsamkeit der Arbeit beim Blei hinweisen:

Jac (6; 7): «*Das muß bei beiden dasselbe sein. Mit dem Blei ist es eher ein bißchen länger, aber die beiden Momente waren gleich.*» Meth. II: 15" (Holz) = 16" (Blei).

Cha (6; 11): «*Beim Blei einen langen Moment, weil man eins nach dem andern aufnehmen muß.*» — «*Und mit dem Holz kürzer?*» — «*Nein, weil ich ein bißchen schnell nahm, aber es war dieselbe Zeit.*»

Ein Vergleich dieser Vpn. mit einer Gruppe von neun- bis zwölfjährigen Kindern zeigt, daß zwar eine leichte Täuschung zugunsten einer längeren Zeit beim Versetzen der Bleistücke bestehen bleibt (wie übrigens auch beim Erwachsenen), daß diese aber einerseits mit der Langsamkeit der Bewegungen bei dieser schwierigen Arbeit begründet und andererseits fast immer durch überlegtes Korrigieren herabgesetzt wird.

Sim (10; 8): «*Das muß derselbe Moment sein. Ich wollte fast sagen, die aus Blei gingen länger, aber ich habe geglaubt, es ist dasselbe.*» — «*Warum?*» — «*Weil ich mehr Holzstücke als Bleistücke hingelegt habe.»* (Diese Argument wird im umgekehrtem Sinne hervorgebracht wie bei den Kleinen.) Meth. II: 25" (Holz) = 24" (Blei).

Mar (10;11): Die aus Blei erscheinen *«noch ziemlich lang; bei denen aus Holz ging die Zeit schneller vorbei als bei denen aus Blei, aber ich glaube, ich habe ebenso lange (37") gearbeitet.»*

Ali (12 J.): *«Bei dem Blei einen etwas längeren Moment, weil ich sie einzeln genommen habe.»* — «Und beim Holz?» — *«Ungefähr dasselbe.»*

Zusammenfassend kann man sagen, daß die Ergebnisse dieser kurzen Stichprobe gut die von Kap. X/1 bestätigen. Indem wir das Moment der Schwierigkeit der Handlung hereinbrachten, nötigten wir die Vpn. indirekt dazu, die gebrauchte Zeit mit der Langsamkeit der Bewegungen in Beziehung zu setzen, und versuchten so, die Kleinen dazu zu führen, ihrer gewöhnlichen Behauptung der direkten Proportion von Dauer und Geschwindigkeit zu widersprechen. Nun, es hat sich gezeigt, daß die jüngsten Vpn. sich absolut nicht widersprechen, wenigstens nicht in der Form, sondern daß sie einfach auf die objektiven Eigenschaften der verrichteten Arbeit (Gewicht und Größe der Bleistücke) hinweisen, ebenso wie sie im Falle der Proportion von Zeit und Geschwindigkeit an den durchlaufenen Weg denken. Nur die Großen drücken den Gegensatz zwischen dem Herüberlegen der Bleistücke und dem der Holzstücke durch den Hinweis auf die Langsamkeit und die Schnelligkeit aus. Wenn auch dann noch die Täuschung bei manchen (Ali) bestehen bleibt, so wird sie doch im Durchschnitt durch intellektuelle Operationen korrigiert, entweder ausdrücklich wie bei Sim (die aus Blei gehen länger, aber es sind weniger, und die aus Holz sind schneller, aber nicht so zahlreich, daher Gleichheit der Zeiten) oder indirekt wie bei Mar. Somit finden wir auch hier dieselben Schlußfolgerungen wieder wie in Kap. X/1.

3

Die Zeit beim Warten und die bei Interesse

Aus den beiden vorigen Stichproben ergibt sich, daß die Kleinen die Zeit der Handlung auf Grund der Ergebnisse der verrichteten Arbeit (Zahl der gezeichneten Striche Kap. X/1) oder der Widerstände, auf die diese Arbeit stößt (Gewicht und Größe der Bleistücke Kap. X/2), d. h. in beiden Fällen auf Grund der ausgeführten Arbeit, schätzen, während die Großen sich mehr auf die innere Dauer einstellen, d. h. daß ihnen die abgelaufene Zeit entgegengesetzt zu der Geschwindigkeit der Handlung erscheint. Man kann sich nun fragen, wie die Zeitschätzung sein wird, wenn die Handlung nicht mehr in einer aktiven Arbeit mit faßbaren äußeren Ergebnissen besteht, sondern innerlich bleibt wie bei einem langweiligen Warten oder bei interessiertem Betrachten ohne Bewegung (vgl. Kap. X/1bis). In diesem Fall ist vorauszusehen, daß das Schätzen auf allen Altersstufen dasselbe sein wird: das Interesse wird den Eindruck der Dauer verringern, und die Langweile wird ihn mehr oder weniger ausdehnen. Aber wir legten Wert darauf, die Sache durch eine kurze Stichprobe nachzuprüfen.

Für das Warten haben wir einfach unsere Vpn. aufgefordert, die Arme während 15" verschränkt zu halten, und für das Interesse haben wir ihnen, ebenfalls während 15", ein lustiges Bild gezeigt. In einigen Fällen haben wir das Warten 30" und die Bildbetrachtung 30" dauern lassen, um zu sehen, ob die Unterschiede im Schätzen wirklich so stark sind, wie es schien. Nun, die Ergebnisse sind sehr einfach: außer ein oder zwei Vpn. zwischen 4; 0 und 4; 6, die noch nicht fähig sind, zwei Zeiten zu vergleichen, haben wir zwischen 4 und 12 Jahren 100 % ähnlicher Reaktionen gefunden: die Zeit beim Warten erscheint viel länger als die beim Bilderbetrachten. Wir hatten nur eine Ausnahme: ein Knabe von 7; 4, der von dem vorhergehenden Versuchsgespräch ermüdet war, fand die Zeit, während er die Arme verschränkt hielt, kürzer, «weil ich ruhig war», wie er erklärte. Alle andern reagieren wie folgt:

Clau (5; 8) findet die Zeit beim Nichtstun *«einen langen Moment»* und die beim Bild, *«einen kurzen Moment«*. Man sagt ihm, sie seien gleich, aber er weigert sich, das zu glauben: *«Nein, der zweite war weniger lang.»*

Jan (5; 9) hält die Arme 30″ lang verschränkt und findet, daß das *«ein langer Moment»* ist, dann sieht er 45″ lang auf das Bild: *«Das ist ein kleiner Moment.»* — «Ja, aber war der zweite auf der Uhr länger?» — *«Ja.»* — «Stimmt das? Dann hast du dich geirrt?» — *«Nein, wie ich die Arme verschränkt hielt, war es viel länger.»*

Nel (6; 2): *«Mit dem Bild ging es schneller vorbei.»* (15″)

Pie (6; 4) :*«Das kam mir kurz vor und das andere lang.»*

Sim (10; 8): *«Ungefähr gleich* (30″ und 45″). *Wenn man wartet, dann ist es eher länger.»*

Mar (10; 11): *«Das Bild war ein bißchen kürzer* (45″), *weil es Abwechslung gibt.»*

Cec (12; 1): *«Das Bild kürzer, sogar ziemlich kürzer.»* (45″)

Diese Ergebnisse sind zu natürlich, als daß wir bei ihnen verweilen wollen. Das Schätzen ist also bei den Kleinen und bei den Großen dasselbe. Der einzige Unterschied ist der, daß das Kind bis etwa 6 Jahre sein Urteil so begründet, als ob es sich um einen objektiven Unterschied handelt, der in der äußeren Zeit gegeben ist, während sich die Vp. von 6 bis 7 Jahren an in Termen der Introspektion und der inneren Dauer ausdrückt: «Es kam mir vor», «es gibt Abwechslung» usw.

Aber so banal auch diese Beobachtungen sind. so drängen sich doch jetzt im Zusammenhang mit allem, was vorausgegangen ist, zwei Bemerkungen auf. Erstens: bei dem Begriff des Alters in Kap. X schien das Kind so zu überlegen, als ob die Zeit nicht mehr läuft, sobald ein Zustand permanent wird: warum also schreibt es einem leeren und unbeweglichen Zustand, wie dem beim Armekreuzen, eine längere Dauer zu? Die Antwort ist einfach. Von außen gesehen, ist ein stabiler Zustand ein Aufhören der Handlung, und wenn die Zeit nur in bezug auf das Handeln erfaßt wird, ist es normal, daß sie wie eliminiert ist. Ein Warten dagegen ist für den, der es erlebt, eine wirkliche Handlung und sogar eine «kostspielige», wie P. Janet sagen würde: sie besteht darin, die Motrizität, das Sprechen, kurz jede äußere Handlung, zu bremsen und die Energien, die nach Entfaltung streben, einzudämmen. Die Arme verschränken ist für das Kind eine Art Tortur, außer eben für den Kleinen von 7; 4 Jahren, den unsere Befragung zu ermüden begann und der darum die Zeit kurz fand: «weil ich ruhig war», anders ausgedrückt, weil er sich dann dem «Verhalten des Ausruhens» hingab, wie wieder unser Lehrer Janet sagen würde. Die Zeit des Wartens läßt sich also mit der mühsamen Arbeit (Kap. X/2) vergleichen, aber im Negativen und nicht im Positiven, und weil sie mühselig ist, scheint sie länger.

Was die Zeit beim Interesse anbetrifft, so ist diese selbstverständlich kurz, wenn das Interesse, nach Claparède, ein «Dynamogenisator» der Energiereserve sein soll, also im Sinne von Janet ein Regulator der Beschleunigung. Man kann also die Zeit der mit Interesse ausgeführten Handlung zu der Zeit der schnellen oder leichten Handlung zählen, selbst wenn diese Handlung nur ein Verhalten aufmerksamen Wahrnehmens ist.

Es ist also vollkommen richtig, daß das Gefühl der Dauer, wie P. Janet es in seinen Untersuchungen über die Zeit gut gezeigt hat [4], von den affektiven Regulierungen der Handlung abhängt: das Interesse und die spontane Anstrengung oder, im Gegenteil, die Langweile und die Ermüdung, kurz die Regulierungen der Beschleunigung oder des Bremsens, führen zu ganz verschiedenen Schätzungen der abgelaufenen Dauer, und trotz der Korrekturen intellektueller Natur bleiben diese Täuschungen auch bei dem Erwachsenen bestehen. Dementsprechend haben wir häufig bei Bergwanderungen Beobachtungen über die Zeitschätzung gemacht: wenn man bis über die Knie durch dicken Schnee watet, erscheinen zehn Minuten Anstrengung beim langsamen Steigen wenigstens wie zwanzig, während bei behaglichem Schreiten normal geschätzt wird und das Interesse für die Landschaft zu der umgekehrten Täuschung führt. Bei dem Kind sind derartige systematische Fehler von Anfang an stark, zweifellos umso stärker, je jünger die Vp. ist und je mehr sie affektiven Gleichgewichtsstörungen unterworfen ist. Nur ist

[4] P. JANET, *L'évolution de la mémoire et de la notion du temps.* Paris, Maloine, 1928.

es bei den Kleinen, wie wir in Kap. X/1 und 2 gesehen haben, so, daß diese permanenten Faktoren der Zeitschätzung mit einem anderen grundlegenden Vorgang in Interferenz treten, bei dem das Bewußtwerden der eigenen Handlung, also ihrer Dauer, von der Peripherie zum Zentrum geht, und nicht umgekehrt: wenn die Handlung in einer produktiven Arbeit besteht, spielt ihr äußeres Ergebnis beim Abschätzen der gebrauchten Zeit eine wesentliche Rolle. Nur bei gleichen äußeren Ergebnissen oder in der passiven Handlung bewirkt die Geschwindigkeit der Handlung sofort ein Einschrumpfen der Zeit, während bei ungleichen äußeren Ergebnissen die Geschwindigkeit die Zeit für die Kleinen auszudehnen scheint, weil sie dann zu einem größeren Ergebnis führt und dieses Ergebnis wiederum die Zeitschätzung beeinflußt.

Diese Umstände allein würden ausreichen, um zu zeigen, daß die innere Zeit nicht die ursprüngliche Form der Zeit ist. Wenn man weiterhin daran denkt, daß sich das praktische Schema der Zeit schon von der Stufe der sensu-motorischen Intelligenz an herausbildet [5], kommt man zu der Annahme, daß die ursprüngliche Zeit ein Schema ist, das ebenso von der Organisation der physikalischen Welt wie von der eigenen Handlung abhängt, daß sie also egozentrisch ist, was keineswegs bedeutet, eine innere Zeit in reiner Form. Das wollen wir jetzt versuchen darzulegen.

4

Schluß: die psychologische Zeit

Von diesen Resultaten aus wollen wir nun wieder an das Problem herangehen, das wir in der Einleitung dieses Kapitels aufgestellt hatten: kommen die Täuschungen oder systematischen Fehler der physikalischen Zeitanschauung vor 7 bis 8 Jahren davon her, daß die Kinder eine innere schon fertig organisierte Zeit in die Außenwelt projizieren? Oder ist ihre

[5] Vgl. *La Construction du Réel chez l'Enfant*, Kap. IV.

physikalische Zeitanschauung zuerst von der Zeit der eigenen Handlung gar nicht unterschieden, und bildet sich in diesem Falle die innere Zeit nach 7 bis 8 Jahren durch dieselben Operationen wie die äußere Zeit?

Wie die physikalische Zeit beruht auch die psychologische Zeit auf zwei verschiedenen Grundsystemen, beide zuerst anschaulicher, dann operativer Natur: dem System der zeitlichen Folge (Sukzession) und dem der Einschachtelung (emboîtement) der Zeitstrecken, die sie verbinden. Der einzige Unterschied ist der, daß es sich bei der psychologischen Zeit um erlebte Geschehnisse (äußerlich und innerlich erlebte oder nur innerliche) handelt und nicht nur um unabhängig von der eigenen Handlung festgestellte Geschehnisse. Es ist dies aber, wie man gleich sehen wird, ein Unterschied des Grades und nicht der Natur.

Was die Sukzession anbetrifft, so kann diese direkt durch das Bewußtsein im Augenblick des Ablaufs der Geschehnisse erfaßt werden, wobei die Anschauung nur im Fall sehr kurzer Zeiten täuscht (s. Kap. IV/4) und bei gewöhnlichen Intervallen korrekt ist. Sobald aber die Geschehnisse vergangen sind, d. h. nach einigen Minuten, einigen Stunden oder vor allem nach einigen Tagen, muß ihre Reihenfolge rekonstituiert werden, da sie sich nicht als solche erhält. Denn durch welches Wunder könnte sie sich ohne weiteres erhalten? Durch das Gedächtnis? Ja, vielleicht, wenn das Gedächtnis ein vollständiges, passives Registrieren wäre, wie manche Autoren gemeint haben, so, als ob es genügen würde, das Register seiner Erinnerungen durchzugehen, um die Seiten in guter Ordnung vorzufinden, versehen mit einem Inhaltsverzeichnis, das allen möglichen Klassifikationen im voraus entsprechen würde. Nun, jedermann weiß, daß die Kleinen ein solches Gedächtnis nicht haben. Wenn sie sich auch an alles besser erinnern als wir, so bilden doch ihre Erinnerungen einen ungeordneten Haufen, und vielleicht ist es gerade, weil wir uns immer weniger gut erinnern, daß wir gezwungen sind, das Gedächtnis durch die Intelligenz zu ersetzen und eine gut geordnete Kartothek zu konstruieren, um uns darin recht und schlecht zurechtzufinden.

Dieser aktive Teil des Gedächtnisses, in dem manche Autoren das ganze Gedächtnis sehen wollten, was zweifellos die umgekehrte Übertreibung zu den Lehren vom «reinen Gedächtnis» darstellt, beruht also auf dem Rekonstituieren nicht nur der Erinnerungen oder gewisser Erinnerungen, sondern vor allem auch der Reihenfolge: d. h. der «Erzählung», also jenes Verhaltens, das in dem Rekonstruieren der Geschehnisfolge besteht, wenn diese Folge nicht mehr Gegenstand einer direkten Wahrnehmung sein kann.

Nun, das Verhalten des Erzählens beim Kinde, das wir früher verschiedentlich untersucht haben[6], macht genau dieselben Phasen hinsichtlich der psychologischen Zeit oder der Zeit der eigenen Handlung durch wie die Verhaltensweisen der Reihenbildung oder des Ordnens materieller Geschehnisse auf dem Gebiete der physikalischen Zeit: zuerst die Phase der Anschauung oder die nicht operative Phase, bei der die Wahrnehmung der Geschehnisse einfach durch ihr mehr oder weniger genaues phantasievolles und fabuliertes Vorstellungsbild ersetzt wird, und dann die operative oder die logische Phase, die eine durchdachte Reihe bildet.

Vor 7 bis 8 Jahren nämlich werden die Geschehnisse in den kindlichen Erzählungen, also auch in der inneren Erzählung, d. h. im aktiven Gedächtnis, durch im wesentlichen egozentrische Verbindungen verknüpft, d. h. mehr vom Gesichtspunkt des momentanen Interesses als nach der wirklichen Zeitordnung. Ob man die Kinder eine Geschichte nacherzählen oder den Anfang und das Ende einer Geschichte rekonstruieren läßt oder ihnen ungeordnete Bilder gibt, die in eine einfache Geschichte geordnet werden sollen, immer findet man tatsächlich wieder, was die Zeichnungen in Kap. I bei der physikalischen Zeit uns gelehrt haben: genau wie im täglichen Leben, wenn das zwei- bis vierjährige Kind einen Spaziergang, einen Besuch bei Bekannten oder die Abenteuer einer Reise berichten will, häuft es

[6] Vgl. *Le Langage et la Pensée chez l'Enfant, Kap. II,* und die zwei zitierten Artikel in den Arch. de Psychol. XIX, 1925—6.

eine Menge Einzelheiten in unzusammenhängender Weise aneinander an, wobei sich jedes Element mit einem oder mehreren anderen zu Paaren oder kleinen Reihen verbindet, deren allgemeine Ordnung aber sich unseren geistigen Gewohnheiten nicht einfügen läßt. Bedeutet das nun, daß die richtige Ordnung nur für den Außenstehenden fehlt, d. h. daß der Fehler an der Darstellung liegt, oder drückt die Unordnung in der Erzählung einen inneren Zustand aus? Nach allem, was wir von den Beziehungen zwischen dem sozialen Verhalten und dem intellektuellen Verhalten des Kindes wissen, können wir vermuten, daß diese beiden Arten Zusammenhanglosigkeit nur ein und dieselbe sind, und daß das Kind erst dann sich selbst etwas erzählen kann, wenn es lernt, andern zu erzählen und sich so sein aktives Gedächtnis organisiert. Von diesem Gesichtspunkt aus wollen wir an die kindliche «Erzählung» in ihren Hauptpunkten erinnern und sie zu den Problemen der Reihenfolge in der physikalischen Zeit in Beziehung setzen.

Eine erste Beobachtung, die uns seinerzeit aufgefallen ist — und bemerkenswerterweise haben wir sie gerade bei den Figuren über das Wachstum der Bäume in Kap. IX/4 wiedergefunden —, ist die Schwierigkeit, mit der die Vpn. einzelne Personen, die mehrmals hintereinander auf verschiedenen Bildern vorkommen, als die gleichen wiederzuerkennen. Nun, nicht weil das wahrnehmungsmäßige Erkennen fehlt, verhält sich das Kind so: es findet es nur einfacher, eine Reihe kleiner disparater Geschichten irgendwie aneinanderzureihen als eine einzige Geschichte zu bilden, in der dieselben Personen in verschiedenen Situationen wiederkehren. Dieses Nicht-Identifizieren der Personen stellt also eine Art klinisches Zeichen für die Schwierigkeit dar, geordnete Erzählungen zu bilden. Sie hat sich auf den einzelnen Altersstufen mit folgender Häufigkeit gezeigt (Absolute Zahlen für je 120 Erzählungen pro Altersstufe):

4 Jahre	5 Jahre	6 Jahre	7 Jahre	8 Jahre	9 Jahre	10 Jahre	11 Jahre
94	85	70	46	10	6	7	0

Daraus folgt — dies ist das Zweite —, daß das Ordnen der Bilder, sogar im Falle kleiner sehr leicht verständlicher Folgen im Durchschnitt erst mit 7 bis 8 Jahren gelingt. Ebenso werden bei den Bildern von Dawid, die den Anfang und das Ende einer Geschichte zeigen, die einfachsten dieser Geschichten erst mit etwa 8 Jahren rekonstituiert. Bis dahin wird entweder ohne Zusammenhang aufgezählt oder ein Gesamtgeschehen, irgendeine erfundene Szene hineinphantasiert als Ersatz für die wirkliche chronologische Ordnung. Da die zu ordnenden Bilder in zufälliger Reihenfolge dargeboten werden, richtet sich das Kind im besonderen häufig so ein, daß es sich eine synkretische Verbindung ausdenkt, die der zufälligen Anordnung subjektiv entspricht.

Drittens ist die von dem Kind aufgestellte Ordnung also weder eigentlich chronologisch oder kausal noch deduktiv: sie drückt sich in der charakteristischen Konjunktion «und dann» aus, in der das «und» eine noch undifferenzierte Bedeutung hat, zwischen dem «und» der Reihenaddition (nicht kommutativer + Operation) und dem «und» der einfachen Verknüpfung (dem kommutativen +).

Viertens aber zeigt sich, daß die gewählte Reihenfolge, die dem Beobachter willkürlich erscheint und sich beliebig umkehren läßt, sich doch im Geiste der Vp. sofort kristallisiert und die einzig mögliche Reihenfolge zu bilden scheint. Es zeigt sich da ein Phänomen, vergleichbar den «starren Reihen», das wir bei dem Ordnen der Wasserhöhen in Kap. I/3 unter Viertens beschrieben haben. Das kommt daher, daß die aufgestellte Ordnung sofort in ein synkretisches Schema eingeht, und daß dieses Schema, auch wenn es sich manchmal nur in einer unzusammenhängenden Aufzählung ausdrückt, doch einer inneren Gesamtschau entspricht, die einmal gebildet, in der Art der Wahrnehmungsstrukturen sofort erstarrt.

Fünftens endlich zeigt sich — und dies ist zweifellos die nützlichste Lehre des Bilderordnens —: wenn das Kind seinen Irrtum zugegeben hat und eine andere Geschichte machen soll, oder auch, wenn es die mit fremder Hilfe richtig geordnete Geschichte erzählen soll, erweist es sich außerstande, etwas Neues zu bilden und beschränkt sich darauf, die vorige Geschichte, obwohl es sie als falsch erkannt hatte, ganz oder teilweise zu wiederholen. So zeigt sich die Reproduktion der alten Geschichte auf 100 neue Geschichten in folgenden Prozentsätzen:

5 Jahre	6 Jahre	7 Jahre	8 Jahre	9 Jahre	10 Jahre
90%	84%	39%	15%	11%	9%

Nun, diese Schwierigkeit, eine andere Geschichte zu bilden, also den Weg zurückzugehen, um eine andere Richtung einzuschlagen, oder, ganz allgemein, eine Geschichte als Hypothese aufzufassen, die man, wenn nötig, annullieren kann, um neue auszudenken, ist eine direkte Folge der Unumkehrbarkeit des kindlichen Denkens, das immer auf das Handeln ausgerichtet ist und wie ein reines geistiges Erlebnis kein Zurückgehen, keine operative Beweglichkeit kennt: hierin drückt sich der Anschauungscharakter und das Präoperative des primitiven Denkens am charakteristischsten aus.

Damit stehen wir am Knotenpunkt der Frage: wie wir in Kap. I und II bei der physikalischen Zeit gesehen haben, gilt die Unumkehrbarkeit nur für den Inhalt der Zeit, also für die Ereignisse der äußeren oder psychologischen Wirklichkeit, während die Zeit selbst als Organisationsschema in einem System umkehrbarer Operationen besteht. Im besonderen setzt die Reihenfolge, als Aneinanderreihung der Ereignisse in einem bestimmten gegenseitigen Verhältnis, notwendigerweise einen Mechanismus von Operationen voraus, mit welchen die Reihe der Ereignisse im Geiste sowohl rückwärts wie vorwärts aufgerollt werden kann, da jede Reihe zwei Weg- oder Orientierungsrichtungen enthält, ohne deswegen den asymmetrischen Charakter zu verlieren. Mit andern Worten: die Ereignisse ordnen heißt, ihnen sowohl in der Reihenfolge «A vor B; B vor C; ... usw.» nachzugehen wie in der Reihenfolge «...; C nach B; B nach A». Um nun zu wissen, ob man X vor Y ausgeführt hat oder umgekehrt, muß man eben gerade in allen möglichen Kombinationen von den Wirkungen zu den Ursachen zurückgehen oder von den Ursachen zu den Wirkungen vordringen, bis eine zu der Gesamtheit der schon gebildeten Reihen passende Lösung gefunden ist: in diesem Sinne hat die Reihenfolge die Reversibilität des Denkens zur Voraussetzung.

Warum aber muß man bis ungefähr zum 7. bis 8. Lebensjahr warten, damit diese Selbstverständlichkeiten dem kindlichen Geiste auffallen? Darum, weil bei fast jeder Erzählung oder bei fast jedem Sich-Erinnern die Reihe der Ereignisse nicht einfach für sich besteht, sondern komplex ist und sich mit andern kreuzt, und weil die Geschwindigkeiten der Vorgänge, die die Ereignisse untereinander verknüpfen, nicht bei allen gleich und einförmig sind; sie sind vielmehr im allgemeinen von einer Reihe zur andern verschieden und können Beschleunigungen oder Verlangsamungen erfahren. Eine einzelne Reihe von Geschehnissen, wie die Arbeit eines Schülers in einem bestimmten Schulfach, kann ziemlich leicht rekonstituiert und auch gedächtnismäßig nach beiden Richtungen verfolgt werden, aber sie kreuzt sich mit anderen Reihen wie der der Arbeit in den anderen Fächern, den Familienereignissen, der Geschichte der Kameradschaften usw.: die Vergangenheit wieder erleben heißt also, diese verschiedenen Abläufe rekonstituieren — aber mit ihren eigenen Rhythmen, damit man ihre Kreuzungspunkte, d. h. die Reihenfolge der Ereignisse, innerhalb der verschiedenen Reihen wieder herstellen kann. Nun ist die Umkehrbarkeit für die Kleinen schon dann nicht einfach, wenn es sich um eine einzige lineare Laufbahn von gleichförmiger Geschwindigkeit handelt: siehe die Schwierigkeit beim Ordnen der Wasserflächen bei der physikalischen Zeit (Kap. I/2). Umso nötiger ist ein komplexes System deduktiver Operationen, sobald es sich darum handelt, einen wirklichen Zusammenhang von Ereignissen mit sich überschneidenden Laufbahnen und wechselnden Geschwindigkeiten zu rekonstruieren. Die Zeit der psychologischen Handlungen ist also wie die physikalische Zeit eine Koordination von Bewegungen und Geschwindigkeiten, und darum hat das Kind vor 7 bis 8 Jahren, dem die operative Reversibilität fehlt, systematische

Schwierigkeiten, die Reihenfolge der Ereignisse zu rekonstruieren. Auf dem Gebiet der psychologischen Zeit ebenso wie auf dem der physikalischen Zeit wirkt die Anschauung deformierend, da sie die Tendenz hat, alles auf einfache Prozesse gemeinsamer und einförmiger Geschwindigkeit zurückzuführen: daher die ständigen Täuschungen in der Reihenfolge wie in der Dauer.

Dagegen kann man von 7 bis 8 Jahren an bei denselben Proben eine andere geistige Haltung feststellen (natürlich mit ständigem Übergang von einer zur andern). Die Vp. bemüht sich, die Reihenfolge in der Zeit zu finden, und sucht, die Ereignisse der Geschichten auf die einfachste und wahrscheinlichste Art und Weise zu rekonstruieren. Sie trägt den Gegebenheiten im ganzen Rechnung, indem sie alle auf ein zusammenhängendes Ganzes zurückführt, statt sie in ihre Einzelheiten zu zersplittern oder sich mit einem Phantasiegebilde zu begnügen. Dank der Umkehrbarkeit kann sie nun mit demselben Material mehrere Konstruktionen herstellen, sie nach allen Richtungen abrollen lassen und so untereinander vergleichen: kurz, sie führt in die psychologische Zeit wie in die physikalische Zeit durch operative Rekonstruktion eine durchdachte Folge ein und bleibt nicht nur bei dem anschauungsmäßigen Rekonstruieren.

Dieser Gegensatz zwischen der anschaulichen Sukzession in den Anfängen der Entwicklung und der operativen Reihenfolge bei den Großen erklärt zweifellos die in diesem Kapitel analysierten Ergebnisse hinsichtlich der Schätzung der Zeitstrecken selbst. Die erlebten Zeitstrecken sind nämlich nichts anderes als die zwischen den Ereignissen abgelaufenen Zeiten. Der Reihenfolge der Ereignisse entspricht also bei der psychologischen wie bei der physikalischen Zeit eine operative Einschachtelung der Zeitstrecken, derart, daß, wenn das Ereignis A vor B kommt und B vor C, die in der Dauer AC eingeschachtelte Dauer AB notwendigerweise kürzer ist als die letztere (und zwar auch dann, wenn wir sie aus Unkenntnis des Verhältnisses zwischen AB und BC nicht messen können). Es ist also natürlich, daß der Reihenbildung die Konstruktion eines zusammenhängenden Systems von Zeitstrecken entspricht (und umgekehrt), selbst wenn diese dazu neigen, sich unter dem Einfluß der verschiedenen Faktoren der eigenen Handlung auszudehnen oder zusammen-zuziehen.

Worin aber besteht diese Entwicklung der Begriffe der inne-ren Dauer? Stellen wir uns in der Phantasie ein Lebewesen vor, das von seiner Geburt an bis zu seinem Tode ohne Unterbre-chung dieselbe Arbeit immer im gleichen Tempo ausführen würde, z. B. den Bau einer chinesischen Mauer. Die psychologi-sche Zeit würde sich bei ihm mit der physikalischen Zeit dek-ken: wenn die Handlung sich immer im gleichen Rhythmus fortsetzt, würde sich ihre Dauer ohne weiteres an den Dimen-sionen des Baus messen lassen, und das Gefühl der abgelaufenen Zeit würde homogen und einförmig bleiben, denn sie würde sich mit der Betrachtung der geleisteten Arbeit decken. Sobald da-gegen die Handlungen komplizierter werden und bei verschie-denen Geschwindigkeiten einander überschneiden, löst sich nicht nur die psychologische Zeit von der physikalischen Zeit ab, son-dern komplizieren auch die verschiedenen Geschwindigkeiten oder Rhythmen der einzelnen Akte die Frage der Zeitstrecken und die der Reihenfolge. Man kann in dieser Hinsicht sogar sagen, daß das Bestehen der Geschwindigkeitsunterschiede das Problem der inneren Zeiten genau so beherrscht wie das der physikalischen Zeiten. Wenn man an voneinander unabhän-gige und zugleich sich kreuzende Geschehnisreihen seiner eige-nen Vergangenheit denkt (z. B. an folgende vier Reihen: Daten in bezug auf die administrative Seite seiner Laufbahn, Reihe der Publikationen, Privatleben und Ablauf politischer Ereignisse), dann sieht man, daß diese Reihen zwar jede für sich im Ge-dächtnis sehr lebhaft bleiben können, daß es einem jedoch un-möglich ist, ohne zu überlegen und damit zu operativen Rekon-stituierungen zu schreiten, 1. zu sagen, ob ein bestimmtes Ereig-nis aus einer der Reihen einem bestimmten anderen aus einer überschneidenden Reihe vorausgeht oder nicht (und doch bleibt die Reihenfolge für jede Reihe wohl bekannt) und 2. die jewei-ligen abgelaufenen Zeitstrecken zwischen zwei Ereignissen, die zwei verschiedenen Reihen angehören, annähernd (nach + oder —) abzuschätzen: eine bestimmte Reihe privater oder politischer Ereignisse wird z. B. sehr lang erscheinen, und es werden genaue Daten notwendig sein, um zu zeigen, wie kurz sie eigentlich im Verhältnis zu den anderen Reihen war usw. Kurz, die Gesamtheit der erlebten Wirklichkeiten läßt sich mit einem Raum vergleichen, den ein komplexes System physikalischer Bewegungen durchläuft, wobei die Rhythmen oder Gefälle der einzelnen Handlungsfolgen selbst den Geschwindigkeiten analog sind: das Problem der psychologischen Zeit läßt sich dann wie das der physikalischen Zeit auf die Koordination der Bewegungen und ihrer Geschwindigkeiten reduzieren, und im besonderen auf die der Handlungen und ihrer entsprechenden Geschwindigkeiten.

Die Sache ist noch klarer in der Frage der gerade ablaufenden Zeiten, und wenn wir sie mit den vergangenen Zeitstrecken vergleichen, erhalten wir den Schlüssel zu dem Problem. Grundsätzlich bewirkt eine schnelle oder beschleunigte Handlung, während sie erlebt wird, ein Sichzusammenziehen der Zeit (auf Grund der umgekehrten Proportion zwischen Zeit und Geschwindigkeit), während sich in der Erinnerung ihre Dauer ausdehnt (weil sie dann nach dem durchlaufenen Weg oder der verrichteten Arbeit beurteilt wird). Die langsame oder verlangsamte Handlung führt zu den umgekehrten Schätzungen. Bei den charakteristischen Zeiten der Langeweile, der Müdigkeit, der Leere, oder im Gegenteil des Interesses und der spontanen Anstrengung, kann man den betreffenden Zustand, wie die scharfsinnige Analyse P. Janets es aufgezeigt hat, immer auf Veränderungen der Handlungsgeschwindigkeit zurückführen und infolgedessen die Wandlungen der inneren Dauer wieder durch die der Geschwindigkeiten erklären. Alles in allem könnte man das Ich also als System von Handlungen mit verschiedenen Geschwindigkeiten oder Beschleunigungen auffassen; und je nachdem, ob diese Handlungen sukzessiv oder simultan sind, wird die Zeit, die ihnen entspricht, durch Vergleich mit den vorhergehenden oder durch Vergleich der gleichzeitigen untereinan-

354

der beurteilt, wobei es in diesem letzteren Falle (Vergleich simultaner Handlungen) hauptsächlich auf die Geschwindigkeit ankommt und im zweiten Fall mehr auf die durchlaufene Strecke (oder die verrichtete Arbeit, das Ergebnis der Handlung usw.), und zwar umso mehr, je ferner die Vergangenheit ist, die der Vergleich betrifft. Diese Vergleiche können unbewußt bleiben, in welchem Fall sie zu den Wahrnehmungs- oder Anschauungsmechanismen mit ihren besonderen Regulierung gehören, oder sie können bewußt werden, wenn sie auf intelligente und operative Urteile gegründet sind.

Die Ergebnisse, die wir bei dem Kinde in bezug auf die Schätzung der Zeiten der Handlung gesehen haben, lassen sich also mühelos in Korrelation mit seinen Reaktionen beim Ordnen der Geschichten und seinen Begriffen der physikalischen Zeit selbst erklären. Auf diesen Gebieten wie auf allen anderen erscheint die Entwicklung des Kindes in der Tat als Übergang von dem anschaulichen und unumkehrbaren Egozentrismus zu der operativen Gruppierung oder der objektiven und reversiblen Koordination, in der das Ich als eins der Elemente seinen Platz hat. Nun, es sind dies dieselben Ursachen, die bei den Kleinen die Schwierigkeiten der Introspektion hinsichtlich der eigenen Zeit und das mangelnde Verständnis für die umgekehrten Relationen der Zeit und der Geschwindigkeit erklären, und bei den Großen, die Ablösung der psychologischen Zeit von der physikalischen Zeit und das richtige In-Beziehungsetzen von Zeit und Geschwindigkeit. Bei den Kleinen hindert der egozentrische, d. h. unmittelbare und unumkehrbare Charakter des Denkens jede Introspektion: das Bewußtwerden der eigenen Handlung beginnt also mit dem Bewußtwerden ihrer Ergebnisse, und es bedarf einer doppelten Anstrengung — der Umkehrung der ursprünglichen Einstellung und dem Dezentrieren oder Vergleichen —, um den Mechanismus dieser Handlung selbst ins Bewußtsein zu bringen. Darum beurteilen die Kleinen die Handlungsdauer zuerst nach der Menge des erhaltenen Ergebnisses (gezeichnete Striche) oder der geleisteten Arbeit (die Bleistücke, die, weil sie «schwerer», «größer» usw. sind, länger gehen) und nicht nach der Geschwindigkeit der Bewegungen. Nur wenn keine äußeren Ergebnisse da sind (Warten oder Wahrnehmen eines Bildes), folgt ihre Zeitschätzung derselben Regulierungen der Langeweile oder des Interesses wie die der Großen, nur daß sie keine Gründe angeben und meinen, es handle sich um objektive Urteile, auch hier wieder, weil ihnen die introspektive Einstellung fehlt. Nun, diese Unmittelbarkeit und Unumkehrbarkeit, die den Kleinen die Introspektion versperren und ihre «realistische» Beurteilung der eigenen Handlungszeit erklären, sind dieselben Faktoren, die sie auch hindern, die umgekehrte Relation zwischen Geschwindigkeit und Zeit zu verstehen, folglich die Geschwindigkeiten nach der zeitlichen Ausdehnung zu koordinieren. Denn wenn man meint, «schneller» bedeute «längere Zeit», wie es die Kleinen im Physikalischen ebenso wie im Psychologischen tun, so heißt das einfach, der Eindruck der Handlungsgeschwindigkeit (Eindruck, der natürlich bewußt ist, da diese Geschwindigkeit beabsichtigt ist) wird der Dauer angeglichen, wenn sie nicht während der Handlung selbst (wir haben eben gesehen, warum), sondern nachträglich im Anschluß an die Ergebnisse beurteilt wird: mehr durchlaufener Weg oder mehr verrichtete Arbeit, also mehr Zeit. Diese Verwechslung ist bei einer Denkweise, die nicht zur Introspektion der Dauer neigt, umso natürlicher, als gerade sie auch charakteristisch für die Täuschung des Erwachsenen bei der Retrospektion im Gegensatz zur Introspektion ist: eine Zeit erscheint im Gedächtnis umso länger, je schneller sich die Handlungen in ihr abgespielt haben und je mehr Ereignisse in ihr stattgefunden haben (dagegen erscheint sie im Augenblick der erlebten Handlung wiederum wegen des gleichen Faktors der Geschwindigkeit umso kürzer). Danach kommt die gegliederte Anschauung der Kinder des zweiten Stadiums: «schneller» ergibt nunmehr «weniger Zeit», weil die Vp. mit ihrer fortgeschritteneren Introspektion die Zeit des gegenwärtigen Augenblicks und die der nachträglichen betrachteten Ergebnisse voneinander unterscheiden kann: daher die Umkehrung der Täuschungen und, auf Grund derselben Faktoren, die anschauungsmäßigen Regulierungen mit der Tendenz, die Täuschungen abzuschwächen. Bei den Großen endlich treten durch die operative Umkehrbarkeit zu den retrospektiven Regulierungen noch Korrekturen hinzu, und so wird schließlich aus der psychologischen Zeit, die für die Handlungen des Subjekts selbst gilt, nur ein Sonderfall der allgemeinen Koordinierung von Bewegungen und ihren Geschwindigkeiten, in der das Wesen der Zeit besteht.

Schlußbetrachtungen

Alle in diesem Band vereinigten Untersuchungen haben uns dazu geführt, die Zeit psychologisch gesehen, als eine Koordination der Bewegungen mit verschiedenen Geschwindigkeiten aufzufassen: Bewegungen der Gegenstände bei der physikalischen Zeit oder Bewegungen des Subjekts bei der psychologischen Zeit. Wir sagen «Bewegungen», d. h. wirkliche Bewegungen im Gegensatz zu den «Ortsveränderungen» oder Idealbewegungen der Geometrie. Diese sind nur Lageänderungen oder «Stellungen» ohne Berücksichtigung der Geschwindigkeiten: darum ist die Umstellung noch ein räumlicher Begriff, während die Zeit erst mit der eigentlichen Bewegung, d. h. mit den Geschwindigkeiten, in Erscheinung tritt. Solange sich der Begriff der Geschwindigkeit nicht in operativer Form gebildet hat, d. h. als Verhältnis zwischen dem durchlaufenen Weg (oder der geleisteten Arbeit usw.) und der Zeit, also der allen verschiedenen Geschwindigkeiten gemeinsamen Dimension, deckt sich die zeitliche Ordnung mit der räumlichen Ordnung und die Dauer mit dem durchlaufenen Weg. Umgekehrt läßt sich sagen, solange die eigentliche zeitliche Ordnung nicht gebildet ist, bleibt die Geschwindigkeit auf eine ungenügende und manchmal täuschende Anschauung reduziert, nämlich die des Überholens, d. h. wieder auf eine räumliche Anschauung, die durch den Lagewechsel der bewegten Körper charakterisiert ist. Die Konstruktion der Zeit beginnt also dann, wenn die verschiedenen Geschwindigkeiten untereinander verglichen werden, und diese Konstruktion findet ihren Abschluß in der Koordinierung dieser Geschwindigkeiten: der Begriff der Zeit und der Begriff der Geschwindigkeit sind also korrelativ.

I.

Die elementarste Form der Zeit ist die sensu-motorische Zeitorganisation, die wir beim Säugling von der Geburt an bis zum Erscheinen der Sprache an anderer Stelle[1] untersucht haben und auf die wir in dieser Arbeit nicht zurückgekommen sind. Wenn das Kind vor Hunger schreit und so mit mehr oder weniger Erfolg seine Mahlzeit fordert, kennt es schon gewisse Zeiten wie die Wartezeit, und wenn es einen entfernten Gegenstand heranzubringen sucht und sich dazu vorher mit einem geeigneten Hilfsmittel (Unterlage des Gegenstandes oder Stock) versieht, hat es eine zeitliche Folge zwischen den Mitteln und dem Ziel errichtet. Schon bei der sensu-motorischen Intelligenz besteht also eine zeitliche Organisation. Aber diese praktischen Zeiten und Sukzessionen beweisen keineswegs das Vorhandensein eines Schemas der homogenen Zeit, auch wenn man es als unbewußt und allein auf das reine Handeln beschränkt auffassen wollte: es handelt sich nur um Koordinierungen einzelner Handlungen, deren zeitliche Reihenfolge sich mit den Lageänderungen deckt, da die Geschwindigkeiten nicht differenziert werden. Diese ursprüngliche Undifferenziertheit von räumlicher und zeitlicher Reihenfolge ist sogar so stark, daß der Säugling das Nacheinander der Geschehnisse nur in enger Verbindung mit der räumlichen Koordination seiner Bewegungen allmählich entdeckt, wobei sich die empirische Gruppe der Umstellungen herausbildet. Auf den primitiven Stufen, auf denen noch kein beständiges Ding existiert, also auch kein Zurückgehen in Form von reversiblen Bewegungen, führt die Folge der Geschehnisse nur zu Reflexen und viseo-motorischen Automatismen. Von da aus bilden sich jene egozentrischen Schemata, die wir subjektive Reihen nannten, also solche, die durch jähes Umkehren des Vorher und Nachher gekennzeichnet sind: wenn z. B. das Kind eine Person aus dem Raum, in dem es sich befindet, herausgehen sieht, wird es sie gleich neben seinem Körbchen suchen (da, wo sie vorher gerade war). Vom Gesichts-

---

[1] La Construction du Réel chez l'Enfant, Kap. IV.

punkte des Raumes werden die Lageänderungen des Gegenstandes also nicht in vom Ich unabhängige Laufbahnen «gruppiert», sondern das Ding wird so aufgefaßt, als müsse es da wieder erscheinen, wo es ein erstes Mal von der eigenen Handlung erreicht worden war. Vom Gesichtspunkt der Zeit heißt das dann Umkehrung der Reihenfolge; es ist als ob das Ding eine Uhr bilde, die jäh den Lauf der vergangenen Augenblicke rückwärts wiederhole oder ohne Kontinuität mit der vorhergehenden Zeit wieder losginge. Erst wenn die empirischen Gruppen der Umstellung für den Raum gebildet sind, kann die Zeit objektiviert oder, besser gesagt, dezentriert werden — selbstverständlich nur auf der praktischen Ebene in der elementaren Form gradliniger Reihen und einbahnig: mit etwa 1 Jahr wird das Kind z. B. in die Richtung blicken, nach der jemand fortgegangen ist, und wird, wenn man den Namen des Abwesenden ausspricht, eine Abschiedsgeste machen als Zeichen des Fortgehens. Der Ablauf der Dinge bildet sich also zeitlich und räumlich zur gleichen Zeit aus. Die Erarbeitung einer verräumlichten Kausalität Hand in Hand mit dieser allgemeinen Objektivierung oder Dezentrierung trägt ihrerseits zu der Konstruktion der zeitlichen Reihen bei. Aber — dies wollen wir wiederholen — im Bereich des Praktischen oder Sensu-motorischen kann keine Rede sein von einem Überkreuzen verschieden schneller Reihen, d. h. von einer homogenen Zeit, die die eigenen Handlungen untereinander, mit denen anderer und mit den Laufbahnen der Dinge verbindet: die praktische Zeit ist für jede einzelne Handlung eine spezielle Zeit, und es gibt so viel Zeitreihen wie Handlungsschemata, nicht aber eine einzige Zeit, die die einen mit den andern verbände, denn diese einzige Zeit würde das Denken voraussetzen. Wenn die kindliche Intelligenz mit dem Erwerb der Sprache und der sprachlich-motorischen Begriffe über das Sensu-Motorische hinausgeht und das Denken erreicht, stellen sich die zeitlichen Begriffe so dar, wie wir sie in dieser Arbeit für die erste Entwicklungsstufe beschrieben haben. Wir nannten sie «Stadium I», da es vom Denken aus elementar ist. Aber man hätte natürlich noch eine Periode zwischen $1^1/_2$ und etwa 4 Jahren unterscheiden müssen, während der jede Befragung unmöglich ist, die sich aber durch die direkte Beobachtung ersetzen ließe. So haben Decroly und Degand den Fortschritt der Zeitbegriffe an der Sprachentwicklung beobachtet [2]. Sie haben vor allem die fortschreitende Erweiterung der Zeitbegriffe hinsichtlich der Zukunft und der Vergangenheit festgestellt, desgleichen die Schwierigkeit im Erfassen der Relativität der Zeitbestimmungen, die ja ihre Bedeutung wechseln je nachdem, ob die Zukunft zur Gegenwart («morgen» verwandelt sich in «heute») und die Gegenwart zur Vergangenheit wird («heute» wird zu «gestern») — Beobachtungen, die schon Cl. und W. Stern hervorgehoben hatten.

Man stellt also fest, daß das Kind gemäß einem allgemeinen Gesetz, das den Übergang vom Sensu-Motorischen zum erwachenden Denken charakterisiert (vgl. *La Construction du Réel chez l'Enfant,* Conclusions) im Bereich des Denkens wieder neu zu lernen beginnt, was es im rein Praktischen schon beherrschte. Während es in der Handlung selbst schon eine Reihe Ereignisse verwerten und voraussehen oder gewissen Zeitstrecken Rechnung tragen kann (indem es sich die antizipierten Gegebenheiten nacheinander vergegenwärtigt und dann in die unmittelbare Vergangenheit lokalisiert), muß es später die gleichen Begriffe wieder neu bilden, weil die wirklichen Handlungen von nun an durch virtuelle oder nur angedeutete Handlungen ersetzt werden können und nicht mehr nur an den Wahrnehmungsmerkmalen erkenntlich sind, sondern in Zeichen und Vorstellungen ausgedrückt werden müssen: die Begriffe, die vorher «getan» wurden, bedürfen nun zu ihrer wirklichen Bildung eine richtige neue Lehrzeit. Darum haben die Kinder, wie wir gesehen haben, noch mit 4 bis 5 Jahren Mühe, eine einfache zeitliche Reihe mit Zeichen (selbst mit graphischen Zeichen) zu rekonstruieren, während sie dieselbe praktisch ohne Schwierigkeit wahrnehmen und handhaben. Was wäre z. B. leichter als das Wasser von einem höheren Gefäß in ein tieferes laufen zu

[2] O. DECROLY, Etudes de Psychogenèse, 1932, Kap. IV.

lassen und vorauszusehen, daß die sukzessiven Wasserhöhen immer in dem ersten niedriger und in dem zweiten immer höher stehen werden? Indessen braucht man nur über diese sensu-motorische Reihenbildung hinaus das vier- bis fünfjährige Kind aufzufordern, die Zeichnungen, die es selbst von diesen verschiedenen Wasserhöhen gemacht hat, zu ordnen, um zu sehen, daß es wieder in die Fehler zurückfällt, die wir in unserem Kap. I/2 und 3 untersucht haben: ein schlagendes Beispiel für dieses Neulernen.

Dies ist also das Werk des erwachenden Denkens im Stadium I: es konstruiert die elementarsten Beziehungen der Sukzession und der Dauer als Begriffe, ausgehend von den sensumotorischen Schemata, die den Nährboden der Begriffe bilden. Aber diese Konstruktion überschreitet während dieser ersten Periode kaum die Stufe, auf denen diese selben Verhältnisse praktische Schemata sind. Gewiß werden sie durch die Tatsache, begrifflich ausgedrückt zu werden, aus ihrem besonderen Zusammenhang losgelöst und verallgemeinert. Aber sie können doch nicht ohne weiteres die Grenzen überschreiten, an die schon die sensu-motorische Zeitorganisation stieß: die Indifferenziertheit von Zeit und räumlichen Strukturen. Die Zeit des Stadiums I ist in der Tat nur die Reihenfolge und die Zeiteinschachtelung einer einzigen linearen Geschehnisreihe, unabhängig von ihrer Geschwindigkeit und ihren Überschneidungen mit andern Reihen anderer Geschwindigkeit. Anders ausgedrückt: Wenn nur eine Person ihren Weg geht, wird das Kind sagen können, daß sie in B war, nachdem sie in A gewesen war, und in C, nachdem sie in B gewesen war; es wird weiterhin sagen können, daß es mehr Zeit nahm, von A nach C zu gehen als von A nach B. Es ist aber klar, daß sich in diesem Fall die zeitliche Folge mit der räumlichen Anordnung der Wege und die Zeitstrecken mit der Entfernung der Ortsveränderungen deckt, und insofern bleibt die Zeit dieser Stufe von den Änderungen in der räumlichen Reihenfolge undifferenziert. Man braucht z. B. nur diese Umstellung von A nach C mit einer anderen Bewegung auf demselben Wege AC, aber mit verschiedener Geschwindigkeit, vergleichen zu lassen, um zu sehen, daß das Kind nicht mehr das zeitliche Verhältnis versteht: sobald die Reihenfolge in der Zeit nicht mehr der räumlichen Anordnung entspricht, weiß es nicht, wann einer der bewegten Körper im Verhältnis zum andern ankommt, und zwar auch nicht bei der direkten Wahrnehmung ohne nachträgliches Rekonstituieren.

Die Zeit des Stadiums I ist also eine örtliche Zeit im doppelten Sinne des Wortes: als nicht allgemeine, sondern von einer Bewegung zur anderen wechselnde Zeit — und als Zeit, die sich mit der räumlichen Anordnung, wie sie jeder Umstellung in positiver Wegrichtung eigen ist, deckt. Sie ist also, könnte man sagen, eine Zeit ohne Geschwindigkeiten oder eine Zeit, die nur dann homogen gemacht werden könnte, wenn alle Geschwindigkeiten dieselben und gleichförmig wären. Beim Vergleichen verschieden schnell abrollender Handlungen dagegen verlieren die zeitlichen «Vorher» und «Nachher» allen Sinn oder haben nur noch eine räumliche Bedeutung (Kap. III); bei ungleicher Geschwindigkeit wird auch die Gleichzeitigkeit abgestritten, immer wenn die Körper nicht im gleichen Raumpunkt zusammenstoßen (Kap. IV); die Gleichheit zweier synchroner Zeitstrecken hat keinen Sinn mehr (Kap. V), und die Einschachtelung der Zeitstrecken als solcher ist ohne Bedeutung (Kap. VI und VII), ebenso wie *a fortiori* die Metrik (Kap. VIII). Sogar der Begriff des Alters, der doch durch die erworbenen Kenntnisse fertig gegeben zu sein scheint, wird räumlich aufgefaßt, da die Wachstumsungleichheiten das Verständnis für die Reihenfolge der Geburten ebenso wie für die Konstanz der Altersunterschiede aufheben (Kap. IX). Alle diese Beobachtungen weisen also auf dieselbe Schlußfolgerung: ohne Koordination der Geschwindigkeiten keine homogene Zeit, da die Anschauungen der Zeit vor dieser Koordination nur der räumlichen Anschauung der Umstellung als solcher unterstehen.

Solange der Zeitbegriff anschaulich bleibt, ist es selbstverständlich, daß der Begriff der Geschwindigkeit seinerseits ebenfalls den Anschauungscharakter beibehält. Dies haben wir an

363

anderer Stelle gezeigt [3]. Wenn ein bewegter Körper einen anderen überholt oder, vom gleichen Punkt aus in die gleiche Richtung gehend, weiter kommt als jener, sagen die Kleinen übereinstimmend, er gehe schneller: die elementare Anschauung der Geschwindigkeit ist also die des Überholens. Wenn aber das Überholen unsichtbar ist (z. B. unter zwei Tunneln), oder wenn kein Überholen vorkommt (wenn die Läufe nach verschiedenen Richtungen gehen oder in dieselbe Richtung, aber auf zwei konzentrischen Bahnen, von denen die äußere sichtlich viel größer ist), dann ist die Schätzung der Geschwindigkeiten falsch: die Geschwindigkeit ist also noch kein Verhältnis zwischen Zeit und durchlaufenem Weg, und das versteht sich von selbst, da ja die zeitliche Reihenfolge noch nicht gebildet ist. Diese Behauptung ist sogar eine bloße Tautologie, wenn die Zeit tatsächlich die Koordination der Geschwindigkeiten (oder der wirklichen Bewegungen) ist: ohne diese Koordination kann die Geschwindigkeit nur im Zustand der Anschauung bleiben, und erst, wenn sich der operative Begriff der Geschwindigkeit (das Geschwindigkeitsverhältnis oder $v = s/t$) und der operative Begriff der Zeit ($t = s/v$) gleichzeitig gebildet haben, ist das Kind imstande, die Geschwindigkeiten unter sich bei nichtsichtbarem Überholen und auch die Zeiten unter sich bei verschiedenen Geschwindigkeiten zu vergleichen. Kurz, auf der Stufe der örtlichen Zeit bleibt die Geschwindigkeit prä-operativ und wahrnehmungsmäßig, weil das unentbehrliche Instrument, mit dem sich die Geschwindigkeiten untereinander vergleichen lassen, die homogene und einförmige Zeit, fehlt; umgekehrt aber bildet die Koordination der Geschwindigkeiten als solche eben gerade die homogene und einförmige Zeit, da die Reihenfolge der Punkte, die von den bewegten Körpern mit verschiedener Geschwindigkeit durchlaufen werden, eine Reihenfolge ist, die über die räumliche hinausgeht und eine neue Dimension im Koordinationssystem voraussetzt: eben die Zeit!

[3] S. das Werk über die Begriffe der Bewegung und der Geschwindigkeit beim Kinde. (Les Notions de Mouvement et de Vitesse chez l'Enfant)

Warum nun aber kann das Kind nicht von vorneherein die wirklichen Bewegungen mit ihren Geschwindigkeiten koordinieren? Dieses ist das eigentliche Problem. Wenn diese Koordination nichts anderes ist als das Schema der Zeit selbst, warum bleibt dann die Anschauung dieser Zeit jahrelang in Form einer Anschauung von Ortsveränderungen gemeinsamer, undifferenzierter Geschwindigkeit verräumlicht, und warum bleibt die Anschauung der verschiedenen Geschwindigkeiten an die Wahrnehmung eines Überholens gebunden, als ob es sich um eine momentane Ausnahme von der Regel dieser gemeinsamen Geschwindigkeiten und einem bloßen Platzwechsel der bewegten Körper in der räumlichen Reihenfolge handle? Um zu verstehen, warum im Anfang die Bewegungen verschiedener Geschwindigkeit nicht koordiniert werden, genügt es, die in den Schlußfolgerungen des Kap. X bei der psychologischen Zeit angeschnittenen Erklärungen zu verallgemeinern.

Die Zeit verstehen, heißt sich von der Gegenwart losmachen: nicht nur die Zukunft auf Grund der in der Vergangenheit unbewußt aufgestellten Regelmäßigkeiten vorausnehmen, sondern eine Reihe von Zuständen aufrollen, von denen keiner dem andern gleicht und die sich nur durch eine Bewegung von Glied zu Glied — ohne Stehenbleiben, ohne Pause — verknüpfen lassen. Die Zeit verstehen, heißt also durch geistige Beweglichkeit das Räumliche überwinden! Das bedeutet vor allem Umkehrbarkeit (Reversibilität). Der Zeit nur nach dem unumkehrbaren Lauf der Ereignisse folgen, heißt nicht sie verstehen, sondern sie erleben, ohne ihrer bewußt zu werden. Sie kennen, heißt dagegen, in ihr voraus- und zurückschreiten und dabei ständig über den wirklichen Lauf der Geschehnisse hinausgehen. Die rationale Zeit oder das Operationssystem, das den Begriff der Zeit bildet, ist also ebenso umkehrbar wie die empirische Zeit oder die Geschehensreihe selbst unumkehrbar ist, und die erstere könnte die zweite ebenso wenig fassen wie die zweite über den ideellen Charakter der ersten hinausgehen ohne diesen grundlegenden Gegensatz. Von da aus läßt sich leicht verstehen, war-

365

um das Kind so große Mühe hat, den Begriff der Zeit zu beherrschen:

Das Eigentümliche des Denkens in seinen Anfängen ist ja, daß es die momentanen Gesichtspunkte, an die es gerade gebunden ist, verabsolutiert und sie darum nicht nach den Verknüpfungen reziproker Beziehungen «gruppiert». Dieser primitive Realismus ist egozentrisch, da er immer den gerade erlebten Bewußtseinszustand in das Zentrum setzt, und er ist damit zugleich ein Faktor der Irreversibilität, da dann Unmittelbares auf Unmittelbares folgt ohne jede Verbindung. Genauer gesagt, Egozentrismus und Irreversibilität sind ein und dasselbe und charakterisieren beide den Zustand der «Unschuld», der der kritischen Konstruktion vorausgeht. Auf dem Gebiete der psychologischen Zeit führt eine solche Einstellung dazu, nur in der Gegenwart zu leben und die Vergangenheit nur in ihren Ergebnissen zu kennen: daher die beobachteten Schwierigkeiten der «Reflexion» (im eigentlichen Sinne des Wortes), und die doppelte Unfähigkeit, eine Reihenfolge richtig zu rekonstituieren und die Zeiten nach einem System kohärenter Schätzungen einzuschachteln. Die operativen Begriffe der inneren Zeit können erst dann zur Vollendung gelangen, wenn einerseits die eigene Zeit mit der Zeit anderer und der physikalischen Zeit innerhalb eines Systems der Reziprozität, den Egozentrismus überschreitend, in Beziehung gesetzt wird und sich andererseits zwischen Gegenwart und Vergangenheit ein Verhältnis bildet innerhalb eines umkehrbaren Systems, das über das Unmittelbare hinausgeht. Auf dem Gebiete der physikalischen Zeit führt der unumkehrbare Egozentrismus zu der örtlichen Zeit, d. h. zu einer Zeit, die von einem einzelnen bewegten Körper bestimmt wird und die Geschwindigkeitsunterschiede ungeachtet läßt, da sie mehrere gleichzeitige Gesichtspunkte nicht miteinander verbinden kann. Kurz, Egozentrismus und Irreversibilität sind die beiden komplementären Seiten desselben Nicht-Koordinierens, das die Eigentümlichkeit der primitiven Zeit selbst erklärt, d. h. die Undifferenziertheit von zeitlicher Ordnung und räumlicher

Ordnung, die alle beide den Einschränkungen der unmittelbaren Perspektive unterworfen sind.

Wie bringt es nun das Kind dazu, seine primitiven zeitlichen Anschauungen zu nuancieren, d. h. von Stadium I zu Stadium II oder Stadium der «gegliederten Anschauungen» überzugehen? Dies läßt sich leicht durch den Fortschritt der Anschauungsregulierungen erklären, die von Anfang an die gröbsten Fehler der eben beschriebenen unumkehrbaren Zentrierung abschwächen. Die gegliederte Anschauung stellt also einen Anfang der Dezentrierung dar und weist in Richtung der Operation, doch ohne sie zu erreichen. Im Fall der Zeitstrecken ist diese regulierende Dezentrierung daran erkennbar, daß die Anschauung nicht mehr auf das Ergebnis der Handlung zentriert bleibt, sondern jetzt die Zeit während der Handlung in der Introspektion erfaßt, woraus sich das umgekehrte Verhältnis zwischen Zeit und Geschwindigkeit ergibt und damit die Möglichkeit einer richtigen Einschachtelung der Zeitstrecken. Bei der Reihenfolge kann sich die zeitliche Ordnung von der räumlichen lösen einfach dadurch, daß die Anschauung nicht mehr auf die Endpunkte der Bewegungen zentriert bleibt, sondern darauf tendiert, sie vorweg zu nehmen und sie nach ihrem Ablauf zu rekonstituieren. Kurz, ohne noch aus dem Gebiete der Anschauung herauszutreten, genügt die Dezentrierung innerhalb derselben in bezug auf ihre ersten Ansatzpunkte, um Korrekturen einzuleiten, die ihrerseits zu gewissen Koordinierungen führen. Nur zieht, wie wir gesehen haben, das In-Beziehungsetzen von Geschwindigkeit und Dauer noch nicht ohne weiteres die richtige Reihenfolge nach sich, ebenso wenig wie umgekehrt: diese anfänglichen Koordinierungen erreichen also noch nicht gleich die Stufe der Operation und bilden nur gegliederte Anschauungen, d. h. Anschauungen mit ziemlich konstanten Regulierungen.

II.

Ebenso wie die Fehler der primitiven Zeitanschauungen typisch für das irreversible Denken sind, ebenso bildet die operative Zeit einen Prototyp des reversiblen Denkens, und es ließe sich schwerlich ein klares Beispiel finden, um aufzuzeigen, wie die rationalen Operationen beim Kinde schon in der Art ihres Entstehens dahin tendieren, die Form von «Gruppierungen» anzunehmen. In dieser Hinsicht ist die Entwicklung der Zeit eine noch bessere Illustration als die der Zahl, denn die operative Vereinigung der Einschachtelung der Klassen und der Reihenbildung der asymmetrischen Relationen führt bei der Zahl sofort zu einer eigentlichen «Gruppe», d. h. zu einem mathematischen System, während bei dem Beispiel der Zeit die Einschachtelung der Zeitstrecken und die Reihenbildung der asymmetrischen Verhältnisse nicht sofort miteinander verschmelzen: sie bilden zwei logische «Gruppierungen», die einerseits unterschiedlich sind und sich andererseits im Bereich des Qualitativen eindeutig einander zuordnen lassen, dabei aber in einem einzigen Ganzen vereinigt werden können, wie das in der metrischen Zeit der Fall ist.

Psychologisch gesehen, fallen bei dieser Herausbildung der zeitlichen «Gruppierungen», die den Übergang von Stadium II zu Stadium III markiert, vor allem zwei paradoxale Tatsachen auf, die wir übrigens schon öfters hervorgehoben haben. Erstens kommt das Kind immer zu dem gleichen vollständigen System einander entsprechender zeitlicher Gruppierungen, aber es kommt dazu auf zwei verschiedenen Wegen, je nachdem, mit welcher von den zwei möglichen gegliederten Anschauungen es angefangen hat: einmal entdeckt es die zeitliche Sukzession, bevor es die Zeitstrecken einschachteln kann, ein anderes Mal macht es den umgekehrten Weg; aber was vom Gesichtspunkt, der uns hier angeht, interessant ist, in beiden Fällen findet es das- gleiche operative Ergebnis wieder, nämlich, daß sich die Sukzessionen auf die Zeitstrecken stützen und umgekehrt. Nun, dies ist eine erste merkwürdige Tatsache. Auf anderen Gebieten gibt es verschiedene «Typen», z. B. die Abstrakten und die Visuellen in der Mathematik, aber sie treffen nie ganz zusammen und drücken die gleichen Wahrheiten in ihren Sprachen aus, die trotz allem bis zuletzt verschieden bleiben. Es gibt hingegen nicht zwei Typen zeitlicher Intelligenz, einen, der das

Übergewicht der Reihenfolge und den andern, der das Übergewicht der Dauer gäbe, sondern nur zwei Methoden oder zwei Wege, und das Endergebnis bleibt unabhängig vom durchlaufenen Weg. Der zweite bemerkenswerte Umstand ist die verhältnismäßig schnelle Art des Übergangs von Stadium II zu Stadium III, d. h. zu der operativen Konstruktion der Zeit. Man hat den Eindruck einer plötzlichen und gleich vollständigen Reorganisierung nach den unzähligen Tastversuchen, die die Stadien I und II kennzeichnen. Freilich kann man bei jedem Problem ein Teilstadium II B finden, das den Übergang von der höheren, aber noch präoperativen Anschauungsstufe zu der operativen Stufe vermittelt: das Charakteristische dieses Teilstadiums ist die Entdeckung der Operation während der Befragung. Aber man hat bei der Entwicklung der Zeit weit mehr als bei der Entwicklung anderer Begriffe ständig das Gefühl, niemals den Augenblick selbst erfassen zu können, in dem die Vp. die Gesamtheit des Systems organisiert — so flüchtig ist dieser Augenblick: man kann manchmal sehen, wie das Kind einen Fehler verbessert, aber alles geht so vor sich, als ob dann ein Gesamtmechanismus ausgelöst wäre, der zu schnell abläuft, um bewußt zu werden und sofort zu dem Endgleichgewichtszustand führt: zwischen dem letzten beobachteten Fehler und der Entdeckung der Gesamtlösung fehlt immer ein Glied, als ob die Strukturierung der «Gruppierung» sich jeder sprachlichen Formulierung entzöge.

Nun, diese Gesamtlösung des Zeitproblems liegt in einer einzigen Formel: die operative Zeit ist gebildet, wenn sich die Reihenfolge aus der Einschachtelung der Zeitstrecken ableiten läßt und umgekehrt. Wie läßt sich nun dieses System zweier korrelativer Gruppierungen vom Gesichtspunkt der Intelligenzentwicklung erklären?

I. Gehen wir von der Reihenfolge aus, die formal gesehen, eine additive Gruppierung der asymmetrischen Relationen (qualitative Reihenbildung) des «Vorher» und «Nachher» darstellt. Eine Gruppierung dieser Form nun ist dem Kind von 6$\frac{1}{2}$ bis 7 Jahren, also in einem Alter, in dem es noch große Schwierig-

keiten bei der Zeit hat, an sich keineswegs unerreichbar. Das
Ordnen von Stäben vom kleinsten bis zum größten in eine Reihe
A < B < C ... stellt ein Beispiel einer solchen Gruppierung
dar, und dieses Verhalten schließt die Fähigkeit mit ein, sie in
eine räumliche Reihenfolge A ⊁ B ⊁ C ... zu bringen. Dagegen
sieht man das Kind bei der zeitlichen Reihenfolge lange zwischen verschiedenen Ordnungen ACB, BAC usw. schwanken,
bevor es die richtige findet. Wie gelangt er zu ihr? 1. Dies kann
zuerst durch fortschreitendes Differenzieren zwischen der zeitlichen und der räumlichen Reihenfolge geschehen wie in Stadium II: wenn B weiter als C gekommen ist, C aber nach dem
Stehenbleiben von B noch einen Augenblick weiter geht, unterscheidet sich dies zeitliche Vorher und Nachher von der räumlichen Reihenfolge, und die Vp. kann durch empirische Feststellung zu der Reihe ABC gelangen, statt zu ACB. Solange die
Gegebenheiten wahrnehmbar sind, kann also die Reihenbildung
ebenso gut anschaulich wie operativ vor sich gehen, aber wenn
die Vp. die zeitliche Reihe nachträglich an Hand der Zeichnungen oder anderer stellvertretender Zeichen bildet, wird die
Operation notwendig (vgl. Kap. I und IX), und die Beobachtung zeigt, daß die Vp. in diesem Fall auch die Zeitstrecken aus
den Folgen ableiten kann. 2. Die Vp. kann die Gruppierung
der Folgen auch so bilden, daß sie von der Gruppierung der
Zeitstrecken ausgeht: «Wenn bei gleichzeitigem Losgehen B länger gegangen ist als A, dann ist A vor B stehen geblieben», dies
ist der Prototyp dieser Gedankengänge: selbstverständlich ist
die Ordnung der Sukzessionen dann operativer Natur.

Worin aber besteht die Gruppierung der Sukzessionen hinsichtlich der Struktur der so gebildeten Operationen, und worin
vor allem unterscheidet sie sich von den Operationen, die die
räumliche Ordnung bilden? Hierzu genügt es, sich auf die Entwicklung der Begriffe selbst zu stützen und von der durchaus
richtigen — nur wie im Falle der Größe und des Alters ungenügend verallgemeinerten — Feststellung der Kleinen auszu-
gehen, daß die Zeit in Raumveränderungen bestehe: die zeitliche Ordnung ist also nur die Ordnung der räumlichen Ver-

370

änderungen oder, wenn man das vorzieht, die Reihenfolge der «Zustände», die sich aus diesen Veränderungen ergeben, ob es sich um äußere Bewegungen des physikalischen Raumes handle oder um innere Bewegungen, d. h. Operationen des Geistes über den Raum. Einer vollständigen Unbeweglichkeit des Universums würde also das Nichtexistieren der Zeit entsprechen, aber es bedarf nur einer Veränderung in einem einzigen Punkt, um nach Definition den ganzen «Zustand» zu verändern. Wenn man sagt, die Zeit sei die Ordnung der räumlichen Veränderungen, so heißt das übrigens nur, daß man sie als Koordination (im Sinne des gleichzeitigen Zuordnens) der Bewegung auffaßt — eine Auffassung, zu der uns alle in diesem Bande nacheinander analysierten Tatsachen geführt haben. Ein «Zustand» ist also einfach das Fehlen von Bewegung. Wir wollen außerdem einen punktförmigen Zustand (einen Zeitpunkt) eine «Momentaufnahme» nennen.

Nach diesen Feststellungen ist die einfachste Form der Gruppierung die Aneinanderreihung der Momentaufnahmen entweder eines bewegten Körpers, der nacheinander durch die verschiedenen Raumpunkte geht, oder eines Raumpunktes, durch den verschiedene bewegte Körper nacheinander hindurchgehen (an dem sich verschiedene Ereignisse abspielen).

$$\overset{a}{}\ \overset{a'}{}\ \overset{b'}{}\ \overset{c'}{}$$

1) $O \succ A \succ B \succ C \succ \ldots$ usw., wobei

$a + a' = b; b + b' = c$ usw. ist,

was zu lesen ist: A nach O; B nach A; C nach B usw., also B nach O; C nach O usw.

I^{bis}. Außerdem läßt sich aus dieser Addition von Relationen der Sukzession leicht der Sonderfall der Simultanität ableiten. In genauer Übereinstimmung mit dem, was uns die psychologischen Tatsachen gelehrt haben, muß die Gleichzeitigkeit in der Tat als Grenzfall der Folge aufgefaßt werden, und zwar in folgenden verschiedenen Bedeutungen:

1. In dem Falle, in dem die betrachteten Zustände (oder Ereignisse) im gleichen Raumpunkt zusammenfallen oder fast

zusammenfallen, ist die Gleichzeitigkeit einfach eine Folge 0 oder eine Folge, die nach Null tendiert:

(2) $A_1 \overset{o}{\succ} A_2$, woraus sich ergibt: wenn $A_2 \overset{o}{\succ} A_3$, dann $A_1 \overset{o}{\succ} A_3$

2. Aber in dem Fall, wo A_1 und A_2 nicht räumlich zusammenfallen und wo der Vergleich dieser beiden Ereignisse entweder eine Blickverschiebung oder einen Wechsel physikalischer Zeichen voraussetzt, werden A_1 und A_2 dann gleichzeitig sein, wenn die Bewegung von A_1 zu A_2 das Ereignis A_1 früher als A_2 erscheinen läßt, wenn die Bewegung von A_2 zu A_1 das Ereignis A_2 früher als A_1 erscheinen läßt und wenn diese beiden Bewegungen reziprok von gleicher Ordnung sind (a oder b usw.). Es sei:

(2bis) $A_1 \overset{a}{\underset{a}{\leftrightarrows}} A_2 = A_1 \overset{O}{\succ} A_2$; $A_1 \overset{b}{\underset{b}{\leftrightarrows}} A_2 = A_1 \overset{O}{\succ} A_2$ usw.

Halten wir fest, daß es sich so besonders bei dem gleichzeitigen Aufleuchten der beiden Lampen in Kap. IV (§ 4) verhält: je nachdem, ob die Vp. ihren Blick auf die eine oder die andere der beiden Lampen richtet, wird sie den Eindruck haben, daß sie früher aufleuchtet als die andere, wenn aber der Blick «dezentriert» wird, d. h. wenn er von einer Lampe zur andern hin- und herwandert, wird sie diese Täuschung durch die entgegengesetzte korrigieren.

3. Da einer Relation der Folge zwischen zwei Ereignissen A_1 und A_2 immer eine bestimmte Dauer, definiert als Intervall zwischen diesen beiden Momentaufnahmen, entspricht, kann man natürlich außerdem die Gleichzeitigkeit auch in Ausdrücken der Dauer definieren: sei es als Verhältnis von zwei Ereignissen zwischen denen — in Parallele zu Behauptung 2 — eine Dauer Null liegt, sei es als Verhältnis zwischen zwei Ereignissen der Art, daß die Bewegung, die von A_1 zu A_2 führt, die gleiche Dauer wie die gleich schnelle Bewegung zeigt, die von A_2 zu A_1 führt (in Parallele zu Behauptung 2bis). Es sei bemerkt daß auch hier wieder die Operation mit dem psychologischen Mechanismus gut übereinstimmt: wenn der Blick von A_1 zu A geht und die beiden sukzessiven Elemente erfaßt, kann man

manchmal die Dauer dieser Bewegung so weit annullieren, daß man durch diese Korrektur auf Gleichzeitigkeit schließt.

Man hat oft zwischen dem empirisch festgestellten und der abgeleiteten (oder konstruierten) Gleichzeitigkeit unterschieden, wobei die letztere das Ergebnis eines Ordnungs- oder Zeitkalküls ist. In seiner Axiomatik der Zeit nimmt Jean de la Harpe diese Unterscheidung auf, die in den extremen Fällen natürlich ihren Wert behält. Sie erscheint uns aber weder psychologisch noch axiomatisch [4] sehr begründet, denn wenn, von diesen beiden Gesichtspunkten aus, die Simultanität immer als Grenzfall der Sukzession im Sinne von (2bis) aufzufassen ist (die Behauptung 2 gilt nur für ein und denselben einzigen Raumpunkt), dann hat sie notwendigerweise einen konstruktiven Charakter, und der Unterschied zwischen den Extremen ist nur graduell.

I^{ter}. Angesichts der Tatsache der Gleichzeitigkeiten stellt sich die vollständige Gruppierung der Folgen nicht in additiver Form (I) dar, sondern in der folgenden multiplikativen Form, die diejenige der «Doppelreihenbildungen» ist:

---

[4] J. DE LA HARPE, Genèse et Mesure du Temps, Neuchâtel, 1941, 115 und 123. Die «metrische» Gleichzeitigkeit wird nach diesem Autor konstruiert, während «die einfache Gleichzeitigkeit durch ein Postulat aufgestellt wird»: «Ereignisse geschehen zu gleicher Zeit, wenn sie Gegenstand eines einzigen Bewußtseinaktes sind, dabei aber von einander unterschieden bleiben» (Postulat I), während «Geschehnisse aufeinander folgen, wenn sie Gegenstand unterschiedlicher, aber miteinander verbundener Bewußtseinsakte sind» (Post. II). Es scheint uns aber, daß sich in diesem Fall drei Schwierigkeiten nicht umgehen lassen: 1) Wie soll man «unterschiedliche», aber «miteinander verbundene» Bewußtseinszustände von «einem einzigen Bewußtseinszustand», der «unterschiedliche Ereignisse» betrifft, unterscheiden? Könnte man dagegen nicht die Ansicht vertreten, ein Urteil der Sukzession bilde einen «einzigen» Bewußtseinszustand» im Gegensatz zu den sukzessiven Wahrnehmungen, und ein Urteil der Gleichzeitigkeit könne sich umgekehrt auf die in unterschiedlichen Bewußtseinszuständen gegebenen Ereignisse gründen? Die Aufzählung der Bewußtseinszustände bleibt also ein tatsächlich unanwendbares Kriterium. 2) Worin bestehen andererseits diese «Zustände»? Wenn es sich um Urteile handelt, fällt man auf die vorige Schwierigkeit zurück. Wenn es sich um Wahrnehmungen handelt, haben sie in bezug auf die Frage der Gleichzeitigkeit und der Folge keinerlei allgemeinen Wahrheitswert: man denke an die in dieser Hinsicht beobachteten Schwierigkeiten beim Kinde (Kap. IV/4). Es finden sich noch andere beim Erwachsenen

373

$$(3) \quad O_1 \xrightarrow{\ a\ } A_1 \xrightarrow{\ a'\ } B_1 \xrightarrow{\ b'\ } C_1 \xrightarrow{\ c'\ } \cdots$$

$$\downarrow o \qquad \downarrow o \qquad \downarrow o \qquad \downarrow o$$

$$O_2 \xrightarrow{\ a\ } A_2 \xrightarrow{\ a'\ } B_2 \xrightarrow{\ b'\ } C_2 \xrightarrow{\ c'\ } \cdots$$

$$\downarrow o \qquad \downarrow o \qquad \downarrow o \qquad \downarrow o$$

$$O_3 \xrightarrow{\ a\ } A_3 \xrightarrow{\ a'\ } B_3 \xrightarrow{\ b'\ } C_3 \xrightarrow{\ c'\ } \cdots$$

$$\cdot \qquad \cdot \qquad \cdot$$
$$\cdot \qquad \cdot \qquad \cdot$$
$$\cdot \qquad \cdot \qquad \cdot$$

d. h. in Form mehrerer Reihen der Folge, deren Einzelmomente untereinander gleichzeitig sind. Die multiplikative Form dieser Gruppierung bedeutet übrigens nicht wie sonst im allgemeinen Fall der multiplikativen Gruppierungen, daß die Zeit zwei (oder mehrere) Dimensionen habe: da die vertikale Dimension (Simultanität) immer null ist, muß man, in Übereinstimmung übrigens mit der topologischen Theorie der Dimensionen, den

bei kürzern Zeiten und größeren Entfernungen. 3) Ganz allgemein gesprochen erhebt die Axiomatik de la Harpes von vornherein alle Ergebnisse der psychologischen Konstruktion der Zeit zu Postulaten. Vom Gesichtspunkt der Axiomatik bleibt dann ein unlösbarer Dualismus zwischen den Postulaten einerseits und den Axiomen und Theoremen andererseits bestehen. Vom psychologischen Gesichtspunkt verdeckt jedes der angenommenen Axiom einen sehr komplexen Konstruktionsprozeß (unsere ganze Abhandlung be weist dies). Nun, was uns interessant scheint, zu Axiomen zu erheben, das sind die Operationen, die gerade bei dieser Konstruktion eine Rolle spielen wie wir es hier versuchen und an anderem Ort schon versucht haben (Vgl. *L'axiomatique des opérations constitutives du temps*, Compte-rendu des séances de la Société de de Physique de Genève, Bd. 58, 1941, S. 24). Wenn man nämlich die logische Struktur der Operationen, die den Zeitbegriff auf bauen, herausschält, statt sich an die Axiomatisierung ihrer Ergebnisse zu hal ten, wie es de la Harpe tut, könnte man nicht mit der Relativitätstheorie schließen: «die einfache Gleichzeitigkeit und die metrische Gleichzeitigke sind radikal getrennt» (S. 149), da die gegenseitige Abhängigkeit von Gleich zeitigkeit und Geschwindigkeit, die Einstein herausgestellt hat, tatsächlich schon bei den Bewegungen innerhalb der Wahrnehmung vorhanden ist.

im wesentlichen eindimensionalen Charakter der zeitlichen Sukzessionen aufrecht halten [5].

II. Bei den Zeitstrecken muß man herausstellen, welches die qualitativen Operationen sind, die dem Geiste eine Gruppierung ermöglichen. Wir haben gesehen, daß das Kind sie erreicht, bevor es eine zeitliche Metrik bilden kann. Von hier aus ist es klar, daß zwischen zwei Einzelmomenten A und B, die aufeinanderfolgen, eine Dauer abläuft. Im Gegensatz nun zu der Reihenfolge, die asymmetrisch ist (wenn B nach A kommt, dann kommt A vor B), erscheint die Dauer logisch als eine Entfernung zwischen den sukzessiven Elementen und folglich als symmetrisches Verhältnis: zwischen A und B liegt dieselbe Dauer wie zwischen B und A (ob sie abgelaufen ist oder nicht). Die Addition der Zeitstrecken ist nämlich kommutativ, während die der Relationen der Reihenfolge es nicht ist: wenn a, a' und b' Zeitstrecken sind, dann hat man ebenso gut $a + a' + b' = c$ wie $a' + a + b' = c$, während die Vertauschung der Reihenfolge AB eine andere Reihenfolge BA bildet.

Man kann also die zwischen A und B abgelaufene Dauer definieren als das Intervall, das sie trennt. Wir werden sagen, zwischen zwei momentförmigen Ereignissen A und B besteht ein Intervall, wenn zwischen ihnen andere momentförmige Ereignisse liegen [6] wie X oder Y. Nun, es ist klar, daß wenn X zeitlich zwischen A und B liegt, es auch zwischen B und A liegt. Anders ausgedrückt, das Intervall ist unabhängig von der eingeschlagenen Wegordnung oder von dem Umstand, ob das Denken dem Gang der Ereignisse nach rückwärts oder nach vorwärts folgt: darum bildet das Intervall oder die Dauer ein symmetrisches Verhältnis.

Nun ist es leicht, die Operationen zu formulieren, die zu der Gruppierung der Zeitstrecken führen, denn es genügt, der

[5] J. de la Harpe hat allerdings den Versuch gemacht, den bi-dimensionalen Charakter der Zeit der Erzählung zu vertreten (op. cit. S. 104), aber es kann sich da nur um eine Metapher handeln.

[6] Es besteht also Gleichzeitigkeit, wenn das Intervall sich der Null nähert: so ist die Gleichzeitigkeit auch noch eine Grenze.

Reihenbildung der asymmetrischen Folgerelationen die korrelative Gruppierung der Addition der symmetrischen Intervallrelationen zuzuordnen. Eine solche Zuordnung ist nämlich immer erlaubt [7]. Wenn wir das Intervall zwischen O und A (ausschließlich) mit $O \leftrightarrow |A$ bezeichnen, dann haben wir:

$$(4) \quad O \overset{a}{\leftrightarrow} |A \overset{a'}{\leftrightarrow} |B \overset{b'}{\leftrightarrow} |C \ldots \text{ usw., wobei } O \overset{a}{\leftrightarrow} |A+A \overset{a'}{\leftrightarrow} |B =$$

$$O \overset{b}{\leftrightarrow} |B; \quad O \overset{b}{\leftrightarrow} |B+B \overset{b'}{\leftrightarrow} |C = O \overset{c}{\leftrightarrow} |C; \quad \text{usw.}$$

Nun, es besteht eine Parallele zwischen dieser logischen Formulierung und der entsprechenden psychologischen Konstruktion, was übrigens nur beweist, daß die Theorie der operativen Gruppierungen nichts weiteres will, als die wirklichen Operationen des Geistes zu Axiomen erheben. Nichtsdestoweniger ist es erfreulich, die Übereinstimmung zwischen der Theorie und den Tatsachen festzustellen. Erinnern wir zuerst daran, daß die großen Schwierigkeiten der Kleinen bei dem Herausarbeiten des Zeitbegriffs eben gerade von seiner Kommutativität herrühren. Wir haben z. B. Kinder zitiert (Kap. II/3, Fall Mog), die es ablehnen, sukzessive Zeitstrecken zu vergleichen, weil das Wasser schon abgegossen ist und die Zeit, die sich an den gegenwärtigen Wasserflächen beobachten läßt, eine andere ist als die vergangenen Zeitstrecken: es erscheint ihnen also unmöglich, diese Zeitstrecken unabhängig von ihrer Ablaufsordnung zu additionieren, da sie in Wirklichkeit nicht reproduziert werden können. Die Unumkehrbarkeit ihres Denkens betrifft also in diesem besonderen Fall wirklich das Nichtverstehen der Kommutativität der Zeitadditionen, während sie im dritten Stadium ohne weiteres angenommen wird.

Aber vor allem wollen wir uns daran erinnern, wie das Kind dazu gelangt, noch vor dem Gebrauch der Metrik die Zeitstrekken zu ordnen: im wesentlichen, indem es sich eben gerade auf die Gruppierung der Folgen stützt. Im Anfang wird die Zeit

[7] Vgl. unsere Arbeit *Classes, Relations et Nombres. Essai sur les groupements de la logistique et la réversibilité de la pensée*, Paris. Vrin 1942 (Kap. VII, Rem. IV, S. 120).

376

nach dem durchlaufenen Weg, unabhängig von den Geschwindigkeiten, geschätzt: daher die Verneinung der Gleichheit synchroner Zeiten, die Unmöglichkeit, die Zeitstrecken als solche einzuschachteln, und das Fehlen einer homogenen Zeit. Im zweiten Stadium dann entdeckt das Kind die zeitliche Ordnung, ohne sie aber gleich auf die Zeitstrecken anwenden zu können, oder aber es entdeckt die umgekehrte Relation zwischen Zeit und Geschwindigkeit, aber ohne Bezug auf die Reihenfolge. Das Stadium II dagegen und mit ihm die Gruppierung der Zeitstrecken beginnt immer dann, wenn das Kind versteht, daß bei gleichzeitigem Losgehen derjenige, der zuletzt stehen blieb, am längsten gegangen ist. Dies ist besonders deutlich bei dem Begriff des Alters, da das richtige Verständnis für das Lebensalter in dem Moment anfängt, wo es von der Folge der Geburten her bestimmt wird. Kurz, psychologisch wie logisch sind also die Zeitstrecken in gewisser Hinsicht Intervalle, deren System durch die Gruppierung der Folgen bestimmt wird, und dies, obschon sie eine unabhängige Gruppierung bilden, da ihre elementaren Relationen symmetrisch sind und die sie formende Operation kommutativ ist.

Schließlich haben wir in Kap. VII kontrolliert, daß die Additivität und die Assoziativität der Zeitstrecken immer Hand in Hand gehen: die Additivität liefert hierbei ein Kriterium, auf Grund dessen der operative Synchronismus von dem noch anschaulichen Synchronismus unterschieden werden kann, und die Assoziativität, die diese Additivität immer begleitet, bestätigt die gegenseitige Abhängigkeit der Gruppierungsoperationen.

Kurz, aus der Gruppierung der Folgen kann sich die Gruppierung der Zeitstrecken ergeben, da diese letztere von dem System der symmetrischen Relationen (oder der Intervalle) gebildet wird, die aus der asymmetrischen Reihenbildung hervorgehen, welche ihrerseits die erstere bestimmt. Umgekehrt aber lassen sich auch die Folgen von den Zeitstrecken aus rekonstituieren. Diese doppelte Situation nun entspricht ganz der psychologischen Konstruktion. Die Folgen werden anschaulich konstruiert, bevor die Zeitstrecken vollständig konstruiert sind, und ihre gegliederten Anschauungen gelangen zu richtigen empirischen Reihenbildungen, während die Fortschritte der Zeitanschauungen nicht unabhängig von den Folgen richtige Systeme erreichen. Sobald aber die beiden Systeme koordiniert sind, werden sie gleichzeitig operativ, darum ist es im Anfang des dritten Stadiums unmöglich zu sagen, welches die Organisation des andern bestimmt. Das operative Gesamtsystem der qualitativen Zeit bildet also wirklich psychologisch wie logisch ein unlösliches Ganzes.

IIbis. Aber die Dauer ist nicht nur ein Intervall zwischen zwei sukzessiven momentförmigen Geschehnissen. Gewiß ist sie dies immer, aber sie ist noch mehr und läßt sich durch ihre positiven Merkmale, in notwendiger Verbindung mit der Geschwindigkeit, definieren. Nun, dieser zweite Weg, den wir jetzt darlegen wollen, ist der, den eine beträchtliche Reihe von Vpn. im Gegensatz zu den vorigen einschlagen: die jenes andern Typus, der die Zeitverhältnisse vor denen der Reihenfolge erfassen kann, worauf wir in Stadium II immer hingewiesen haben.

Wir sind in der Tat von der Feststellung ausgegangen, daß die Zeit in Erscheinung tritt mit den Veränderungen des Raumes, als Koordination der Bewegungen von verschiedener Geschwindigkeit. In dieser Hinsicht ist die zeitliche Ordnung der Folge also zuerst gegeben als die Reihe der Lagen eines bewegten Körpers, geordnet im Sinne seiner Bewegung (Behauptung 1); dann wird sie dank der Gleichzeitigkeit oder Zuordnung zwischen den Lagen verschiedener Reihen (Behauptung 2) zur Reihe der entsprechenden Lagen mehrfacher Bewegungen (Behauptung 3). Aber wenn die Ordnung der zeitlichen Folge in einer Koordination der Bewegungen besteht, schließt sie auch eine Koordination der Geschwindigkeiten ein, und dies ist gerade der Punkt, der die Zeitstrecken betrifft.

Worauf läßt sich denn die Größe der unter Ziffer II definierten Intervalle reduzieren? Auf die Gesamtheit der Momentlagen, die ein bewegter Körper zwischen den bevorzugten Zuständen einnimmt, welche für die Beschreibung der Reihenfolge gewählt sind. Aber diese Momentaufnahmen sind Zeitpunkte ohne Dauer, was bedeutet, daß man das Zeitintervall nur durch seine Entfernung, unabhängig von dem jeweiligen Dynamismus, definiert. Da die Größe des Intervalls, also die Dauer, sich in Wirklichkeit zwischen zwei aufeinanderfolgenden zeitlichen Punkten erstreckt, ist sie die Bewegung selbst, aber bezogen auf ihre Geschwindigkeit — anders ausgedrückt, der durchlaufene Weg oder die verrichtete Arbeit, jedoch in bezug auf ihre Geschwindigkeiten.

Nichts ist in dieser Hinsicht klarer als die Entwicklung der kindlichen Begriffe des zweiten Typus, an den wir eben erinnert haben. Am Ausgangspunkt wird die Dauer von diesen Vpn. nur auf Grund des durchlaufenen Weges oder der verrichteten Arbeit geschätzt: man hat so $t = v$, denn je größer die Geschwindigkeit, umso größer das Ergebnis, das die Zeit mißt. Sobald dagegen die gegliederte Anschauung der Dauer es ermöglicht, diese von dem Ergebnis der Handlung oder der Bewegung loszulösen, wird die Dauer selbst umgekehrt zu der Geschwindigkeit aufgefaßt: das bedeutet also, daß bei gleicher durchlaufener Strecke oder bei gleicher verrichteter Arbeit die schnellere weniger Zeit nimmt. Allgemein gesprochen, erfaßt das Kind also — und dies wird der Ausgangspunkt für die zweite Art von Zeiteinschachtelung sein —, daß die abgelaufene Zeit gleich dem durchlaufenen Weg im Verhältnis zu der Geschwindigkeit ist. In metrischer Terminologie hätte man dann $t = s/v$. Aber da es sich nur um qualitative Schätzungen handelt, wollen wir uns mit dem logistischen Ausdruck $t = s \times (-v)$ (Zeit = durchlaufener Weg multipliziert mit der umgekehrten Geschwindigkeit) begnügen, was bedeutet, daß bei gleichem durchlaufenem Weg eine Zeitzunahme einer Geschwindigkeitsabnahme gleichkommt und umgekehrt, und daß bei gleicher Geschwindigkeit eine Zeitzunahme einer Vergrößerung des durchlaufenen Weges gleichkommt, endlich noch, daß bei gleicher Zeit eine Vergrößerung des durchlaufenen Weges einer Zunahme der Zeit gleichkommt und umgekehrt. Dies sind nun die drei Punkte, die die Vp. verstehen lernt, sobald der gegliederten Anschauung der Zeitstrecken die Operation selbst folgt.

Die Dauer läßt sich also als der durchlaufene Weg im Verhältnis zu der Geschwindigkeit definieren oder, was auf das Gleiche hinausläuft, als die verrichtete Arbeit im Verhältnis zu der «Leistung»[8]. Vom metrischen Gesichtspunkt aus ist das klar, da man die Zeit nur mittels einer Bewegung mit geregelter Geschwindigkeit messen kann. Aber worauf es ankommt, ist, daß es sich bei der qualitativen Zeit ebenso verhält: man kann die Zeit als solche nie sehen oder wahrnehmen, da sie sich im Gegensatz zu dem Raum oder der Geschwindigkeit nicht den Sinnen darbietet. Man nimmt nur die Ereignisse wahr, d. h. die Bewegungen und die Handlungen, ihre Geschwindigkeiten und ihre Ergebnisse. Während dann die Reihenfolge der Ereignisse die zeitlichen Folgen bestimmt, lassen die Bewegungen selbst — d. h. die durchlaufenen Wege im Verhältnis zu ihren Geschwindigkeiten oder die Handlungen selbst, d. h. die geleisteten Arbeiten im Verhältnis zu der Aktivität[9] — die Zeitstrecken sichtbar werden. Wenn die qualitative Zeit operativ ist und nicht nur anschaulich, d. h. wenn sie richtig ist und nicht eine Täuschung, unterliegt sie der Notwendigkeit, sich auf die Geschwindigkeiten und nicht nur auf die durchlaufenen Wege oder die geleisteten Arbeiten zu stützen. Sie ist ein Verhältnis zwischen der Geschwindigkeit und der Bewegung oder zwischen der Aktivität und der Arbeit, genau wie die metrische Zeit, wobei der einzige Unterschied der ist, daß sich diese Relation in einfachen Reihenbildungen und vor allem in einfachen Einschachtelungen qualitativ ausdrückt und keine bewegliche Einheit ihrer Synthese bewirkt, während die metrische Zeit die Iterierung dieser Einheit kennt dank eines Systems kombinierter Reihen und Einschachtelungen: in beiden Fällen aber ist die Zeit im wesentlichen Koordination der Geschwindigkeiten.

[8] «Leistung» (Energie pro Zeiteinheit) ist Kraft mal Geschwindigkeit und «Arbeit» ist die Verschiebung einer Kraft.

[9] Wir wollen «Aktivität» die einer Handlung innewohnende «Energie» nennen.

Was haben wir aber mit dieser Auffassung vom Wesen der Zeit erreicht? Wenn die Geschwindigkeit selbst eine Relation zwischen dem durchlaufenen Weg und der Zeit (Dauer) ist, definieren wir ja die Dauer als ein Verhältnis, in dem sie selbst impliziert zu sein scheint! Hier heißt es, gut den Unterschied zu verstehen zwischen dem qualitativen Gesichtspunkt, der den Vorgang der wirklichen Konstruktion der Begriffe ausdrückt, und dem metrischen Gesichtspunkt, der diesen ihre einfachste Form gibt. Vom qualitativen Gesichtspunkt setzt die Geschwindigkeit, d. h. das Ganze des Relationsurteils «schneller», «weniger schnell» und «ebenso schnell» in der Tat nicht die Dauer voraus, sondern einfach die Gleichzeitigkeit: von zwei Bewegungen m und m', die gleichzeitig beginnen und gleichzeitig aufhören, ist diejenige die schnellere, die die größere Strecke durchläuft, und wenn eine vor der andern anhält, braucht man nur zu wissen, wo der sich noch in Bewegung befindliche Körper beim Stehenbleiben des ersten befand, um abermals die Geschwindigkeit von dem durchlaufenen Weg her zu beurteilen. Wir beanspruchen damit keinesfalls, dies versteht sich von selbst, die Analyse des qualitativen Geschwindigkeitsbegriffes zu erschöpfen, sondern nur zu zeigen, wie das Kind dazu gelangt, die Geschwindigkeiten unabhängig von der Dauer zu gruppieren. Danach wollen wir nun annehmen, die Vp. wähle als Maß eine Dauer a, während der ein bestimmter bewegter Körper die Strecke s_1 mit der Geschwindigkeit v_1 durchlaufe, während ein zweiter gleichzeitig fortgehender und gleichzeitig stehenbleibender Körper die Strecke s_2 mit der Geschwindigkeit v_2 durchlaufe. Wir werden dann sagen, operatives Verstehen der Dauer besteht dann, wenn das Kind erfaßt, daß die Dauer as_1v_1 die gleiche ist wie die Dauer as_2v_2, weil das Verhältnis zwischen den durchlaufenen Strecken und den Geschwindigkeiten unveränderlich bleibt: $s_1/v_1 = s_2/v_2$. Um dies qualitativ zu formulieren, braucht die Vp., wenn sie so die durchlaufene Strecke s_1 als gemeinsames Merkmal der Dauer a und der Geschwindigkeit v_1 wählt, nur zu verstehen, daß der Unterschied zwischen den durchlaufenen Strecken $s_2 - s_1 = s'_1$ durch den der Geschwindigkeit $v_2 - v_1 = v'_1$ ausgeglichen wird, da dieser Geschwindigkeitsunterschied v'_1 eben gerade an dem der Strecken s'_1 (d. h. $v'_1 = s'_1$) meßbar ist. Daher:

(5) $as_1v_1 = as_2v_2$, weil $s'_1 \times (-v'_1) = 0$

Die so definierten Zeitstrecken a, β, γ usw. schachteln sich also in der Art und Weise der Klassen oder Teiladditionen ein, d. h. der Einschachtelung der Teile in hierarchische Ganzheiten:

(6) $a + a' = \beta; \ \beta + \beta' = \gamma; \ \gamma + \gamma' = \delta; \ \ldots$ usw.

Kurz, die Definition der Dauer als durchlaufener Weg im Verhältnis zu der Geschwindigkeit (oder als Arbeit im Verhältnis zur Leistung) läuft wieder auf ihre Definition als Intervall zwischen sukzessiven momentanen Ereignissen hinaus, aber mit dem einen Unterschied, daß diesmal das Intervall auf Grund seines Inhalts aufgefaßt wird, d. h. der Handlungen oder Bewegungen, deren Koordination die Zeit bildet.

III. In dem Bisherigen (I und II) ist noch gar nicht die Rede von der metrischen Zeit gewesen. Vom Standpunkt der Logistik erklärt sich die Zeitmessung leicht in genauer Parallele zu dem, was wir früher bei der Bildung der Zahl gesehen haben: die Iterierung der Zeiteinheit ergibt sich aus der operativen Verschmelzung der Gruppierung der Zeiteinschachtelung (analog der der Klasseneinschachtelung) mit der Gruppierung der Reihenbildung der Sukzessionen (analog der der asymmetrischen Relationen). Aber man darf diese operative Verschmelzung nicht mit der unter Ziffer II beschriebenen Komplementarität verwechseln. In dem System der qualitativen Zeit sind nämlich nur zwei Arten Operationen komplementär, d.h. die einen lassen sich aus den andern ableiten, aber beide können nicht gleichzeitig in der gleichen Gruppierung durchgeführt werden: wenn A, B und C drei aufeinanderfolgende Ereignisse sind, a die zwischen A und B abgelaufene Zeit und a' die zwischen B und C abgelaufene Zeit, kann man entweder die Sukzessionen der Ereignisse ordnen — aber dann ist nur die Ordnung ABC richtig im Gegensatz zu BAC usw. (Reihenaddition und nicht kommutative Addition) — oder man kann die Zeitstrecken additionieren und dann erhält man $a' + a = \beta$ ebenso gut wie $a + a' = \beta$ (kommutative Addition, Nicht-Reihenaddition), aber man kann nicht beide Additionen zu einer einzigen vereinigen, ohne aus der qualitativen Zeit herauszutreten. Es ist übrigens klar und fast überflüssig, noch zu präzisieren, daß die kommutative Addition der Zeitstrecken ihre Reihenfolge nur darum umkehren kann, weil das Denken von einer Dauer zur andern springen kann, um sie zu verbinden, ohne die Konstanz der Reihenfolge aufzuheben. Aber die qualitativen Zeitstrecken sind so wenig beweglich, daß jede sich nur mit den Gesamtheiten verschiedenen Grades, zu denen sie gehört, und nicht mit den folgenden oder vorhergehenden vergleichen läßt. Bei den qualitativen Operationen lassen sich nämlich die Teile unter sich nicht vergleichen: man hat $a < \beta$; $\beta < \gamma$; usw., weil $a + a' = \beta$; $\beta + \beta' = \gamma$; usw., aber man weiß nichts von den Verhältnissen zwischen a und a'; β'; γ'; usw.

Dagegen ist das Charakteristische der metrischen Zeit, daß die aufeinanderfolgenden Zeitstrecken durch Wiederholung der als Einheit gewählten Anfangsdauer a gleichgesetzt werden: $a = a' = \beta' = \gamma'$ usw. In diesem Fall gestattet die Einschachtelung (6) das Abzählen der Einheiten, denn wenn $a = a'$ dann $\beta = 2\,a$, da $\beta = a + a'$. Die Einschachtelung (6) verwandelt sich also in:

(7) $a + a\ (=a') = 2\,a\ (=\beta)$; $2\,a\ (=\beta) + a\ (=\beta') = 3\,a\ (=\gamma)$; . . . usw.

Wie aber ist diese Gleichsetzung zweier sukzessiver Zeitstrecken möglich? Es ist ja klar, daß außer im Fall der Gleichsetzung zweier synchroner Zeitstrecken eine zeitliche Kongruenz wie bei der räumlichen Kongruenz durch Deckung eines Elementes durch das andere, nicht besteht. Um die Dauer a mit der folgenden a' gleichzusetzen, muß man also a nicht nur durch das Intervall zwischen zwei sukzessiven Ereignissen wie in (4) definieren, sondern auch durch seinen Inhalt, d. h. durch den mit einer bestimmten Geschwindigkeit durchlaufenen Raum, nämlich a_{sv} wie in (5) und in (6). Außerdem muß man diese Bewegung reproduzieren können, d. h. durch eine neue Verschiebung einen neuen Raum s' gleich s wiederfinden, der mit der gleichen Geschwindigkeit v' gleich v durchlaufen wird. So muß die Vp. bei dem Beispiel mit den Gefäßen in Kap. II für die Gleichsetzung zweier sukzessiver Zeiten begreifen, daß das mit gleicher Geschwindigkeit ablaufende Wasser einen gleichen Niveauunterschied ergibt. Im Fall der Sanduhr (Kap. VIII) ist die Situation analog (Ablaufen des Sandes), und im Fall der Uhr ist es die Zeigerbewegung, die gleichförmig bleiben muß, wenn die Verschiebungen auf dem Zifferblatt gleich bleiben sollen. Allgemein wird also zwischen den zwei Zeiten a und a' Gleichheit herrschen:

(8) $a_{sv} = a_{s'v'}$, wenn s' = s und v' = v

Noch allgemeiner ausgedrückt, lassen sich die Zeiten zweier sukzessiver «Arbeiten» r und r' gleichsetzen (wobei «Arbeit» die Verschiebung einer Kraft ist, z. B. das Herunterfließen eines bestimmten Quantums Wasser in Kap. II), wenn sie mit der gleichen «Leistung» (l) ausgeführt sind (wobei «Leistung» also die Arbeit im Verhältnis zu der Geschwindigkeit mal Kraft ist, da eine Ortsveränderung, bezogen auf die Zeit, eine Geschwindigkeit ist). Man hat also in diesem Falle:

(8bis) $a_{rl} = a'_{r'l'}$, wenn r' = r und l' = l

Dieser zweite Fall (8bis) ist allgemeiner als Fall (8) in bezug auf die Zeitmessung, denn er gilt auch, wie wir unter II gesehen haben, für die psychologische Zeit. Was die physikalische Zeit anbetrifft, so läuft sie genau auf das gleiche hinaus, da man nur das Verhältnis r/l durch Streichung der Kraft im Zähler und Nenner zu vereinfachen braucht, um das Verhältnis s/v wiederzufinden.

Nun, diese Operationen setzen ganz neue Beziehungen zwischen der Dauer und dem System der Intervalle und der Reihenfolge voraus, d. h. eben gerade, daß es eine operative Synthese ist und nicht nur eine Komplementarität. Bei der qualitativen Zeit sind die Zeiträume starr ineinandergeschachtelt, und es besteht keine Möglichkeit, die Reihenfolge zu ändern, außer im Geiste, der mit seiner Beweglichkeit die Reihen in beiden Richtungen aufrollen oder die Zeiten unabhängig von ihrer Reihenfolge miteinander verbinden kann (Kommutativi-

384

tät). Hingegen gestattet die Gleichsetzung der sukzessiven Zeitstrecken bei der *metrischen* Zeit, den Standardwert der Dauer, deren Identität von der Ordnung der wirklichen Sukzessionen unabhängig geworden ist, in der Zeit beliebig einzusetzen. In diesem Fall ist der einzige Unterschied zwischen einer Einheit a und einer andern Einheit a der, daß die eine beim Abzählen der andern vorausgeht, aber diese Reihenfolge ist provisorisch in dem Sinne, daß die zweite Einheit zur ersten wird, wenn man sie zuerst zählt. Man kann also sagen, die metrische Addition $a + a = 2\,a$ ist reihenförmig und kommutativ zugleich, und ihr Reihencharakter hindert sie nicht, kommutativ zu sein, da es sich um eine provisorische Ordnung handelt.

Kurz, auf dem Gebiete der Zeit wie auf allen anderen räumlichen und physikalischen Gebieten tritt das Messen als Synthese der zwei grundlegenden Operationssysteme auf: Operationen der Umstellung (déplacement) und Operationen der Teilung (partition). Die Zahl ist ja, wie man sich erinnern wird, eine Synthese zwischen der Einschachtelung der Klasse und der Seriation der asymmetrischen Relationen. Beim Messen werden die räumlich-zeitlichen Operationen an die Stelle der logisch-arithmetischen gesetzt, die Einschachtelung der Klassen wird dadurch zur Teilung (partition) oder Inklusion der Teile in hierarchischen Ganzheiten, und die Reihe der Relationen wird zur Reihenfolge oder räumlich-zeitlichen Stellung (inbegriffen Ortsveränderungen oder Umstellungen): danach ergibt sich nun das Messen aus der Möglichkeit, einen Teil für einen andern einzusetzen, indem man ihn selbst oder ein als das gemeinsame Maß gewähltes Standardmuster abträgt. Bei der Zeit ist also die Einheit eine Bewegung mit konstanter Geschwindigkeit, die man, als Zeiteinheit, beliebig reproduziert, d. h. in der Zeit verschiebt, um sie mit den zu messenden Teilzeiten zu synchronisieren.

Im Psychologischen nun entspricht diese Konstruktion genau dem Weg, den der Geist zur Bildung einer zeitlichen Metrik beschreitet. Die Schwierigkeit für das Kind besteht darin, einzusehen, daß eine beliebige Teildauer, z. B. die Zeit, die das

Wasser in den Gefässen, Kap. I und II, zum Ablaufen zwischen zwei Niveaus braucht, gleich lang sein soll wie eine andere nicht synchrone (sonst wäre es qualitative Identität und nicht metrische Gleichheit), also früher oder später ablaufende: es handelt sich also darum einzusehen, daß eine an bestimmte Ereignisse oder Bewegungen qualitativ gebundene Zeit sich von diesem qualitativen Zusammenhang loslösen und sich als bloße Zeit in einem andern Zusammenhang reproduzieren läßt, — Zusammenhang, der bei der ersten Dauer noch nicht vorhanden war und der den ersten bei der zweiten Dauer aufhebt. Wir haben in der Tat feststellen können, wie es den Kleinen widerstrebt, diese Art Gleichsetzung durchzuführen (Kap. II/3). Es ist, als würde man von ihnen verlangen, eine Stunde Spiel, die eine Dauer voller Bewegungen ist, und eine Stunde Rechnen als gleich anzusehen: wie ließe sich die erste mit der zweiten vergleichen, da doch die Arbeit noch nicht angefangen hatte, und wie ließe sich die zweite auf die erste zurückführen, wenn die Spiele zu Ende sind? Und doch sind es zwei gleiche, wenn auch sukzessive Einheiten, aber unter der Voraussetzung, daß man sie ihres Inhalts entledigt und der Bewegung einer Uhr zuordnet, die in beiden Fällen ganz gleich läuft und die auch dann zwei Stunden gezeigt hätte, wenn die zweite der ersten vorangegangen wäre.

Es bliebe noch zu erklären, wie sich der Begriff einer Bewegung mit einförmiger Geschwindigkeit bildet, da wir eben gesehen haben, daß dieser Begriff für die Bildung einer zeitlichen Metrik unerläßlich ist. Nun, man sieht schon, in welchen Kreis das Problem zu geraten scheint: wie kann man denn, wenn das Zeitmaß eine gleichförmige Geschwindigkeit voraussetzt, verstehen, daß eine Geschwindigkeit konstant bleibt, außer dadurch, daß man feststellt, daß zwei gleiche Strecken in zwei ebenfalls gleichen Zeiten nacheinander durchlaufen wurden? Wie also eine einförmige Bewegung ohne zeitliche Metrik beurteilen? Die so gestellte psycho-genetische Frage ist umso interessanter, als dieser Zirkel auf dem Boden der wissenschaftlichen Zeitmessung der gleiche ist: die Regulierung der

Uhren beruht auf der Regelmäßigkeit der Naturbewegungen, von dem Isochronismus der kleinen Schwankungen an bis zur majestätischen Periodizität der Himmelsbewegungen. Aber was wüßten wir von der natürliche Chronologie ohne unser Uhrensystem [10]? In Wirklichkeit — und dies ist für den Weg des Geistes auf der Stufe der fortschreitenden operativen Organisationen sehr bezeichnend — entdeckt das Kind die Erhaltung gleichförmiger Geschwindigkeiten und das Zeitmaß gleichzeitig und zwar durch die gleichen Operationen. Dies haben wir an anderer Stelle darzulegen versucht (s. unsere Arbeit über die Bewegung und die Geschwindigkeit beim Kinde).

IV. Diese neue Korrelation zwischen der Konstruktion des Geschwindigkeitsbegriffs und der des Zeitbegriffs leitet über zu der Untersuchung über die Art und Weise, in der die operative Gruppierung der zeitlichen Relationen und die Bildung der drei Grundmerkmale der rationalen Zeit — ihre Homogenität, ihre Kontinuierlichkeit und ihre Einförmigkeit — psychologisch vor sich geht.

Nun, ebenso wie nach unserer Ansicht die Anschauungszeit sich durch den egozentrischen und irreversiblen Charakter des kindlichen Denkens erklärt, ebenso ergibt sich die operative Zeit ihrerseits nur aus der Bildung reversibler Beziehungen. Die Reversibilität des Denkens zeigt sich darin, daß sich zwei Arten Tendenzen in ihr Gegenteil kehren oder, wenn man es vorzieht, zwei Arten Zentrierungen sich dezentrieren. 1. Während das Denken einerseits natürlicherweise danach strebt, nur dem Gang der Ereignisse selbst zu folgen, besteht die Umkehrbarkeit darin zu lernen, den Weg auch zurückzugehen: so entwickeln sich die Operationen der Ordnung oder der Reihenfolge, die in der Zuordnung zweier Operationen bestehen — der des Vorausgehens, die das intuitive Antizipieren fortsetzt, und der entgegengesetzten des Umkehrens, welche das schon in der Intuition angedeutete Rekonstituieren weiterführt. 2. Wäh-

---

[10] Vgl. G. JUVET, *La structure des nouvelles théories physiques,* Paris (Alcan) 1935.

rend andrerseits der eigene Gesichtspunkt eine bevorzugte Zentrierung bildet, führt die Reversibilität auf dem Gebiete der symmetrischen Relationen zu der Reziprozität der Gesichtspunkte: daher die Entwicklung der Synchronisierung und der Koordinierung der eigenen Zeitstrecken mit den Bewegungen verschiedener Geschwindigkeiten. Kurz, einerseits wird die Zeit nach beiden Richtungen aufgerollt und dabei entdeckt, daß die Gegenwart nur eine aus einem steten Vorgang herausgeschnittene Momentaufnahme ist, und andererseits werden vielfältige Laufbahnen, die sich schneiden und die aus jeder Momentaufnahme den gemeinsamen Mittelpunkt unzähliger gleichzeitiger Ereignisse machen, in einem einzigen Ganzen koordiniert: das sind die zwei Ergebnisse der Dezentrierung, die von der egozentrischen Zeit zu der reversiblen Gruppierung führt.

So erreichen die zeitlichen Operationen bereits im Qualitativen zwei an sich allein schon bemerkenswerte Ergebnisse: Sie bewirken die Homogenität und die Kontinuierlichkeit der Zeit. Die metrischen Operationen dagegen sind notwendig, um der Dauer einen gleichförmigen Ablauf zu gewähren (gleichförmig wenigstens für die kleinen Geschwindigkeiten, die unser gewöhnliches Handlungsfeld charakterisieren).

Die homogene Zeit ist eine allen Erscheinungen gemeinsame Zeit und steht so im Gegensatz zu der lokalen Zeit der ersten Anschauung. Aber die Homogenität schließt nicht die Gleichförmigkeit der sukzessiven Zeitstrecken ein: selbst wenn der Strom der Zeit einer ständigen Beschleunigung oder Verlangsamung unterworfen wäre und selbst dann, wenn die Zeit von einer Epoche zur andern wechseln würde, immer würde es eine dem ganzen Weltall gemeinsame Zeit geben. Es ist also klar, daß die Homogenität das Werk der Synchronisierungen und anderer qualitativer Operationen der zeitlichen Koordination der Bewegungen ist. Dagegen sind diese Operationen, die sich darauf beschränken, eine Teildauer α oder α' in einer Gesamtdauer β in Form von $\alpha + \alpha' = \beta$; $\beta + \beta' = \gamma$ usw. einzuschachteln, nicht imstande, den sukzessiven Zeiträumen eine Gleichförmigkeit zu sichern. Denn ohne metrische Operation weiß man nichts von den Verhältnissen zwischen a und a', β' usw., die $>$, $<$ oder $=$ sein können.

Was die Idee der Kontinuierlichkeit anbetrifft, so muß bemerkt werden, daß sie keineswegs für alle Stufen der geistigen Entwicklung besteht, ebenso wenig wie die der Homogenität: bei den Kleinen ist die Zeit in der Tat ebenso diskontinuierlich wie lokal, da jede Zeit mit der Bewegung aufhört. Das Alter z. B. bleibt für die Erwachsenen, die nicht mehr größer werden, immer gleich; ein Stein hat, wenn er noch wächst, ein Alter — aber er hat es nicht mehr, wenn er nicht wächst, usw. Erst mit der operativen Zeit wird die Dauer als kontinuierlicher Fluß aufgefaßt, die Kontinuierlichkeit der Zeit erscheint also keineswegs in der Anschauung gegeben, sondern als Ergebnis einer wirklichen Konstruktion. Worin besteht diese Konstruktion? Sie ist nichts anderes als das System der qualitativen Einschachtelung selbst: d. h. die Zeit läßt sich in beliebige Abschnitte teilen, und diese Teilung kann bis ins Unendliche beliebig fortgesetzt werden. Gewiß wird in den verschiedenen Auffassungen der Stetigkeit, die uns die Topologie bietet, die extensive Quantität (das Axiom von Dedekind oder der Begriff der Akkumulationspunkte z. B.) oder selbst die geometrische Quantität (Axiom des Archimedes) herangezogen. Aber die berühmteste Definition der Stetigkeit, die Brouver gegeben hat, «eine Folge freier Wahlen» kann in dem rein qualitativen Sinn (intensiver Quantität) der Einschachtelungen von Behauptung 6 aufgefaßt werden.

Es bleibt noch die für die Dauer charakteristische Gleichförmigkeit des kontinuierlichen Fließens. In diesem dritten Punkt sind die qualitativen Operationen wirkungslos, denn der Begriff des gleichförmigen Abrollens der Dauer ist an den einer ihrerseits gleichförmigen Geschwindigkeit gebunden, und man muß abwarten, bis sich eine zeitliche Metrik gebildet hat, von der aus diese beiden voneinander abhängigen Begriffe herausgearbeitet werden können. Da sich jedoch auf dem Gebiet der Zeit ebenso wie auf allen bisher untersuchten Gebieten (Zahl, Stoffmenge, Gewicht und physikalischer Inhalt) die metrischen und extensiven Operationen sofort dann bilden, wenn die Gruppierung der qualitativen oder intensiven Operationen vollendet ist, wird die Gleichförmigkeit der Zeit praktisch unmittelbar in Korrelation mit ihrer Homogenität und ihrer Stetigkeit erkannt.

Wenn das Denken mit seiner fortschreitenden Dezentrierung die zeitlichen Folgen oder Asymmetrien nach beiden möglichen Richtungen abschreiten kann und die Reziprozität der symmetrischen Gesichtspunkte erfaßt hat, wenn es also reversibel geworden ist, hat es folgendes erreicht: eine allgemeine qualitative und zugleich metrische Gruppierung der zeitlichen Verhältnisse, die der Zeit ihre homogene Einzigkeit (für unsern Maßstab), ihre Stetigkeit und ihre Gleichförmigkeit (ebenfalls für unsern Maßstab) erteilt. Wie Kant es tiefgründig erkannt hat, ist die Zeit nicht ein Begriff, d. h. eine Klasse vielfältiger Gegenstände, sondern ein einziges Schema, d. h. eine Ganzheitsform, die allen Gegenständen gemeinsam ist oder, wenn man so will, ein Formalgegenstand oder eine Struktur. Nur erschloß Kant aus der Tatsache, daß die Zeit keine logische Klasse ist, ihre anschauliche Natur (vgl. weiter vorne Kap. II/2): sie sei wie der Raum eine «Form a priori der Sinnlichkeit», im Gegensatz zu den Kategorien des Verstandes und dem Zahlenschema. Nun, die genetische Analyse hat uns zu einer ganz anderen Ansicht geführt, denn erst durch einen operativen Mechanismus kann sich die Zeit in Form eines totalen und einzigen Schemas bilden, und dieser Mechanismus weist die gleiche Form der Gruppierungen und Gruppen auf wie die logisch-arithmetischen Realitäten. Der einzige Unterschied ist der, daß es sich eben nicht um logische (Klasseneinschachtelung oder Reihen von Relationen) oder arithmetische Operationen handelt, die die Verhältnisse zwischen unveränderlichen Gegenständen betreffen, sondern um infra-logische (Teilungen und Umstellungen), d. h. um solche, die eine Rolle spielen bei der Bildung der Gegenstände selbst —, der ineinandergeschachtelten Gegenstände bis zu jenem Gesamtgegenstand, den das räumlich-zeitliche Universum darstellt [11]. Darum bildet die Zeit, wie Kant es wollte, einen einzigen Gegenstand oder eine der Strukturen dieses einzigen Gegenstandes, aber dies steht keineswegs in Widerspruch zu ihrer operativen Natur. Die Situation ist natürlich die gleiche bei dem Raum, aber es ist nicht unsere Absicht, hier auf diese Frage einzugehen.

III.

Was schließlich die psychologische Zeit anbetrifft, so haben wir feststellen können, daß sie nicht nur anschaulich ist, wie es allzu oft schon gesagt worden ist, sondern daß sich bei ihr genau dieselben Operationen wiederfinden lassen, da die erlebte Dauer eine unbestimmte Reihe von bewußten oder unbewußten Vergleichen ins Werk setzt, die ganz kontinuierlich von den Wahrnehmungs- oder Vorstellungsregulierungen zu der eigentlichen operativen Gruppierung übergehen.

Zuerst einmal ist die Seriation der Momente für die psychologische Zeit ebenso wichtig wie für die physikalische Zeit. Das berühmte Bild des Bewußtseinsstroms darf uns in der Tat nicht vergessen lassen, daß man in jedem einzelnen Moment dieses inneren Flusses nicht einen Punkt auf einer Linie vor sich hat, sondern einen vielfältigen, komplexen Zustand, wie er sich aus der Verflechtung verschiedener Strömungen ergibt. Man kann zugleich über seine Arbeit froh sein, sich über die politische Lage beunruhigen, vertrauensvoll der Nachricht einer nahestehenden Person entgegensehen usw., und jeder Schnitt innerhalb des inneren zeitlichen Inhalts stellt sich als Gewebe gleichzeitiger Ereignisse, als «Momentaufnahme» dar in dem Sinne, in dem dies Wort bei der Photographie irgendeines physikalischen Systems gebraucht wird. Eine innere Geschehnisreihe rekonstituieren, wird also immer das Konstruieren einer Doppel- (resp. Mehr-) Reihe («co-sériation») bedeuten.

---

[11] Für die Frage der infra-logischen oder räumlich-zeitlichen Operationen siehe *Le Développement des Quantités chez l'Enfant, Conclusions.*

Aber bei der Analyse der Dauer wird der operative Charakter meistens übersehen, weil die qualitativen Operationen gewöhnlich, wenn sie implizit sind, mit der Anschauung oder, wenn sie explizit sind, mit der Metrik verwechselt werden: da die innere Dauer im allgemeinen keine Metrik hat, stellt man sich vor, sie brauche auch keine allgemeinen Einschachtelungsoperationen. Dabei ist es klar, daß, wenn man die inneren Ereignisse 0, A, B, C usw. aneinanderreiht, man sich damit auch die Zeiten α (zwischen 0 und A), α' (zwischen A und B), β' (zwischen B und C) usw. gibt. Nun, ohne diese Zeitstrecken in Zahlen abschätzen zu können oder zu beurteilen, ob sie einförmig sind, und sogar ohne die Verhältnisse zwischen α, α' und β' zu kennen, weiß man immer, daß $\alpha + \alpha' = \beta$ (wobei β die Zeit zwischen 0 und B ist); daß $(\beta + \beta' = \gamma)$ (zwischen 0 und C) usw., also daß $\alpha < \beta < \gamma < \ldots$ usw., d. h., daß diese Zeitstrecken sich ineinanderschachteln. Man wird sagen, dieses Wissen sei nicht eine große Sache. Aber doch genügt es für die gesamte Logik der Klassen. Und vor allem ermöglicht es dem Kind, in Verbindung mit der Reihenbildung der Momentaufnahmen die physikalische Zeit vor der Kenntnis der Stunden und der Minuten zu bilden.

Aber mehr als das. Diese erlebten Zeitstrecken sind nicht einfach Intervalle, und auf diesen Punkt hat Bergson besonders hingewiesen: sie sind «der Stoff der Wirklichkeit». Nur dürfen sie nicht den physikalischen Zeitstrecken entgegengesetzt werden, sondern dieser wirkliche Inhalt der Intervalle kann nur bei der psychologischen Zeit in analoger Form zur physikalischen Zeit aufgefaßt werden: er ist (s. Behauptung 5) eine «Arbeit» im Verhältnis zu der Leistung oder der Aktivität (in der die Geschwindigkeit eingeschlossen ist). Gewiß ist sie kein durchlaufener Weg, da das Innenleben nicht räumlich ist, und auch im allgemeinen keine meßbare Arbeit, da man wohl weder die Gedanken, die man erfaßt, noch die Wahrnehmungen, deren Sitz man selber ist, zählt. Aber es ist eine Arbeit, die man nach + oder — schätzen kann. «Die Zeit ist Schöpfung oder gar nichts», hat wiederum Bergson gesagt, was durchaus wahr ist, aber nur, wenn man präzisiert, daß die geistige Arbeit sich nur dann als Zeit äußert, ebenso wie die physikalische «Arbeit», wenn man sie zu ihrer Leistung, also zu ihrer Geschwindigkeit, in Beziehung setzt. Selbstverständlich treten dabei die wohlbekannten systematischen Fehler auf, durch welche die schnelle oder intensive Arbeit während des erlebten Momentes kurz und bei der Rückschau lang erscheint, aber diese Täuschungen werden zum Teil korrigiert, und zwar eben durch die operativen Vergleiche, die der Geist unaufhörlich und fast automatisch ausführt.

Die Operationen der psychologischen Zeit sind im allgemeinen auf das rein Qualitative beschränkt. Aber gibt es keine innere zeitliche Metrik? Die schönsten Bilder, an denen das Werk Bergsons so reich ist, sind der Musik entliehen, und wenn dieser Meister der Introspektion das Anschauliche und Antirationelle, Auf-nichts-anderes-Zurückführbare der schöpferischen Dauer ausdrücken will, so greift er zu Worten der Melodie, des Rhythmus und der Symphonie. Aber die Musik ist ja gerade die innere Mathematik, und lange schon bevor Pythagoras die einfachen Verhältnisse in den harmonischen Akkorden entdeckt hatte, bildete der antike Hirte bei seinen Gesängen oder bei seinem Flötenspiel Tonleitern und wußte, ohne sie benennen zu können, daß eine halbe Note zwei Viertelnoten und eine Viertelnote zwei Achtelnoten hat. Der musikalische Rhythmus ist sogar von allen zeitlichen Metriken die am direktesten anschauliche und wird uns gewiß nicht von der Außenwelt aufgedrungen [12]. Ebenso ist das bei den Längen oder Kürzen, die die Artikulationen der Umgangssprache und vor allem der Dichtkunst bezeichnen: auch hier wieder sind die Vers-«Maße» nicht von dem Theoretiker erfunden worden, sondern von dem Sänger, der so von vornherein jeden Widerspruch zwischen der elementaren Arithmetik und dem Ausdruck der Rhythmen des

---

[12] In einem anregenden Artikel in den «*Archives de Psychologie* (Bd. XXVI, S. 186) «Sur les opérations de la composition musicale», hat A. Mercier sogar den Versuch gemacht, in der musikalischen Technik zwei grundlegende «Gruppen» aufzudecken: die des Tones und die des Rhythmus.

Innenlebens ausschloß. Es ist dies sogar ein sehr schönes Beispiel für die Stetigkeit zwischen den Wahrnehmungsrhythmen und der spontanen zeitlichen Operation.

Man kann also den Schluß ziehen, daß die Operationen, welche die Zeit in allen ihren Formen charakterisieren, allgemeine Gültigkeit besitzen und daß zwischen der psychologischen und der physikalischen Zeit eine innere Verwandschaft besteht: alle beide sind Koordinationen von Bewegungen verschiedener Geschwindigkeit, ob es sich um Strecken im äußern Raum oder um teilweise innere Handlungen handelt, und beide gehen von den gleichen «Gruppierungen» aus. Dies versteht sich übrigens von selbst, da sie denselben Ursprung haben: beide entspringen der praktischen oder sensu-motorischen Zeit, die sich auf die Verhältnisse zwischen den Dingen und zugleich auf die eigene Handlung stützt. In dem Maße, in dem sich die Außenwelt und die Innenwelt voneinander differenzieren, differenzieren auch sie sich ihrerseits, wobei sie sich aber in stetiger und notwendiger Wechselwirkung aufeinander stützen.

Daß die psychologische Zeit zu ihrer Entwicklung die physikalische Zeit braucht, das versteht sich von selbst, da das Koordinieren der Handlungsgeschwindigkeiten die geleisteten Arbeiten voraussetzt und jede Arbeit früher oder später in der Außenwelt ihren Platz findet. Und das eigene Gedächtnis ist ja wirklich in der Tat ebenso sehr — und noch mehr — ein Gedächtnis für die Gegenstände und für die nach außen entfaltete Tätigkeit wie für die inneren Zustände. Daß aber die physikalische Zeit die psychologische miteinschließt, dies ist nicht weniger klar: die Aufeinanderfolge der Geschehnisse läßt sich nur von einem Beobachter erfassen, der sie überdauert und das Vergangene, wenn es nicht mehr da ist, durch irgendein Mittel wiederherstellen kann. Erst vor kurzem hat Stueckelberg dem Zeitproblem eine Untersuchung gewidmet, und als Physiker sogar auf diesen Punkt hingewiesen: wenn die mechanische Zeit umkehrbar bleibt und die Zeit der Thermodynamik ebenso wie die der Mikrophysik Schwankungen unterworfen ist, könne man der Richtung der physikalischen Zeit nur dann sicher sein, wenn man die äußeren Laufbahnen einer Reihe Erinnerungen zuordne, denn nur die Zeit des psychologischen und biologischen Gedächtnisses sei eindeutig gerichtet. Es ist interessant, daß ein Physiker die psychologische Zeit also für eine zuverlässigere Unterlage als die physikalische Zeit hält, als wäre das Gedächtnis ein genauer und automatischer Registrierapparat für die Erinnerungen [13], während die Psychologen, in Kenntnis des aktiven Konstruierens, das bei jedem Gedächtnisakt eine Rolle spielt, und des Rekonstruierens, das sich gerade auf die Ereignisse der Außenwelt stützt, geneigt sein werden, als Unterlage für die innere Zeit die physikalische Zeit zu wählen. Die Wahrheit ist gewiß die, daß die physikalischen und psychologischen Reihen einander stützen, weil alle beide Rekonstituierungen kausaler Art sind. Die Zeit ist in beiden Fällen eine Koordination der

[13] E. STÜCKELBERG, *La notion du temps,* Disquisitiones Mathematicae et Physicae (Bucarest), 1942, 301—317, besonders 302—303.

In Analogie zu den Operationen der Einschachtelung der Zeitstrecken als qualitative Gruppierung, die wir in zwei Mitteilungen in der Physikalischen Gesellschaft, Genf (siehe Sitzungsbericht, Bd. 58, 1941, 21—24) beschrieben hatten, faßt Stückelberg die psychologische Zeit als Einschachtelung von Erinnerungsgruppen auf, wobei diese Einschachtelung nach ihm die charakteristische Struktur der reinen Geometrie aufweisen würde. Jedes Unterganze der Reihe A < B < C... wäre somit nicht nur durch die aufbewahrten Erinnerungen dieser Epoche, z. B. also durch die Erinnerungen von C, bestimmt, sondern auch noch durch die Erinnerungen, die man in C von B und A aufbewahren mußte. Die am wenigsten allgemeine Klasse A umfaßt also nur die ältesten Erinnerungen (da sie keine Erinnerungen von Erinnerungen hat), während die immer allgemeiner werdenden Klassen B, C usw. außer den direkten Erinnerungen noch in verschiedenem Grade die Erinnerungen der Erinnerungen umfassen. Von zwei Intervallen ist also das, welches die größte Vergangenheit hat, das jüngere, woraus sich der zweideutige Charakter dieser «psychologischen Uhr» ergibt. Aber einerseits sehen wir keinen Anlaß, hier die reine Geometrie hereinzubringen, deren Grundgruppe die Erhaltung der Parallelen, die der unharmonischen Verhältnisse usw., voraussetzt, welche nichts Psychologisches an sich haben: die «Gruppierung der logischen Klassenaddition oder der infra-logischen Teilung reicht also vollständig aus, um die Zeiteinschachtelung zu gewährleisten. Andererseits kann man sich fragen, was die «Erinnerungen der Erinnerungen» anderes sind als Operationen, die die vergangenen Handlungen rekonstruieren — unter anderem, mittels ihrer Ergebnisse: die psychologische Zeit setzt also zum Teil die physikalische Zeit voraus, statt daß sie ihr eindeutig die Grundlage gibt, wie Stückelberg meint.

Bewegungen: ihre Richtung kann also nur auf Grund der kausalen Verbindungen bestimmt werden, da die Ursachen notwendigerweise vor den Wirkungen liegen. Nun, wenn die Kausalität das Gesamtsystem der Operationen ist, durch die die physikalischen Geschehnisse sich verbinden lassen, ist es klar, daß man zur experimentellen Herstellung eines Kausalverhältnisses die aufeinanderfolgenden Messungen, die man vornimmt, in Beziehung setzen und damit das Gedächtnis oder den Weg der Rekonstituierung der psychologischen Zeit heranziehen muß. In diesem Sinne schließt die physikalische Zeit die psychologische Zeit ein: es besteht eine Koordination der äußeren Bewegungen nur in bezug auf die Koordination der Handlungen des Beobachters und umgekehrt.

Was die Zeit der Relativitätstheorie anbetrifft, so bildet sie keineswegs eine Ausnahme von diesem allgemeinen Schema [14], sondern erscheint mehr noch als alle andern als Koordination der Bewegungen und ihrer Geschwindigkeiten. Zuerst sei daran erinnert, daß sie nie so weit geht, die Ordnung der Erscheinungen auf Grund der Gesichtspunkte umzukehren: wenn A von einem bestimmten Gesichtspunkt aus vor B kommt, wird es niemals von einem anderen Gesichtspunkt aus nach B kommen, höchstens zu gleicher Zeit. Die Korrekturen, die die Einsteinsche Mechanik an dem Zeitbegriff angebracht hat, betreffen also ausschließlich die Nicht-Gleichzeitigkeit auf Entfernung und folglich die Tatsache, daß sich die Zeiträume bei den großen Geschwindigkeiten zusammenziehen. Nun, die eine und die andere dieser Konsequenzen verstehen sich von selbst, wenn man sagt, die Beziehung der Gleichzeitigkeit ergebe sich als Grenzfall der zeitlichen Folge aus der Zusammensetzung zweier Signalbewegungen, die umgekehrt gerichtet sind und deren Sukzessionsbeziehungen sich infolgedessen gegenseitig aufheben

[14] Es ist in dieser Hinsicht bezeichnend, daß Bergson sich in einer übrigens merkwürdig schwachen Diskussion bemüht hat, die Relativitätstheorie anzufechten, statt darüber froh zu sein, daß die Zeit Einsteins ein der psychologischen Zeit (fast wollten wir sagen, der Bergsonschen Zeit) näheres Modell in die Physik einführt als die Zeit Newtons, als ob die relative Zeit dem geistigen oder biologischen Leben vorbehalten bleiben sollte!

(Behauptung 2bis). Die Gleichzeitigkeit ist also immer relativ zu dem organischen oder physikalischen Mittler (Auge oder Blickbewegungen oder optische Signale usw.): nun, da die relative Lichtgeschwindigkeit konstant ist und eine Art Absolutum bildet, hängt die Gleichzeitigkeit im Fall der großen Geschwindigkeiten von den wechselseitigen Bewegungen des Beobachters und der beobachteten Erscheinung ebenso wie von ihrer Entfernung ab.

Wenn aber die Gleichzeitigkeiten relativ zu den Geschwindigkeiten sind, hängt auch die Zeitmessung von der Koordination dieser selben Geschwindigkeiten ab. Somit stellt die Zeit der Relativitätstheorie mit ihrem Bezug auf große Geschwindigkeiten und auf den Sonderfall der Lichtgeschwindigkeit nur eine Ausdehnung eines Prinzips dar, das schon in den bescheidensten Anfängen des physikalischen und psychologischen Zeitbegriffs, bei der frühkindlichen Genese der Zeit, seine Gültigkeit hat.

Hans G. Furth
Intelligenz und Erkennen
Die Grundlagen der genetischen Erkenntnistheorie Piagets
Mit einem Geleitwort von Jean Piaget. Aus dem Englischen von
Friedhelm Herborth. 376 Seiten.

Was ist Intelligenz? Diese Frage wird, seit es intelligente Wesen gibt, immer von neuem gestellt; aber es hat lange gebraucht, bis sie nicht nur intuitiv und reflexiv beantwortet, sondern mit empirischen Methoden angegangen wurde. Hier ist wohl in erster Linie Jean Piaget zu nennen, der zusammen mit seinen Mitarbeitern vom Internationalen Zentrum für genetische Epistemologie in Genf in den letzten Jahrzehnten eine Fülle von Einzeluntersuchungen über die verschiedensten Probleme der Entwicklung von Wahrnehmen, Urteilen, Denken bis hin zum wissenschaftlichen Erkennen vorgelegt hat. Manches von diesen neuen Ergebnissen der genetischen Erkenntnistheorie ist in das öffentliche Bewußtsein eingedrungen, aber der wachsenden Popularität Piagets entspricht kein angemessenes Verständnis seiner wichtigsten, theoretischen Begriffe und Problemstellungen. Diesem Mangel will das Buch von Furth abhelfen. Es ist, wie Piaget selbst in seinem Geleitwort beteuert, eine glänzende Zusammenfassung seiner Forschungen und Theorien und erfüllt damit ein wirkliches Bedürfnis.

Suhrkamp Verlag Frankfurt/Main

Alphabetisches Verzeichnis der
suhrkamp taschenbücher wissenschaft

Adorno, Ästhetische Theorie 2
– Kierkegaard 74
– Philosophische Terminologie 1
23
– Philosophische Terminologie 2
50
Arnaszus, Spieltheorie und Nutzen-
begriff 51
Barth, Wahrheit und Ideologie
68
Benjamin, Charles Baudelaire 47
– Der Begriff der Kunstkritik 4
Bernfeld, Sisyphos 37
Bilz, Studien über Angst und
Schmerz 44
– Wie frei ist der Mensch? 17
Bloch, Das Prinzip Hoffnung 3
– Geist der Utopie 35
Blumenberg, Der Prozeß der
theoretischen Neugierde 24
Bucharin/Deborin,
Kontroversen 64
Chomsky, Aspekte der Syntax-
Theorie 42
– Sprache und Geist 19
Einführung in den Strukturalis-
mus 10
Erikson, Identität und Lebens-
zyklus 16
Erlich, Russischer Formalismus 21
Foucault, Wahnsinn und
Gesellschaft 39
Griewank, Der neuzeitliche
Revolutionsbegriff 52
Habermas, Erkenntnis und
Interesse 1
Materialien zu Habermas'
›Erkenntnis und Interesse‹ 49
Hegel, Phänomenologie des
Geistes 8
Materialien zu Hegels ›Phäno-
menologie des Geistes‹ 9
Kant, Kritik der praktischen
Vernunft 56

– Kritik der reinen Vernunft 55
– Kritik der Urteilskraft 57
Kant zu ehren 61
Materialien zur ›Kritik der
Urteilskraft‹ 60
Kenny, Wittgenstein 69
Koselleck, Kritik und Krise 36
Kracauer, Geschichte – Vor den
letzten Dingen 11
Kuhn, Die Struktur wissenschaft-
licher Revolutionen 25
Laplanche – Pontalis, Das
Vokabular der Psychoanalyse 7
Lévi-Strauss, Das wilde Denken
14
Lorenzen, Methodisches Denken 73
Lorenzer, Sprachzerstörung und
Rekonstruktion 31
Luhmann, Zweckbegriff und
Systemrationalität 12
Lukács, Der junge Hegel 33
Macpherson, Politische Theorie des
Besitzindividualismus 41
Marxismus und Ethik 75
Mead, Geist, Identität und Ge-
sellschaft 28
Minder, Glaube, Skepsis und
Rationalismus 43
Mittelstraß, Die Möglichkeit
von Wissenschaft 62
Moore, Soziale Ursprünge 54
Piaget, Das moralische Urteil
beim Kinde 27
– Einführung in die genetische
Erkenntnistheorie 6
Plessner, Die verspätete Nation 66
Quine, Grundzüge der Logik 65
Ricœur, Die Interpretation 76
Scholem, Zur Kabbala und ihrer
Symbolik 13
Seminar: Die Entstehung von
Klassengesellschaften 30
Seminar: Politische
Ökonomie 22

Seminar: Religion und
  gesellschaftliche Entwicklung 38
Solla-Price, Little Science –
  Big Science 48
Szondi, Die Theorie des bürger-
  lichen Trauerspiels 15
– Poetik u. Geschichtsphilosophie I
  40

Uexküll, Theoretische
  Biologie 20
Weizsäcker, Der Gestaltkreis
  18
Wittgenstein, Philosophische
  Grammatik 5
Zimmer, Philosophie und Religion
  Indiens 26